中国近代史论坛

FORUM ON MODERN CHINESE HISTORY

第五辑 *No.5*

中国**近代史**论坛
FORUM ON MODERN CHINESE HISTORY
第五辑 *No.5*

涵育与超越
文化传统与鄞州近代人物

CULTIVATION AND TRANSCENDENCE:
CULTURAL TRADITIONS AND
PROMINENT FIGURES IN MODERN YINZHOU

主　编　徐秀丽　陈野　谢富国
执行编辑　杨宏

社会科学文献出版社
SOCIAL SCIENCES ACADEMIC PRESS (CHINA)

目 录

CONTENTS

马裕藻与 1934 年北大国文系
教授解聘风波

桑　兵

摘　要　1934 年，北京大学校长蒋梦麟在胡适、傅斯年等人的支持下，解聘国文系教授林损等人，引发风波，长期担任国文系主任的马裕藻被迫辞职。此事看似新旧之争的延续，实则反映了国人由来已久的关于中国文学的观念及教法的分歧。蒋梦麟等人以行政主导强势推行的除旧布新，除了实现蓄谋已久的赶走所谓温州学派乃至终结章门弟子把持的历史，并没有赢得国文系学生的支持，也未能在课程设置和人才培养方面显出成效。如果当年对马裕藻新旧并用的主张多一些包容，或许今日把握"中国文学"会少几分尴尬。

关键词　马裕藻　北京大学国文系　林损　胡适　蒋梦麟

太炎前期弟子，大都颇负盛名，坊间流行的"五大天王"之说，能够反映章门学术江湖地位曾经如日中天。① 不过，马裕藻（1878—1945，字幼渔，亦以字行。浙江鄞县人，今宁波鄞州区人。或谓其本名巽，似与其长子

---

① 朱希祖闻黄侃转述章太炎对人言：黄天王，汪东王，钱南王，朱西王，吴北王。"盖以余与玄同倾向新文学，乃以早死之南王、西王相比也。"（朱元曙、朱乐川整理《朱希祖日记》中册，中华书局，2012，第461页）相同的排列又见杨天石主编《钱玄同日记》（转下页注）

相混淆）虽然辈分不浅（章门弟子中，马裕藻年长，有老大哥之称）、地位不低（任北京大学国文系主任 14 年），却不得列名其中。不仅如此，由于他既无著述，又少轶事，以致几乎没有人对其做过研究。坊间流传的一些文字，大都敷衍周作人《知堂回想录》的相关记述而来，其中以讹传讹乃至穿凿附会之处不在少数。

俗话说，巧妇难为无米之炊。研究马裕藻，首先必须解决材料从何而来的问题。马裕藻的生活交友圈子，多以同门为轴心纽带，而同门当中，多人留有日记并且已经陆续出版。虽然所记大都为琐事片断，但如果相互参照，拼合连缀，也可以组成大体完整的图形。同门之中，黄侃、朱希祖、钱玄同、吴承仕、周树人、周作人等人的日记已刊。其中马裕藻与钱玄同的关系最近，朱希祖次之，周氏兄弟又次之，与黄侃较为疏离，与吴承仕则交恶。而各人的日记详略不一，间有散佚，如朱希祖北京期间的日记便付阙如。以同门日记为基础，参酌报刊、档案、回忆录等其他资料，可以大体还原这位雁过无声、人过无名的人物的历史轨迹，进而探究民国时期学术风气的流转和学界世态的炎凉。

本篇仅取 1934 年北京大学解聘国文系教授牵连马裕藻辞去系主任一事，重现相关史事并讨论背后的问题。关于此事，坊间传说及有所涉及的文字相当多，大都以林损、胡适为主角，不仅各执一端，而且真伪莫辨，形同八卦翻新。一些言之凿凿的考证，也因为各自的成见太深，无法摆脱偏听偏信的局限。而马裕藻作为配角，显得可有可无，使得此事似乎只是学界的轶事，而与近代中国文学观念及组织关系的重大意义不能显现，马裕藻的历史地位也难以彰显。为此，笔者在尽可能全面还原事实的基础上，力求探寻各说各话背后的隐情真意。

一 元勋还是罪魁

周作人谈到北京大学的"三沈二马"时，指出五四前后不能如此说，

（接上页注①）（整理本，下，北京大学出版社，2014，第 1111 页）。章太炎对前期弟子的评点，前后有别，各人所得亦不同。汪东《吊吴绲斋》注："章门四子，黄季刚、吴绲斋、钱玄同及汪旭初。"又称："当日章师戏言，黄为天王，汪为东王，吴为北王，钱为翼王。以钱为畔师，故称翼王。"朱希祖到中央大学后，章又谓汪东曰："吾门四王当改定，去钱入朱。"与黄侃所说有异。章太炎自撰年谱提及弟子成就者，仅列举黄、钱、朱，未及汪东（朱元曙、朱乐川整理《朱希祖日记》下册，第 1126—1127 页）。

因为那时只有沈尹默和马幼渔两位在北大，还在蔡元培长校之前，"所以资格较老，势力也比较的大。实际上两个人有些不同，马君年纪要大几岁，人却很是老实，容易发脾气，沈君则更沉着，有思虑，因此凡事退后，实在却很起些带头作用"，人称"鬼谷子"。"因为沈是吴兴人，马是宁波人，所以有'某籍某系'的谣言，虽是'查无实据'，却也是'事出有因'。"①

民国时期北京大学派系林立，暗潮汹涌，不少人视为畏途。沈尹默在北伐之后离开北大，任职于教育行政部门；担任史学系主任，参与北大最高决策机构校评议会的朱希祖，在学生风潮的冲击之下也不安于位，南下广州；而马裕藻却能够历经风雨而稳坐泰山，终生不离北大。马裕藻自1913年在北大国文系任教，教授"中国文字声韵概要"等课程，从1920年起担任系主任，前后长达14年之久，在派系纷争激烈复杂的北京大学，堪称异例。

或谓马裕藻为北大国文系的开系元勋，只是这样的有功之臣究竟功在何处，值得玩味。学人的声望地位，理应与其学术成就有关，可是马裕藻的学问似乎颇受人质疑。他没有出版过任何学术著作，也几乎没有发表过学术论文，2004年由北京大学校史馆编辑并由该校出版社出版的一大厚本《北京大学校史论著目录索引》中，找不到他的踪影，也没人为他写下纪念性文字。虽然坊间关于马裕藻的记述多由周作人的"北大感旧录"敷衍而来，可是周作人在书中写到马裕藻时，居然说："幼渔虽说是极熟的朋友之一，交往也很频繁，可是记不起什么可记的事情来，讲到旧闻轶事，特别从玄同听来的也实在不少，不过都是琐屑家庭的事，不好做感旧的资料。"② 其日记中所记录的两人之间的频繁交往，除了孔德学校的事务以及偶尔的仗义助人外，多是饭局宴客之类的应酬，所以反而无从下笔。

因此，不仅前此主导文学系后来被章门弟子排斥的桐城派对他不以为然，同辈学人也不无微词。杨树达曾以请吴承仕任教之事告诉马裕藻，后者答称："专门在家著书之人，何必请之。"而杨树达认为，马裕藻本人即

---

① 周作人：《知堂回想录》，香港，三育图书有限公司，1980，第361—362页。
② 周作人：《知堂回想录》，第491页。

为"十年不作一文者也"。同门的黄侃声称："北京治国学诸君，自吴检斋、钱玄同外，余（季豫）、杨（树达）二君皆不愧为教授，其他则不敢知也。"言下之意，他人均不足道。[①] 黄侃性情乖僻，与一些同门关系不洽，与钱玄同冲突尤多，论学却不会因人废言。同治音韵之学，黄侃可以和老师齐名，所论可谓定评。吴承仕与黄侃的关系不错，与马裕藻等则时有冲突。[②] 而马裕藻虽然号称旧京治音韵四派之一的古韵派代表，也仅仅是口碑而已。

蔡元培改革北大后，主张北大不是照本宣科地传授知识，教师不能单纯教学，必须研究，没有研究也不可能教好书。但是国民政府时期北大未必以学术见长，而且无著述不等于没学问，不好为人师而学富五车的名家不乏其例，有的学问甚至为一般著作等身者望尘莫及。太炎弟子当中，黄侃未及著书而人已逝，钱玄同议论多而成功少，其余则或多或少，勉强可以结集，只有周氏兄弟倾向文学，著述较多。可是像马裕藻那样几乎不著一字，也是绝无仅有。

学为己之后为人，若无余力发明，守成足矣，至少可以传承学术文化。因而那时大学教师的有无学问，一般不以著述的多少甚至有无作为标准，与时下为了评职称以及种种评估而粗制滥造乃至抄袭剽窃成风的情势迥异。温故而不知新，迂而已；不温故而欲知新，甚至温故不懂仍然强要创新，就绝不仅仅是妄，更等同于存心害人。或者看懂书已经力有不逮，还要勇于推陈出新，说自己也不明白的话，写自己也莫名其妙的文字，无知无畏。有的虽然所说看似有理，其实不过自己心中的条理系统，非但不能贯通材料事实，反而去真相越来越远。有的一心突过前人，填补空白，充其量拾人牙慧而已。

上述各种有助于立足学界的情形，对于马裕藻似乎概不适用。正式选修过他所授课程的日本京都大学留学生吉川幸次郎，后来在南京见到黄侃才觉得遇到了真正的学者。也有的教师虽不勤于著述，却长于授课。同样不好著述的钱玄同在学生当中就口碑不错。而这方面马裕藻也并非强项，他的口才不佳，讲课平庸沉闷，使人思睡，只有偶尔透露其妻的贤惠，让对他既无惧

<hr>

① 杨树达：《积微翁回忆录》，上海古籍出版社，1986，第 26、63 页。
② 〔日〕吉川幸次郎「留学時代」『吉川幸次郎全集』第 22 卷、東京、筑摩書房、1974、第 384—394 頁。

意也无敬意的学生们有了恶作剧的由头。据说学生对他的评语是"糊涂"二字。吴虞任教于北大期间，就知道"马幼渔、沈士远为三千学生所认为不行者"。① 倒是其女马珏，因为被评为北大校花，引人注目，花边新闻不少。有一年北大纪念建校，现场向千余学生问卷，认为北大有吸引力的答案之一，竟是北大有花王。花王者，各校校花王者之谓也。

然而，如果以为马裕藻是只会周旋于各方的好好先生、沙龙教授、宽厚长者，则大谬不然。他担任北大国文系主任期间，正是所谓"某籍某系"把持最甚之时。"检斋为章门高第弟子，学问精实。其同门多在北大任职，以检斋列章门稍后，每非议之；实则以检斋学在己上媢嫉之故。"同为浙籍的单丕甚至说："欲办好北大，非尽去浙人不可。"一向与人为善的陈垣谈及北平教育界情形时，也"深以浙派盘踞把持不重视学术为恨"。②

所谓浙人把持最甚的，在北大主要是指朱希祖任主任的史学系和马裕藻任主任的国文系，所以单丕指名是"愤朱、马辈把持"。胡适对此早有耳闻。1920年6月12日，陶孟和致函胡适，告以"近日沈、马诸公屡有密谋，对于预科移至第三院一事犹运动反对，排列课程，延请教员，皆独断独行，长此以往，恐非大学之福。弟意非有除恶务尽之办法，则前途不堪设想。暑校完事，务必早日归来为妙"。③

1929年，北大学生曾开会"以朱希祖、马裕藻两主任把持学校，不图进步，请当局予以警告"④，并以校学生会名义在河北《民国日报》发文攻讦。8月1日，马裕藻以"是实藻诚信未孚所致"，致函文学院院长陈大齐求去，请召集国文系教授会改选主任。两天后，陈大齐复函慰留，称："先生主讲北大垂二十载，诸生无不热忱爱戴。若偶因学生误会，遽尔灰心，将国文学系主任辞去，则该系一切进行计画势将停顿。爱校如先生，当不忍出此。务请以学校前途为重，慨允继续担任国文学系主任。"⑤ 后经

① 中国革命博物馆整理、荣孟源审校《吴虞日记》下册，四川人民出版社，1986，第232—233页。
② 杨树达：《积微翁回忆录》，第26、45、70页。
③ 中国社会科学院近代史研究所中华民国史组编《胡适来往书信选》上册，中华书局，1979，第97页。
④ 杨树达：《积微翁回忆录》，第43、45、57、72页。
⑤ 《国文学系主任致院长函》、《院长复国文学系主任函》，《北京大学日刊》第2221号，1929年8月5日，第1、2版。

代理校长陈大齐和校长蔡元培再三慰留，马裕藻和与之同时提出辞呈的朱希祖才勉强同意复职。① 不久，朱希祖因为学生再度闹事，愤而去职。而1931年国文系学生又集会要求聘杨树达任教，锋芒所向，也是把持系务的马裕藻。

在同门眼中，马裕藻的形象则与外人所见大相径庭。其性甚和易，对人很是谦恭，虽是熟识朋友，也总是称某某先生，平时不善言谈，但又容易激怒，在北大评议会上遇见不合理的议论，便要大声叱咤，不留情面，与平常截然不同。按照常理，训人总要有些底气，而底气必须有所凭借。在实行教授治校的民主制的大学里，如果学问不出众，却能长期稳坐系主任的位置，而且进入最高决策机构校评议会，并且敢于大声呵斥他人，究竟底气何来？

太炎门生是缘由之一。民国以后，太炎弟子在教育界成为最具声势实力的学术群体，一时无两。马裕藻在太炎门生中被视为老大哥，他人自然不敢小觑。

"某籍某系"是缘由之二。太炎门生中，以浙籍居多，但其他籍贯者也为数不少。而在教育界的浙籍人士许多并非出自太炎门下。二者互为犄角，相辅相成，声势进一步张大。

上下呼应是缘由之三。在北大掌校或代理校长的蔡元培、蒋梦麟、陈大齐等，都是浙江人，或与章门弟子有旧，或曾经得到这一重要势力的支持，所以不免为"某籍某系"所包围。沈尹默后来承认："蔡先生的书生气很重，一生受人包围……到北大初期受我们包围（我们，包括马幼渔、叔平兄弟，周树人、作人兄弟，沈尹默、兼士兄弟，钱玄同、刘半农等，亦即鲁迅作品中引所谓正人君子口中的某籍某系）。"② 蒋梦麟本来与北大没有渊源，代蔡元培入掌北大，只能依靠拥蔡且有实力的教授。至于陈大齐，民初还在浙江时就与一干章门弟子关系密切，在北大期间也是过从甚密。甚至可以说，本来就是"我们"中人。

性格中庸是缘由之四。马裕藻调和新旧，不偏不倚，一般不得罪人，人

---

① 《陈代校长致马朱两教授函》，《北京大学日刊》第2237号，1929年9月23日，第1版；《蔡校长致马幼渔先生函》、《蔡校长致朱逖先先生函》，《北京大学日刊》第2243号，1929年9月30日，第1版。

② 沈尹默：《我和北大》，全国政协文史资料研究委员会编《文史资料选辑》第61辑，中华书局，1979，第230页。

脉很广，而且不以荣衰清白眼相加，既不趋炎附势，也不落井下石，与各方维持良好关系。如鲁迅落难时，就觉得只有马裕藻的态度依然如故。同时，马裕藻又让人不觉得具有威胁，不予排斥防范。

敢于担当是缘由之五。马裕藻看似主见不多，可是并非一味推诿，相反，在各种会议中每每发表意见，在处置各种事务时往往被选为参与人。在北京各校与教育部的冲突中，1923 年 5 月 4 日，马裕藻还曾带队包围教育总长彭允彝的住所，不准其外出。①

以上五点，相互支撑，缺一不可。在当时北京大学的组织体制之下，马裕藻非但不是滥竽充数，而且人望极高。这可以从其连续高票当选系主任窥见一斑。北大实行教授治校，各级行政以及委员会等，多由一人一票的选举产生。1920 年 4 月 13 日，北大国文系教授会开会，总共 15 位教授有 13 位到会，马裕藻以 11 票的罕见高票当选主任，排名第二位的朱希祖仅 2 票。②1922 年北大国文系主任改选，马裕藻以 8 票当选。另外两位得票者为沈士远 2 票、吴虞 1 票。而物理、英文、法文、政治、法律等系，当选者最多（如英文系主任胡适）不过得到 3 票。③ 其后马裕藻在北大国文系历年系主任改选时始终连任，得票少则 3 票，多则 8 票，在各系主任得票中属于最高。此外，马裕藻 1918 年即当选为校评议会委员④，以后除个别年份外，几乎年年当选，可以说是少有的常青树。只是在选举教务长时，马裕藻的票数在得票者中反而最少，可见其影响范围及层面的限度。⑤

指马裕藻把持北大中国文学系，在马自己看来，肯定觉得委屈。1929年国文系提出的应增聘教授名单，包括胡适、林损、黄侃、郑奠、黄节、杨振声、闻一多、沈尹默、吴承仕、鲁迅、吴宓、赵元任、吴梅、黎锦熙、郁达夫、萧友梅，确是新旧兼容的一时之选。⑥

---

① 王学珍等主编《北京大学纪事（1898—1997）》上册，北京大学出版社，1998，第 113 页。
② 《中国文学系教授会启事》，《北京大学日刊》第 581 号，1920 年 4 月 14 日，第 2 版。其时该系教授为：杨逊斋、陈子存、徐哲如、程演生、刘半农、吴瞿安、钱玄同、马幼渔、沈士远、魏仲车、沈兼士、沈朵山、毛夷庚、孟寿椿、朱希祖。
③ 高平叔编《蔡元培全集》第 4 卷，中华书局，1984，第 185 页。其时北大各系选举，每每出现出席者各得一票的现象，只能由校长附加投票决定。
④ 王学珍等主编《北京大学纪事（1898—1997）》上册，第 51 页。
⑤ 高平叔编《蔡元培全集》第 4 卷，第 192 页。
⑥ 王学珍、郭建荣主编《北京大学史料》第 2 卷中册，北京大学出版社，2000，第 1303 页。

二　解聘与辞职

民国北京政府时期的北京大学，宛如惊涛骇浪中的一叶扁舟，而马裕藻在历次风波中，都能够平稳过渡或涉险过关。1928 年南京国民政府统一之后，政治格局天翻地覆，教育界随之变化。尤其是蒋梦麟再度接掌北大，听取胡适、傅斯年等人的意见进行改革，太炎门生失去上面的保护，下面又有人暗中鼓动学生闹事，马裕藻终于无法继续任凭风浪起，稳坐钓鱼台。

1930 年 12 月，北大在经历了 1927 年以来的连续动荡之后，蒋梦麟出任校长。次年，蒋梦麟开始着手整顿各学院。首先，蒋梦麟废除了北大实行多年的教授保障法，使得教授可以被解聘，社会科学院先行改聘教授，并自行兼任文学院院长；其次，配合由他主导制定的国民政府关于大学组织的新立法规，改评议会为校务会，前者基本采用民主制，后者则由当然委员（行政）和选举委员（教授）组成，以全体教授、副教授选举之代表及校长、各学院院长、各学系主任组织之，实际上是变相的行政主导；最后，提出文学院新计划。1932 年，胡适接替兼职的蒋梦麟出长北大文学院，着手落实国文系改革计划，可是裁并课程之类的措施遭到马裕藻等人的抵制，只得暂时搁置。直到 1934 年，蒋梦麟与胡适协商后，决心排除阻力，实施改革，引发与国文系教授林损的冲突，马裕藻也被迫去职。

关于此事的由来，胡颂平所编《胡适年谱长编初稿》称，国文系主任改由文学院院长兼任是出自校长蒋梦麟之意，致使国文系主任马裕藻、教授林损（1890—1940，字公铎，又字攻渎，浙江瑞安人）、许之衡（1877—1935，字守白，广东番禺人，日本明治大学毕业）三人相继辞职，引起一场大纠纷。林损怀疑此举出自胡适的心意，因而写信攻击。后因亲历其事的张中行撰文质疑胡适取代国文系主任及解聘林损有公报私仇之嫌，引发胡适研究者程巢父的兴趣。程巢父做了一番刨根问底的探究，证明蒋梦麟此次整顿北大国文系，源于 1930 年傅斯年、顾临、胡适帮助蒋梦麟拟出具体改革北大的方案，即次年 1 月 9 日的"北京大学与中华教育文化基金董事会合作研究特款办法"。其内容据《丁文江的传记》的记载，为 1931 年中华教育文化基金董事会第五次常会通过的"中基会与北大每年各提出二十万元，以五年为期，双方共提出二百万元，作为合作特别条款，专作设立研究讲座及专任教授及购置图书仪器之用"。其中主要项目是设立"研究教授"若干名，人选"以对于所治学术有所贡献，见于著述为标准"，年俸"自四千八百元至九千元不等，此外每一教授应有一千五百元以内之设备费"。研究教授每周至少授课 6 小时，并担任学术研究及指导学生之研究工作。研究教授不得兼任校外教务或事务。

此后，蒋梦麟到北平做北京大学校长。他要胡适担任北大文学院院长，兼任中国文学系主任。胡适因主持中基会的"编译委员会"，故不受北大的薪俸。中基会与北大开始会拟合作办法草案，由胡适起草。1931 年 4 月 24日，胡适出席了中基会在北平南长街会所举行的第三十六次执行财政委员会联席会议，审议通过了"关于与北大合作设立研究教席及奖学金案"。合作办法规定设顾问委员会，由北大校长、基金会干事长，以及双方合聘之胡适、翁文灏、傅斯年共五人担任。所定"北京大学与中华教育文化基金会合作研究特款办法"载明，合作以 5 年为期，自民国二十年度起，至民国二十四年止。

1948 年 12 月 13 日胡适写的《北京大学五十周年》一文称：

> 民国二十年一月，蒋梦麟先生受了政府新任命，回到北大来做校长。他有中兴北大的决心，又得到了中华教育文化基金董事会的研究合作费一百万元的援助，所以他能放手做去，向全国挑选教育与研究的人才。他是一个理想的校长，有魄力，有担当，他对我们三个院长说："辞退旧人，我去做；选聘新人，你们去做。"①

程巢父的文章解释了一个至关重要的问题，即蒋梦麟何以在拖延了几年后不得不痛下决心。原因就是，如果当年再不执行与中基会的合作办法，协议即将到期，无法交代，而要实行与中基会的合作办法，就必须先行解聘若干教授，腾出位置，才能引进新人。但是程巢父据此断言解聘林损不关胡适的事，恐怕有些武断。蒋梦麟的意思只是表明他愿意唱白脸做歹人，问题是

① 以上几段未注明出处的，均见程巢父《张中行误度胡适之——关于林损对胡适怨怼的辨证》，《书屋》2004 年第 1 期，第 21—25 页。

蒋何以要解聘林损，以他的学识，应当无法准确判断国文系教授的水准能
力，即使其有主见，也不便贸然自行决断。在程文所列相关者中，最可能在
这方面发挥影响的正是胡适。胡适当然不会以林损骂自己为由头，而是说北
大的温州学派没水平，不值一谈。如此一来，林损自然就成为首先被开刀的
俎上鱼肉。其实，时至今日，关于林损的学问到底如何，诉讼双方还是各执
一词，并不交集。

1934 年 4 月 17 日，《世界日报》刊登特讯 "北京大学将裁并学系说"，称：

> 北京大学文学院国文系教授林损昨日突致函该校当局，呈请辞职，
> 该系学生闻讯，拟全体赴林宅挽留，林遂在第一院贴出通告，大意谓：
> 本人尚未离校，有事可在校晤谈。该校当局接林辞职函后，亦正在设法
> 挽留中。闻林辞职原因，系因该校当局近拟将国文系归并史学系，改称
> 文史系，并拟将文学院其他各系及法学院各系，亦加以归并或裁撤，因
> 此国文系教授均表示消极，林则首先辞职。闻国文系其他教授马裕藻、
> 黄节、许之衡等，亦将相继提出辞呈。但是否属实，尚待证明。①

4 月 16 日这天，刘复（半农）刚好有课，目睹了事情的发生。他在当
天的日记中写道：

> 下午到一院上课，忽于壁间见林公铎揭一帖，自言已停职，学生不
> 必上课云云。殊不可解。电询幼渔，乃知梦麟嘱郑介石示言公铎，下学
> 年不复续聘，你先为之备，公铎遂一怒而出此也。以私交言，公铎是余
> 来平后最老同事之一，今如此去职，心实不安，然公铎恃才傲物，十数
> 年来不求长进，专以发疯骂世为业，上堂教书，直是信口胡说，咎由自
> 取，不能尽责梦麟也。②

4 月 18 日，《世界日报》调查后更正了林损辞职的原因。③ 同日《北平

---

① 《北京大学将裁并学系说》，《世界日报》1934 年 4 月 17 日，第 7 版，"教育界"。
② 《刘半农日记》（1934 年 1 月至 6 月），《新文学史料》1991 年第 1 期，第 33 页。
③ 《国文系教授林损辞职系因下年度将解聘》，《世界日报》1934 年 4 月 18 日，第 7 版，"教
　育界"。

晨报》刊登消息"蒋梦麟否认北大裁并学系",进一步追究冲突的由来。该报记者分别采访了当事人蒋梦麟、林损和学生,做出综合报道。蒋梦麟否认外传北大将国文系并入史学系改为文史学系之说,称本校国文系具有悠久历史,事实上无裁并需要,故从无此项计划。至于将文学院各系并入法学院,更无其事。北大各系均有悠久历史,事实上亦不能裁并。林损辞职,是因为本校拟于下年度将国文系教授更动数位,林在之内,"本校教授聘约均以一年为期,于每年度开始时选出,现本年度行将终了,应行更动之教授亦将决定,想林先生对本校之更动教授事件,有所预闻,故提出辞职。总之,本校更动教授之拟议则有之,而裁并学系之说实无。本校国文系主任于下年度起,拟请文学院院长胡适之先生兼任,胡先生并已同意"。

林损则表示:"本人之辞职原因,系与蒋(孟麟)、胡(适之)两先生学说不同,本人之与孟麟、适之二先生之学说不同,由来已久。"记者叩以不同在何处,林笑而不答,并出示致蒋、胡、国文系同学函稿及留别诗。其致蒋梦麟函称:"自公来长斯校,为日久矣,学生①交相责难,喑不敢声,而校政隐加操切,以无耻之心,而行机变之巧。损甚伤之。忝从执御,诡遇未能,请从此别,祝汝万春。"致胡适函称:"损与足下,犹石勒之于李阳也,铁马金戈,尊拳毒手,其寓于文字者微矣。顷闻足下又有所媒孽,人生世上,奄忽如尘,损宁计议于区区乎?比观佛书,颇识因果,佛具九恼,损尽罹之。教授鸡肋,弃之何惜,敬避贤路,以质高明。"布告来学诸生谓:"损即日自动停职,凡选课者,务祈继续自修,毋旷时日,以副平素区区之望。"别学生诗曰:"终让魔欺佛,难求铁铸心,沉忧多异梦,结习发狂吟。敦勉披襟受,余情只海深,吁嗟人迹下,非兽复非禽。"②

言辞之间,可见林损对学生尚有惜别之意,对蒋、胡则积怨极深,去意已决。学生来其寓所挽留时,林表示与当局意见不合,决不再返校,希望诸同学毋再徒劳。若诸同学不弃,可随时互相研究,亦可互护其益。

上海各报,关注此事的不多,只有 4 月 19 日《申报》的北平特讯报道较详,指北大教授纠纷,林损与胡适意见冲突而辞职,国文系将大变动,胡

---

① 胡颂平编著《胡适之先生年谱长编初稿》校订版(台北,联经出版事业公司,1990)第 4 册第 1215 页作"学者"。

② 《蒋梦麟否认北大裁并学系》,《北平晨报》1934 年 4 月 18 日,第 9 版,"教育界"。文字参照 1934 年 4 月 19 日《申报》的《北大教授纠纷》校订。

将兼主任。据称："国立北京大学中国文学系教授林损突然提出辞职，教育界非常注意，其内幕复杂，为北大多年积成之结果。林氏致函北大校长蒋梦麟、文学院院长胡适，并布告学生，自动辞职，同时留别学生诗一首，痛述苦衷。蒋氏昨发表谈话，否认裁并学系。林氏亦表示意见。"

林损回答来访的《申报》记者关于其辞职原因的询问，言辞与《北平晨报》可互为补充："本人辞职，因学说上意见与适之（文学院院长胡适）不同，并非政见之差异。本人系教授，教授教书，各有各之学说，合则留，不合则去。其实本人与适之非同道久矣，此次辞职，完全为闹脾气。至于裁并学系说，系学校行政，非教授所顾问。"而蒋梦麟回答记者的询问时，也表示北大组织绝不更变，下学期国文系教授略有更动，此系人的问题。

事发后，由于林损自动停课，使得选课的学生无法继续学业。4 月 17日下午 4 时许，国文系有 10 位学生自行赴林宅，请求其打消辞意。林表示义无反顾，诸君诚意，只能心领。虽然来人再三请求为学生学业前途计，早日到校授课，林毫不松口，且劝学生不必挽留。来访的学生对记者表示，挽留系私人意见，将来开国文系大会，再正式要求勿萌去志。

胡适虽然早已担任北大文学院院长，实际上未完全负责。"现北大决定改革国文系，该系主任马幼渔深感困难，亦拟辞职。马氏辞职后，北大当局决仍聘马氏为教授，主任一席，将请文学院院长胡适兼任。事实上，胡博士对于此席，当不致推辞。"据熟悉内幕者称："自蒋梦麟长校后，确拟整顿国文系，对于课程有所革新，因革新课程，乃涉及人的问题，故林损首先辞职。学校当局对于林之辞职，表示惋惜，在学期中间辞职，更无办法。中国文学系教授对于中国文学，各有意见，现课程将有更改，系主任马幼渔确有困难之处。"据北大教授陶希圣推测，改革国文系是因为该系预算较多，恐下学期将略有变动。①

胡适挂名北大文学院院长期间，傅斯年对于该院文、史两系的事务背后起着至关重要的作用。事件发生后，他从蒋梦麟发来的函电得知，"国文系事根本解决，至慰。惟手示未提及马幼渔，深为忧虑不释。据报上所载情形论，罪魁马幼渔也。数年来国文系之不进步，及为北大进步之障碍者，又马

---

① 以上几段未注明出处的，均见《北大教授纠纷》，《申报》1934 年 4 月 19 日，第 4 张第 15页，"教育消息·外埠"。

幼渔也。林妄人耳，其言诚不足深论，马乃以新旧为号，颠倒是非，若不一齐扫除，后来必为患害。此在先生之当机立断，似不宜留一祸根，且为秉公之处置作一曲也。马丑恶贯满盈久矣，乘此除之，斯年敢保其无事。如有事，斯年自任与之恶斗之工作。似乎一年干薪，名誉教授，皆不必适于此人"。① 大有赶尽杀绝之势。

当天，傅斯年又致函胡适："在上海见北大国文系事之记载，为之兴奋，今日看到林撰小丑之文，为之愤怒，恨不得立刻返北平参加恶战。事已如此，想孟麐先生不得不快刀斩乱麻矣。此等败类，竟容许其在北大如此久，亦吾等一切人之耻也。今日上孟麐先生一书，痛言此事。此辈之最可恶者，非林而实马，彼乃借新旧不同之论以欺人。试问林、马诸丑于旧有何贡献？此小人恋栈之恶计，下流撒谎之耻态耳。越想越气，皆希努力到底。"②

傅斯年分别致函蒋、胡二人，看似响应赞同，实则带有督战之意。胡适到北大后，提倡整理国故，甚至输入新知，都得到章门弟子的积极支持，尽管观念意见并不完全一致。除了钱玄同、周作人外，与其他人的不合逐渐显露。而蒋梦麟以局外人入主从来难以掌控的北大，章门弟子的鼎力支持至关重要。对于他们而言，辞退单打独斗的林损毫无挂碍，可是要赶走马裕藻，就难免要顾及道义情面、现实利害以及舆论清议。

任教于北大的章门弟子原来与傅斯年不仅有师生之谊，还有提携之功。1918 年夏，沈尹默、马裕藻、马鉴、钱玄同、刘复、陈大齐等人着手编辑《国语读本》，因"几个人空的时候很少，并且常识太不完备"，到 1919 年 1 月 14 日《国语读本》第二册亟须着手编纂时，"拟请傅孟真君加入"，众人商议的结果，"拟请傅君先搜材料和选字"。③ 傅斯年以未毕业的本科生而有

---

① 中国社会科学院近代史研究所中华民国史组编《胡适来往书信选》下册，中华书局，1980，第 531 页。编者注：此信约写于 1931 年，误，解聘林损事在 1934 年，参见张宪文整理《林公铎藏札二十九通》（《文献》1992 年第 3 期）所载 1934 年夏林损致蒋梦麟、胡适各一函。另据傅斯年同日致胡适函署期 4 月 28 日，则是函亦写于当日。

② 耿云志主编《胡适遗稿及秘藏书信》第 37 册，黄山书社，1994，第 413—414 页。欧阳哲生主编《傅斯年全集》第 7 卷（湖南教育出版社，2003）第 129 页的识文有若干错字，以致意思不通。耿云志《胡适年谱》（四川人民出版社，1989）第 219—220 页的摘引虽不全，但识字较为准确。

③ 杨天石主编《钱玄同日记（整理本）》（上），第 341 页。

这样的机会，还是在一众师长自觉常识太不完备的前提下，可见太炎门生对这位后生的看重。

或许正因为接近并知底，声名显赫的太炎门生头上的光环反而黯然失色。1928 年傅斯年在《历史语言研究所工作之旨趣》中，大张旗鼓地对"章炳麟君一流人尸学问上的大权威"发难，指"章氏在文字学以外是个文人，在文字学以内做了一部《文始》，一步倒退过孙诒让，再步倒退过吴大澂，三步倒退过阮元，不特自己不能用新材料，即是别人已经开头用了的新材料，他还抹杀着。至于那部《新方言》，东西南北的猜去，何尝寻扬雄就一字因地变异作观察？这么竟倒退过二千多年了"。①

这样的罪名，的确是非同小可。照此看来，章太炎非但于近代学术无功，反而阻碍了学术的发展进步，罪莫大焉。不仅如此而已，如章的"一流人"，首先就是或至少包括章门弟子。章氏门下，除了朱希祖治史，与老师不同，黄侃的音韵学有所突过以外，其余大都尚在老师的笼罩之下。而且章太炎主张学术在野则盛，不肯到国立大学任教，如果没有弟子们的把持，也谈不上"尸学问上的大权威"。傅斯年之所以要对章太炎大张挞伐，真正的目标或许不在老师，而在占据南北大学文史各科要津的一众弟子。

近代学界风气转移，往往好以革命方式打倒前人，树立自我，否则城头难以变幻大王旗。而前人往往不可能真正被打倒，除了少数妄人，一般也心知肚明，所以真实的目的不过是树立自我而已。傅斯年归国之时，南北各校如清华大学和中山大学等纷纷伸出橄榄枝，唯独母校北京大学深陷与南北政权的苦斗之中，无所表示。在中山大学任教期间，傅斯年虽已急于打倒无理的权威，破除偶像的崇拜，但并没有指名道姓，此时突然发难，很可能是因为事先曾经想染指北大而遭到阻碍排拒，因而决心非根本扫除祸根不可。

据刘半农 4 月 20 日的日记："到马幼渔处小谈，梦麟已决定辞退林公铎、许守白二人，并以适之代幼渔为中国文学系主任，幼渔甚愤愤也。"②马裕藻并不在被解聘者之列，所愤在于校方对他视若无物，解聘教授居然绕开现任的系主任，况且连自己系主任的位置也早已通过非常手段在本人不知

---

① 欧阳哲生主编《傅斯年全集》第 3 卷，第 5 页。
② 《刘半农日记》（1934 年 1 月至 6 月），《新文学史料》1991 年第 1 期，第 34 页。

情的情况下被决定拿下，真是情何以堪，就算涵养再好，也万难腼颜留任，只能提出辞呈，索性连教授职位一并辞去。

三　师、生、校异趣

进入民国，北大一直风潮不断。自蔡元培改革以来，往往是师生共同对抗外力，而且多以新旧冲突为公开号召。而蒋梦麟、胡适的此番改革，虽然仍以新旧冲突为旗号，至少看起来是挟国民政府之威，强势行政，因此不仅引起林损等人的抗拒，也没有得到学生的认可和支持。

或许由于连番护校的同舟共济以及长期运动的疲惫，风波之前，北大国文系师生关系还算融洽。表征之一，1934年1月2日午后，该系在北海公园举办了全体师生联欢大会。① 冲突发生后，国文系学生一直要求校院系各级挽留林损。4月22日，记者访晤该系学生组织的系友会干事，"据谈：本系全体同学，对林、许、马三教授，坚决挽留；对缩减经费，决反对到底；至于对胡适之先生兼主任问题，亦希望胡先生能接受同学意见，发展本系。学校当局如不采纳同学意见时，或于日内再召集全系同学大会，商讨第二步办法"。②

4月23日上午9时，该系学生派系友会干事孙震奇、石蕴华、徐芳、李耀宗四人为代表，谒校长蒋梦麟，对该系发展及挽留马、林、许三教授，有所请求，并提交改革国文系的八项书面意见。（1）反对将国文系并入史学系。（2）请勿将国文系经费减削。（3）请勿变更该系现行分组组织法。（4）此后学生对增进系务向校方提出意见时，请校方予以接受。（5）对变更系主任人选无成见，亦不表示迎拒态度，但继任者须真能改善并发展该系，否则坚决反对。（6）请挽留林损教授。（7）请挽留许之衡教授。（8）请勿准现系主任马裕藻教授辞职。看似不偏不倚，实际上主张维系原状，至少人事变动方面与蒋梦麟等人的诉求背道而驰。

面对学生的请求，蒋梦麟逐件答复：国文系绝对不并入史学系；国文系经费减削，是因为本校经费亏欠5万余元，如不整顿，势将破产，故择重复

---

① 杨天石主编《钱玄同日记（整理本）》（下），第981页。
② 《北大国文系代表今晨谒蒋梦麟》，《世界日报》1934年4月23日，第7版，"教育界"。

而不需要之课程，酌予减少，决不阻碍国文系之发展；变更国文系组织与否，系新主任之职权，无法答复；学生有所建议，本人极为欢迎，如学生意见与教授冲突时，则采纳教授意见，因教授为当然指导者，其意见当较学生为真确；胡适下学期担任主任最适当，其决不因学生之迎拒而定就职与否；挽留林、许二教授问题不必谈论；马辞主任，因其任事二十余年，工作过劳，不妨略为休息，但教授职务，决不使告辞。

至于该系改革后的课程计划，表现为以下两个方面。（1）注重新旧文学、文艺理论、文艺思潮以及世界民众文学之介绍。（2）文学院一、二年级课程打通，注重三个目的。甲、凡文学院求知工具，均须特别提倡。乙、使文学院一二年级学生，均得到世界近代一般文化之熏陶，以便明了中外文化的历史变迁及其相互关系。丙、使各系主科得有研究方法，择一重要问题研究，以便得有相当途径。①

关于此事，《世界日报》的报道更加详细，而与《北平晨报》所说间有不同，学生代表所提七点要求为：（1）本系全体学生，反对与历史系合并。（2）本系全体同学大会，认为谋全系之发展，非经费充足不为功，故反对缩减经费。（3）本系此次改革，同学毫无成见，不过应保存文学、语言文学、文籍校定等三组。（4）全体同学拟定课程意见书，务请学校当局采纳。（5）主任人选，同学概不表示意见，惟以能接受同学意见，共谋本系之发展者始可。（6）系主任马裕藻及林损、许之衡，皆系多年之老教授，务恳学校予以挽留。（7）马裕藻态度如何，请学校表明意见。

蒋梦麟答称：所谓合并文、史两系，学校根本无此拟议及办法；经费问题，自民国十九年至今，亏款共5万余元，每月1分利，则须500元。"若长此拖延，则非只国文系不能生存，即整个北大，亦将灭掉于社会。故此后拟每月储蓄五千元，其抽款办法，一由事务，一由教务。事务方面，所有冗员及一切开支节省；教务方面，凡课系重复者，与事实上不需要者，酌加减少，而减少范围，亦决不影响国文系之发展"；"国文系既然改革，所有课程，当由新主任重新规定，本人不能答复，且既曰改革，又何能表示成见"；"同学方面意见书，决竭力采纳，然教授亦同时建议于学校，或与同

---

① 以上均见《北大国文系学生派代表谒蒋梦麟》，《北平晨报》1934年4月24日，第9版，"教育界"。

学建议相抵触者，则接受教授者，因教授之见解，当然较为真切"；"主任
人选，前已商请文学院长胡适之先生暂代，彼允考虑后答复。假使彼不愿就
职，当无所谓迎拒，如彼愿就斯任，则任何阻碍，均不计及也"；"林损、
许之衡两先生，均有难言之苦衷，而为谋国文系之整饬，势不得不于下年度
解聘，现在亦决不挽留"；"马裕藻先生，因彼在本校服务达二十余年，而
且年事已高，目前亦不妨借此机会休息数月。但下年度无论如何，要请其担
任教授职务，钟点不计"。

　　在随后接受记者的采访时，蒋梦麟又进一步表示：改革文学院的目的，
"即在消除以前'系自为政'，各不相问之弊。盖处今日之世界，无论研究
何项学问，首需有求智工具——中国文语、外国文语、世界历史。故余改革
文学院计划，决首先授全院学生以此种工具（以前系自为政时则不然，例
如国文系学生，对外国文语不注意等等），然后使之充分明了历来中外文学
之沿革，及外国文学输入中国后之影响及趋变等等问题，最后乃为学生开辟
一研究途径，使其将来专门研究某种学问时，有所遵循。刻胡先生允助余实
行，则将来结果或能为国家养成不少人才。总之，此种改革，含义极大，扩
而言之，可谓非单纯的北大问题。故欲谋达到其目的，其枝节问题，如马、
林、许三先生事，虽不愿为，亦不得不为，盖此系一种国家公事，不能以私
人友谊延误"。

　　蒋梦麟对学生的请求，看似耐心解答问题，实际上态度相当强硬，无
异于宣称必须按照当局的既定方针办，没有任何松动的余地。而他对记者
的解释，看似冠冕堂皇，但前提是所主张的改革的确利于国家及北大，
而几位教授则是改革的阻力。这一前提的两方面都是假设，均不能坐实。
以国家的名义，强势推行某种学术观念，不仅有违其历来所宣称的思想主
张，也是相当危险的事情。只有在中西新旧乾坤颠倒的大环境下，才显得
义正词严。

　　当天学生代表又分别访晤马裕藻、林损、许之衡等人，许外出未遇，林
损表示决不复职，同学如愿听讲，可来家中授课（林在北大授"秦汉文"
"释典文学"二科）。马裕藻则出示了 4 月 22 日手书致全系同学函，内称：

　　　　本系此次变更教授及主任问题，乃数年来久悬未决之案，前因未至
　　公布时期，故一时未能泄漏。今既正式宣示，则藻之去职，自属当然之

举。昨日阅报，知诸君开会，有所议决，藻以一日长乎诸君，用特略抒鄙见，幸垂察焉：（一）本系每月经费，前学年约四千四百余元，本学年已减去四百余元，此后似乎不宜再减（本校为国人自创大学之较久者，国文学系之特别发展，亦属当然）。若能稍增，尤所望也。藻对学校当局，亦当以个人资格，恳切陈述。（一）本系组织，虽不敢谓绝对合理，然在最近时期，似尚未发见如何悖谬之点，此后若能更向合理之途改进，亦为藻所期望，诸君缜密思维，毋多固执，幸甚！幸甚！（一）本系经费及组织二者，若能规定，则人的问题，即可不必讨论。就情感言，一时不无惆怅之意，然因此而有损学业，则关系甚大，想诸君初衷，决不谓然也。此外尚有一端，亦为诸君所应注意者，即文学院各系，亟应沟通是也。关于史学、外国文学两系，与国文系，如何沟通之办法，曾与陈受颐先生商谈，惜未得具体的结论，此后若能将此事实现，则本系宽裕之款，尤可使本系更得有所发展，岂不甚善。书不尽言，敬希诸君努力自爱。①

尽管马裕藻内心很不以校方的做法为然，仍然从大局出发，维护北大的声誉，顾及同学们的前程，反过来劝学生以学业为重，以北大为重。相比之下，蒋梦麟非如此不可的态度，虽然自认为正确，也有不得已的苦衷，又有前此国文系"系自为政"的前科，仍然显得有些强横霸道。主张自由者得势不饶人，是近代中国思想界的一大弊端，尤其是往往是否得理尚在未定之数。文化守成者指新文化派专制，由此可见一斑。

24 日，林损再度致函胡适，"全函虽然不过百字，而措辞异常激愤，似近谩骂，且其函末曾有'盍张尔弓，遗我一矢'之句，满带与胡氏挑战之意味。记者睹此函后，即驱车往访胡氏，比承胡氏接见，记者即询以对于此函之态度，及对于国文系各项问题之意见，据胡氏答称：'余并未收到林先生第二次之来信，此次国文系解聘教授事，事极平常，诚不得谓之风波。至关于合并国文系、史学系为文史系之说，恐系上次茶会中我所说的将文学院改为文史学院之误传，此不过在茶会中拿来当一种笑话去说，况教育部大学

① 以上均见《蒋梦麟昨接见北大国文系代表答复各项问题》，《世界日报》1934 年 4 月 24 日，第 7 版，"教育界"。

组织法中，亦无文史学院之规定，当然不能成为事实，且此事蒋校长亦加否认，想外间不致更加怀疑。下学期文学院教授无大更动，外国语文学系主任，已由蒋校长兼代，本人拟于下周起，赴校办公。对国文系主任职，就否未定。国文系将来宜多聘中西文学兼通之教授。'语至此，记者即问：'闻梁实秋先生将来北大任教，确否？'胡答：'不确，即欲聘梁先生，恐梁先生亦不能来。'"①

胡适对梁实秋评价不高，但是校长也不敢随意回答的人事安排，胡适却直言不讳，若是未定就否，难免僭越之嫌，否则恐怕早已决定，只是对外尚需推辞做作一番。所谓多聘中西文学兼通的教授，也表明其聘请方针，而这正是解聘林损等人以及改革系务的主要理由。至于兼通中西文学，与学贯中西一样，都是唬人的大帽子，认真追究，西方文学不过是东方人心中的想象，西方人并不知有此物的存在。即便将欧美概称西方，大概也无人敢于自称通西方文学，正如国人很少敢自称通中国文学一样。更何况什么是中国文学，也还意见分歧。一边都不通，如何兼通？实在有自欺欺人之嫌。胡适所说其实不过是当年治中国哲学史用西洋间架填充中国材料的翻版，兼通就是要将固有材料放进西方文学的框框里去。

24 日下午 4 时，北大国文系系友会召开第二次干事会，交际股首先报告与当局交涉及挽留林损等人经过，并加以检讨，未得圆满解决又无法进行者，提交第二次大会讨论，并通过议案：（1）意见书本星期末征集后应尽早整理就绪，备交第二次大会通过。（2）交际股应至马、林、许三先生处正式慰问。（3）闻王〔刘〕文典先生有意调停更动主任事，交际股应速往正式请其出面调停。（4）再向学校当局挽留马、林、许三先生。（5）决定课程意见书原则，应采兼容并顾主义。会后交际股某干事称：本股代表明晨再谒校长，挽留三教授。当晚系友会又公函全体同学，征集课程改善计划书。②

由于国文系学生认为解聘三位教授有碍该系的发展，25 日上午 9 时，系友会干事会再派代表孙震奇等四人谒见蒋梦麟，再度挽留林损、马裕藻、许之衡三教授。蒋表示："此次马、许、林三君之变动，本非余所愿

① 《北大文学院长胡适昨发表谈话》，《世界日报》1934 年 4 月 25 日，第 7 版，"教育界"。稍后蒋梦麟即聘梁实秋为外国文学系主任。

② 《北大文学院长胡适昨发表谈话》，《世界日报》1934 年 4 月 25 日，第 7 版，"教育界"。

为，但为发展北大国文系计，为同学学业计，不得已而出此。诸同学之挽留，为师生感情上必有之表示，故不认为意外。关于林、许二先生之辞职决无办法，至于马（裕藻）主任，学校下年度仍请其担任教授，同学与学校之意见，现渐趋吻合，相信此问题不久即可解决。同学之国文系课程改善计划书，本人当于学校经费及课程标准及不阻碍国文系发展原则之下，决竭力采纳。"①《世界日报》26 日的报道称：蒋梦麟对于学生取消解聘的意见表示"此事决难办到，且不愿再谈。在此项办法未决定前，渠本人亦踌躇再四，不欲执行，但最后因谋发展国文系起见，只得忍痛为之"。② 代表们无奈，遂退出。

当日下午 3 时，代表分赴三教授私宅，代表全系同学，备致慰问之意。马裕藻等均表示回校事可不必谈，林损且劝全系同学，安心读书，对国文系此次事变，幸勿使其扩大，致误学业。此时据说胡适经蒋梦麟坚请兼任国文系主任，再三考虑，已有允意。而马裕藻的系主任任期到该学期末终了，不再续任。系友会代表下午 5 时又访晤刘文典，探询对调解系主任问题之方式，得到的回答是，前曾以私人资格分访蒋、马，均未获见。拟最近再度分访两人，方式为请马继续担任教授。③

4 月 27 日，马裕藻携辞职书亲赴毛家湾蒋梦麟寓所面呈，请从下学年起辞去教授一职。"当由蒋恳切慰留，谈至数小时之久，马仍未允。"次日上午，"蒋亲至马宅，并携亲笔慰留函，劝打消辞意，态度十分恳切。相谈约两小时，闻马经蒋再三挽留后，可望打消辞意"。该报还披露了两人的往返函件，马函谓："孟麟校长：藻在本校服务，垂二十年，毫无他技足称，诵秦誓之词，益足令人惶愧。请于下学年起，辞去教授一职，敬希俯允。"蒋函谓："幼渔先生大鉴：昨奉手教，并承屈驾，以拟下学年起，辞教授职为言，当即恳切面留，未蒙即允为憾。适之先生闻之，谓万不可听先生远引。特再奉恳，并踵府面请打消辞意，务乞惠然允诺，无任感祷。先生服务本校，垂二十年，为校为学，成绩卓著，岂忍一旦舍去耶？专此即请教安。"④ 据此，胡适显然担心马去物议太甚，不敢贸然采纳傅斯年趁机一鼓

---

① 《北大国文系代表昨再谒蒋梦麟》，《北平晨报》1934 年 4 月 27 日，第 9 版，"教育界"。
② 《北京大学国文系代表昨再谒蒋梦麟》，《世界日报》1934 年 4 月 26 日，第 7 版，"教育界"。
③ 《北京大学国文系代表昨再谒蒋梦麟》，《世界日报》1934 年 4 月 26 日，第 7 版，"教育界"。
④ 《蒋梦麟挽留马裕藻》，《世界日报》1934 年 4 月 29 日，第 7 版，"教育界"。

作气扫除祸根的建言。由此可见，在人的去留问题上，胡适的态度和意见至关重要。

5 月 1 日，国文系系友会举行干事会，讨论目前亟应解决的各项问题，决定的事项之一，是由交际股派人探询马裕藻和胡适的最近态度。[①] 5 月 2 日，系友会干事孙震奇等四人因为三教授辞聘问题迄未解决，分谒马裕藻和胡适，探询意见，结果极佳，决定于 8 日召开国文系全体同学大会，讨论挽留三教授及审查该系干事会草拟的改善国文系课程发展意见书。马裕藻在寓所会见来访者，回答对下年度教授职是否允就以及对国文系改组各事的意见，表示六点：（1）学校改善国文系，系学校行政，本人无反对必要，况个人主持国文系时，本未使之臻于尽善尽美。但将国文系根本推翻，则不敢赞同。（2）不主张缩减国文系经费。（3）林损为人耿直，言谈间难免直率，学校正宜竭力采纳其意见，从事发展国文系。今竟因其言谈直率，影响解聘，个人认学校为不智。（4）国文系可与文学院其他各系相沟通，俾收研究上种种之便利。此外并就北大国文系所未办者，成立考古学系、东方文学系、语言文学系三系，以补文学院课程所不足。（5）下年度教职，须看学校对本人主张是否采纳为定，如不采纳，当不能就。（6）去职后，关于国文系主任人选，就北大国文系范围内言，胡适自兼尚属勉强，他人恐难胜任。

或者称，胡适任文学院院长后，厉行改革，马裕藻系主任的位置岌岌可危。于是他写了一封长信，历数自己任上的基本工作，说明国文系改革面临的困难，对胡适不满意的地方进行解释。据看过信的人评论，那种语气，就是下级向上级提交的一份报告和答辩，透着愤懑和无奈。随后，他辞去系主任职务，带着"好好先生"的头衔从人们视野中消失，即便偶尔被提起，也往往是作为陪衬。甚至没什么人记得。就马裕藻的上述表态看，与所描述的相去甚远。

当天下午 4 时，四位代表又到文学院院长室见胡适，首先问道：若马裕藻去职，是否允就主任？胡适表示："蒋校长过去曾对余谈，北大国文系向负声望，外间对国文系，亦有相当之认识，为更求发扬光大计，故有此次之改革。马主任如认此种改革困难，学校当另请新的主任主持云云。故本人对

①　《北大国文系将开全体会》，《世界日报》1934 年 5 月 2 日，第 7 版，"教育界"。

国文系主任就职与否，须俟将来事实需要而定。"代表又问如将来就主任，国文系如何改革，俾便发展。胡谓："就本人之意见，改革将分三项原则：（一）注重学生技术。吾人以为学生研究学术，如国文系之文籍、校订、语言、文字等学科，无论任何一种，均应注意学术上之研究，始有充分之进展。（二）历史之系统。现在国文系定有唐宋诗、六朝文等课程，吾人不应仅就一二人加以研究，尤应研究其历史之变迁。（三）增加比较参考材料。研究学术，须与他科为比较之研究，如研究外国文者，须与中国文互相比较参考，始能获得新的结果。"①

《世界日报》的报道，马裕藻的答复与《北平晨报》几乎一样，而胡适的谈话则差别不小。胡适说：

> 蒋校长现在对文学院，甚表示失望，他希望我来改革文学院，文学院之改革，第一便是教授问题，解聘旧教授容易，但添聘新教授很难。前因敝人有病，且北平不安，所以文学院既没有从事改革，现在想从事改革文学院，且蒋校长允于遇着困难时给帮忙，所以我仍允就院长一年，以便从事改革。至于国文系主任一职，愿于必要时（即发生困难时）担任一年。关于林、许二教授之解聘，预先予以解释，原系好意，不料反被误会。功课计划书，少数人之意见，亦当注意到。关于国文系将来之改革，第一，须注重技术之获得，即由学校请人帮助同学研究，而使同学获得一种治学方法。第二，关于历史方面，应有系统，添设总史、分史等科，课程须名符其实。第三，多得比较参考之材料，如文法须知比较文法，语音学须知比较语音学等。注重门径，此种课程须加多，但此课须聘新人来教授。第四，多添研究科，因研究科之课程，往往非讲堂内所能讲。第五，为降低课程标准，提高训练。②

关于此次风波，胡适日记刚好失载，直到 5 月 2 日，才记到相关事情："第一天到北大文学院复任院长。国文系的学生代表四人来看我，我告诉他

---

① 以上均见《改革北大国文系》，《北平晨报》1934 年 5 月 3 日，第 9 版，"教育界"。
② 《北大国文系下年度改革计划》，《世界日报》1934 年 5 月 3 日，第 7 版，"教育界"。

们：（1）如果我认为必要，我愿意兼做国文系主任。（2）我改革国文系的原则是：'降低课程，提高训练。'方法有三：①加重'技术'的训练。②整理'历史'的工课。③加添'比较'的工课。"① 与《北平晨报》的报道比较，各有异同。

是年北大文学院旧教员不续聘者除林损外，还有梁宗岱、杨震文、陈同燮、许之衡以及一位外籍教师。② 按照蒋梦麟等人的约定，解聘教授一事，胡适或许的确并非主动，可是要说毫不知情，也有违事实。看到林损的来信，胡适于 4 月 16 日即复函道："今天读手书，有'尊拳毒手，其寓于文字者微矣'之论，我不懂先生所指的是那一篇文字。我在这十几年之中，写了一两百万字的杂作，从来没有一个半个字'寓'及先生。胡适之向来不会在文字里寓意骂人。如有骂人的工夫，我自会公开的骂，决不用'寓'也。来信又说：'顷闻足下又有所媒孽'，这话我也不懂。我对人对事，若有所主张，无不可对人说，何必要作'媒孽'工夫？来函又有'避贤路'之语，敬闻命矣。"③

可是在林损乃至马裕藻看来，胡适的作为就没有那么襟怀坦白。据马叙伦记："盖攻渎有节概，犹是永嘉学派遗风，既不肯屈己附人，而尤疾视权势。……其在讲堂，有刘四骂座之癖，时时薄胡适之，卒为适之所排而去。"④ 从傅斯年的态度看，他对林损并不十分在意，而蒋梦麟必欲解聘林损，应是受胡适的影响。虽然林损骂人甚多，被骂最多的还是胡适。马裕藻认为林损被校方解聘是因为言谈直率，其直率的锋芒所向，各方均心知肚明，主要就是胡适。由蒋梦麟出面做恶人不假，至于向谁做恶人，事先不可能不与胡适协商。若是如此，胡适仍然难免公报私仇之嫌，至少也是真心实意地假正义之名报了一箭之仇。

4 月 22 日《京报》报道："北京大学将国文系教授林损、许之衡二人自下学期起解聘，并聘请文学院长胡适兼任国文系主任，胡已允就。该系主任马裕藻因此遂提出辞职。学生会议决，组织系友会，并推派代表，携课程计

---

① 曹伯言整理《胡适日记全编》（6），安徽教育出版社，2001，第 377—378 页。
② 曹伯言整理《胡适日记全编》（6），第 388 页。
③ 中国社会科学院近代史研究所中华民国史组编《胡适来往书信选》中册，第 237 页。
④ 马叙伦：《石屋馀渖·林攻渎条》，参见张宪文整理《林公铎藏札二十九通》，《文献》1992年第 3 期，第 163 页。

划书，谒见该系当局，贡献改进该系课程意见，对新旧主任交替事，亦将有所表示。惟据蒋梦麟昨日语记者，马裕藻主任辞职，校方尚未接到马氏辞职书。"蒋梦麟还声称："解除国文系两教授聘约，系自下学年起，本学期内并不更动，故除林损先生未到校上课外，许之衡先生仍每日照常上课。学校下学年起，各系课程均拟从新计划。各系经费，在月入七万五千元之款额下，将加紧缩。国文系裁并科目与解聘教授，乃总计划及经费紧缩政策之一端。关于国文系及其他一切学校行政，校方均有妥当计划，例如国文系课程计划书，自在筹拟之列。该系学生如有意见，固可陈述，以供参考。但学校自亦有妥当计划。至国文系主任，此亦涉及学校行政范围，学校自有权衡为之。设有人竟反对胡适兼国文系主任，余绝对不答应。胡适'学贯中西，国家之宝'，胡兼国文系主任乃北大之光荣，求之不得，岂可反对。"① 此言大有替天行道、顺者昌逆者亡的意味。

改革国文系之事，很可能是傅斯年鼓动蒋梦麟及胡适所为。蒋梦麟历次回答学生和报馆的询问，关于解聘教授的态度如此决绝，也依稀可见傅斯年的影子。没有傅的督催，蒋梦麟或许不忍下此狠手。而傅斯年的想法，与胡适相当吻合。这样的改革，当然不会仅仅针对林损，而是包括林损在内的一切进步的障碍，其中自然也有马裕藻，甚至首当其冲的就是马裕藻。

马裕藻与胡适的矛盾由来已久。本来双方都是蔡元培改革北大的同道中人，胡适的整理国故、文字改革等，也得到包括马裕藻在内的章门弟子的支持。双方合作既多，日常交往也不可免。回国初期号称不应酬的胡适，后来常常是章门弟子名目繁多的饭局宴会的座上客。不过，在学术理念上，马裕藻不像钱玄同那样一味趋新，也不如黄侃那般主要仍旧。久而久之，双方的不和谐就暴露出来。1925 年 8 月 28 日，"北大开评教联席会议，脱离案仍未报行。闻幼渔对于适之几致冲突"。② 虽然此后两人仍然能够共同参与必要的应酬，没有完全翻脸，彼此内心的不以为然却逐渐积成怨愤。

蒋梦麟改革国文系、辞退林损等人的教职和取代马裕藻的主任位置，应当事先都与胡适商定，却并未征求国文系教授会以及系主任马裕藻的意见。

---

① 《北大国文系教授林许去后，主任马裕藻辞职，蒋梦麟推崇胡适到极点》，《京报》1934 年 4 月 22 日，第 7 版，"教育"。

② 杨天石主编《钱玄同日记（整理本）》（中），第 652 页。

按照新的组织规则，聘请教授固然是校长、院长的分内之事，但是不等于完全无须必要的程序，可以私相授受。此事不仅令林损觉得有辱斯文，马裕藻也感到相当难堪。所以，风波乍起，马裕藻就明确站在林损等人一边，指责蒋、胡处事不公。他被迫辞去系主任之职，倒未必是要与林损共同进退，而是像林损一样，避免被赶下台的屈辱，给自己留一点学人的尊严。

四　挽留背后的矛盾

胡颂平称林损骂人的信引得舆论界大起反感，有些想当然耳或是一面之词。实际上，当时中国正面临内外紧张的局势，北大的风波并未引起多少关注，除了北平当地的报纸，尤其是《北平晨报》、《世界日报》等几家较为关注教育界的报纸外，南北各报报道此事的为数不多。上海只有《申报》详细报道了各方的意见，看不出偏袒任何一方，其他各报也几乎不持立场。

冲突的相关方学生的态度值得特别注意。1929—1931年，北大和北师大曾经不约而同地发生以将朱希祖、马裕藻、钱玄同等人赶下系主任位置为目标的学生风潮，背后显然有人指使挑动。而这一次北大国文系的学生却一再要求校、院主管挽留林损和马裕藻，使得蒋梦麟和胡适多少有些尴尬。尽管学生们并不反对改革，也不排斥胡适，却不忍看着教过自己多年的老师如此离去。此前在北大先后被南北政府长期停发经费的艰难时期，他们曾经同甘苦共患难，而且学生们似乎并不认为林损等人思想太旧，甚至不认为旧即不是学问。

1934年5月8日下午4时，国文系学生在第一院召开全体大会，出席者40余人，主要讨论通过课程计划建议书，以及交际股报告见蒋、马、林、许各两次，刘文典、胡适各一次的经过，并通过多项议案。关于系主任问题，决议以有真实学问而接受同学意见者为标准。马先生问题案，决议新主任不能接受意见时，则坚决挽留马先生。对林损"不再作形式之挽留，但求同学能明是非，因事态之发生，尽人皆知其内幕，而林先生更非反顾之人，同学亦均清楚，徒作形式，反与林先生之令名有玷"。计划书则文学组增世界文学史、释典文学，文法研究改在语言文字组，诗律改名，世界名著介绍不做必修或选修，新文艺试作不考试。另外通过临时动议：课程应名实相符，讲授者须真有实学；赋予干事会善后之权；失败时发告同学与当局之宣言；以系友会名义送林先生离平。

会后，又续开干事会，讨论执行大会议决案办法，定于 5 月 9 日派交际股谒蒋校长，陈述大会议案，并提出课程计划意见书，请求采纳。所提出的国文学系课程大纲如下。一年级共同必修科：中国文字学概要、中国声韵学概要、中国文学史概要、中国诗名著选、中国文名著选。二、三、四年级分组必修及选修科：语言文字组，语音学、语音学实验、言语学、音韵沿革、古音系研究、中国近代语研究、方音研究、说文研究、金元以来北音研究、形义沿革、清儒古韵学书研究、甲骨文字研究、钟鼎文字研究、蒙文、藏文、满文、中国文字及其训诂等韵学；文学组，文学概论、文艺批评、文艺心理学、近代文艺思潮、新兴文学概论、中国小说及小说史、诗史、词史、曲史、三百篇、辞赋、乐府、汉魏六朝诗、词、曲、诗律、唐宋诗、周秦文、汉魏六朝文、世界名著介绍、修辞学；文籍校订组，中国文字及其训诂、音韵沿革、经学史、国学要籍解题及其实习、古籍新证、考证方法论、目录学、版本学、校勘学、校读实习、三礼名物、古典制学、金石学、古历学、古声律学、外人所著中国学书研究、中国文法研究。三组共同选修科为新文艺试作：散文、小说、诗歌、戏剧。该会代表孙震奇会后还向记者转述了访晤胡适关于课程的意见。①

9 日上午，国文系系友会四位代表谒见蒋梦麟，当面呈递改善国文系课程意见书，再度请求不缩减国文系经费，保留国文系三组，希望学校竭力采纳意见书，新主任资望必使同学满意，采纳同学意见，希望学校仍聘许之衡为教授。蒋表示国文系经费在不妨碍发展的前提下可酌予缩减；希望同学不必坚持保留三组，如有较保留更好的办法，可以采用；改善课程意见书斟酌考虑后，再定取舍；新主任胡适学识之丰、品德之高，无待赘述，相信其能副学生之望，同学如有更好发展国文系的建议，相信胡不可能不采纳；许之衡的续聘，现在不谈，将来再议。代表们又请特别注意意见书中每门课程内容应一致以及各门课程教授之聘应能胜任。

另据北大某重要负责人称：学校认国文系主任、教授之解聘事不成问题。一校行政之兴革，权在学校。此次学校为整顿国文系计，始于人事上稍

---

① 以上均见《北大国文系代表定今晨谒校长蒋梦麟》，《世界日报》1934 年 5 月 9 日，第 7 版，"教育界"。

有更动，变更之后，必有赞成者及反对者，此亦常情。学生对于国文系如有更好之发展计划，学校当竭力采纳，否则即全体反对学校之计划，学校亦不便更易其既定计划。今日蒋校长见学生，对各项要求已有相当答复，想国文系问题，即可告一段落。又据关系方面消息，蒋梦麟意以胡适兼国文系主任；马裕藻是否留任教授，要看学校对其发展国文系计划是否采纳而定；蒋有意续聘许之衡教授，暂不欲发表；林损则决意去职，以免难堪。①

事已至此，国文系系友会干事会召开会议，决定将该系问题结束。5 月 14 日。该会发出两份布告，宣布对于挽留解聘教授等事"进行结果，因限于环境，未臻圆满"，拟即告一段落，"非敢有所懈驰，实因事态发展，似已达于绝境，即使再事进行，亦恐无从为力。惟诸同学如有见教，同学等定当仍本初衷，继续努力也"。对于改革计划，在校方具体表现之前，亦无从再行交涉，不得不暂时告一段落。如有 1/3 以上同学有具体意见，即召开第三次全体大会，讨论进行。此外，林损决定于 5 月 20 日离平返籍，已有中央大学、中山大学延聘其担任音韵学及文字学教授，尚在考虑中，待南归扫墓后再做决定。"国文系学生因林在校执教鞭已届十载，一旦别离，颇有恋恋不舍之意，已决定日内由同学私人发起欢送会，现在征求同学同意中"。②

欢送会最后是以系友会的名义出面组织。6 月 5 日下午 2 时，北大国文系系友会以林损解职将返浙江原籍省亲，特在中山公园春明馆为其置酒饯行，并邀北大教授马裕藻、陆宗达作陪。届时国文系全体学生 40 余人到会，系友会代表孙震奇致欢送词，首述惜别之意，次对挽留未遂，深感遗憾。林损接着起立答词，多勖勉学生努力学业，勿徒重情感之语。后马裕藻、陆宗达相继起立发言。5 时许摄影，尽欢而散。会后林损对记者说："余做事一向主张合则留，不合则去，故此次去北大，本无何种留念。今日承国文系学生欢送，余于惭愧之余，复生无限之感慨。余已说知学生，努力向学，莫负国家培植青年之热望。本人二三日内即携眷离平，返浙原籍休养。广东中山大学近虽有函请余前赴该校掌教，惟余拟作长时间之休养，故不准备前往。"③

①　以上均见《北大国文系内部问题告一段落》，《世界日报》1934 年 5 月 10 日，第 7 版，"教育界"。

②　《国文系问题已告一段落》，《世界日报》1934 年 5 月 15 日，第 7 版，"教育界"。

③　《北大国文系学生昨日欢送林损》，《京报》1934 年 6 月 6 日，第 7 版，"教育"。

这次风波，以校方完全达到预期目的而告结束。不过，就算舆论赞同改革的一方，就算学生赞同改革，按照蒋梦麟以师为重的判断标准，也不等于林损等人就毫无道理。这一点从马裕藻与蒋、胡的分歧中可以清晰呈现。熟悉内幕者所说的"中国文学系教授对于中国文学，各有意见，现课程将有更改，系主任马幼渔确有困难之处"①，究竟意见分歧如何，困难何在，值得深究。胡适稍后回忆此次风潮，宣称"中国文学系的大改革在于淘汰掉一些最无用的旧人和一些最不相干的课程"②。这应该也是胡适当时极力掩饰的心迹。至于胡适眼中的最无用和不相干，未必真的就是无用和无关，只是他不懂或者虽然略知一二却不以为然罢了。

4月24日，因"北京大学国文系纠纷，校长蒋梦麟主张急进改革，学生及系主任马裕藻主张缓进，因意见不同，暂难解决"，《京报》记者特地采访马裕藻，后者详细陈述了自己的意见：

> 此次国文系改革问题，一方面固属思想问题，他方面又为主张问题。本人以为，研究学问，应新旧思想并用，既不反对新，亦不拥护旧，新者更有新，旧者亦有其研究之价值。新派讲方法，方法固需要，但对于文学，不可仅讲方法，而不研究。胡适之先生出版《中国哲学史大纲》，学生专讲方法，以为阅读《哲学史大纲》即可了事，而不读子书，此不可谓研究。研究学问，不论新旧，辜鸿铭亦可请到北大讲课。大学与中学不同，中学须有统一思想，以免脑筋紊乱，大学则不应思想统一，必须新旧并用，始能获得研究之结果。林损先生与胡适之先生意见不合，业已四年，本人则在两者之间。蒋先生（孟麟）曾向余谈改革国文系，余亦赞成改革，惟改革之方法不同。余自民国十年迄今，查阅课程指导书，每年均有改革。余对于改革国文系，应采用缓进方式，另有人主张采用急进方式。急进固称改革，缓进亦不可谓非改革。……故此次国文系问题，系急进与缓进主张之不同，并非大改革。缩减经费一层，本人亦赞成，但国文系已由四千四百元减至四千元，此刻不能再减。中国人自办之大学，似乎不可以外国人之方法办理中国文

---

① 《北大教授纠纷》，《申报》1934年4月19日，第4张第15页，"教育消息·外埠"。
② 曹伯言整理《胡适日记全编》（6），第429页。

学系。至于本人辞职，毫无问题，学校行政，自有校长负责。①

　　马裕藻的这番言论，反映了近代"中国文学"变迁的一大症结。这也是北大国文系教授解聘事件表面的人事纠葛背后最为关键的要害问题。之所以不厌其详地梳理相关事实，正是为了让背后的意义逐渐浮现，不再仅仅是作为茶余饭后谈资的文坛轶事或为乡前辈钩沉辩诬的学林掌故。

　　自从晚清受西学影响分科治学以来，关于中国文学的内涵外延就成为聚讼纷纭的一大难题。后来虽然未必争，却也是各说各话而已，根本达不到约定俗成。傅斯年指马裕藻的新旧不同之论为欺人，质问林、马于旧有何贡献，实则历史进程恰好表明，至少在中国文学方面，新旧不同确为不争之论。

　　中国学问本不分科，晚清以降，受西学制约，中学被放入西学的框架重新安置。即便如此，哪些放入，放入哪科，仍然见仁见智。按照宋育仁"书不是学而书中有学"之说，四部虽不是学问分科，可是四部之中可以窥见学问的渊源流变及其分支类别的联系区别。这也是《四库总目提要》和《书目答问》能够指示自学者门径的道理所在。西学传入之后，中学与西学如何会通，四部之分看似提供了便利，同时也产生了困扰，使得似是而非看起来有模有样。叶德辉即以集部为文集别集，对应于文学。而这样的对应能够适合部分仍旧者的文学见地，无法与趋新者相吻合。近人所写中国文学史，眼界相去甚远，不要说林传甲、钱基博的著作，就连傅斯年的讲义，也被认为并非文学史。由于无法统一，便生出广义、狭义之说，看似放之四海而皆准，其实是无可奈何也无可如何的懒人办法，有用却无效。若以新文学的观念看，钱基博等人的文学史就与思想史大同小异，若用固有的文学观念看，现在通行的文学只是新式的文学，内容多在到处放不下只好硬塞进去的子部，正式的文学反倒不在其中。

　　中国文学的变异所导致的紊乱，始终困扰着人们的认识，中国文学系亦即国文系应该讲什么，怎么讲，莫衷一是。早在 1917 年陈独秀任北大文科学长之时，就着手改革，首先即学科之变动，而变动的关键，就是如何进一步在西学架构下安放中学。对此见仁见智之事，立场不同，看法各异，分歧

---

① 《国文系纠纷内幕情形》，《京报》1934 年 4 月 25 日，第 7 版，"教育"。

在所难免。《申报》报道当时的争议道：

> 　　陈氏之意，务在调和新旧两方面之思想，使"古代为黄金时代"与"愈至后世愈进化"两说并存，于是其中遂难免二者思想之冲突。故第一次文科教授会议，其间遂生无限之争论。此事吾人初未明其真相，兹据当时在坐某君之言曰：此次大学文科之争议，决非如外间所传闻，吾人直可断为当然之争议，且各出于良心之主张……陈学长之本意，以为教授科目与其程序，皆应与世界普通之分类相合。其提案之要点：（一）哲学中不当立中国哲学西洋哲学之名，而于哲学史中始以地分之。（二）经书当依其性质分列文学、史学、哲学之中，不必再存经学之名。（三）讲中国文学史者自古迄今，讲中国文学者则当自今迄古云云。此种提案果确合于吾国情形否，姑不具论，要为世界言文学者普通之说法，然颇不合于旧派文学者之心理，反对最烈者为陈介石、黄季刚二教授。陈氏之意，以经为中国所特有，故无妨即特存经学一部，黄氏之意，以为文学史可自古迄今，文学又何必自今溯古。持之既久，遂不免言语之冲突。校长乃宣言再付评议会决议。[①]

　　陈黻宸（字介石）、黄侃（字季刚）二位的想法，稍早的1917年2月3日，朱宗莱（字蓬仙）在马裕藻宴请的饭桌上就有类似表示："大学分科讲文学，未知其范围如何？如系西洋式的讲授，则无从讲起，不特无以逾于桐城派，且恐流于金圣叹一路。"在场的钱玄同则认为："此说余未敢谓然。论文学自身之价值，自当以美文为主（即所谓西洋式的），然说理、记事两种，既用文字记载，亦自不可不说明白。"[②]

　　类似的争议，后来陆续以不同的形式在各处反复出现，观念各异的人们说来说去总也说不明白，或是无法让他人明白自以为明白的意思。在整理国故运动中，一些大学的中国文学系改称国学系。1930年代北大国文系改革前后，中山大学国文系教授古直针对该系入学考试只有白话，发起改革课程，以经为基本国文，子、史辅之，课程设置分必修、选修二类。必修以群

---

① 《北京大学文科之争议》，《申报》1917年10月17日，第2张第6页，"要闻二"。
② 杨天石主编《钱玄同日记（整理本）》（上），第307页。

经、史传、小学、文选为主，选修则泛滥于经传、四史、诸子、专家、骈文、诗词。此举大有改国文系为国学系之势，遭到容肇祖的反对，结果容被调整到史学系。① 此事后来激成全国范围的读经与反读经之争，凸显了新旧之争的意涵，而使得经学的地位以及中国文学究系何物、该如何教、教什么的意旨被冲淡，甚至被完全淹没。

读经与反读经的论争沉寂之后，困扰时人的中国文学观念并未得到澄清。西南联大时期，中文系主任罗常培要纠正学生"爱读新文学，讨厌旧文学、老古董"的思想，声称："中国文学系，就是研究中国语言文字、中国古代文学的系。爱读新文学，就不该读中文系！"② 1949 年以后，大陆的中国文学系进一步更新，与此前新旧兼容的中国文学也有所差异，以致今日海峡两岸的中文系交流之际，常常有不相凿枘之感。

凡此种种，都表明马裕藻当年所主张的新旧不同、应当兼容的理念并非错误。以今日的中国文学观，究竟能够理解中国固有文学到何种程度不至于变形走样，似是而非，已经是强人所难的事情。此事凸显近代学人以新旧夺人话语权的流弊匪浅。傅斯年与他人论战之时，常常好剑走偏锋，所强加于对方的罪名以及所划分的此疆彼界，未必都如所说。在考古问题上与"河南人士"的冲突，指对手不知近代考古，只会挖宝，便有深文周纳之嫌。史语所拒读书的人于千里之外，主要也在人而不在学。章门弟子中同样好偏激的钱玄同，到 1926 年已经开始反省"前几年那种排斥孔教，排斥旧文学的态度狠应改变"，笃旧的信奉者只要无害于他人和社会，就应该任其发展。"我们以后，不要再用那'必以吾辈所主张者为绝对之是而不容他人之匡正'的态度来作'訑訑'之相了。"③ 中国文学要想兼顾古今，就难免牛体马用之讥。就此而论，马裕藻的新旧之论反而有先见之明。如果当年多一些包容，现在自然就会少了几分尴尬。

作为解聘风波主角之一的林损，其学行究竟如何，是把握解聘及马裕藻竭力维护行为是非曲直的重要参证，对此立场各异者言人人殊。同门马叙伦称："攻渎之学，受于介师（指陈黻宸）及师之从子孟聪（陈

---

① 参见刘小云《学术风气与现代转型：中山大学人文学科述论（1926—1949）》，三联书店，2013。

② 刘北汜：《忆朱自清先生》，《新文学史料》1982 年第 4 期，第 215 页。

③ 钱玄同：《钱玄同文集》第 6 卷，中国人民大学出版社，2000，第 75 页。

怀）。学不醇而长于诗文，倚马千言。八叉成诵，洵不虚也。其文畅达，位置当在魏叔子、邵青门间，时亦有汪容甫风格；诗则才华斐瞻，深于表情。"① 陈黻宸清季即在京师大学堂掌史席，太炎门生以外的浙江籍教授，与之多有关系，被胡适视为北大温州学派的主角。陈独秀改革北大文科时，陈黻宸的看法与黄侃相似。而黄侃在同门中虽然脾气古怪，学问却是最好。黄侃与林损关系甚佳，曾与之诗酒唱和。林损任教东北大学期间，还举荐黄侃应东北大学教授之聘，两人朝夕切磨，情谊益深，所谓"辽东充隐日，携手每同车"，"对坐忘君我，时时苦诤论"。后林损不安于上海交通大学教务长之职，颇感孤寂，黄侃又为之在中央大学、金陵大学等处联系教职。其侄林尹（景伊）从学黄侃，并娶黄侃甥孙女为妻。林损辞职后，黄侃以其下期行止靡定，颇以为念，再为其谋中央大学教职，对林颇为敬重。

　　黄侃好骂人，对门下士尤其严厉。林尹与之相处，"恐不胜骂而不堪其骂也"，特请林损即来一函。② 能够降得住黄侃，当然不会是等闲之辈。虽然胡适对北大的温州学派相当轻鄙，蒋梦麟视林损为改革的障碍，可是后者离开北大后，中山大学、河南大学、中央大学等校争相聘请，私谊之外，总有学问的根基。从胡适、刘复等人的西式标准观念，自然很难领悟林损一类学问的佳境胜处。这也是马裕藻反对急进改革、主张缓进的重要原因。其坚持新旧并用，意即随时间自然协调演化，不必主观强求一律。

　　林损进北大甚早，曾以一人之力，办一刊物，名曰《林损》，内设若干栏目，所发表的文章，全是他自己的作品。此事堪称近代中国报刊史上的一桩奇事。五四前后，他对趋新与守旧均不以为然，以为学无所谓新旧，更无须调停，唯求其是而已，并与其兄林辛（次公）、师之从子陈怀等人创办《惟是学报》，倡捐新旧文化之争。吴宓曾与之久谈，即"甚佩其人。此真通人，识解精博，与生平所信服之理，多相启发印证"。③ 类似的评语，吴宓只给过陈寅恪。2002 年，台北读册文化事业有限公司出版陈镇波所编

---

① 马叙伦：《石屋馀沈·林攻淏条》，参见张宪文整理《林公铎藏札二十九通》，《文献》1992年第 3 期，第 163 页。

② 以上参见张宪文整理《林公铎藏札二十九通》，《文献》1992 年第 3 期，第 168、169、174—175 页。

③ 吴宓：《吴宓日记》第 3 册，吴学昭整理注释，三联书店，1998，第 59 页。

《林公铎先生全集》一、二册，可惜有始无终。2010 年，黄山书社出版了陈镇波、陈肖粟编校的《林损集》，林损一生的著述，大体完璧。无论当年北京大学如何取舍，历史终究应验了马裕藻的主张，还各人应有的地位。

五　消沉与发奋

风波过去，胡适兼北京大学中国文学系主任。1934 年 7 月 13 日，《申报》刊登蒋梦麟的谈话，称："对聘请教授亦取人才主义，不论私交，亦不顾与学校历史之久暂，纯以其个人能否及肯否负责教授为转移。……故今年对老教授之解聘者，亦所难免。"① 算是北大校方对国文系解聘风波的正式结论。林损离开北大后，任中央大学教授。10 月 11 日，朱希祖在南京应缪凤林宴，与林损同席，忆及民国六年蔡元培长校北大，在教员休息室戏谈卯年生的朱希祖、陈独秀为老兔，胡适、刘文典、林损、刘复等为小兔，如今各人或死或走，"独适之则握北京大学文科全权矣。故人星散，故与公渎遇，不无感慨系之"。② 感慨之中，透露出对胡适、傅斯年之类学术官僚把持学术的不满。

对于北大教授解聘辞职风波，钱玄同的立场显得有些尴尬，仅于 4 月 18 日在日记中记了一句："今日报载北大教授林损下半［年］将辞退，他即先行辞职，蒋梦麟又说下半年中国文学系主任由适之兼任云。"③ 林损离京之时，马裕藻因为传达消息的人误会，不知具体时间，未能到车站话别，为此颇感歉疚，特致函说明缘由，并谓："中央大学之聘，先生已经接受，在平同人，闻之甚快。季刚与先生终属同志，尚希善为处之。直率之词，幸勿见责。"④ 要知道马裕藻懒于笔墨，不仅是著述，连写信也是尽可能从简。列名的通函通电，大都出自他人手笔。即使同门之间通函，有时也只是附在他人之后，一句话表示己意同上。围绕林损的解聘，可以说是马裕藻平生诉诸笔墨最多的事情了，由此可见他的极为郑重其事，也可见此事对他的影响之大，非同寻常。

---

① 《蒋梦麟将赴欧参观教育》，《申报》1934 年 7 月 13 日，第 4 张第 14 页，"教育消息"。
② 朱元曙、朱乐川整理《朱希祖日记》上册，第 414—415 页。
③ 杨天石主编《钱玄同日记（整理本）》（下），第 1005 页。
④ 张宪文整理《林公铎藏札二十九通》，《文献》1992 年第 3 期，第 176—177 页。

1936 年，林损从林尹来函得知，马裕藻向他"备述相忆之情"，特致函告以近况："二年以来，师友崩逝，天命所寄，不可无撑柱者。弟四次大病，幸而不死，然忧患所萦，自顾茕然，日下灯边，讲《易》而已。读书万卷，不能疗饥，纵能疗饥，如此世界何！纵能经营，何如世界！世界无恙，如此道义何！"① 虽然与马裕藻同病相怜，却一如既往地抒愤懑。

下台之后，马裕藻仍然如常参与各种宴会之类的应酬。按照 1935 年度北大文学院公示的课程安排，马裕藻继续在中国文学系担任经学史、清代韵学书研究以及专题研究（二）声韵学专题研究等课程。② 实际上，这些课程是由他人分担。7 月 13 日，魏建功从马廉（隅卿）处打电话嘱钱玄同往谈下半年北大事，据云："今日晤适之，知幼渔之功课，一年之声韵由魏任，清代韵学书研究由钱任（钱：沿革二，古音二也），不知师大许可否？因今年教部对于北、师、平诸大之训令，均有院长、主任绝对不得兼课之言也。"③ 8 月 25 日，魏建功又告诉钱玄同，"北大已决定将'音韵学'一门分为△组，历史方面为三类，钱—黎—赵教之也"。④ 失去系主任的位置，马裕藻也不再任校务委员，只担任新设的毕业考试委员会委员，其他校级组织均退出。保留国文系教授之外，还在文科研究所中国文学部任中国声韵学指导教授。7 月，北大发布名誉教授名单，沈尹默、沈兼士、钱玄同、马衡、朱希祖等榜上有名。按规定，名誉教授只授予兼任者，马裕藻仍是专任，不得列名其中。

学生方面，对于急进改革的方式及其成效未必认可。1936 年新生入学前夕，有署名"大嫂"者为《北大迎新特刊》撰文介绍"文学院概况"，其中关于国文系如此说道：

> 国文系的主任，也就是我们文学院院长胡适先生。妹妹们，谁不知道胡先生是"白话文运动的开山老祖"和"五四运动"的老将呢。他二十年的努力，的确替学术界开了些新的风气，替中国文学换了一套新的衣裳。不过有人说他现在有些"倚老卖老"了。他的胡氏学说有些

---

① 张宪文整理《林公铎藏札二十九通》，《文献》1992 年第 3 期，第 185 页。
② 王学珍、郭建荣主编《北京大学史料》第 2 卷中册，第 1163—1165 页。
③ 杨天石主编《钱玄同日记》（整理本）下，第 1023—1024 页。
④ 杨天石主编《钱玄同日记》（整理本）下，第 1034 页。

都是胡说，他不但不往前跑，而且向后转了。他是很会笑的人，平常的时候，脸上常浮着一层轻浅的微笑，并且有时还会哈哈大笑。他自称是自由思想家，不过我告诉你们可不要太相信他的话，而过火的"自由"起来。他一翻脸你们可就吃不了的兜着走了。最好是"不可不自由，不可太自由"。北大的国文系，分为纯文学组和语言文字组。文学组所设科目，都是些文学史各断代的散文和韵文。语言文字组的科目，大部分是继承清代朴学的衣钵，主要的是文字学音韵学，一小部分是训诂和校勘。[①]

至少从公布的课程表看，北大国文系相比于之前很难说有多大改变，可见改革的重要目的是换人而非易事。当然，换了人，同一名目之下所讲的内容或许大不相同。

大学教育的根本目的是要培养人才，革新整顿，当以此为皈依。北京大学以首席国立大学的优势地位，出人才是理所应当的事，只是民初以来，风雨飘摇，动荡不宁，人才培养的成效未能与其地位相符。改朝换代之后，北大国文系收效并未彰显，从近年坊间列举的北大中文系百名优才看，所出人才至少不见得比此前多且好，甚至不如从前。抗战期间西南联大被视为浴火重生的奇迹，可是过度夸大就难免变成神话。

自从民元长校浙江第一中学因风潮鼓动被迫下台以来，北大解聘教员之事让马裕藻再度遭遇了人生的滑铁卢。眼看同门先后离开北大，孤立无援的他无力抗拒，只能接受现实，曾经公开表示的当以去就相争也不能坚持到底。他离开校系学术行政的位置，一度相当落寞消沉，暂停上课便是消极抗议的表现。章门弟子大都不能长寿，此时马裕藻已经年近花甲，血压高，又有腰伤，有时因病连应酬也不能参加。[②] 但病好则如常，甚至一晚赴两处宴会。他还是北师大的名誉教授，并继续参与孔德学校事务。[③] 只是对于北大的事较为淡漠，倒是钱玄同曾请其担任北师大国文系毕业试验的校外监考委

---

① 王学珍、郭建荣主编《北京大学史料》第 2 卷中册，第 1701 页。杨翠华专文正面评述了蒋梦麟此番改革的成效，不过主要就理科着眼，未及人文社会学科。参见杨翠华《蒋梦麟与北京大学，1930—1937》，《中央研究院近代史研究所集刊》第 17 期下册，1988 年 12 月。
② 杨天石主编《钱玄同日记（整理本）》（下），第 1050 页。
③ 杨天石主编《钱玄同日记（整理本）》（下），第 1055 页。

员。钱玄同编辑刘师培和章太炎的文集，他也参与其事。马裕藻与钱玄同来往较多，与周作人也有所联系。钱玄同与马裕藻私交甚笃，自称经常到马家"骗饭"。1934 年 7 月 30 日，马裕藻高堂病笃，即电话请钱玄同前去制礼，而又规定除废跪拜和改良讣文外，一切从俗。8 月 6 日钱玄同前往吊孝，9 日又去写铭旌。①

1935 年 10 月 10 日，钱玄同见报载黄侃于两天前逝世，私下论道："平心而论，余杭门下才士太少，季刚与逖先，实为最表表者，若吴处士辈，腐恶兼具，何足算哉！"② 钱与吴承仕交恶，所论偏于一端，但也大体可见马裕藻在他心中的学术位置。10 月 30 日，钱玄同收到马裕藻寄示的所编《经学史讲义》目录及第一章，大为感慨："他笔墨比我更懒得多，今竟奋起编讲义，且用白话为之，余可不勉夫？不知这一学年中，我能否讲［编］一部分国音沿革讲义焉耳？"③ 马裕藻发奋编讲义，一方面是对辞职风波迫不得已的积极回应，另一方面则是响应黄侃逝世后章太炎催着门下赶紧动手著述的呼吁。可惜为时已晚，11 月 28 日，他的脑病（癫痫）、腰伤再度发作。12 月 4 日，据说一度神志不清，次日好转。12 月 9 日略好，15 日精神颇好，28 日居然可以下床走几步。到 1936 年 2 月 14 日，马裕藻病愈，开始重新上课。④ 此后他与钱玄同走动日多，但是编讲义一事却就此搁置下来。⑤

中国历来读书治学，讲究为己之后为人，能够承接前人已有而仍有余力发明，才能有所著述，否则述而不作。章门弟子大都谨守途辙，不轻易著述。1916 年 2 月 3 日，钱玄同在沈尹默处遇康心孚来索《中国学报》稿，剖明心迹道：

> 余告以当世学者，本师以外尚有廖季平、刘申叔诸先生，珠玉在前，则糠秕固不足以登载。余不愿在报馆撰文，实有三［二］故，（一）年来虽略略问学，顾均取诸人以为善，如小学，大体古人取自段

---

① 杨天石主编《钱玄同日记（整理本）》（下），第 1027、1028、1029 页。
② 杨天石主编《钱玄同日记（整理本）》（下），第 1144 页。
③ 杨天石主编《钱玄同日记（整理本）》（下），第 1150 页。
④ 杨天石主编《钱玄同日记（整理本）》（下），第 1159—1160、1161、1163、1167、1179 页。
⑤ 马裕藻偶尔会向师友赠书，不过都是别人的著作。

玉裁、朱绶章，取自本师。古今音韵之条例，古人取自江永、陈澧，取自季子。道术大原，古人取自庄子，取自廖季平。群经义训，古人取诸董仲舒、刘向、何休、刘申受、陈朴园、邵位西，取诸廖季平、李命三、康长素、崔先生。而治身心之学，则远师古人，以新安、姚江、博野为墣。己无心得，何必抄袭古人成说。（二）若不问是非，专务驳难古人，穿凿牵强，如昔之毛西河、袁枚，今则湘江著《翼教丛编》，刻《玉房秘诀》之某伧者，余虽不肖，尚不屑为。兼以余之治经，宗孟、荀、贾、董迄刘向以来之说，排斥新室以后之伪古说，同人中颇有以师未死而遽背，疑为故立异论，以为逢蒙杀羿之举。在余虽自信不敢党师门而妒道真，求学惟求心之所安，然三人成市虎，人言亦殊可畏，故宁藏拙而不登也。①

虽然钱玄同认为太炎门下才士太少，又指马裕藻比自己笔墨更懒。其实后者倒是一位有些老派的读书人，他好收书，范围很广，历代各类文籍，包括晚清报刊亦予购置，遇到难得的本子无缘入手，还会雇人抄书。从留学日本时起，钱玄同等同门就每每向其借书，直到晚年依然如此，如《民报》、刁汝钧《敦煌变文俗字谱》稿本等。见得多，虽然受人点拨不够，见识未必高明，但也不会人云亦云或是全然外行话。这与今日下笔千言离题万里的海量论著有天壤之别。

在欧风美雨的侵袭之下，近代学人能够始终如一者如凤毛麟角，少年成名的梁启超不得不以今日之我与昨日之我战，胡适于不动声色间大幅度调整学术取法和观念，傅斯年留欧前后学术也发生180度转变，王国维、刘师培乃至章太炎都不免悔其少作。章太炎与支那内学院结缘后，晚年还嘱咐弟子编文集时将其中谈佛学的部分全行删除，以免门外文谈之讥。与其在出手不凡与保持晚节之间纠结，留有以待反不失为明智的选择。由此可见，即使从学术角度看，马裕藻在北大国文系长盛不衰，绝非浪得虚名，更不是尸位素餐。

1937年抗战爆发，北大南迁，有4位教授因有难处不能离开北平，名为北大留校教授。马裕藻为其一，另三位是孟森（心史）、周作人、冯祖荀

---

① 杨天石主编《钱玄同日记（整理本）》（上），第283页。

（汉叔）。钱玄同亦滞留北平，与马裕藻仍然走动，谈论古音问题，办理孔德学校事务。"幼渔谓江慎修之入声甚好（《古韵标准》），而阴去声大不高明，且不与入声衔接，尚不逮顾。盖彼与顾不同，彼对于入声仍是从阳声着手也。其说甚是。"① 其间钱玄同的身体日渐差，原来多是他去马裕藻处，现在反而多是马裕藻来访。不时也还有饭局之类的应酬。

在沦陷区挣扎求存，生理与心理的压抑痛楚非亲历其境者难以体察。4位留校教授，孟森1937年年底即故去，冯祖荀在伪北大任教，周作人则落水做了汉奸，只有马裕藻始终闭门不出，坚持到1945年过世。仅此一点，可以说北大虽然曾负于马裕藻，马裕藻绝不负北大。北大所著校史，不宜为避免与伪北大的纠葛而对留平人员视若无睹。

中国虽然历来重视地望，有为乡贤立传的传统，但是由于统一期长，大小文化长期并存互渗，所谓地方名流，包括籍贯与居处两种，后者往往具有更大范围乃至全国性影响。清朝实行避籍制，当地之绅与外出之官尤其是京官，互为奥援。清中叶后，省籍日见凸显，旅外同籍在居处的联系日益紧密。这种地域性的同乡关系，不仅形成了绍兴师爷、蓝田厨师之类的行业性社会网络，而且也助推浙籍学人在民国时占据学界要津，引领时代风气，声势一时无两。因此也导致与他籍人士产生心结，以致引发摩擦冲突。至于和原籍的联系，则因人而异，如朱希祖对海盐人事的关注和介入就较马裕藻对鄞州的关注为多。如果研究乡贤局限于原籍，难免流于乡愿之学，过度强调籍与贯，反而可能贬低他们的历史地位与作用。

近代以来，学术界好以打倒前人，树立自我，成为一种扬名立万、行之有效的方式。世风与学风变化之快，与此紧密相关。在此过程中，新旧只在转念之间，革那些曾经革过别人命的人的命，不仅在所难免，而且势所必然。只是如此这般频繁地长江后浪推前浪，未必能够江山代有才人出，不过是你方唱罢我登场而已。学术的翻云覆雨，或许能够造成一时之闻人，却难以推出百代之英才。大浪淘沙过后，各自的学术地位终究会水落石出。后来者重新审视学人与学术的历史，不要仅仅被半桶水的咣当和倏起倏落的潮头所吸引，否则非但看不出历史的本相，还难免自曝其短。

这一桩学界公案之所以聚讼纷纭，缘于今人治学，往往株守一人一事，

① 杨天石主编《钱玄同日记（整理本）》（下），第1294页。

研究某人即只看某人的直接材料，进而以某人的眼界为眼界，再进而以某人的是非为是非。结果，所谓研究，无非是延续前人的观念及其判断，继续彼此的相争。身处山中，自然难识庐山真面。还原事情的来龙去脉，可见历史上的人事，当事者各执一词，各说各的理，而所说之理往往又此一时彼一时。偏听偏信，既不能近真，又无法明理，或无知无畏，一往无前，或今是昨非，流质善变。一时的道理和一面的意见，固然是史事的一部分，但不等于就如此说或皆如此说。所谓兼听则明偏信则暗，治史尤其应当注意。这并非相对主义，而是历史本来就是有条件的相对而言，没有绝对。

尤有进者，近代中国的知识人，包括主张自由者，仍然多以是非定存废。他们非但不会捍卫异己的权利，反而利用所掌握的权力千方百计剥夺对方的权利。只有在维护自己或与己利害一致者的权利时，才会利用自由的功能，作为抗争的凭借。在此环境下，近代中国的大学如何行政，其实是两难之事，令人相当困扰。民主制是长效机制，乱世纯用民主，难免动荡不宁。而行政主导如果过于强势，加之居高位的学术官僚往往自认为具有高瞻远瞩的学术眼界和判断力，又将学术发展与个人在其中的作用相混淆，而戴上为国为民的堂皇冠冕，很容易导致以一己之见决定学术发展的取向做法及轻重缓急。虽然短期内看似有效，却是南辕北辙而不自知，于学术的发展害莫大焉。待到后人评论千秋功罪，四面看山，还原历史真相，已经时过境迁，物是人非，追悔莫及了。好在南京国民政府教育部尚未定于一尊，各校还有自行其是的空间。只是所谓百年树人，一时间难以验证，花样繁多的各种教育改革，到头来究竟于养成人才贡献几何，大都难言成功，倒是改革者轮番登台献艺，种种旨在博取时名其实是欺世盗名的出乖露丑表演，令来者不胜唏嘘。

〔桑兵，中山大学历史学系〕

赵叔孺艺术交游网络及其
与地方传统之关系初探

陈　野

摘　要　民国时期旅居上海的鄞县望族子弟、著名艺术家赵叔孺，艺术成就斐然。以其为纽结，通过弟子、艺友、乡邻等人际关系，构筑起以上海为中心，涉及浙江鄞县和福建等地的艺术交游网络，集聚起巨大的艺术能量，循着艺术活动、师徒传承、乡里亲情、社会活动等路径，回流鄞地，反哺故乡，在鄞县地方传统建构中起到内生滋养、陶冶培育、超越引领的重要作用。

关键词　赵叔孺　艺术交游　地方传统

民国时期的艺术界大家辈出，且较为集中地聚居于开埠后商业繁华的上海。赵叔孺以书法、绘画、篆刻、鉴定的精深造诣享誉沪上，与吴昌硕比肩而立。时移世变，赵叔孺艺名沉潜，知者不多，论者寥寥。加之赵叔孺以书画篆刻为业，作品精而稀见，文字著述更少，故此有关他的史料很少，现有资料中也存在不少因疏于考证而存在的错讹、模糊之处，给研究带来较大困难。赵叔孺与吴昌硕在近代中国艺术史上的不同遭际与悬殊的地位差距，既有两人不同作为与性格等方面的原因，更与百多年来时代精神、社会旨趣、审美取向和创作风格相关。因而对赵叔孺的研究，颇具艺术史与社会史的双重意趣。但因相关研究基础极其薄弱，故本文拟就目力所见，缀拾可及之吉光片羽，汇采前贤之研究所得，就赵叔孺在上海时期的艺术交游活动及其与故乡鄞县地方传统建构之间的互动关系，做粗浅研讨，以期为深入研究提供初步基础。

一　赵叔孺的艺术成就及其艺术史地位

赵叔孺（1874—1945），宁波鄞县人，出身于官宦家庭，且为南宋宗室后裔，四明望族。其父名有淳，以避清同治帝名讳，更名佑宸，号粹甫，[①]位至大理寺正卿，称廷尉公。曾以名翰林简放江苏江宁府，次年调署镇江府。镇江古称润州，故其父名之为润祥。后名时棡，字献忱，号叔孺。[②] 因晚年获东汉延熹年间和蜀汉景耀[③]年间的两张弩机，故自称二弩老人，名其斋为二弩精舍，并著《二弩精舍印谱》。清光绪十年（1884），赵叔孺随父入都，受业于李枚士明经之门读经书。光绪二十四年，赵叔孺分发福建，历署福州平潭海防同知、兴化府粮捕通判、泉州府海防华洋同知、福州府海防华洋同知等职。其岳丈林寿图为闽中巨富，收藏金石书画甚丰。赵叔孺在闽期间，于林氏府邸钻研金石书画，深究三代吉金文字、唐宋元明古迹。辛亥鼎革，赵叔孺由闽入沪定居。此后，即以印石篆刻、售卖字画为生，毕生致力于书、画、篆刻创作研究和古代文物鉴识。

（一）赵叔孺艺术成就述要

1. 绘画成就

赵叔孺绘画以少而精著称，擅长画马；所绘山水花卉、翎毛草虫，师法造化，注重象形。时人评为："所写马，斟酌龙眠、沤波，山水绝似元贤，

---

① 《四明赵氏宗谱》记为："字瑞甫，又字瑞辅，号蕋史，又号粹甫，晚号遂翁。"天一阁藏1926年乐活堂刊本。

② 张奕辰：《关于印坛巨擘赵叔孺先生》记为："赵时棡（1874—1945），初字献忱，后易名时棡，字叔孺，号纫苌。"见2015年5月27日《东方早报》。今从张原炜《鄞县赵叔孺先生传》，赵鹤琴等编《鄞县赵叔孺先生遗作展览会特刊——赵叔孺先生遗墨》，香港，1956，第1页。此特刊承蒙宁波赵裕军先生慷慨赠阅，诚致谢忱！

③ 笔者所见张原炜《鄞县赵叔孺先生传》等有关赵叔孺研究的资料和论文，基本将此两张弩机记为"东汉延熹""魏景耀"年间。按："景耀"为蜀汉年号，故将"魏景耀"改为"蜀汉景耀"。

花鸟则兼宋法，浑厚之气，敛入毫芒。"① 赵氏之画，散于各藏家，以宁波当地藏家收藏最为集中。现一纸半缣，已不可多得。

2. 书法成就

赵叔孺书擅四体，行楷出入赵孟頫、赵之谦，恬静雅洁；篆书得力于李斯、李阳冰，平稳圆转；隶书融会两汉，有秀逸之趣。所写小篆楹联条幅，珠圆玉润。所临摹碑帖，亦均能得其神髓。他平时即常诫嘱学生及子侄辈，要求他们临摹古迹，既要能酷肖，又需得神韵。

3. 篆刻成就

赵叔孺于艺事几乎无所不窥，从先秦至清末，淹博通达，而于篆刻用力最勤，成就最高。赵叔孺活跃于海上印坛之初，正是吴昌硕声誉如日中天之时。他宗法秦汉，参研宋元，精研古金石学，究心三代彝器文字，承赵之谦家法，取精用宏，以自己独特的赵氏风格，营造出渊雅、典丽、恬静的气象，篆刻乃臻上乘，时人推为二百年来叔孺第一。朱文印"月上簃"为其晚年代表作，浑厚圆融，天趣横溢；四面边款《月上簃小记》，笔画苍劲，臻于炉火纯青之境。曾刊行《二弩精舍印谱》六卷，内有自刻印三百钮，为其代表作品。

4. 艺术收藏

赵叔孺是收藏大家，庋藏有珍贵的彝器宝鼎、法书名画。由于他收藏富、阅历深、鉴别力强，深受海内藏家信任和推崇。张大千评为："鼎革以还，海内遗老流人名士，咸集上海，而南北所藏名迹宝墨，亦先后来萃。先生尤精鉴别，几法绘名书，无不以得先生一言为定。"②

（二）赵叔孺艺术史地位简评

赵叔孺生前即已获得书画篆刻各方面多种声誉。他自幼即以画马得名，获福建林寿图青睐而被择为东床快婿。在上海时其画马之作称誉画坛，时人有"一马黄金十笏"之称。他的绘画作品，与吴湖帆的山水、冯超然的人物、吴待秋的花卉并称"四家绝技"、民国绘画"海上四大家"。沙孟海曾

---

① 吴子深：《浙东赵叔孺先生遗墨展览引》，赵鹤琴等编《鄞县赵叔孺先生遗作展览会特刊——赵叔孺先生遗墨》，第 4 页。

② 张大千：《赵叔孺先生遗墨序》，赵鹤琴等编《鄞县赵叔孺先生遗作展览会特刊——赵叔孺先生遗墨》，第 7 页。

评其篆刻为："赵氏所摹拟，周秦汉晋外，特善圆朱文，刻画之精，可谓前
无古人，韵致潇洒，自辟蹊径。"[1] 他在当时被誉为与吴昌硕比肩而立的印
坛巨擘，"若安吉吴氏之雄浑，则太阳也；吾乡赵氏（时枫）之肃穆，则太
阴也"。[2] 赵叔孺弟子、著名篆刻家陈巨来对此也有评述："迩来印人能臻化
境者，厥惟昌硕丈及吾师赵叔孺先生，称一时瑜亮。"[3]

　　如果说诸家评论尚带有主观色彩的话，我们还可从当时篆刻石章的润金
标准中一窥其情。

表 1　民国时期上海篆刻石章名家润金一览

印人	赵叔孺	邓散木	童大年	马公愚	王福厂	方介堪	吴仲垧	唐源邺	马万里
润金（元）	5	5	3	3	2	2	2	2	2

印人	张金石	邹梦禅	来楚生	钱君匋	王景陶	赵林	任淇	吴振平
润金（元）	2	1	1	1	1	1	1	1

　　表 1 为孙慰祖根据 1935 年《西泠印社潜泉印泥发行所出品目录》
和 1936 年《宣和印社出品目录》所刊印人润例而制。[4] 另据陈巨来的朋
友回忆，赵叔孺"所订润格为石章每字银圆六元，其他铜、玉、翡翠、玛
瑙、鸡血、田黄则依质倍增。其入室弟子陈巨来那时的石章不过每字一
元"。[5] 这些记载，可以从另一个角度反映赵叔孺当时的艺术地位和社会
影响。

二　赵叔孺艺术交游网络中的人际圈层

　　赵叔孺于辛亥后定居上海，鬻艺为生，成就斐然，又乐于交往，家中常

---

① 沙孟海：《印学概论》，载第 27 卷第 2 号"中国美术号·下"。
② 《沙邨印话》，朱关田总编《沙孟海全集·印学卷》，西泠印社出版社，2010，第 201 页。
③ 陈巨来：《安持精舍印话》，赵鹤琴等编《鄞县赵叔孺先生遗作展览会特刊——赵叔孺先生遗墨》，第 59 页。
④ 孙慰祖：《保存文脉与艺术家的生存——民国海上篆刻群体的递承与经济生活》，《上海文博论丛》2006 年第 12 期。
⑤ 周劢：《陈巨来与浙派篆刻家》，《书法》2012 年第 2 期。

常高朋满座，"公之寓，座客常满"①。由此自然成为纽结，构筑起以弟子、艺友、亲戚、乡邻、同僚、朋友及其他社会关系为不同圈层的艺术交游网络，开展创作、教育、鉴赏、品评、交流等艺术活动。据现有文献分析，赵叔孺最为常见的交游往来，主要可分为弟子、艺友和社会人士三大圈层。但此三者之间，也并非判然不可互见，既是官员又是藏家等各色人等、既是金石家又是书画家甚或还是诗人词家等各种身份的交叉重叠，也多有所见。

（一）师徒授受的交游圈层

赵叔孺艺名高扬，慕名求教、愿执弟子礼者接踵而至，形成了一个颇具规模、自成一系的金石书画艺术师徒授受群体，蜚声海上。赵叔孺曾率领门人于1942年在大东画厅、1944年在宁波旅沪同乡会画厅两次举办"赵氏同门金石书画展览会"，轰动艺界，社会反响热烈，显示了他在艺术教育上的卓越成就。

1. 关于及门弟子的人数

《鄞县赵叔孺先生遗作展览会特刊——赵叔孺先生遗墨》收录的《赵氏同门名录》，记有60名弟子。此"名录"是目前可见的最为详细的弟子名单。其中的著名者，有陈巨来、方介堪、徐邦达、沙孟海、赵鹤琴、厉国香、张鲁庵、张雪父、应昌期、沈叔羊等人。

但是，这份"名录"也并非绝对完整和权威，当事人、时人和后人对之都有一些不同说法和补充。例如，沙孟海虽然早年在沪期间确实出入赵叔孺、吴昌硕门下学印，但他本人并不认为自己是赵叔孺的"正式门生"："赵叔孺先生是我的同邑前辈，早年学印，曾请他指导，但非正式门生。"他同时也否认自己是吴昌硕的"正式门生"："后来我从吴缶老问业，实际也不是正式门生。我平时不多治印，也不专师某一家，造诣至浅，没有什么成就可言。"②

另有研究者考证认为："文坛前辈郑逸梅先生考证，叔孺先生欲符孔子杏坛之数，有弟子七十二人。根据笔者搜集到的资料，几近七十人，再加上

---

① 宋哲允：《孺公嘉言记》，赵鹤琴等编《鄞县赵叔孺先生遗作展览会特刊——赵叔孺先生遗墨》，第47页。

② 朱关田总编《沙孟海全集·书信卷》，第167页。

遗漏的，七十二弟子之说当属可信。"① 也有认为："门弟子列籍者五十余人。"②

由于去时已久，特别是像赵叔孺这种私人授徒的教学模式，一般没有规范的入学登记、注册程序和制度。日常教学中，既有严谨的师徒关系和严格的学习要求，又有随意性、灵活性较大的相处方式，确实很难明确界定"入门"与否，进而统计确切弟子人数。据笔者目前所知，在《赵氏同门名录》所记弟子之外，有研究者认为朱复戡、马公愚、钱君匋、吴泽、秦康祥等人也是赵叔孺的及门弟子。③ 在陈巨来《安持人物琐忆》所记赵叔孺七十寿辰大庆时的弟子寿金名单上，尚有方九霞银楼老板裘荫千之名。④ 如此数端，均尚待细考。

2. 弟子的主要成就

赵门弟子是近代篆刻书画史上卓有成就的一个群体。弟子受业的基本情况及著名者，赵叔孺的弟子程祖麟曾有过概述："巨来介堪二兄之篆刻，誉满艺坛，南北书画耆宿所用印，均出两兄手。而巨兄之元朱文，咸称海内第一。鲁盫兄精篆刻，收藏历代印谱甚富，刊行专册，嘉惠士林，自制鲁盫印泥及刻刀，品质精良，一时无双。邦达子燮二兄，精山水，铸古镕今，赵门中允推独步。露园兄写花卉堪坍南田，篆刻媲美丁黄。子受兄之赵书，能承衣钵，且藏历代碑帖最夥。寿伯兄平生篆刻，工而且速，有万石楼之豪名，画梅高超，似王冕。鹤琴兄之绘画书法篆刻，功力精深，惟自号藏晖，处处谦抑，意在自娱，不乐表扬，故知者尚鲜。其他同门，也各有擅长。"⑤

以其大弟子陈巨来为例，陈巨来是赵门弟子中声名最著、成就亦最高

---

① 虞浩旭：《艺林泰斗赵叔孺述评》，《浙东文化》2003 年第 1 期。

② 张原炜：《鄞县赵叔孺先生传》，赵鹤琴等编《鄞县赵叔孺先生遗作展览会特刊——赵叔孺先生遗墨》，第 2 页。

③ 周劼《陈巨来与浙派篆刻家》（《书法》2012 年第 2 期）记朱复戡、马公愚、钱君匋三人为赵叔孺弟子。俞建伟、蒋华《近现代甬上篆刻名家析评》（《书法之友》1999 年 11 期）记吴泽、秦康祥为赵叔孺弟子。

④ 陈巨来：《安持人物琐忆》"赵叔孺先生轶事"条，《书法》2005 年第 10 期。另，赵鹤琴等编《赵叔孺先生年谱》"十八年己巳"条亦记"裘荫千来学"，赵鹤琴等编《鄞县赵叔孺先生遗作展览会特刊——赵叔孺先生遗墨》，第 22 页。

⑤ 程祖麟：《吾师言行记》，赵鹤琴等编《鄞县赵叔孺先生遗作展览会特刊——赵叔孺先生遗墨》，第 45 页。

者。原名署，字巨来，以字行，晚号安持老人，斋称安持精舍，浙江平湖人。陈氏于民国十三年（1924）拜于赵叔孺门下，为赵氏之首徒，以善刻圆朱文印称誉于时。赵叔孺曾为其印题边款称："陈生巨来，篆书醇雅，刻印醇厚，元朱文为近代第一。"张大千、吴湖帆、溥心畬、叶恭绰等所藏国宝之收藏印，多出陈氏之手。[①] 小篆细朱文到了清末民初分成两个体系。一者为相对传统的圆朱文，一者为铁线篆。前者即以赵叔孺、陈巨来师徒为代表，其艺术成就由此可见一斑。

除上述业有所成外，赵门弟子的另外一个特色就是身份多样。除专业从艺者外，尚有银行经理、钱庄阿大（如叶蘩青）、名人之后（如沈钧儒之子沈叔羊）、医生（如程祖麟）、朝鲜女学生、青楼女画家、留学生等，俨然具有"有教无类"的广泛性，当然也不乏挂名弟子和附庸风雅者。

（二）艺术家间的交游圈层

作为开埠的大都市，上海市民阶层新兴，商业氛围浓厚，繁华和实利诱惑着、吸引着大批书画家来此寻找博取名利的机会。遗老遗少在此聚集，富商大贾附庸风雅，文化掮客穿梭往来，各种艺术展事迭出，艺术市场生机勃勃。出现了很多金石书画艺术团体，如贞社、海上印学社、金石画报社、海上停云书画社、绿漪艺社、寒之友社，以及上海美专、上海艺专、新华艺专、中国艺术大学等美术、艺术学校。上海渐成中国书画重镇。赵叔孺迁居上海后，潜心艺事，广交艺友，构建起一个由著名金石家、书画家、收藏家组成的具有深厚艺术造诣、高雅艺术品位和精湛艺术作品的艺术交流圈层。以其居沪时间之久、声名之响、交往之广来看，其交往艺友的人数和交游详情，远非今日所见史料所能全面呈现，只能就目前所见资料，略述如下。

1. 与篆刻家、书画家的交游

赵叔孺交游较为密切且著名者中，主要以金石家名世的有罗振玉、王福盦、丁辅之、褚德彝、姚虞琴、徐文镜、王壮为、李猷等，主要以书画家名世的有张大千、吴湖帆、吴子深、陈小蝶、冯超然、李秋君、顾青瑶、商笙伯等。张大千即自称：自弱冠即好出游，足迹遍于中国，远至日韩，广交

---

① 陈左高：《梅王阁主高野侯》，《上海文博论丛》2004 年第 2 期。

"豪杰瑰异之士","而旅沪往还尤密者,则鄞赵先生叔孺也",称自己与其"为忘年之交"。① 著名书画家、收藏家王季迁则云:"不才幸获交忘年,讲坛忝被春风足。"②

赵叔孺与金石家、书画家的交游,首先在于他本人篆刻、书法、绘画兼善,尤其被尊为金石学泰斗。故与这些领域的方家均有切近的创作交流。另外一个不同于一般书画家的特别之处在于当时对印章,特别是名家篆刻印章的需求。集聚于沪上的庞大的书画家群体,需要篆刻名章、闲章、肖形印等各种印章钤印画上,既为署名,更体现中国书画艺术"诗书画印"一体的审美意趣。此外,请著名篆刻家为其刻印,还是提高创作者知名度、提升作品价值、拓展市场接受度的重要手段。

2. 与收藏家的交游

赵叔孺交游较为密切且著名者中,收藏家有张珩、庞元济、蒋穀孙、龚心钊、王季迁、周湘云、程霖云、陈仁涛、朱省斋、林尔卿等。

晚清民初,社会动荡,文物散出,在市场上或私人间多有流通交易。其时的上海,既汇集各色书画文物宝迹,也集聚大量收藏家,更有因之而生的造假卖假,带来了极大的鉴定需求。

赵叔孺与收藏家的交游,主要有三个原因。一是他自己即为收藏名家,家中所藏金石鼎彝法书名画不乏精品。二是他长期浸润于古物世界,心摹手追,涵养出超绝的鉴赏眼光,深得时人信任。正如张大千所言:"鼎革已还,海内遗老流人名士,咸集上海,而南北所藏名迹宝墨,亦先后来萃。先生尤精鉴别,凡法绘名书,无不以得先生一言定。"③ 三是收藏家们需要在自己收到的书画作品上钤盖收藏印,对印章的需求原本就大。而像赵叔孺这样既是书画名家,又是篆刻宗师,还是鉴定的泰斗级人物,自是他们追逐的目标。在赝品充斥的书画市场上,对收藏家而言,拥有赵叔孺所刻的一方鉴藏印,甚至就是拥有了一张"护身符"和"真品"的"保证书"。此种效

---

① 张大千:《赵叔孺先生遗墨序》,赵鹤琴等编《鄞县赵叔孺先生遗作展览会特刊——赵叔孺先生遗墨》,第7、9页。

② 王季迁为赵叔孺先生遗作展览题诗,赵鹤琴等编《鄞县赵叔孺先生遗作展览会特刊——赵叔孺先生遗墨》,第13页。

③ 张大千:《赵叔孺先生遗墨序》,赵鹤琴等编《鄞县赵叔孺先生遗作展览会特刊——赵叔孺先生遗墨》,第7页。

应的流风遗韵，其影响绵延至今。例如，今见嘉德 2013 年秋季拍卖会上，有林尔卿收藏的明代文嘉《庐陵各景书画册》（册页）上拍，拍卖说明之一称："此作品经赵叔孺鉴赏，并由林尔卿题签。"说明中，还对赵叔孺做了详尽介绍推荐。林尔卿，江苏苏州人，为明华商业储蓄银行董事，与吴湖帆是世交，往来甚密。林尔卿每收得古书画，必请赵叔孺判其真伪。拍卖说明之三称："此册民国时为上海藏家林尔卿所得，赵叔孺曾经借观并钤印以示尊崇。赵氏为徐邦达先生入门之师，民国初在上海以善画及鉴古而颇富盛名，周湘云、林尔卿等收得古书画每倩其判真伪。此册在赵、林审定后，又经王季迁及上海博物馆专家过目并断为真迹，王氏及上博所编书画家印鉴曾采以为文嘉款印之范式，识者宜重之。"①

在上海这样一个艺术与商业高度交融的现代都市里，与收藏家的交游是赵叔孺艺术交游活动中一个内涵丰富、信息量巨大、颇具艺术史研究价值的领域，颇有深入发掘史料加以专题研究的价值。

3. 社会性艺术活动的参与

此类活动内容庞杂，例如各种金石书画展览、各类金石书画评审鉴定活动、民间金石书画团体雅集、艺术市场交易活动，等等。兹举两方面之例，以窥一斑。

一是参加重要评审鉴定活动。1934 年，英国以敦睦中英邦交、庆祝新王加冕为由，邀请中方在伦敦举办中国艺术展览会。1934 年 10 月，国民政府决定接受邀请并为此成立"伦敦中国艺术国际展览会筹备委员会"，负责参展文物的征集、鉴定、研讨、编目等工作。11 月，筹备委员会根据不同艺术门类，邀请艺术家成立各专门委员会。据当时参与此项活动的鉴定家陈定山回忆，当时参展的故宫文物，计分瓷、铜、玉、石、书、画六门，单是古画一项即有二百余件，装四十一箱。事先为此列聘专家，组织审查，共聘有庞莱臣、吴湖帆、张善孖、叶誉虎、张葱玉、徐邦达、王季迁、张君谋、狄平子、赵叔孺 10 人作为审查委员。获选委员的条件，均以收藏较富和有鉴赏能力者为限，画名的高下不在考虑之列，故如冯超然、吴待秋、王一亭

---

① 见雅昌艺术品拍卖网之"中国嘉德国际拍卖有限公司 > 中国嘉德 2013 年秋季拍卖会 > 重要私人珍藏（八）"，http：//auction. artron. net/paimai－art5040811849/，最后访问日期：2016 年 9 月 5 日。

等金石书画的知名前辈，均不在入选之列。① 此项活动自 1934 年 10 月始，至 1935 年 4 月编定选送目录结束，历时半年。② 1935 年 11 月 28 日至 1936 年 3 月 7 日，700 余件主要来自故宫博物院的文物（尚有来自中央研究院北平图书馆、河南博物馆、安徽省立图书馆等机构的文物），与其他来自欧美机构及收藏家的共计 3000 余件展品一起，在英国皇家美术学院百灵顿堂举行了展览活动。

二是代定金石篆刻书画润例。在报刊上为自己、艺友、弟子制定作品润例，是当时风行沪上的艺术界常规。《申报》《时报》《神州国光集》《墨海潮》《民国日报》等都有刊登润例的业务，篆刻家、书画家纷纷依托公共媒介、以拜请名人代定润例的方式，作为宣传推介手段，进行自我包装，进入艺术市场，彻底突破了历史上以私人介绍为交易主渠道的局限。吴昌硕、黄宾虹、张大千、吴湖帆等著名艺术家，甚至章太炎、蔡元培、经亨颐、于右任、陈布雷、吕公望等政界人士，也多有参与。赵叔孺也不能免俗，他不但自定润例，鬻艺为生，而且与其他艺术家一起，为自己的弟子、艺友和乡邻代定润例。笔者检索《近现代金石书画家润例》，赵叔孺曾分别与吴昌硕、吴湖帆、黄宾虹、王一亭、吴待秋、冯超然、叶恭绰、王福盦、丁辅之、马公愚、方介堪、庞元济、狄平子、谭延闿、顾麟士、商笙伯、蔡元培、朱家骅、于右任、陈宝琛、陈布雷、高野侯等各界人士一起，为童书业、谭家骏、陈巨来、陈子清、况又韩、唐肯、康和声、戴云起、谢师约等人代定润例。

例如，1929 年 10 月 26 日，与庞元济、狄平子、顾麟士、冯超然、叶恭绰、吴湖帆等在《申报》为陈子清代定润例；③ 1930 年 7 月 6 日，与陈宝琛、王一亭、冯君木、陈布雷等在《申报》为况又韩代定润例；④ 1931 年 5 月 16 日，与于右任、蔡元培、王一亭、谭泽闿、朱家骅等在《申报》为康和声代定润例。⑤ 这些活动既反映了赵叔孺提携弟子后进的拳拳之

① 陈定山：《春申旧闻》，台北，世界文物出版社，1978，第 149—154 页。
② 《国民政府选送故宫珍品参加英国展览目录·序》，http://www.cang.com/shop/1860802.html? aid=205686，最后访问日期：2016 年 9 月 6 日。
③ 王中秀：《近现代金石书画家润例》，上海书画出版社，2004，第 236 页。
④ 王中秀：《近现代金石书画家润例》，第 251 页。
⑤ 王中秀：《近现代金石书画家润例》，第 268 页。

心，也可见其交游的广泛性。并可从此交游圈层中，探寻一个活跃于集商业、政治、艺术、学术于一炉的海上艺坛的艺术家，如何于此繁杂网络之中平衡艺术与商业、人情、世俗的复杂关系，展开自己的日常生活和艺术创作，在激烈的商业竞争中获取艺术成就，谋得艺术史上的一席之地。

上述活动之外，与篆刻家、艺术家切磋技艺、交流创作、品评古物，为朋友乡邻篆刻绘制作品都是赵叔孺艺术交游中的常见活动。例如："九月朔，抚李龙眠《五马图》之一，吴待秋补树石，冯超然绘阗国圉者。"①

赵叔孺与艺术家之间广泛且频繁的交游，为他带来了艺术圈对他的高度评价。今以《鄞县赵叔孺先生遗作展览会特刊——赵叔孺先生遗墨》所载，选列以下数端，以见其在艺术界的影响。

四明赵叔孺太守，邃于金石之学，又擅写生，落墨高古，书卷之气盎然。——姚虞琴②

不独画马得名盛，花鸟鱼虫亦秀劲。还嗜金石缀斋头，古香古色生前膡。——王福庵③

先生虽以书画篆刻名海内，而专精独到，尤在金石刻。其治印，虽导源其家撝叔，旁及顽伯、牧父，然精意所注，尤在汉印，心摹手追，得其神理，寓奇诡于平正，寄超逸于醇古，非世之貌为狂怪险谲者所可望也。——张大千④

一老岿然起东浙，书画金石蔚三绝。……刻画能为古所难，裔皇渊雅立矩矱。——王季迁⑤

其所作书画印，渊雅宏正，瑰丽超隽，神妙独数，艺林仰之。

---

① 《赵叔孺先生年谱》"二十七年"条所记，赵鹤琴等编《鄞县赵叔孺先生遗作展览会特刊——赵叔孺先生遗墨》，第 23 页。

② 姚虞琴：《赵叔孺太守遗墨序》，赵鹤琴等编《鄞县赵叔孺先生遗作展览会特刊——赵叔孺先生遗墨》，第 6 页。

③ 王福盦为赵叔孺先生遗作展览题诗，赵鹤琴等编《鄞县赵叔孺先生遗作展览会特刊——赵叔孺先生遗墨》，第 11 页。

④ 张大千：《赵叔孺先生遗墨序》，赵鹤琴等编《鄞县赵叔孺先生遗作展览会特刊——赵叔孺先生遗墨》，第 7 页。

⑤ 王季迁为赵叔孺先生遗作展览题诗，赵鹤琴等编《鄞县赵叔孺先生遗作展览会特刊——赵叔孺先生遗墨》，第 13 页。

盖其抉秦汉之骨髓，吸宋元之精华，卓然成大家者，固已。——顾青瑶[1]

（三）与社会人士间的艺术交游圈层

艺术界外，赵叔孺的社会交往也极其广泛。因其艺名炽盛，"海内硕彦，竞相倾盖论交"[2]。例如罗振玉、高振霄、高络园、高野侯、龚心钊、沈钧儒、谭延闿、况周颐、冒鹤亭、章显廷、王伯元、陈训正、张原炜、张传保、冯君木、章云龙等人，都是赵叔孺时有交游的社会人士。但因史料不足，对于赵叔孺这方面的交游情况尚难做出系统梳理。现仅就其与社会人士的艺术交往，例如艺事的创作、鉴赏、研讨等作一简述。

当时上海汇聚了前清遗老、下野军阀、皇室宗亲、致仕官员、豪绅巨贾、富商买办、洋行职员、各路寓公等各方人士。他们中间，或因家族传承、养成背景，或凭天赋禀性、旨趣喜好，或为附庸风雅、投资牟利，不乏金石书画大有所好者、巨额消费者。因此优游、结交、攀附、受教于艺术家，以雄厚的经济力量赞助、支持、帮扶艺术家，甚至包揽艺术家的全部作品，都是日日演绎着的社会常态。陈巨来就曾坦陈，日伪时期，他刻印之名方盛，前北洋政府财政总长周学熙之侄周梅泉即请他刻印。那一两年间，陈巨来几乎全为周氏一人服务。周之要求，陈无一不允，原因就在于"其润从不少付"。

赵叔孺的成名，曾得力于罗振玉丰富的社会资源。罗振玉十分欣赏赵叔孺的篆刻技艺，向日本艺术界极力推介。日本著名文士若内藤庚、长尾甲、中村不折等争相求赵治印，赵叔孺由此得以扬名于日本。此一情节，与吴昌硕在上海的成功，实有异曲同工之处。兼具画家、慈善家、艺术活动家、实业家、艺术赞助人综合身份的王一亭，与日本商界、文化界关系密切，他向日本大力推介吴昌硕的画艺，由此打开吴昌硕作品的日本销路。

---

① 顾青瑶谈赵叔孺艺术，赵鹤琴等编《鄞县赵叔孺先生遗作展览会特刊——赵叔孺先生遗墨》，第9页。

② 张原炜：《鄞县赵叔孺先生传》，赵鹤琴等编《鄞县赵叔孺先生遗作展览会特刊——赵叔孺先生遗墨》，第2页。

　　赵叔孺重要的艺术活动都得到过社会名流的支持与参与。例如其晚年亲友及门人为他举行的祝寿活动，都得到社会人士不同形式的襄助。1933 年，赵叔孺六十寿辰庆筵举办于老北门安乐坊章显庭宅中，陈训正为他撰写寿文。章显廷，鄞县高桥田阳人，清末民初田阳章氏"显字辈"六兄弟中排行第二，毕业于上海法文书馆法文专修科，为旧交通部元老。其大哥章显达，为上海华英药房经理、上海新药业工会主席。四个弟弟均留学英、法，归国后分别在北京、南京等地的政府部门或银行任职。章显廷热衷于书画收藏，故此而与赵叔孺等沪上名家均有交往。其他如七十寿辰（1943）庆筵、七十一岁时弟子祝寿等活动，同邑乡邻张原炜、四明公所经理章云龙都有助力。在这些祝寿活动中，艺术界少长咸聚，堪称艺坛盛事，充分展示了赵叔孺的社会交往之广和影响力。

　　在日常生活中，也多能寻觅到这种交游的痕迹。据陈巨来回忆，壬戌年、癸亥年（1922、1923）间，沪上豪富周湘云最钦佩赵叔孺，每个星期日都会设宴宴请他。赵叔孺也不推迟，"先生必偕余同去赴席"。①

　　周湘云，祖籍鄞县，生于上海，著名的房地产商人，热衷书画收藏，藏品颇具品位。其碑帖收藏中有唐虞世南、怀素《苦笋帖》，北宋米芾，元赵孟頫，明董其昌等人作品；绘画收藏中则有元黄公望、王蒙作品，至于四王、吴、恽之下，石涛、冬心、新罗之作，难以枚计。现在上海博物馆镇馆之宝的怀素《苦笋帖》、米友仁《潇湘图》都是他的藏品，由徐森玉从周家购得。

　　周湘云从一个地产商而成为著名收藏家，且收得如许历代珍品，关键在于有赵叔孺等鉴定家向他推荐，为他把关、掌眼。周湘云与赵叔孺同为鄞县乡邻，具有交往的乡谊基础，容易交流走近。故其每有所得，必定要请赵叔孺过目鉴定。赵叔孺既可为同乡好友尽力，也可从中一饱眼福，练练手感、眼力，积累鉴赏经验，故也乐此不疲。

　　慈溪名士陈训正曾评赵叔孺的艺术成就称："金石刻划，力追古作，靡不得其真。海内积学之士，咸推服叔孺，愿委赘纳交，惟恐失之。……生平酷好古物，所蓄古代彝器及名人制作极富，凡经鉴别，真赝立判，晚近诸名家收藏，惟叔孺一言是归。上虞罗振玉、余杭褚德彝论金石之学，咸推叔孺

――――――――――――

　　①　陈巨来：《安持人物琐忆》"赵叔孺先生轶事"条，《书法》2005 年第 10 期。

为第一。"① 这种来自艺术圈外的社会性评价，可以反映赵叔孺在社会上得到的认可和时誉。

三　赵叔孺艺术交游网络中的地域圈层

仔细分析上述赵叔孺交游网络中的各类人士，可以发现具有鲜明的地域因素，因地而聚成为一个重要特点。赵叔孺出生鄞县，世居宁波水凫桥，是为故土家园。1883 年，年甫 8 岁，福建林颖叔因赏其艺术天赋而央媒缔姻；25 岁至福建任职，凡十四载。由此二端，遂与福建结缘。辛亥鼎革后，定居上海，结下一生地缘。这样的三地因缘，成为他艺术交游中三个主要的地域性网络圈层。

（一）以鄞县为核心的宁波地域圈层

以鄞县为中心的宁波地域，是赵叔孺交际网络中的核心地域。

在《赵氏同门名录》所记弟子中，鄞县籍人士有王广符、朱凝霞、沈良、何子乐、沙孟海、竺修瑜、周坚白、姚崇、陆志夔、陈心炎、赵鹤琴、厉国香、顾如珏 13 人，鄞县之外的宁波籍人士有丁德学（镇海）、王耀祖（镇海）、林剑星（镇海）、周锡庸（镇海）、洪洁求（慈溪）、张鲁盦（慈溪）、张雪父（镇海）、陈迎祉（余姚）、汤于祥（镇海）、应昌期（慈溪）。合计来看，宁波籍弟子占 1/3。② 除这些及门弟子外，《赵氏同门名录》未记的弟子高廷肃和待考者如朱复戡、秦康祥等人，也都是鄞县人。

赵叔孺交往的社会名流中，鄞县以至宁波是主要的籍贯所在地。如高振霄（鄞县）、张原炜（鄞县）、章显廷（鄞县）、张传保（鄞县）、吴泽（鄞县）、陈训正（慈溪）、周湘云（宁波）、刘敏斋（宁波）、王伯元（慈溪）、章云龙（宁波）、陈仁涛（镇海）、冯君木（慈溪）等，都是宁波人。

以鄞县为核心的宁波地域圈层，最具赵叔孺交游特色，也最富有地方元素，是他与故乡联结的显性通衢。

---

① 陈训正：《赵叔孺先生六十赠言》，赵鹤琴等编《鄞县赵叔孺先生遗作展览会特刊——赵叔孺先生遗墨》，第 34 页。
② 尚有林子清、何子乐数人未见记录籍贯，待考。

（二）福建地域圈层

福建的人脉关系，来源于赵叔孺的岳丈林颖叔和他本人的仕途生涯。比较明显可见的，一是在他的及门弟子中，不乏闽人，例如闽侯林冕。陈巨来的父亲陈鸿周，曾为闽候补知州，与赵叔孺为同寅，入民国后回居沪上。[①]从此角度理解，也可将赵叔孺、陈巨来的师生缘分，追溯至与福建的渊源。二是社会交往中的曾经为官福建者，如清光绪举人、福州知府、温州商会会长吕文起。三是亲友中的闽籍人士，如其夫人的外甥梁鸿志，其长女赵璇所嫁之福建上杭人士罗浍年。此外，其次子之媳沈氏虽为吴兴人，但沈氏之父为福建候补知县荣爵，也可见其与福建的关系。其他如福建闽侯梁敬锌等人，与赵叔孺也有交往。

（三）上海地域圈层

1912年后，上海成为赵叔孺实际生活和开展艺术活动的首要之地。不论社会交往，还是艺术交流，都是其交际网络中最为广泛和重要的圈层。上述弟子、艺友和社会名流中，都有大量沪籍或与赵叔孺一样移居上海的人士，如弟子中的程祖麟、赵璞、钱辅乾、韩虓，艺友中的吴湖帆、陈小蝶、冯超然、李秋君、蒋穀孙，社会人士中的沈钧儒、龚心钊、高络园、高野侯、况周颐等人。

在这三个地域圈层中，上海圈层应该是当时居于上海的艺术人士中一种比较普遍的交游网络，其中蕴含的地方性特征，相对淡薄。

四　赵叔孺艺术交游网络与地方传统建构

上述有关赵叔孺艺术交游网络的论述，不仅是对赵叔孺艺术的研究，而且可以此为基础，对文化名人与本乡故土之间人地互动、共同涵育形塑地方文化传统之间的复杂关系开展研探。笔者认为，赵叔孺的艺术交游网络及其

---

① 此据陈巨来《安持人物琐忆》"赵叔孺先生"条所记，《书法》2005年第10期。万君超据《陈左高和他的〈文苑人物丛谈〉》记陈鸿周曾任福建提学使署科长，《东方艺术》2010年第20期。

中集聚的巨大艺术能量，蕴含着他反哺故土家园的潜在路径，具有可资深入研讨的价值。

宁波，特别是鄞县，具有书法篆刻艺术传统，素称书法之乡。历史上的著名书家有南宋四家之一的张即之，元代翰林书风的中坚袁桷，明代五体并善、书学渊博的丰坊等。民国以来，鄞地愈益成为篆刻书法艺术成就集中的区域。最为时人称道者，为西泠印社的两任鄞籍社长——马衡与沙孟海。现任中国书法家协会副主席、西泠印社副社长陈振濂，浙江省书法家协会主席鲍贤伦也同为鄞人。故此，书法及其与之同源的绘画、篆刻艺术，可称鄞地文化传统中的重要元素。

通过上述对赵叔孺艺术交游网络的简要论述，赵叔孺与民国鄞地书画篆刻艺术传统建构的关系，应已初步可见。

简单地看，赵叔孺艺术交游网络中以鄞县为核心的宁波地域圈层，是一个比较明显的方面。第一，这是他招收弟子的一大途径。例如鄞县陈英泉于1941年经其叔父引荐，至赵叔孺处学画；高式熊因父亲高振霄与赵叔孺为同乡挚友，而得以拜赵叔孺为师。第二，这是他通往社会交游的重要起点。例如朱省斋通过祖籍鄞县的周湘云介绍，结交赵叔孺；吴子深通过鄞县张原炜介绍，结交赵叔孺。

但是如果我们深入地去分析，则可以看到，赵叔孺艺术交游网络之于鄞县，还具有更为丰富的隐性价值和文化意义：它是赵叔孺反哺故里、参与地域文化传统建构的路径。赵叔孺虽然走出了鄞县地界，久居上海，从熟人社会迈向上海商业都市，但乡里情谊深厚如初，鄞县乃至宁波，仍然是其交游的主要人脉圈层，是其生活的重要支撑基底，是其难以忘怀的故土家园，是其报答服务的桑梓之地。他以走出乡土社会之后的视野、经历和作为，凭借自己专业技能、社会名望和艺术资源之长，通过为故乡培养艺术人才、鉴定书画文物收藏、撰联题字等方式和路径，将其艺术交游网络中集聚的巨大的艺术能量服务于乡里，为家乡传送了超越本土故有传统和地域之限的新鲜文化元素和时代文化信息。

目前可以试为举证的实例有如下几个。

一是由同为鄞县人士、具有师承接续关系、共享书法篆刻艺术成就的赵叔孺、沙孟海、陈振濂建构的三代一体的鄞地书法篆刻"艺统"的传承与弘扬。在此"艺统"之中，赵叔孺正是目前时誉一致推崇的沙孟海、陈振濂身后的卓然隐者和重要奠基人，起有道夫先路之作用。

二是由赵叔孺及其弟子张鲁盦、秦康祥、高式熊与上海、鄞县及杭州西泠印社三地的艺术联结与传承。赵叔孺虽非西泠印社社员，但其弟子陈巨来、张鲁盦、秦康祥、高式熊等均加入西泠印社，除参加印社常规活动外，还积极参与印社相关重大活动，如秦康祥负责编纂《西泠印社志稿》；高式熊曾任西泠印社名誉副社长，著有《西泠印社同人印传》；张鲁盦向西泠印社捐献了433部历代印谱（近2000册）、1525方名贵印章。他们的这些活动和贡献，对联结上海、杭州和鄞县三地篆刻资源，会通各家各派篆刻书法艺术交流融合，接续鄞县书法篆刻传统文脉，起到内生性的巩固基础、充实内涵的作用。

三是由赵佑宸、赵叔孺父子为鄞县撰联题字而产生的对家乡美术文化的提振和影响。陈训正等修纂的民国《鄞县通志》"艺文志"等编中，有多处记载赵佑宸、赵叔孺父子为家乡所做的撰联、题字以及由此而生的与乡里贤达、文士间的交游，具有滋养、陶冶和培育新兴文化元素、更新地域传统的作用。

四是目前宁波民间自发、已蔚然成风的赵叔孺作品收藏和艺术研究。至今为止，以赵裕军、张奕辰、毛伟乐等为主的宁波地方文化研究者、收藏家，在赵叔孺研究、作品手迹整理等方面已取得丰硕成果。赵裕军在五年间系统收藏赵叔孺不同题材和风格的书画作品百余件。2014年值赵叔孺140周年诞辰之际，赵裕军与宁波众"赵迷"藏家合力结集出版了《赵叔孺书画全集》，举办了赵叔孺作品展。西泠印社社员、篆刻家张奕辰潜心研究赵叔孺艺术20多年，在有关赵叔孺研究的史料收集、赵叔孺艺术风格、赵叔孺的艺术史地位等方面开展专题研究，提出诸多独到见解。毛伟乐30多年来走遍大江南北，搜罗宁波本土书画家手迹，与人合撰《四明书画家传》、《宁波历代书画家集》，将散落各地的历代宁波籍书画家及其作品串珠成链。其中，不乏《东坡居士》等赵叔孺的精品之作。宁波民间自发的这些活动，对推进、丰富赵叔孺艺术和近代艺术史研究，具有拾遗补阙之效；对提升赵叔孺作品的艺术价值，提高市场与观众对中和雅正艺术风格的欣赏能力和接受程度，重视艺术作品自身的艺术表现力，具有提点指导的作用。

上述种种人地互动、共同涵育的行为，在人对地方传统的支持上，形成艺术家、收藏家、学者、社会人士等不同人脉资源；在物对地方传统的支撑上，形成艺术作品、艺术风格、艺术教育、艺术市场、艺术品牌等多层维度；在精神对地方传统的支撑上，形成艺术名望、话语权力、艺术精神、价值观念、文化认同等良性叠加。由此，人地互为涵育，特色深潜其间，古意新风熔铸，传统渐行渐成。

〔陈野，浙江省社会科学院〕

"土货化"经济学：方显廷及其中国经济研究[*]

李金铮

摘　要　方显廷是民国时期著名经济学家，是具有自由主义精神的书斋型学者。他的学术经历丰富，也是最多产的经济学家之一。其研究对象主要是中国经济问题，为政府的经济政策提供证据和建议，研究领域广及经济形态、机械工业、乡村工业、农村经济、货币金融、经济体制等方面。他主张经济学"土货化"，注重实地调查和研究，搜集和掌握第一手资料，得出了许多独到见解。不过，由于"土货化"正在进行之中，这些研究在理论上并没有明显的原创性贡献。

关键词　方显廷　中国经济　"土货化"

近代中国经历了数千年未有之变局。无论是政治、经济还是社会、文化，在本土与域外、连续与断裂、守旧与创新的相互纠缠之中，都由"常态"或多或少、或快或慢地步入"非常态"之旅。正是在这样一个历史时期，现代学科、学术、思潮从已有的土壤中生发出来。在当今被誉为"显

---

* 本文系国家社科基金项目"近代冀中与江南乡村社会经济之比较研究"（15BZS100）的阶段性成果。

学"的经济学，就是新出现的学科之一，也是与中国社会变动关系比较密切的一种。诸多经济学人筚路蓝缕，参与和主导了中国经济学的奠基和发展，反过来又成为中国近代社会变迁的一部分。在此过程中，南开经济学派代表人物方显廷（1903—1985）是其中杰出的一位。当今学界称马寅初、刘大钧、何廉、方显廷为民国时期四大经济学家，由此可见方氏的重要地位。① 不过，相比而言，大陆学界对马寅初较为熟悉，研究也较多，而其他几位却因故还很少进入大陆学者的视野。近年来，中国近代经济史、思想史研究中已开始提到、介绍和研究方显廷等人的经济论著及其思想。② 应该说，这些成果有助于我们了解方显廷的经济研究及其思想，但还有不少问题没有解决。譬如，它们多侧重于方显廷对机器工业的论述，对其乡村工业、农村经济、货币金融、经济体制、经济形态等方面的论述则较少或没有关注；对方显廷学习、研究经济，以及成长为经济学家的历程，缺乏应有的梳理和分析；对方显廷的经济论著缺少全面和深入的解读，尤其是缺乏与同时代其他经济学家的比较研究，从而不能凸显其在中国经济思想史上的位置。有鉴于此，本文拟将方显廷置于中国近代尤其是民国时期的社会背景之下和经济思想史的脉络之中，深入地剖析其成长为一个经济学家的历程，系统地呈现其对于中国经济问题的研究及主张。

一　一个经济学家的长成

几乎所有的学术史研究都昭示，家庭背景、教育经历、社会环境、政治变动、生活际遇乃至个人性格都影响着一个学者的成长。方显廷的经济学家之路也不例外。

---

① 林毅夫、胡书东：《中国经济学百年回顾》，《经济学季刊》2001 年第 1 期，第 9 页。

② 涉及方显廷的成果主要有：蔡志新《民国时期浙江经济思想史研究》，中国社会科学出版社，2009；易仲芳《南开经济研究所"学术中国化研究"（1927—1949）》，博士学位论文，华中师范大学中国近代史研究所，2013。专论方显廷的成果主要有：冶辉《方显廷民国时期经济建设思想探析》，硕士学位论文，北京大学经济学院，2008；朱子静《方显廷工业化思想研究》，硕士学位论文，郑州大学历史学院，2011；熊性美、纪辛《方显廷与〈中国之棉纺织业〉》，《南开经济研究》2012 年第 3 期；孙智君《民国经济学家方显廷的农业经济思想及其现实意义》，《华中农业大学学报》2007 年第 2 期；Paul B. Trescott，"H. D. Fong and the Study of Economic Development," *History of Political Economy*，Vol. 34，No. 4（2002）。

　　家庭、早年的求学和工作经历，是方显廷人生的第一个阶段。

　　时代、地域、家庭乃至性格，都是个人无法选择并深受影响的。方显廷1903 年生于浙江宁波，当时中国正处于自鸦片战争以来"在世界共同体中的地位处在最低点的年代"。[①] 但灾难也孕育着巨大的社会变动，清廷开始迟来的"新政"，辛亥革命发生，中华民国成立。这一痛苦与希望并存的历史背景，为一切有识之士提供了一个思考和改革社会的空间。宁波人以善于经商而著称，近代上海等地涌现出的宁波籍企业家、银行家被称为"中国的犹太人"。但宁波不仅出商人，也孕育出许多大文豪、大学者。宁波人的闯荡精神，对方显廷在国内外游学和工作也有着潜移默化的影响。与此同时，方显廷又不乏学者所具备的静默的个性。在父母 8 个儿女中，他最为年幼，是"一个孤独的男孩……总是独自一人呆在家里"。[②] 当然，青少年时期的方显廷并未脱离一般宁波商业家庭的特征。方家在宁波开了一家珠宝店，但由于火灾和父亲去世等变故，生意冷淡，家道日衰。在方显廷读完私塾、小学和一所职业学校后，不得不到自家的珠宝店做学徒。

　　在珠宝店做了一年，1917 年 14 岁的方显廷离开宁波，来到上海厚生纱厂当学徒。这段经历，成为他人生的第一次重要转折。纱厂是著名实业家穆藕初创办的，穆氏特别注重对青年才俊的培养。他对方显廷努力工作、刻苦学习的精神颇为欣赏，送方显廷到上海郊区学习种植美国棉花的技术。在方显廷后来的经济研究中，棉纺织业占有重要地位，应渊源于此。更为幸运的是，穆藕初 1920 年春全费资助方显廷到上海南洋公学附属中学学习。一年之后，又资助他赴美留学。[③]

　　留学美国，是方显廷人生的第二个重要转折，也是他蜕变为现代知识分子的重要阶段。

　　1921—1928 年，方显廷先后完成了威斯康星大学预科、纽约大学学士、耶鲁大学博士学位的学习，主修专业均为经济学。这一选择，既与当时的实

---

①　方显廷：《方显廷回忆录——一位中国经济学家的七十自述》，商务印书馆，2006，第 6 页。

②　方显廷：《方显廷回忆录》，第 11 页。

③　穆藕初先后资助 22 人出国留学，包括罗家伦、段锡朋、汪敬熙、康白清等。方显廷：《方显廷回忆录》，第 28 页。

用风气有关①，也与他曾经从商和做工的经历有关。这一留学经历，奠定了他从事经济学研究的坚实基础。

在此期间，方显廷1924年夏遇到了对他人生具有决定意义的第二个人——何廉。当时何廉正在耶鲁大学撰写博士论文，他不仅帮助方显廷获得了耶鲁大学的奖学金和一项助学贷款，还帮他选择了研究生课程。由此，何廉成了方显廷终生的益友。② 在耶鲁，方显廷受经济史学家德埃（Clive Day）教授的指导，研究经济史。然而，在美国求学的过程并非一帆风顺，由于穆藕初经营纱厂不利，被迫中断了对方显廷的资助。方显廷不得不到百货公司、汽车公司、图书馆等处打工。不过，这些经历不仅可获得收入，更对他以后的经济学研究发挥了作用，"这是同时代其他中国经济学家所不可比拟的"。③

离美归国，在私立南开大学任教和做研究，是方显廷人生的第三个阶段，也是他从事中国经济学研究、取得学术成就最重要的阶段。

1928年12月，方显廷回到上海，被国民政府实业部任命为国家经济访问局局长。他还兼职公司顾问和家庭英语教师，月薪达到600元。已经是南开大学教授的何廉，为了吸引人才，亲自到上海，劝说方显廷任南开大学经济学教授，从事学术和教育事业。但南开教授月薪只有200元，仅为方显廷现有收入的1/3。然而，方显廷没有任何犹豫，毅然放弃局长之职和丰厚的待遇，于1929年2月北上天津，开始了自己钟爱的经济学研究和教学之路。正如他后来回忆中所说："我做出了我毕生事业的抉择，愿为教育工作尽我之所学，而不是在政府和商业圈子里消磨今生……通过教学和研究工作来了解我的国家，以便我能最后证明自己对于祖国和人民的价值。""在南开的岁月，是为事业奋斗的岁月。那是忙碌而又令人激动的岁月……是我事业得到满足的源泉。那些年是我毕生事业最出成绩的岁月。"④

① 1854—1953年中国留美生2万余人，主修经济和商业管理专业者占总人数的40%。李翠莲：《留美生与中国经济学》，南开大学出版社，2009，第90页。

② 何廉与方显廷成为学术合作的经典范例。何廉说："方在南开从1929年一直呆到1948年，这20年间他是我最亲密的益友良师，南开经济研究的发展很多应归功于他的博学的贡献。"（何廉：《何廉回忆录》，中国文史出版社，1988，第43页）方显廷也说："（何廉）在我的一生中我一直将他看作是我的兄长"，"从1924—1943年大约20年间，他一直是我的良师益友与合作伙伴"（方显廷：《方显廷回忆录》，第142—143页）。

③ Paul B. Trescott, "H. D. Fong and the study of Economic Development," *History of Political Economy* 34（2002）：790.

④ 方显廷：《方显廷回忆录》，第65、93页。

方显廷所言非虚。就从事经济学教学和研究而言，私立南开大学的确有其独特的优势。一是经济学科开设较早，备受重视。1919 年南开大学开办后，相继建立了商学院、经济系、社会经济研究委员会，并于 1930 年合并为经济学院。1931 年，成立经济研究所，此为中国第一家进行经济研究和培育人才的学术机构，何廉为所长，方显廷为研究主任。1936 年 7 月何廉赴任南京国民政府行政院政务处处长后，方显廷担任研究所执行所长。二是南开大学为私立性质，财政相对独立。尽管工资不高，但能如数照发。尤其是经济学科，获得洛克菲勒基金、太平洋关系协会的拨款支持，有利于人才挽留和开展学术研究。1929 年夏，薪资优厚的清华大学挖走南开多位教授，但何廉、方显廷始终没有动摇，与此不无关系。三是经济学科队伍日益强大，学术平台广阔。除了何廉、方显廷之外，其他著名学者还有陈序经、李卓敏、吴大业、林同济、张纯明、袁贤能、李庆麐、符致逵、吴知、丁佶、李锐、冯华德、巫宝三、陈振汉、杨叔进、叶谦吉、宋则行、傅筑夫等。他们大多留学英美名校，学养深厚。经济研究所藏书之丰富，也居全国之冠。截至 1936 年底，南开经济研究所共有中外文图书 2.04 余万册、杂志 600 余种①，其中何廉、方显廷从美国带回的图书就有七八千册。四是南开的“知中国”与“服务中国”的“土货化”理念，对经济学教学和研究产生了重要影响。20 世纪二三十年代，中国的经济学研究面临着外国理论如何适应中国实际的难题。南开校长张伯苓认为，“吾人可以断定，中国大学教育，目前之要务即‘土货化’。吾人更可以断定，土货化必须从学术之独立入手”。“所谓土货化的南开，即以中国历史、中国社会为学术背景，以解决中国问题为教育目标的大学。”为此，他要求南开的经济学研究，“中心目标即在完成一本国化之经济学”。② 何廉、方显廷也指出，“西方经济学者们试图致力于把西方市场经济一体化的观念应用于每一个不发达国家四分五裂的经济网络中……南开经济研究所的口号是，要把经济学‘中国化’”；“最主要的事是中国的经济学教师应当能够并且胜任讨论中国的经济问题，掌握住与他们的教学有关的中国材料”。③ “土货化”、“中国化”成为南开经济学派的标志和灵魂。

---

① 王文俊等选编《南开大学校史资料选》，南开大学出版社，1989，第 378 页。
② 龚克主编《张伯苓全集》第 1 卷，南开大学出版社，2015，第 281 页；第 2 卷，第 78 页。
③ 何廉：《何廉回忆录》，第 53 页；方显廷：《方显廷回忆录》，第 78 页。

南京国民政府成立后，注重工农业的恢复和发展，一定程度上也为"土货化"的经济学研究提供了历史机遇。以何廉与方显廷为核心的南开经济学团队，开始了中国经济的调查和研究。影响较大的有：编纂华北商品批发物价指数和天津生活费用指数；以天津地区为中心，考察中国工业化程度及其影响，包括棉纺、缫丝、地毯、针织、面粉、制鞋、水泥、钢铁等行业；对中国农村经济进行考察，如农村合作组织、棉花运销、冀鲁两省向东北地区的人口迁移、高阳与宝坻等县的乡村手工业、定县与静海等县的乡村财政等。在此期间，方显廷还参与南开经济研究所中英文期刊的编辑，兼任英文刊主编；为本科生、研究生讲授经济史、经济地理、土地制度、乡村合作、工业与劳动力问题等课程。① 在个人研究领域，截至抗战全面爆发前，出版中文著作 12 部、外文著作 13 部；发表中文文章 37 篇、外文文章 12 篇，内容涉及城市工业、乡村手工业、农村经济、经济史等方面，达到研究的顶峰。②

抗日战争全面爆发后，方显廷参与北大、清华与南开三校联合的筹备，并在南京、汉口带领南开经济研究所研究人员参加全国军事委员会农业调整委员会的工作。1938 年初，西南联合大学迁往昆明，方显廷被任命为法商学院院长。但方显廷没有就任，因为他已被南开派往贵阳定番县，任华北农村建设协进会秘书长。1939 年夏，方显廷结束定番县的工作，回到主体设在重庆的南开经济研究所，继续执教和研究。1941 年 8 月至 1943 年 12 月，前往美国访学。回国后，任中央设计局调查研究室主任，编辑战后五年经济计划。方显廷曾说，他的研究工作在抗战期间基本中断，但实际上仍出版了中文著作 8 部、外文著作 4 部；发表中文文章 23 篇、外文文章 2 篇。但限于战时环境，他改变了以前的实地调查和研究模式，更多地转为研究战时和战后的经济对策、宏观经济问题。

抗战胜利，百废待兴。南开大学和南开经济研究所短时间内无法恢复，何廉在上海成立私立中国经济研究所，作为南开经济研究所的上海分所，方显廷任该所的执行所长。从此，他未再回南开工作。期间，方显廷的学术研

---

① 仅以南开经济研究所培养的研究生而言，后来成为著名学者的有：梁思达、陶继侃、黄肇兴、王毓铨、严景珊、杨敬年、吴于廑、勇龙桂、陶大镛、桑恒康、宋则行、杨叔进、姚念庆、滕维藻、钱荣堃、陈志让、宋承先、赵靖、聂宝璋、苏绍智等。

② 论文和著作有一定重复。

究减少，但仍出版著作 1 部，发表文章 31 篇，多为经济对策和宏观经济问题。1948 年 1 月，方显廷任联合国亚洲及远东经济委员会调查研究室主任，该委员会的总部临时设在上海。同年 12 月，该委员会总部迁至泰国曼谷，方显廷也随之到那里工作，直到 1964 年退休。之后，方显廷曾兼任台北东吴大学经济系教授、新加坡南洋大学经济系客座教授等职。尽管已远离南开大学经济研究所，但他一直将后来的工作视为南开教学和研究的延续，南开是他一辈子的情结。①

上述方显廷从学徒到留洋博士再到成为经济学家的历程，在同时代著名学者中是不多见的。更令人敬佩的是，方显廷以其惊人的勤奋和执着，成为南开乃至全国最多产的经济学家之一。其涉猎领域不仅有经济形态、经济体制等宏观问题，还包括工业、手工业、农业、金融等具体方面，而且相互之间具有比较紧密的内在联系。

二　"中古式与半殖民地式"经济形态

经济形态是对于特定历史时期一个国家或地区社会经济的总体概括，也是区别不同社会性质的重要标志。1927 年大革命结束后，为了明确中国革命的目标和任务，思想理论界围绕着中国社会性质、中国社会史和中国农村社会性质等问题展开了一系列激烈的讨论。争论的核心是中国经济性质，也即占统治地位的是资本主义还是封建主义。有的学者认为可以找得到四个比较普通的范畴，即资本主义社会、封建主义社会、商业资本社会、半封建主义半资本主义社会。② 最后一种，也被称为半殖民地化的封建社会或半殖民地半封建社会。以上学者各持不同的政治立场，但大都标榜和援引马克思主义理论以批驳对方。对此，方显廷指出："中国经济之本质，言人人殊，甚有各执一词而彼此不相容者，数年前宗尚马克斯各派对于中国经济之为封建式的抑系资本式的之争执，即其一例。"③

---

①　方显廷：《方显廷回忆录》，第 190、258 页。

②　罗荣渠主编《从"西化"到现代化——五四以来有关中国文化趋向和发展道路论争文选》，北京大学出版社，1990，第 240 页。

③　方显廷：《中国经济之症结》（1936 年 9 月），方显廷编《中国经济研究》（上），商务印书馆，1938，第 30 页。

　　方显廷也对中国经济性质进行了研究，但他既非出自对经济理论的关怀，也不是对中国革命的前途表示忧虑，而是为中国经济现代化谋求出路。"吾人欲知中国现代经济之症结，首须对于中国现代经济之本质加以分析，然后始可进而研讨因此种经济而发生之症结。"① 与其他提法不同，方显廷以"中古式与半殖民地式经济"或"半殖民地化之中古经济"来概括中国经济的性质。

　　这一概括有一个演变的过程。1933 年，方显廷在探讨中国棉纺织工业的衰落时，开始提出"中古经济"的看法。他说："至于经济原因，则因中国现在正当自中古经济制度蜕变至现代经济制度之过渡时期。"② 1935 年，在研究华北乡村织布工业制度时，进一步提出"中古式"经济的观点，"高阳之商人雇主，虽于营业上不免与二十世纪大都市之工商业文化发生关系，然其社会及经济环境，终使其不能脱离中古式之生活"。③ 到 1936 年，在探讨中国经济之症结与统制时，正式提出中古式和半殖民地式经济的概念，认为"我国经济之两大特征——中古式与半殖民地式"，"中国经济既为半殖民地化之中古经济，欲图改造与复兴，自应对症下药，急图谋现代化自主经济之建设"。④

　　对于中古式经济和半殖民地式经济的含义，方显廷分别做了论述。

　　所谓中古时期，方显廷并未等同于一般意义的封建社会，而是理解为近代以前的传统社会。他认为，中古式经济与近代经济是一对相对的概念。前者为地方经济、农业经济和手工经济，后者为国家经济（或世界经济）、工商经济、机械经济。前者是落后的，后者是先进的。中古时代的经济组织，"以地方为单位，此一单位与彼一单位之间，虽亦偶有往来，以通有无，然交易究未发展，各经济单位，多赖自足自给，以农业为主要收入，而以工商业辅佐之。举凡一切经济活动，鲜有大规模经营者，群以劳力为主体，绝无机械之引用"。不过，这种经济形态并非中国

---

① 方显廷：《中国经济之症结》（1936 年 9 月），《中国经济研究》（上），第 30 页。
② 《中国之棉纺织业》（1933 年），方显廷：《方显廷文集》第 1 卷，商务印书馆，2011，第 391 页。
③ 《华北乡村织布工业与商人雇主制度》（1935 年），方显廷：《方显廷文集》第 3 卷，第 110 页。
④ 方显廷：《中国经济之症结与统制》，《政治经济学报》第 4 卷第 3 期，1936 年，第 534、543 页。

的特产，欧洲的中古时代也是如此，"国家以农业为重，地主与农民为社会上之主要阶级，除少数政治都会如伦敦、巴黎外，市镇之大者为数颇少。手艺工人与商贾，散居各市镇，从事于工商业务。生产以需要为依归，需要则仅限于当地，故当时之生产与交易，为量颇微。是则工业实农业之附庸，工业化实无由生产也"。近代以来，中国门户洞开，经济已渐有现代化之势，但"为时将及一世纪，而成就殊少可观"。① 方显廷从农业、工业、贸易、交通、金融、财政等各个方面，分析了中古式经济在近代中国经济之延续。

在农业方面，一如中古时代，中国农业产值占总生产值的61%，制造业仅占9%。而同一时期，美国农业产值仅占8%，制造业已达到17%。在经营规模和农耕方法上，中国农业也都是比较原始的。以"条地"制度最为显著，小田场并非集中于整块土地，而是特别分散，以致农地的利用既耗时又费力，资本利用减至最低限度。结果，农业产量仅足自给。在工业方面，农民于农闲从事制造，与中古时代无异。棉布产量的4/5仍为家庭手织机所生产，其他手工业也多为农家副业。即便是城镇工业，其生产技术也多赖手工制造，组织方式多为行会统制，机械利用和工会组织远未普及。在贸易方面，基本组织"为中古性之市集，农产品之生产，既多以自给为主，其流入市场部分，均藉市集为外销之依据……商品之参差不齐，掺水掺杂之习见不鲜，以及度量衡与币制之紊乱，均为大规模贸易发展之障碍"。在交通方面，"水赖民船，陆赖大车，两者俱以人力畜力为主要动力，间或佐以风力。新式交通利器如铁路、轮船、汽车之类，均已见诸引用，然以我国幅员之大、人口之众，已有之新式交通设备，直如杯水车薪，影响所及，至为有限"。在金融方面，也未脱离中古时代之遗迹，金融组织"为钱庄、典当与合会。新式银行制度，仅见之于通都大邑，即在内地之重要城镇，亦多未有分行之设立"。币制为交易之媒介，但"我国币制之混乱与复杂，为古今中外所罕见，较诸欧洲中古时代之情形，尚有过之"。在财政方面，中古时代的特征也颇明显，而"税制尤然。厘金制度，虽已于数年前命令废止，

---

① 方显廷：《吾人对于工业化应有之认识》（1935年2月），《中国经济研究》（下），第596页；方显廷：《中国经济之症结》（1936年9月），《中国经济研究》（上），第30—31页。

但按之事实，类似厘金之征取，在边远省份，尚未完全绝迹。证之苛捐杂税之繁重，更为显著。……与近代财政原则之以能力为征税标准者，背道而驰"。①

在近代中国经济中，与中古式经济相辅相成的，为半殖民地式经济。自 18 世纪工业革命以来，一些国家无法抵御列强侵略而沦为殖民地。中国在甲午战后，"土地完整已成为国人自慰之词，实际上已频遭割裂，名为独立国家，实早已沦为半殖民地……使中古式之我国经济，在彼等之导演下逐步现代化。外商既经攫得如此优越之权力，自可予取予求，从心所欲，凡所作为，自无往而不有利于外商而有害于我国"。② 方显廷同样从农业、贸易、交通、金融及财政等方面，阐述了中国经济现代化过程中的半殖民地色彩。

在农业方面，凡为市场生产的农产品，均以供给国外工业原料为前提，举凡价格高下、产量大小均决之于人。一旦国际经济发生恐慌，工厂缩减生产，则我国农产品即无脱售之机，农民经济随之破产。在工业方面，外商在华开设工厂，自棉纺业以至轮船制造莫不经营，棉纺织业日商占 3/5、英商占 1/10，其他如毛织业、榨油业等或为外商所独占，或与华人厂商平分。尤其是矿产业，矿权已丧失殆尽，煤业经营日商占 1/3、英商占 1/7，铁矿业也大半为日商所经营。在对外贸易方面，进口大半为制成品，出口大半为原料及半制成品。贸易组织多操于外商之手，国际汇兑也悉由外商把持。在交通方面，大洋航运尽由外商专利，沿海及内海航运也为外商所霸占，全国轮船吨位英日合占 2/3，中国只占 1/3。铁路虽大半名为国有，但因多由借外债而建，受到外商的牵制。在金融方面，国外贸易以及外人在华投资均赖外商银行，国外汇兑也受到外商银行的控制。外商银行还有纸币发行权，中国无权干涉。在财政方面，关盐各税的征收向由外人越俎代庖，税收所得悉数存入外商银行，对本国工商业形成莫大打击。③

① 方显廷：《中国经济之症结》（1936 年 9 月），《中国经济研究》（上），第 31—34 页；方显廷：《中国之国民所得》，《财政评论》第 15 卷第 4 期，1946 年，第 84 页。

② 方显廷：《中国经济之症结》（1936 年 9 月），《中国经济研究》（上），第 34—35 页；方显廷：《抗战期间中国工业之没落及其复兴途径》，《新经济》第 1 卷第 4 期，1938 年，第 92 页。

③ 方显廷：《中国经济之症结》（1936 年 9 月）、《十年来之中国经济建设》（1936 年 11 月），《中国经济研究》（上），第 35—37、71—72 页。

由上可见，方显廷所谓中古式经济主要是指传统落后的一面，半殖民地式经济指现代经济中受外国支配的一面。二者"相互为因，而造成百年来濒于绝境之经济组织。内不足以言富国养民，外不足以言抗敌睦邻"。① 这一内涵与前述"半殖民地化的封建经济"和"半殖民地半封建经济"的提法有相通之处，但仍有明显的区别，即对传统落后经济或半封建经济的理解，方显廷是从农业、工业、贸易等方面的落后来阐述的，而所谓"半封建经济"则主要是从农村经济的落后性进行讨论。

不仅如此，方显廷还对中古式与半殖民地式经济的成因做了分析。首先是经济因素，包括土地、资本和劳力三个方面。方显廷认为，广义的土地包括地面、地下一切富源。中国虽号称以农立国，但农业资源并不丰富，而且生产技术停滞、运销组织散漫、交通运输落后。矿业资源，除了煤矿、钨锑较为丰富之外，其他如铁矿、石油等储量都不大。产业资本更为缺乏，且多为外商保持。即便国人所拥有的产业资本，也多不是来自民间，而是来自官吏、军阀和买办阶级。劳工虽称丰富，但有过剩之虞，以致工价低廉，反而阻碍了机械利用。技术人才与企业家却极其缺乏，为中国经济现代化的一大障碍。其次是政治因素。方显廷认为内忧外患，"致中古式兼半殖民地式之我国经济，更深陷于万劫不复之境"。最后是社会因素，即传统的社会心理与社会组织阻碍了经济现代化，如重农贱商、家族制度皆与资本主义工商业的发展背道而驰。在此基础上，方显廷提出双管齐下的解决之道，"一方恢复国权，建立自主政体，一方开发资源，建设近代经济"。② 也就是，谋求民族独立和发展现代经济是中国走向富强的必然出路。这一理念，与近代以来中国有识之士的总体追求是一致的。

三　机器工业化与现代化

18 世纪以来，欧洲工业革命改变了世界历史的发展进程。工业化不仅是后发国家追求现代化的目标，也成为经济思潮的主流。近代中国也是如此，到 20 世纪三四十年代，在内忧外患加剧和政府倡导经济发展的背景之

---

① 方显廷：《中国经济之症结》（1936 年 9 月），《中国经济研究》（上），第 37—38 页。
② 方显廷：《中国经济之症结》（1936 年 9 月），《中国经济研究》（上），第 38—43 页。

下，学术界对工业化的讨论达到一个高潮。方显廷不仅参与了这场讨论，而且在其整个学术生涯中占有十分重要的地位。

工业化的基本含义，是理解工业化问题的基础。按现在通常的理解，工业化是指西化或现代化，即农业国向工业化或现代化转变的过程。不过，这种解释并未表明工业化本身的具体含义。近代以来尤其是 20 世纪三四十年代，知识界对此有过讨论。抗战以前，一般都将工业化等同于机器工业或机械化。方显廷也持这种看法，不过他注意到工业化还有广义的一面。1930年，他指出，西方广义的工业化，包括制造业、农业、商业、运输业的革命。但在中国，更应注重狭义的工业化。"所谓工业化者，专指因机器之助，用雄厚之资本，以实行规模生产之制造业而言者也。"严格意义的工厂，应该包括工作集中、实行监督、固定资本三要素。有的将少数手艺人的作坊亦包括在内，"殊有名不符实之弊"。但即便是狭义的机器工业化，其影响也是极为广泛的，"对于国内之农业、交通、商业、金融、财政各项，均具有密切之关系"。[①] 1935 年，方显廷对制造业与工业化、现代化的密切关系做了进一步的阐述。他认为，近代欧洲经济的发展证明，制造工业占有中心地位，"制造工业现代化之兴起与扩张，亦即工业化之由来也。……工业革命以来，向之以农业为重者，今则以工业为重"。[②] 抗战爆发后，面对日本的全面侵略，方显廷开始强调广义工业化的看法。他认为，中国经济要强大，必须以现代工业为中心，实现各个领域的工业化。"夫欲一国之工业化，非从事现代工业之提倡与建立可达目的，必以其国之社会、政治、经济、军事、教育诸端，均已循现代工业发展所取之途径……即就经济一端言，亦必须工业以外之一切经济活动如农、矿、交通、贸易、金融，以及财政等，均已循工业发展之途径，引用新式技术与大规模组织，始得谓为已臻工业化之境。"[③] 方显廷上述看法，在当时学术界可谓独树一帜。不过，综合方显廷所论，机器工业化仍是其工业化主张之核心。

工业化的特征，反映了近代以来中国工业化产生和演变的基本面貌。在

---

① 何廉、方显廷：《中国工业化之程度及其影响》，工商部工商访问局，1930，第 1—2、20页；《〈天津地毯工业〉自序》（1930 年），方显廷：《方显廷文集》第 2 卷，第 7 页。

② 方显廷：《吾人对于工业化应有之认识》（1935 年 2 月），《中国经济研究》（下），第 596—597 页。

③ 方显廷：《西南经济建设论》，独立出版社，1939，第 10 页。

方显廷看来，主要有以下几点。

第一，中国工业化肇始于外力压迫和政府的提倡。西欧各国的工业化为经济自然发展的结果，而中国则是受到欧美工业的外力压迫，才被动地走上工业化之途。在此过程中，远东地区包括日本、俄国和中国，政府都起到了重要作用。方显廷说："至言中国，设非赖一二眼光远大之辅政大臣，如曾国藩、张之洞、李鸿章辈之倡导，则所谓'工业化'之实现为期必当较晚。"[①]

第二，多类型的资本主义工业。依据不同的标准，资本主义工业有多种类型，方显廷主张以资本所有权来划分。1934年，他粗略地指出，中国工业包括军阀资本主义、官吏资本主义、外国资本主义和华侨资本主义等四类。[②] 这种分类，忽略了本国一般私人资本。到1939年，方显廷的阐述更详。他认为，中国工业包括外资经营和民族工业两类，民族工业又分为公有、私有两种。公有工业或为国有，或为省市县所有；私人工业指官僚（包括军人）、买办、华侨、商人、银行、钱庄等投资的企业。[③]

第三，中国工业化程度低。西欧早已实现了工厂制，而中国却仍然盛行行会制、商人雇主制和家庭制。投资额度和资本构成很低，以1930年为例，华商纱厂投资多在50万元以下，而日商纱厂多为200万—250万元；每百万人口所拥有的棉织机，中国仅有54架，英国已达到16746架，生产效率也很低下，每架织机年产布匹，华商纱厂为447.52匹，日商纱厂则达到717.34匹。结果，工业产值在中国经济中的比重很低，工厂制造业仅占国民生产所得的2.5%。1941年秋，方显廷去美国，发现美国每年生产钢铁1亿吨，而中国每年只能生产数千吨，为此感叹"中国去'现代化'还很远！"[④]

第四，工业区域集中。与原料、劳工、技术、动力、运输、金融、市场

① 方显廷：《吾人对于工业化应有之认识》（1935年2月）、《中国之工业化与乡村工业》（1936年5月），《中国经济研究》（下），第599、616页。

② 方显廷、谷源田：《中国之工业讲义大纲》，南开大学经济学院，1934，第12—13页。

③ 方显廷：《中国工业资本问题》，商务印书馆，1939，第36—56页。

④ 何廉、方显廷：《中国工业化之程度及其影响》，第35页；方显廷：《中国之棉纺织业》（1933年），《方显廷文集》第1卷，第119、267、389页；方显廷：《中国之国民所得》，《财政评论》第15卷第4期，1946年，第84页；方显廷：《漫谈美国战时生活》，《东方杂志》第40卷第6期，1944年，第4页。

等之便利有关，新式工业主要分布于上海、天津、广州、青岛、大连等沿海大城市，以及长江流域腹地的武汉三镇。以棉纺织业为例，1924—1930年，上海、无锡、"通崇海"、武汉、天津及青岛六埠的纱厂工人占工人总数的85%。①

近代以来，中国工业的发展为什么比较缓慢？此为工业化讨论的另一个重要问题。方显廷将此归纳为政治、经济和社会等三个方面的障碍。

政治上的障碍，主要是不平等条约的束缚，以及战乱频仍、捐税繁重。列强通过租借地与领事裁判权，垄断了进出口业和资金流动，控制了制造业、矿产、铁路等行业，中国工业无法与之竞争。至于"战乱频仍、时局纠纷与税捐繁重的影响，便是不特政府不能实施工商保护政策，企业家完全须以自己薄弱的力量去与国外势力相竞争反予工业以种种直接间接的障碍"。②

经济上的障碍，也是多方面的。如交通阻滞，新式交通仅限于海滨及长江流域，其他大部分地区的交通运输仍靠木筏、牲口和人力，以致原料和产品运输不畅，运费昂贵；币制也非常混乱，对以货币流动为命脉的工商界而言，只有吃亏受累；资本极其缺乏，金融机关放款利率高，工商业资金周转困难；原料生产不能自给，工业发展范围受到限制；中国工业受到外国商品的严重挤压，其中既有外国制造品的竞争，也有外国在华工厂的竞争。③

社会方面的障碍，主要是指：劳动者缺乏教育与常识，大学或专门学校出身的技术人才较少，而且未得到资本家的认真利用，这些都不利于劳工效率的提高；而传统家族制度，国人习于保守，亲戚关系复杂，也影响了工商业的经营。④

工业化讨论中更为重要的是如何发展工业。方显廷认为以下几个方面值

① 方显廷：《中国之棉纺织业》（1933年），《方显廷文集》第1卷，第20—27、141页；方显廷、谷源田：《中国之工业讲义大纲》，第19—20页。"通崇海"即南通、崇明和海门。

② 方显廷、陈振汉：《中国工业现有困难的分析》，《教育旬刊》第7卷第1期，1933年，第47—49页。

③ 方显廷、陈振汉：《中国工业现有困难的分析》，《教育旬刊》第7卷第1期，1933年，第50—55页。

④ 方显廷、陈振汉：《中国工业现有困难的分析》，《教育旬刊》第7卷第1期，1933年，第55—56页。

得注意。

其一，农工并重。关于工业与农业两个部门的发展顺序，分重农、重工和农工兼重三派。方显廷属于第三派。他指出，重农派和重工派各有其理由，但二者"似各趋极端，实非无调剂之余地。盖一国经济建设为一整个问题，农业与工业有相互之连带关系，奇重奇轻，皆非所宜。工业无农业以供给原料，则工不振，农业无工业以供给制成品，则农民之消费及生产二方面，均受损失"。① 抗战期间，方显廷还提出优先发展农业和工业种类的观点，即"何种农业应谋发达，何种工业应予奖进……宜力求农工两业地域之接近，以便节省运费，减低成本"。②

其二，由"先轻后重"到"先重后轻""先国防后民生"。关于轻工业和重工业的发展顺序，学界有先轻后重、先重后轻和二者并重三种观点。方显廷的看法，随着形势的变化而有所修正。1936 年 5 月，他发表文章主张"先轻后重"。重工业虽是轻工业的基础，但优先发展轻工业为各国工业化的普遍现象。"中国工业化之程序，应先自轻工业入手，而渐及于重工业。然与国防有关，由政府创办者，则须当作别论。"③ 不过，同年 11 月，方显廷的看法发生了变化，认为"重工业或基本工业，为一切工业之母，其发展较轻工业尤为迫切"。④ 抗战全面爆发后，为了适应战争形势的需要，方显廷又提出先发展国防工业再发展民生工业的看法。他认为，百年来中国新工业"几全在轻工业，重工业微不足道，而危及国脉。抗战师兴，捉襟见肘"。今后我国工业资本，"宜以国防工业为首要，而民生工业次之。盖立国于兹武力压倒公理之世界，欲图富强，自必先强而后富。国防工业之建树，乃致强之唯一途径。正如民生工业之发展，为致富之要道也"。尤其是大后方西南地区，应建立一切有利于战事进行的国防工业，其他一切经济建设事业"均宜以促成国防工业之早日建立为鹄的"。⑤

① 方显廷：《吾人对于工业化应有之认识》（1935 年 2 月），《中国经济研究》（下），第 599 页。
② 方显廷：《论农业与工业之关系》，《西南实业通讯》第 1 卷第 3 期，1940 年，第 3—4 页。
③ 方显廷：《吾人对于工业化应有之认识》（1935 年 2 月），《中国经济研究》（下），第 600—601 页。
④ 方显廷：《十年来之中国经济建设》（1936 年 11 月），《中国经济研究》（上），第 74 页。
⑤ 方显廷：《中国工业资本问题》，"自序"第 1 页、"正文"第 71—72 页；方显廷编《西南经济建设论》，第 11—12 页。

其三，工业本身的建设。工业建设分为环境建设与本身建设两部分，前者受整个社会环境的限制，后者有赖于个别工业的努力。方显廷侧重于工业本身的建设，对资金筹集，厂基、房屋、机器、原料和服务的获得，成品制造，以及成品销售四个步骤，做了全面论述。他认为，工业金融应脱离商业金融的束缚，另谋自立途径。工业投资银行及工业证券市场，尤须早日成立；工厂设立，诸如厂基、房屋、机器、原料及服务的获得，应有通盘筹划；固定资金与流动资金的分配，也应求得一个合理的比例；制造方面应力求科学管理，人事调整和成本计算应符合人事管理和成本会计的原则；销售机构与生产环节应加强联系，避免因二者的脱节而提高成本。以上四点"若能一一予以实施，则我国工业建设之前途，其有望乎？"① 其中，方显廷对工业资本的筹集尤为关注。他强调民族资本的积聚，防止投机性、浪费性行业投资，鼓励乃至强制储蓄，限制公司分红。还主张利用外资，补充民族资本之不足。建议在抗战结束时，政府"利用外资机会到来之际，郑重宣言对外人投资利益之保障……以促其踊跃投资"。与此同时，方显廷又强调，须保持主动地位，"必利用得法，庶不致造成过去被外资利用之恶果"。② 话虽如此，这显然是一个很难解决的矛盾。

四　传统乡村手工业的瓦解和改进

传统乡村手工业，是农民在农闲时从事的家庭副业以及手工作坊。即方显廷所言，是农业以外的乡村工业，或与大工业相对的小工业。耕织结合是中国最传统的"习俗"经济模式，没有手工业，农家经济和农民生活的持续是不可想象的。

近代以来，中国乡村手工业逐渐陷入解体的命运，此为今日学界之共识。方显廷也说，中国乡村工业的历史是一部失败的历史，"今则乡村工业最后全部扑灭之趋势，亦已昭然若揭。目前中国乡村工业如纺织、食品、化学、杂组等四项，均一致惨遭渐次崩溃之厄运"。其中，与农民联系密切的

---

① 方显廷：《论工业建设》，《西南实业通讯》第 2 卷第 3 期，1940 年，第 19—20 页。
② 方显廷：《中国之国民所得与工业化前途之展望》，《新经济》第 12 卷第 4 期，1945 年，第 89—91 页；方显廷：《中国工业资本之筹集与运用》，《新经济》第 1 卷第 8 期，1939 年，第 206、208 页。

手工棉纺织业的解体，尤为显著。"在昔势力几占满乡村之手纺业，亦寂焉无闻。"①

乡村手工业为什么衰落了？社会学家张世文认为，"外国与本国大工厂廉价的出品渐渐的侵夺了内地乡村工业的市场，替代了一部分的乡村家庭手工业"。②方显廷亦认为，新式工厂工业的兴起与竞争是乡村工业衰落的原因之一。而外国商品的侵入与竞争，为另一重要原因。外国商品"以其生产成本之低廉，及其商业与金融制度之严密与齐整，实足致中国若干乡村工业于死命"。这也是世界经济发展的普遍现象，大工业取代小工业在欧美各国早已司空见惯。"是以我国小工业之衰落，实为必然之趋势。"③

尽管如此，中国的乡村手工业并未被机器工业完全取代，依然大量存在，且在农村经济中占有重要地位。据估计，1930 年代初，中国尚有 2.7亿农民从事家庭副业、手工业。④方显廷也指出，城市工业远不及乡村副业，全国织布工业的棉纱消耗量，1930 年共计 961 兆磅，其中力织机消耗207 兆磅，手织机消耗 754 兆磅，后者接近前者的 4 倍。抗战全面爆发后，沿海工业遭到日本侵略的摧残，中国乡村手工业的地位就更加重要了。⑤

如果说学界关于乡村手工业的衰落、地位并未有太多分歧的话，而对其发展前途则有较多的争论。这一争论，是在传统与现代的关系框架下进行的。有的认为，手工业生产方式落后，只有发展机器工业才是中国经济的唯一出路；有的认为，考虑到人多地少和农民生活的需要，以及机器工业还不能完全占领工业品的阵地，因此仍要继续发展乡村手工业。⑥方显廷的观点与后者接近，但有其独到之处。他指出："我们的农业尚占全人口四分之三，乡村人口的十分之九，城市制造工业发展很迟缓。因此，乡村工业的衰

---

① 方显廷：《乡村工业与中国经济建设》，《南大半月刊》第 13、14 合期，1934 年第 3 页；方显廷等：《中国之乡村工业》，《经济统计季刊》第 3 卷第 3 期，1933 年第 569 页。

② 张世文：《定县农村工业调查》，四川民族出版社，1991，第 38 页。

③ 方显廷：《华北乡村织布工业与商人雇主制度》（1935 年），《方显廷文集》第 3 卷，第 122页；方显廷：《中国小工业之衰落及其复兴途径》，《经济动员》第 2 卷第 3 期，1939 年，第 131 页。

④ 彭泽益编《中国近代手工业史资料》第 3 卷，中华书局，1962，第 748 页。

⑤ 方显廷：《中国小工业之衰落及其复兴途径》，《经济动员》第 2 卷第 3 期，1939 年，第 131页。

⑥ 李金铮：《毁灭与重生的纠结：20 世纪三四十年代中国农村手工业前途之争》，《江海学刊》2015 年第 1 期。

落，意义实在非常重大，如坐视不救，无异是自蹈经济上的自杀。"不仅如此，方显廷比其他经济学者更为乐观，认为"乡村小规模工业的发展前途，则是很光明的"。①

乡村手工业之所以仍有存在和发展之必要，其根本取决于农民经济与农民生活的需求。在方显廷看来，手工业既有经济功能，也有社会功能。在经济功能中，首先是大量吸收农民劳工，"闲暇人工之利用，此点于中国之农业更为重要"。其次是"对本地土产及副产之利用"。再次是"增加农民进款，使生活略有余裕，以备歉年及匪灾后之不足"。以华北为例，农作物每年最多不过二熟，除生活必需之外，农民所余无几，故不得不以手工业、副业以资弥补。至于社会功能，方显廷认为，"乡村工业之特质，为小规模或分散生产，其发展也足以避免近代机械工业过度发展后而产生之种种危害，且可得工人对机器之认识及应用。再者，乡村工业可使乡村人民习于制造事业，使生活更有兴趣"。② 更有甚者，方显廷还认为，手工业在城市中也有其价值，新工业不能供给社会普遍的需要，必须借手工制品为之补充。③ 手工业与机器工业相互补充的观点，突破了传统与现代二元对立的思维方式。

在此问题上，方显廷与其他经济学者最大的不同是从世界工业的分散化趋势，为乡村手工业的发展寻找理论根据。西欧工业革命以来，工业生产集中于城市，迅速发展，乡村工业遭受极大破坏而衰落。但自19世纪中叶以来，有人发现小规模工业仍有许多优点，进而提倡工业生产的分散化。到1920年代末，工业生产出现由集中而分散化、由城市化而乡村化的趋势。即便是工业发达的英国、美国，亦是如此。究其原因，一是政治因素。城市工业发达的结果，必然导致农民向城市集中，耕地者缺乏，乡村农业衰落。一旦发生战争，粮食和工业原料就有断绝供给的危险。要使农民不再往城里跑，并改善其生活，必须在乡村提倡小工业。二是经济因素。1929年世界

①　方显廷：《乡村工业与中国经济建设》，《南大半月刊》第13、14合期，1934年，第3页。
②　方显廷：《中国之乡村工业》，《经济统计季刊》第2卷第3期，1933年，第616—619页；方显廷：《由宝坻手织工业观察工业制度之演变》(1936)，《方显廷文集》第3卷，第137页。
③　方显廷：《中国小工业之衰落及其复兴途径》，《经济动员》第2卷第3期，1939年，第130页。

经济危机爆发，城市失业人口大量增加，纷纷返回乡村生活。但仅靠农业生产，乡村无法容纳如此之多的返乡人口。只有提倡乡村工业，才能满足需求。三是工业技术进步的原因。工业所用的动力多半是电，电可以用电线送到任何地方，从而创造了工业"乡村化"的条件。[1] 但与欧美相比，中国距离工业分散仍很遥远，工业仍主要分布于大城市。在此情况下，是否先要经过工业集中再实行分散化呢？方显廷做出了相反的回答，"中国仍为小手工艺及农业盛行之国家，故其利于小规模工业之发展，实较任何西方国家工业化国家为甚"。[2] 尤其在抗战期间，当外货不易进口、本国工业产量又减低之时，他更加强调"我国工业又不能不走回乡村之路"，以"养成自给自足的经济制度，以建立国防的基础"。[3]

　　既然中国乡村手工业仍有存在和发展的必要，那么应该采取哪些发展措施呢？学界见仁见智，有的认为乡村工业必须走现代化之路，有的主张走合作组织之路。方显廷对此提出了三点建议。

　　第一，乡村工业与城市工业并重，且适当分工。在讨论如何发展工业化时，方显廷提出，发展工业化应该农工并重。与此逻辑一致，他认为乡村工业与城市工业的关系也应该是农工并重。中国急需创办的，"为小工业而非大工业，为城市与乡村并重工业，而非仅偏重于城市之工业"，"务求城市工业与乡村工业之平衡发展"。特别是在华北地区，"乡村工业之发展，较城市工业尤为重要"。[4] 城乡工业的生产，应有适当的分工。乡村手工业所经营的，要尽量利用当地农业原料，就地加工制造；尽量与机器生产无直接冲突，但在相当时间内又可以同时存在的行业；也可以是含有季节性而非终年不停的工业。[5]

---

① 方显廷：《乡村工业与中国经济建设》，《南大半月刊》第 13、14 合期，1934 年，第 4 页；方显廷：《发展我国乡村工业的新途径》，《出版周刊》第 171 号，1936 年，第 7 页。

② 方显廷：《华北乡村织布工业与商人雇主制度》（1935），《方显廷文集》第 3 卷，第 118 页。

③ 方显廷：《工业合作与乡村工业》，《服务月刊》第 3 卷第 2、3 期合刊，1940 年，第 118、120 页。

④ 方显廷：《吾人对于工业化应有之认识》（1935 年 2 月），《中国经济研究》（下），第 602 页；方显廷：《论华北经济及其前途》（1936），《方显廷文集》第 3 卷，第 295 页。

⑤ 方显廷：《中国小工业之衰落及其复兴途径》，《经济动员》第 2 卷第 3 期，1939 年，第 134 页；方显廷：《工业合作与乡村工业》，《服务月刊》第 3 卷第 2、3 期合刊，1940 年，第 120 页。

第二，改进生产技术。发展乡村手工业，方显廷强调"决不是盲目的开倒车"，而是"以科学的研究及教育方法，谋技术上之改进"。首先，要调查乡村工业的生产技术状况和最急切需要的设备，介绍改良旧工业与创办新工业的办法；其次，聘请工程师，仿照已有成效的农事试验场，设立乡村工业试验所，研究改良与建设的步骤与方法；最后，推广试验与研究结果，促动乡村工人的实地应用，使乡民耳目所濡，起而效尤。[①]

第三，替代传统经营方式，建立合作组织。工业生产以工厂制最为先进，能统一管理，大量生产。但方显廷认为，工厂制只适合少数乡村工业，总体来讲，"对乡区不尽适合……工厂制度，恒需由规定不断之工作，与农村社会劳工情形，颇多扞格之处"。但传统经营方式也有诸多弊端，即便比较先进的商人雇主制，也极度缺乏组织能力，很难一致行动。商人雇主、织户与金融组织各自为政，不相为谋。生产分散于织户家庭，无由监督，布匹种类、价格俱无一定标准。织户对于原料、货物的买卖完全不懂，只好受商人的剥削。因此，"乡村工业自然不会发达的"。[②]那么，能否找到一种替代商人雇主制，并与机器工业相竞争的经营方式呢？

方显廷认为，采用合作制度，是替代商业雇主制和抵抗机器生产的最好武器。俄国、日本、印度的乡村工业之所以发达，都归功于合作制度。我国建立乡村工业合作社的目标是，"大家合作起来，直接去购买原料，办理运销，无须用中间人为之戀迁有无，就可以免去中间人的剥削。这样，商人雇主制度将不打自倒。用机器制造货品，从前只有在工厂里才能施行的，现在有些工业，农民在乡村的家庭里也可以利用电力，或内燃机所生的动力，去推动机械，和工厂一样，享受机械发明的便利和经济。但是有些机器，既非个人所能充分利用，又非个人经济能力所能单独购置，有了合作社就可以购

---

① 方显廷：《工业合作与乡村工业》，《服务月刊》第 3 卷第 2、3 期合刊，1940 年，第 120 页；方显廷：《中国之工业化与乡村工业》（1936 年 5 月），《中国经济研究》（下），第 632 页；方显廷：《乡村工业与中国经济建设》，《南大半月刊》第 13、14 期合刊，1934 年，第 5 页。

② 方显廷：《中国之工业化与乡村工业》（1936 年 5 月），《中国经济研究》（下），第 626 页；方显廷：《华北乡村织布工业与商人雇主制度》（1935），《方显廷文集》第 3 卷，第 115 页；方显廷：《发展我国乡村工业的新途径》，《出版周刊》第 171 号，1936 年，第 8 页。

置机器，为全体社员利用"。① 当然，建立合作社，并不是取消生产者与商人间的中间人和独立商人，只是为数不能太多。

此外，方显廷还呼吁政府要关注和发展乡村工业。由中央工业试验所负责乡村工业技术的研究与试验，省县各级政府设立工业推广的机构；由全国经济委员会、棉业统制委员会、华洋义赈会讨论拟定乡村工业合作制度。②

由上可见，方显廷发展乡村手工业的主张也是其倡导工业化的一部分。

五 农村经济的衰落与复兴

农村经济的兴衰，一向是中国社会变化的晴雨表。正如方显廷所言，"农村经济，实为全国经济命脉之所系。证之历代兴亡，恒以农民革命为导火线"。③ 上节所论乡村手工业，本为农村经济的一部分，只是因为方显廷对此所做的研究比较集中，故单独阐述。本部分重点讨论的是，方显廷对农业生产衰落及其复兴之道的探究。

对于近代以降中国农村经济的变化趋势，学界看法不一。大多学者认为，中国近代尤其是 1930 年代以来，农村经济和农民生活处于衰落和贫困之势。只有少数学者提出了不同的意见，认为 20 世纪初农业生产和农民生活水平有一定的提高，当然也不否认其绝对落后和绝对贫困的状态。④ 对此问题，方显廷与主流看法是基本一致的，但以较为宽阔的国际视野和比较视野进行了分析。他认为，工业革命以来，农村经济的衰落是世界各国的普遍过程。不过，一些国家由于城市经济、工商业的兴起和发展，农村过剩人口获得了生路。中国的情形，却迥然有别。"盖自帝国主义入侵以来，农村经济既遭摧残而衰落，工商经济复同受压迫而难兴，驯至农村过剩人口，无宣泄之尾闾，农民生计乃益濒于绝境。""我们确实吃的是世界上最粗劣一类的食物，照目前情形，国民营养是很难改善的。"尤其是"九一八"事变

---

① 方显廷：《发展我国乡村工业的新途径》，《出版周刊》第 171 号，1936 年，第 8 页。
② 方显廷：《中国之工业化与乡村工业》（1936 年 5 月），《中国经济研究》（下），第 632 页。
③ 方显廷：《中国农村经济之复兴》（1936 年 6 月），《中国经济研究》（上），第 163 页。
④ 李金铮：《题同释异：中国近代农民何以贫困》，《江海学刊》2013 年第 2 期。

后，天灾人祸频仍，衰疲更甚，"农村经济之衰落，至莫可挽回"。① 在大规模的抗日战争及国共内战时期，抽丁拉夫，田赋征实，征用牲畜，更使中国农业遭受极大的损失。

中国农村经济的危机，促使知识界对解决方案进行了讨论。有的侧重农业技术、农业经营的改良，有的主张建立和发展合作社组织，有的认为必须解决土地所有权问题。方显廷主要从土地问题、农业改良和合作组织三个方面，提出了复兴农村经济的建议。

土地对于中国农民具有无可比拟的重要性。方显廷说："土地问题，为年来我国农业经济之中心问题。"② 他的讨论，包括人地比例、土地分配和土地利用三个问题。

清初以来，由于人口的急剧增长，一直流行人口对耕地的巨大压力之说，诸多解决人口压力的办法也提了出来。方显廷赞成这一看法，1924 年在美国留学时就曾表示中国人口急剧增长，要控制人口生育。回国后，经过调查和研究，更坚持此说，认为"我国人口众多及耕地不足已成为众目共睹之事实"。根据外国专家的估计，每人需耕田 2.5 英亩始能维持最低限度的生活，而中国人均耕地尚不足 0.4 英亩，"相去实不啻霄壤矣"。③ 那么，如何解决这一问题呢？方显廷认为，除了节制生育以外，可采用移民垦殖和促进工业化两种方法。以华北农村为例，农民的移民方向一直为东北地区，但由于日本的占领，自由移入之路已经堵死。另一个移民方向是西北地区，包括渭河平原、宁夏、甘肃、新疆，尤其是绥远。不过，以华北人口增长之速，移民容纳数量仍是有限的。在此情况下，方显廷提出："欲图解决华北人口过剩问题，则尚有待于其他方法如工业化之促进也。"④ 也就是通过工业化吸收农村人口。

如果说人地比例反映的是人与自然的关系，土地分配则反映人与社会的关系。在方显廷看来，土地分配不均，农民有一半以上须全部或一部分向地

① 方显廷：《国际永久粮食机构与中国》，《新经济》第 11 卷第 4 期，1944 年，第 89 页；方显廷：《中国农村经济之复兴》（1936 年 6 月），《中国经济研究》（上），第 163—164 页。

② 方显廷：《英文中国年鉴》，《政治经济学报》第 4 卷第 3 期，1936 年，第 667 页。

③ 方显廷：《中国农村经济之复兴》（1936 年 6 月），《中国经济研究》（上），第 163 页；方显廷：《论华北经济及其前途》（1936），《方显廷文集》第 3 卷，第 243 页。

④ 方显廷：《论华北经济及其前途》（1936），《方显廷文集》第 3 卷，第 243—245、293—294 页。

主租赁土地，租额奇重，所以佃农成为土地分配的中心问题。他甚至将租佃关系与革命起源联系起来，发现南方佃农问题较北方为严重，故"年来共祸，肇始于南方各省"。如何解决地权分配不均，已成为国共两党争执的焦点。方显廷赞同孙中山"平均地权、耕者有其田"的主张，认为"按价纳税和照价收买方法一经实施，则地价必近于真实"。南京国民政府也注重地权分配问题，在部分省区推行二五减租政策，颁布了《土地法》。但方显廷并不看好，认为"国民党之土地法，虽命令实施，但立法标准过高，去事实太远，其前途恐将一如工厂法之不容乐观"。[①] 对于共产党激烈的土地革命政策，方显廷也给予了负面评价，但又承认这一政策获得了农民的支持，认为是共产党得势的重要原因。

土地利用是土地经营方式问题。中国农业生产的突出特点是小农经营，其主要表现，英国经济学家陶内（R. H. Tawney）认为是每户耕地微小，而且分散。[②] 与此相似，方显廷也指出，中国农地利用的主要问题，为田场狭小，田场散碎。农场面积之狭小，为世界各国所仅见。"以如此狭小之农场而复分散于八九不同地点，土地利用之效力，自更低微，农耕所获，愈益低减。盖狭小农场，复经碎分，每亩耕田之面积，益形缩小，加以形状不正，不能利用良好之器具或机械，最小之耕地，甚至旧式犁耙亦不能尽充分之利用。且经界占地甚多，工作及往返及搬运农具，耗费时间及劳力，对于劳动者之指挥监督，难期周到，其后急变之应付，亦难望其迅速处置，在在均足减低其生产效率也。"[③] 但如何解决农户耕地的狭小与散碎，方显廷并未给出明确的答案。

农业生产是农村经济的主体，如何改良和提高是社会各界普遍关注的问题。尤其是南京国民政府时期，关于农业改良、农业推广的讨论及实践达到一个新的阶段。

抗战之前，方显廷主要从农业环境改造和农业技术改进两个方面提出了自己的看法。就农业环境来说，因水利不修，民国以来的 20 年中，较

---

① 方显廷：《中国之土地问题与土地政策》（1936 年 3 月），《中国经济研究》（上），第 290—293 页。

② 〔英〕陶内：《中国之农业与工业》，陶振誉编译，台北，正中书局，1937，第 31—32 页。

③ 方显廷：《中国之土地问题与土地政策》（1936 年 3 月），《中国经济研究》（上），第 289—290 页。

大的旱涝之灾已达十余次之多。1931 年的江淮水灾，更属罕见浩劫。有鉴
于此，方显廷认为，"水利之兴修如疏浚、筑堤、灌溉、造林等，为年来
改进农村经济环境之首要工作"。交通闭塞也是环境恶劣的表现。全国各
地农村经济无法调剂，"致有甲处聚谷焚毁而同时乙处饿殍载道之矛盾现
象，是以交通之建设，实为改善农村经济环境刻不容缓之举"。在农业技
术改进方面，主要是改良农作物、复兴蚕桑、提倡牧畜等。① 不过，由于
复兴农村经济的管理机构与研究部门叠床架屋、不相与谋，农业改进的成
效并不显著。河北棉花产区就是一例。经过河北棉产改进所等公私机关团
体的研究，过去种子欠佳、纤维甚短和技术粗劣的情况有一定的改变。但
由于改良机构各自为政，成效较低。为此，方显廷建议统一机构，群策群
力。抗战后期，方显廷对于战后农业建设提出设想。一是发展经济作物。
中国粮食作物已占作物总面积的 90%，少有扩展的余地。当战后交通便
利、工业发达之后，应鼓励棉花、烟草等高利经济作物的种植，提高农民
的收入和购买力，此为自给的农业经济走向工商经济时代的必然趋势。二
是从多方面推进农业建设。譬如"技术改进、肥料增施、水利兴修、发展
畜牧事业、增进外销产品，以及农场经营、农业金融与农产运销的改善
等，都是战后农业建设之急务"。其中最急需做的，是水利建设、肥料增
施和发展渔牧事业。②

此外，合作组织的建立和发展，不仅关乎前述乡村工业的前途，也
影响着整个农村经济的前途。方显廷认为，农业组织的改造，端赖于合
作制度之推行。③ 不过，他对以往农村合作社的历史多有批评，认为中国
的合作事业多为自上而下加给农民的一种政策，而非由农民自动兴起。
所以，容易导致"人存则政存，人亡则政息"。各省、县农民银行或贷
款所的办理，也颇成问题。"办理放款事业者，率多不负责任，疏忽溺
职。"农民既穷且愚，无法有效地办理社务。组织合作社的目的，不是
为了合作，而是作为低利借款的工具，与合作社的真义相去甚远。方显
廷希望，政府厘定合作政策，制定商业银行放款法规，对于农民给予教

---

① 方显廷：《中国农村经济之复兴》（1936 年 6 月），《中国经济研究》（上），第 165—167
　　页。
② 方显廷：《国际永久粮食机构与中国》，《新经济》第 11 卷第 4 期，1944 年，第 87—89 页。
③ 方显廷：《中国农村经济之复兴》（1936 年 6 月），《中国经济研究》（上），第 166 页。

育与金融的协助。还提出，组织全国合作社联合会，使各地合作社互通声气，交流经验。[①]

六　货币金融与经济之关系

在经济建设、市场交易、财政收支中，货币金融起着"血液"的作用。近代以来，随着中外经济交往的频繁、国家财政支出的增加、工商业和金融机构的发展，货币金融与经济之间的关系愈趋复杂。

抗战前，学术界围绕银价涨落与中国经济之间的关系曾有过争论。中国虽然是世界上极少数实行银本位的国家，但在对外经济关系上却是以金为准的。所以，金银比价受到世界变动的控制，反过来又对中国的经济产生影响。长期以来，中国金贵银贱的格局处于相对稳定之势。但清光绪之后，银价大幅度下降。1929—1933年世界经济危机期间，金贵银贱的现象更为严重。对金贵银贱的利弊，经济学界分为三种意见，即有利无害、有利有害、有害无利，以第三种意见为盛。1934年，美国实施白银收购法案，大幅度提高白银价格。中国白银大量外流，银价转而急剧上涨。经济学界又掀起新的论战，少数人认为银价提高利大于弊；更多的学者认为它给中国带来了灾难性后果，必须放弃银本位制，实行通货管理。[②]在以上两次金银比价变动期间，南开经济研究所的同仁参与了讨论。在方显廷主编的《中国经济研究》中，收录了十多篇货币金融的论文，并对金银比价变动及其后果发表了意见。方显廷虽然没有对此进行专门的研究，但也提出了一些基本看法。他指出，银价涨落不仅牵动着整个币制，也对全国经济产生莫大的影响。从中国经济发展的状况与趋势判断，"银价跌，则国内货币因银入口而膨胀，物价因货币膨胀而上涨，其结果，全国经济日趋兴旺。银价涨，则货币因银外流而紧缩，物价因货币紧缩而下跌，其结果，全国经济日趋衰落"。[③]可

---

① 方显廷：《中国之合作运动》（1934年5月），《中国经济研究》（上），第423—430页。

② 孙大权：《中国经济学的成长——中国经济学社研究（1932—1953）》，上海三联书店，2006，第293—294、302—315页；吴敏超：《1934—1935年白银问题大讨论与法币改革》，《江苏社会科学》2007年第6期。

③ 方显廷：《关于银价问题与中国文献之介绍》，《政治经济学报》第3卷第2期，1935年，第451页。

见，银价涨落与中国经济呈反向关系。这一观点，与一般货币经济学的原理是比较相近的。不过，方显廷又认为，1932 年以后银价剧跌时，中国经济遭受重创；1934 年银价暴涨，现银大量外流，金融顿呈枯竭之相，"政府当轴已穷于应付"。① 这一观点与前一表述有别，也就是，银价无论涨落，对中国经济都是有害的。

抗战后期尤其是战后，通货膨胀愈益成为中国的突出现象。正如方显廷所言，"我国通货膨胀的程度，在抗战期间内，已为各国所罕见，其产生的弊害有目共睹。大家总希望胜利后可以立即停止膨胀，实行币制改革，然胜利以来，最初虽曾一度物价下降，人民改变对法币的心理，但不久良机即失，物价复涨。且自前年冬季以后，通货膨胀的速率，较抗战前为尤甚"。② 这一现象，引起学界的极大关注和讨论，出现了诸多遏制通货膨胀的建议。方显廷的观点非常明确，他认为，要想改善中国经济状况，必须实现和平，停止通货膨胀。他从五个方面阐述了通货膨胀与经济各方面的关系。

第一，通货膨胀与生产的关系。方显廷认为，影响物价的因素，除了货币以外，还有物资。如果物资数量能随通货数量同比例增加，则物价不会上涨；如果后者增加，而前者不增，则物价将会上升；如果后者增加，而前者反减少，则物价上升极烈。从理论上说，缓和的通货膨胀与微慢的物价上涨，是可以刺激生产的。但如果通货恶性膨胀，物价猛烈上升，则不但无益于生产，反足以阻碍生产，因为生产的利益不如囤积投机的利益。当然，此时中国生产的减少，不能完全归之于通货膨胀，战争也使生产减少。

第二，通货膨胀与贸易的关系。方显廷指出，抗战结束后，消费货物、生产器材都急需由国外输入。政府采取鼓励输入的偏高汇率政策，以平抑国内物价，但对于本国出口及整个生产都产生了不利影响，国际贸易出现巨大逆差，在短期间内消耗了国家积存的大量外汇资源。在出口方面，每当官价或市价汇率调整时，暂时一度活跃，但转瞬之间，国内物价复涨，输出售价不敷成本，导致货物堆积口岸或非法走私出口。

第三，通货膨胀与政府财政的关系。方显廷认为，政府发行的通货愈多，实际收入就变得愈少，通货、物价和财政之间，更加恶性循环。为此，

---

① 方显廷：《统制经济与中国》（1935 年 1 月），《中国经济研究》（上），第 59 页。
② 方显廷：《评〈经济改革〉方案》，《群情月刊》第 1 卷第 5 期，1947 年，第 24 页。

他向政府呼吁，不能再仰仗印刷机来解决财政问题了。

第四，通货膨胀与证券交易的关系。由于通货膨胀和市场投机等原因，股价上涨高于物价上涨。方显廷认为，货币流通速率不能无限放大，购买力既用于购买股票，就不能同时再用以购买商品。因此，证券市场对物价的稳定作用是属于正面的。不过，在通货膨胀持续和整个经济日趋不稳的情势下，证券市场所能发挥的作用是有限的，不可期望太高。股价仍以稳定为宜，与其暴涨暴跌，不如缓缓升降。[①]

第五，通货膨胀与物价的关系。相比而言，方显廷对此论述较多。他提出通货膨胀的"三段论"：第一个阶段，在和缓的通货膨胀下，物价增高的比率落后于钞票发行；第二个阶段，在真正的通货膨胀下，物价像通货发行一样增长起来；第三个阶段，当货币流通速度加快，物价上涨的比率超过钞票扩张的比率，就达到狂奔通货膨胀的阶段了。[②] 他认为，一国经济危险的程度，完全可由其物价的涨落来衡量。抗战期间以及内战以来，战费主要靠发钞来维持的政策始终没有改变。"根据这种趋势下去，物价跳动的幅度愈来愈大，经济前途岌岌可危，是不难想象了。"在激烈的通货膨胀下，农产品价格的上涨落后于一般物价的高涨，农民生活更趋贫苦。也由于农民购买力下降，引起了工商业的萧条。[③]

更值得注意的是，关于货币流动速度与物价波动的关系，方显廷与美国著名经济学家也是他的老师费雪（Irving Fisher）进行了讨论。费雪于1911年提出了一个检验社会货币供应量的方程式 $MV = PT$，M 为货币需求量，V 为货币流通速度，P 为总体商品价格，T 为商品交易量。他认为，货币流通速度 V 是一个制度变量，在短期内变化很小，是一个常数。其原因货币流通速度主要取决于支付制度、支付习惯、人口密度、交通条件等制度性因素，这些因素在一般情况下是相对稳定或不变的，于是货币量的增减必然引起物价同样程度的变动。即便在一个转型期内，物价水准和货币量暂时不能保持一种正常的比例关系，但这个转型期极为短促，一旦结束，物价水准和

---

① 方显廷：《胜利后的中国经济》，《经济评论》第2卷第14期，1948年，第3—4、6—7页；方显廷：《货币流通速度与物价波动》，《钱业月报》第19卷第5期，1948年，第28—29页；方显廷：《证交一年》，《证券市场》第2卷第8、9合期，1947年，第1—2页。

② 方显廷：《货币流通速度与物价波动》，《钱业月报》第19卷第5期，1948年，第28页。

③ 方显廷：《胜利后的中国经济》，《经济评论》第2卷第14期，1948年，第3—4页。

货币量就能恢复正常的关系。然而，方显廷却认为，费雪忽视了货币流通速度的重要性，使得了解中国目前的物价问题极为困难。譬如，到 1947 年，货币发行量为 1936 年的 1.1 万倍，而物价却增加了 3.4 万倍。二者差距如此之大，只能以货币流通速度的增加来解释，但费雪却将它的伸缩性看漏了。方显廷还根据英国经济学家庇古（Arthur Cecil Pigou）关于货币的需要与购买力的需要相等的理论分析这一问题。他指出，人们手中持有的货币和购买力的总量，一般说可以恰好应付不时之需和购买便利，但也会随着客观的经济环境和个人的心理状态而有所变动。人民愿以货币形式保持在手中的那一部分财富的比例，与费雪公式中的货币流通速度恰是相反的，即手中所持的货币越多，货币流通速度就越减少。公众的经济行为，主要是受未来"期望"或未来经济局势预言的影响，在战争时代更为显著。在抗战第一阶段，由于战争需要增加，物价有上涨的趋势，但大家对战争抱有在短期内可以结束的希望，并不急着买物品。于是，物价在退缩之中，货币流通速度减低，物价上涨也落在货币增加之后。但随着战区的继续扩大，政府不得不发行更多的货币。一旦公众觉得从日益增长的物价中必定蒙受损失时，他们对未来的期望就会发生改变，甚至在消费者之中盛行囤积与投机。由此，货币流通迅速加快。不仅如此，如果将银行存款估计在内，货币流通的速度就更加上升了。在英美两国，银行信用是有限度的，银行往往准备 1/10 的现款准备金，1 银圆的流通速度可以增加 9 倍。但中国的情形并非如此，不能交换的通货可以漫无限制地发行。当银行存款扩大时，信用无可避免地过分扩张，转而又加速了货币流通。①

从上述讨论可以发现，方显廷的货币金融观具有了一定的理论色彩。

对政府的货币金融策略，方显廷也给予一定的关注。为了遏制通货膨胀和刺激经济发展，南京国民政府于 1947 年颁布了《经济紧急措施方案》和《经济改革方案》。前一个方案，主要是平衡收支，防止通货膨胀以及充实外汇资源，包括开源节流、禁止黄金流通、标售敌伪及剩余物资、国营事业酌售民营、计划征用国人在国外银行的存款等。方显廷对此提出质疑，认为它只是一种暂时办法，而非长久之策，所能发挥的效果极为有限，至多只能

---

① 方显廷：《货币流通速度与物价波动》，《钱业月报》第 19 卷第 5 期，1948 年，第 23—27 页；李占兵：《费雪与马克思宏观货币需求理论比较分析》，《技术与市场》2007 年第 7 期。

暂时平定金融风潮。在内战不停、继续增发纸币的情形下，无法做到收支平衡。因此，方显廷呼吁，必须停止内战，提高行政效率，改善公务员待遇，根据市场情形调整汇率。① 后一方案，是一个侧重于经济彻底改革的长期计划。但方显廷发现，该方案仍是偏重于金融，而非集中于生产，"这显然是有点不明经济大体的"，若应用于中国现实，难免不发生"利未见而害先睹"之祸。他还指出，此方案等于大开通膨胀之门。譬如，规定每县设一银行，以发展农村经济，然而其资金来源须靠国家银行供给，而国家银行供给资金就完全等同于膨胀通货了。何况在现代信用制度之下，1元货币可以制造数元的信用，如此全国通货及信用膨胀的速率必将极大，其影响农村物价及农民生活也不言而喻。该方案还规定增加生产贷款，但国家银行为增加生产而贷款，同样等于增发通货、膨胀通货。方显廷建议，政府要想扶助生产、扩大建设，应设法吸收市场游资，而不是以此名义增加货币发行。②

七　自由主义计划经济

在任何社会形态之下，经济体制都是社会经济得以运行的制度模式，也是实现国家经济意志的基本前提。方显廷认为，纯粹经济学只是一种逻辑，不受时间和空间的限制，然而"一旦应用于实际，则制度问题即见重要"。③所以，特殊制度、制度背景在经济学中十分重要。这一观点已触及经济体制问题。

世界经济的演变进程表明，经济体制主要表现为市场经济、计划经济以及各自与私有制、公有制组合的多种类型，纯粹的类型是不存在的。其中，国家干预还是自由放任往往是经济体制问题的核心。自20世纪二三十年代始，哈耶克（Friedrich August von Hayek）、凯恩斯（John Maynard Keynes）等西方经济学大师对此进行了激烈的争论。以政府干预为核心的统制经济，形成一股强有力的思潮。这一思潮，既是对自由竞争所导致的资源浪费的对

---

① 方显廷：《评经济紧急措施方案》，《金融汇报》第44、45合期，1946年，第3—4页。
② 方显廷：《评〈经济改革〉方案》，《群情月刊》第1卷第5期，1947年，第23—24页。
③ 方显廷：《马沙尔经济学概念之研究》，《复旦学报》第4期，1948年，第14页。

抗，也是俄、日等国"后发外生型"工业化迅速发展的反映。[①] 对统制经济及其思潮的历史，方显廷有较多了解。他指出，统制经济渊源甚早，中古时代的城市经济以及继之而起的国家经济，均以统制为原则。18世纪工业革命兴起后，资本主义放任经济应时而起。第一次世界大战期间，因财源有限而战争供需无穷，各国遂由中央政府统制全国的生产、分配和消费。大战告终，放任经济复兴，由政府统制的农工商金融重新走上私人自由经营之途。1921年、1929年相继爆发世界经济危机，"统制经济之声浪，复弥漫于全世界，东起日俄，西迄英美德法，莫不以局部的或全部的经济统制为经济复兴之要策。而苏俄之第一次五年计划，得于四年内超过原定限度而告完成，实为促进统制经济之主因也"。[②] 正是在此背景之下，中国学术界在20世纪三四十年代掀起了关于统制经济的讨论。

何谓统制经济，学术界没有一个统一的表达，主要是对统制经济和计划经济的区别与联系有不同的理解。大多学者认为，两个概念基本等同，统制经济是计划经济的代名词；也有学者认为，统制经济与计划经济有程度乃至实质性的差别；还有的学者认为，统制经济是对计划经济和市场经济的折中；也有学者将社会主义国家称为计划经济，将欧美各国称为统制经济，苏联为"计划经济"的样板，德国为"统制经济"的样板。抗战时期，由于国民政府实行"战时经济统制"政策，不少学者又将统制经济、计划经济与"战时经济统制"混同，甚至指为苏德经济模式。方显廷对统制经济的表述，与上述学者既有相同之处，也有其独特之处。1935年，方显廷将统制经济与计划经济作为同一个概念看待，"'统制经济'或'计划经济'一词，盛行于1929年世界经济恐慌之后"。当前的统制经济是"有计划的经济"，以一国为施行区域。[③] 但到1936年，方显廷又对统制经济与计划经济做了区别，认为前者是被动的、务实的和资本主义的，后者是主动的、重理想的和社会主义的。不过，二者的共同点仍是国家计划、干涉或集团主义的。进一步说，计划经济又称绝对集团主义，政府具有绝对的统制权，完全负责整个国家

[①] 钟祥财：《20世纪三四十年代中国的统制经济思潮》，《史林》2008年第2期。

[②] 方显廷：《统制经济与中国》（1935年1月），《中国经济研究》（上），第57—58页；方显廷：《统制经济讲义大纲》，南开大学商学院，1936年油印本，第1—2页。

[③] 方显廷：《统制经济与中国》（1935年1月），《中国经济研究》（上），第57页。

的经济和军事。以政府为主，人民为仆，人民须放弃言论自由、择业自由和支配收益自由。其典型是苏俄战时共产主义，这种体制的经济是贫乏的经济。统制经济又称自由集团主义，以人民为主，政府为仆，政府应负责整个国家经济，改正资本主义的紊乱状态，但在许可范围内仍要保持私人企业的自由。① 由此，方显廷所谓统制经济，是指自由集团主义或自由主义计划经济。1938 年，方显廷没再区分不同社会制度下统制经济的含义，而是认为无论是资本主义、共产主义还是法西斯主义国家无一不崇尚统制经济。② 1939 年，他将统制经济转述为战时经济统制，认为抗战以来中国经济政策是"统制经济"的形成和全面实施。1946 年，方显廷又将苏、德、意诸国经济体制称为集体主义计划经济，英美经济体制为自由主义计划经济，基本上恢复了 1936 年的看法，并认为自由主义计划经济与中国所标榜的自由经济颇多相近。③ 总之，方显廷所界定的统制经济，以"计划"为其基本特质，但有英美式自由主义计划经济和苏俄式集体主义计划经济之别。

尽管当时学术界对统制经济的概念有不同的理解，但绝大多数学者对国家的计划性表示赞同，尤其是对苏德计划经济所取得的成功颇为崇尚，并提出了中国经济统制的具体策略。当然，也有学者认为苏德计划经济不可行，主张计划与自由混行，甚至否认计划经济模式，认同英美自由经济模式，在抗战末期和战后尤其如此。方显廷对经济的计划性也一直表示认同，也曾羡慕苏俄计划经济，并提出实现统制经济的具体措施。

在抗战之前，方显廷认为中国已开始实施统制经济，孙中山所著《建国方略》即为嚆矢。南京国民政府成立后设立全国经济委员会，"谋挽救复兴之道，由是我国之统制经济，粗具端倪"。1935 年币制改革，实行通货统制，经济统制进入新的阶段。蒋介石倡导"新生活运动"，详述国民经济建设运动之具体方案。方显廷认为，"若能以之为今后施政之南针，一一见诸实行，则我国统制经济之前途，当更未可限量也"。不过就总体而言，方显廷认为，南京国民政府成立以后，"我国统制经济之未上轨道，统制经济先

---

① 方显廷：《统制经济讲义大纲》，第 3—4 页。
② 方显廷：《抗战与经济统制》，《时事类编》第 21 期，1938 年，第 13 页。
③ 方显廷：《自由主义的计划经济》，《财政评论》第 15 卷第 3 期，1946 年，第 65 页。

决条件之尚未完备，则为不可掩饰之事实"；"外审大势，内察国情，仍不能不从统制经济入手"。① 统制经济分全部统制和局部统制两种，苏、德、意三国为全部统制，英、美、日三国为局部统制。方显廷指出，中国统制经济也为局部统制，因为统制经济的先决条件尚不具备，如"健全之民众经济组织，强有力之统一政权，及学识兼优之技术人才等，在我国既均未齐备，则我国经济之统制，自亦无从着手"。② 因此，他认为应分轻重缓急，首先对交通、粮食、衣料、贸易方面进行统制。在交通方面，针对发展水平远低于世界先进国，以及经营缺乏系统与控制，对铁道统制要注重干线与支线的联络、管理权的集中和建筑工程的标准化；航运统制应就已收回的引水权，培育足够的引水人才，民营商轮也要设法消弭彼此间不利的竞争；公路建筑应以辅佐铁道及航路为主，改变以往只适应军事需要而不能促进经济发展的局面。在粮食与衣料方面，针对近代以来农村经济日益衰落，"若不急起而谋统制之道，则整个经济机构之崩溃，在指顾间耳"，应实行生产、消费与运销三种统制。生产统制，以种子选择与耕地推广为要；消费统制，集中于计口分配，运用代替品以及禁绝消费品；运销统制，宜广设仓库，存储有季节性的农产品，以调剂供需，提高农产物价。在贸易方面，针对中国对外贸易长期处于入超和国际收支的逆差状态，也有实行统制的客观需要。不过，由于我国处于殖民地地位，国力有限，采取任何国家的统制，都极为困难。③ 从以上所述来看，方显廷的统制经济措施具有浓厚的战时准备色彩。

抗战时期，面对日本侵略的严重危机，政府扮演的角色更加重要，方显廷也更加强调统制经济的重要性。他认为，必须增强政府对经济活动的控制和协作，开发国家的人力、物力资源，增强国防能力和经济自足能力。在大后方，要发展现代铁路、公路交通体系，建设重工业，减少贸易入超，增加食品和衣料作物的生产。④ 对于国民政府的战时统制政策及其成就，方显廷给予了充分肯定，还对统制经济的障碍和前途做了分析。他认为，阻碍统制

---

① 方显廷：《统制经济与中国》（1935 年 1 月），《中国经济研究》（上），第 59—60 页；方显廷：《国民经济建设之途径》，《信托季刊》第 2 卷第 2 期，1937 年，第 81 页。

② 方显廷：《统制经济与中国》（1935 年 1 月），《中国经济研究》（上），第 62 页；方显廷：《国民经济建设之途径》，《信托季刊》第 2 卷第 2 期，1937 年，第 84 页。

③ 方显廷：《统制经济与中国》（1935 年 1 月），《中国经济研究》（上），第 63—69 页。

④ H. D. Fong, "War-Time Economic Construction in China," *NanKai Social and Economic Quarterly* 11（1940）：1—11.

经济的因素主要有：外国列强不平等条约的束缚，缺乏民众组织，缺乏统计资料和事实根据，以及中国迟迟未能实现政治统一等。统制经济的前途，取决于政府对于人力、资源与组织三者能否实现有效的控制。方显廷认为，人力方面殊为乐观；战时所需物资，日用品大体上可以自给，军用品则仰给于外国，须设法供给必要的交通工具和充足的财源；组织力方面，无论中央还是地方，都有所改组，有利于民众组织的巩固。只要以上三个方面得到有效的统制，"则经济基础，可以稳固，抗战力量可以加强，最终胜利庶几可得矣"。① 不过，正当大多学者崇尚苏德计划经济之时，方显廷却对美国统制经济大为欣赏。他说，一般人认为民主国家在政治组织上自由散漫，其实在经济方面，美国工商企业都有极为密切的组织联系，统制起来非常方便。② 也就是，自由与统制并不完全矛盾。

抗战胜利后，方显廷仍然认为，"计划与统制的因素，尚未完全消失"。③ 不过，他主要是对统制经济的理论做了进一步探讨。他首先分析了苏联式集体主义计划经济的利弊，其利是以集体意志及中央行政机构来代替市场与物价的职能，解决了自由放任经济的种种弱点，如恐慌频仍、失业众多、资源浪费与分配失当等；其弊害也很明显，方显廷援引哈耶克的理论，认为它有助于形成一种腐败的官僚政治，剥夺人民的政治自由和经济自由，阻碍了人民个性的发展与技术的进步，丧失了自由竞争为经济进步的原动力。有鉴于此，方显廷提出，应该实行自由主义计划经济，以达到在政治上实行民主、在经济上发展平稳的双重目标。自由主义计划经济虽然需要一个中央计划机构总揽全国计划的编制与执行事宜，但也应以实现民主为依归，减少独裁政治，保留私人企业的形态，只是在生产上予以指导。由此，解决经济独占与民主政治的冲突。不过，方显廷也承认，自由主义与计划经济是难以并存的，自由主义计划经济有过于理想与牵强之处，如编造计划时价值的估定不易精确，执行计划时政府与私人生产者难以协调等。④

可见，方显廷主观上倾向于自由主义计划经济，但也有所保留，反映了自由主义与计划经济在后发展中国家的张力。

---

① 方显廷：《抗战与经济统制》，《时事类编》第 21 期，1938 年，第 13—16 页。
② 方显廷：《漫谈美国战时生活》，《东方杂志》第 40 卷第 6 期，1944 年，第 5 页。
③ 方显廷：《马沙尔经济学概念之研究》，《复旦学报》第 4 期，1948 年，第 8 页。
④ 方显廷：《自由主义的计划经济》，《财政评论》第 15 卷第 3 期，1946 年，第 65—67 页。

结　语

本文主要呈现了方显廷离开大陆之前的人生经历、学术研究及其主张，由此可以看出三个基本面相。

第一，个人经历与历史时代的结合成就了方显廷的学术事业。内忧外患的社会背景是方显廷从事学术研究的社会基础，宁波地域和家庭是方显廷成长和发展的环境因素，外柔内刚的静默个性是方显廷从事学术研究的禀赋，穆藕初、何廉是方显廷人生道路的扶持者和引领者，南开经济研究所是方显廷施展才华的平台，何廉与方显廷的精诚合作成就了他们以及所有南开经济学人的事业。方显廷基本上是一个书斋型学者，在他留学归国至离开大陆之前，除了短暂参与过华北农村建设协进会、中央设计局调查研究室等项工作，很少离开学术研究岗位。即便在从事以上工作期间，也都是以无党无派的自由主义学者身份同南开经济研究所同仁一道，用学术研究及其成果来进行服务。这大概是那个时代许多学者的共性。

第二，方显廷是一个研究中国经济问题的经济学家。除了少数几篇介绍马歇尔经济学、战后远东和世界经济建设的文章，其余的论著都是有关中国经济问题的。而且，在中国经济问题之中，除了经济形态、通货膨胀以外，很少专门研讨经济理论，讨论的几乎是不同经济部门的具体问题，甚至有的属于为政府"出谋划策"①，目标是促进中国经济的增长。正因如此，基本上实现了他本人以及南开大学倡导的"土货化"学术理念。他们的开拓性研究，成为南开经济学派的重要标志，也是中国现代经济学的重要源头。

第三，方显廷对中国经济问题提出了一些独到的见解。在民国经济学家中，方显廷不仅是涉猎范围最广、发表论著最多者之一，而且对中国经济问题提出了诸多不同于他人的洞见。关于中国经济形态，方显廷以"中古式与半殖民地式经济"或"半殖民地化之中古经济"的概念，做出了独到的

---

① 方显廷说："经济学人的一切意见，无论是积极的建议或消极的批判，提供办法或阐明原则，痛陈弊端或建议革新，探究因果或叙陈事实，计划未来或救治现状，我们暂不必奢望一步登天，能立即有积极性的改善，但假设能够发生一些减轻大多数人们痛苦的消极作用，就是经济学人对于当前社会的一种贡献。"方显廷：《卷头语》，《经济评论》第2卷第1期，1947年，第1页。

概括和分析。关于中国工业化，方显廷率先提出广义工业化的概念，对轻、重工业的发展顺序，随着时代的变化先后提出"先轻后重""先重后轻""先国防后民生"的看法。关于乡村手工业，方显廷不仅提出其仍有存在和发展之必要，而且比一般学者的看法更为乐观。他还从世界各国工业的分散化趋势，来为中国乡村手工业发展提供理论根据。关于农业生产，方显廷从工业革命以来世界各国农村经济的普遍衰落，来表明中国农业经济衰落的必然性，然而又认为中国的衰落又有其特殊性。关于货币金融问题，方显廷对费雪方程式进行了商榷，认为费雪忽视了货币流通速度对通货膨胀的重要影响。关于统制经济体制，方显廷先后分析了自由集团主义、绝对集团主义和自由主义计划经济、集团主义计划经济之别。以上观点，有的已经带有一定的理论色彩，惜乎这些见解在以往的经济思想史研究中并未得到应有的重视。方显廷之所以具有开阔的学术视野，与他的经济史学术背景有关。他对所研究的经济问题，总是要追溯其历史渊源和发展脉络。他对西方经济史有专门的研究，著有《近代欧洲经济史讲义大纲》。他对西方经济学说史也比较熟悉，李嘉图、哈耶克、凯恩斯、米塞斯、庇古、马歇尔、费雪、卡塞尔、罗宾斯、奈特等经济学家以及西方经济学中的名词、概念都曾出现于他的论著。这些都有助于他从世界经济史的视野来看待中国经济问题，也有助于他将西方经济学的方法特别是计量方法，运用于具体问题的研究之中。

　　不过，也正因为此，方显廷与其他中国经济学家一样，其思想资源主要来自西方。如果用西方经济学（无论微观还是宏观）的标准来衡量，方显廷的经济学研究仍处于"应用"阶段，缺乏与西方经济学的对话和论辩，在理论和概念上少有原创性贡献。[1] 揆诸中国经济学家的言论及著作，包括方显廷在内，似乎连突破西方经济学理论的口号和理念也没有提出过。对此，方显廷有着清醒的自觉，他说："即是比较深入的作品，也大半只是引用西洋的学说，来解释我国事实，尚未能脱除先进国的影响而达于创造时期。"[2]

---

[1]　西方经济学理论、学说史，参见尹伯成《西方经济学说史》，复旦大学出版社，2012；〔美〕保罗·萨缪尔森、威廉·诺德豪斯：《经济学》（第 19 版），萧琛主译，商务印书馆，2013。

[2]　方显廷：《民元以来之中国经济研究》，《银行周报》第 31 卷第 4、5 期合刊，1947 年，第 34 页。

　　显然，这不难理解，更无须苛责。清末与民国时期的中国，经济学等一切现代学科处于从西方输入、传播和消化的过程之中。西学中国化，也即理论西方与问题中国相结合的任务，还远未完成，基本上谈不到突破西方理论，更谈不到建立中国自己的学术话语体系。何况，从经济学的发展历程来看，经济理论中心与经济发达中心往往是一致的。像近代中国这样一个经济落后的国家，不可能成为学术理论创新的中心。

　　一个时代有一个时代的学者，方显廷只能完成那个时代的经济学家所能完成的任务。在经济学日新月异的今天，仍不能说中国经济学界已经改变了西强中弱的格局。尽管我们已经强烈地意识到要超越西方经济学，为世界经济学的进步做出独特贡献，但我们仍处于向西方学习之途，理论创新依然是所有经济学人追求的目标。

〔李金铮，南开大学历史学院暨中国社会史研究中心〕

试论方显廷的统制经济观念

毛 杰

摘 要 方显廷的统制经济观念，从抗战前局部统制，即在几个有限的行业范围内实行国家统制，发展到抗战爆发后强调全面统制，并在战后强调市场经济的回归。方显廷统制经济观念具有两个显著的特点，一是他的统制经济观念一直处于变化之中；二是从始至终，方显廷一直对统制经济观念，即由国家完全的控制经济存有疑虑。也就是说，即使在抗战时强调全面统制经济的方显廷，在认可政府主导整个国民经济发展的同时，并没有忽视私营经济本身的作用。方显廷统制经济观念的产生与变化，一方面受到西方经济理论的影响，另一方面受到当时中国具体的社会现实影响。

关键词 方显廷 统制经济 局部统制 全面统制

方显廷（1903—1985），出生于浙江宁波，是 20 世纪中国著名经济学家。1921 年，方显廷赴美国伊利诺伊州威斯康星大学深造，主攻经济学。后转至纽约大学学习，获经济学学士学位。1928 年，方显廷获耶鲁大学经济学博士学位，之后回国任国家经济访问局局长。不久，方显廷辞职出任南开大学经济史教授。1938—1946 年，方显廷在南开经济研究所主持教学和研究工作。1944 年，方显廷还被调到中央设计局制定《战后五年经济计划草案》。1947 年，方显廷受聘于联合国亚洲及远东经济委员会（ECAFE），

1968 年任教于新加坡南洋大学。在学术研究方面，方显廷著述颇丰①，是中国用计量方法研究经济问题的先驱之一。他运用西方经济学理论，并用实证的方法研究当时中国的工业化、农业、土地制度、贸易、资本等多个问题，取得了极大的成就，与马寅初、刘大钧、何廉并称为民国四大经济学家。

统制经济，简单来说，就是由政府控制社会生产、分配及消费等各个方面。自 1840 年以来，面对西方的坚船利炮，中国社会普遍产生了工业化的需求。然而对于如何快速实现工业化，即采用何种经济制度能够更有效率地在当时的中国推进工业化的进程这一问题，当时中国知识分子有着一定的分歧。这一分歧最终体现于国家统制经济和自由主义市场经济的取舍。归根到底，统制经济和市场经济的矛盾，主要体现在如何处理政府与市场之间的关系。前者要求政府在经济发展中处于绝对的主导地位，后者相反。到 1930 年代，尤其是抗战全面爆发后，统制经济的思想开始流行起来。可以说，统制经济思想对于国民政府构建其经济制度和抗战时期全国经济总动员都产生了直接的影响。方显廷是统制经济思想的支持者，而且其统制经济观念在当时的中国具有一定的特色。因此，对方显廷统制经济思想的研究，不仅有助于当时中国经济发展史和思想史的研究，也有助于加深对如何处理政府与市场关系这一问题的理解。

自 1930 年代统制经济观念在中国流行开始，统制经济的含义在与计划经济关系的辨析中逐渐清晰起来。一种观点认为统制经济基本等同于计划经济，如马寅初提出："统制经济，亦称计划经济（planned economy），源于苏俄之五年计划……日人译称统制经济，我国亦沿用之。"② 至于没有直接沿用计划经济，主要是避免将中国与苏俄联系起来。第二种观点认为统制经济与计划经济有较大的区别，如前者属资本主义国家则后者属社会主义国家，前者属私有制则后者属公有制，前者限制自由竞争而后者废除自由竞争等。吴德培在《统制、计划与技术三种经济与中国》一文中从干涉经济的

---

① 其主要著作有《天津批发物价及生活指教》《天津手工业家庭预算调查》《天津外汇兑换率指数》《天津地毯工业》《中国工业化之统计的分析》《天津织布工业》《中国之乡村工业》《中国之粮食业及磨坊业》《华北乡村织布工业与商人雇主制度》《中国之工业组织》《中国之合作运动》《天津棉花运销概况》《河北省之棉花运销合作》《中国之棉纺织业》《战时中国经济研究》《战后中国工业化》《中国战时物价与生产》《战后中国经济问题研究》《太平洋各国经济问题》等。

② 马寅初：《马寅初全集》第 6 卷，浙江人民出版社，1999，第 459—460 页。

组织、地域、主体、范围、形成时期、社会制度、发明者、理想与现实、乐观与悲观九个方面论述了统制经济和计划经济的区别。①

方显廷并没有严格区分统制经济与计划经济的差别。在《统制经济与中国》一文中，方提出："今日甚嚣尘上之统制经济或计划经济，则为有计划的统制，其施行之区域，实际上虽亦如重商经济之以一国为限，然理论上则以施行于全世界为鹄的也。"② 他排除了诸如国家体制、生产资料所有制、资本主义和社会主义之意识形态分歧等因素，只取政府干预经济这一点来定义统制经济的概念。他认为中古时代的城市经济以及后来的国家经济就以统制为原则，而无论是苏俄共产主义、法西斯主义还是英美资本主义国家的经济体制和政策都属于统制经济的范畴。正如他所言："统制经济之含义至泛，其实施之程度亦恒因时因地而互有差异，非具有既定公式，不可改变者也。理想之统制经济，自以全人类之幸福为前提，以全世界经济生活之统制为目标。此而不能，则求国境为单位谋一国经济之全部的统制，如苏俄意大利，德意志即其例也。再次即为一国经济之局部统制，如英如美如日如中国均属之。"③

1930 年代开始，关于中国采取何种经济模式似有定论，当时大部分经济学者都认可国家干预经济的统制经济说。虽然有部分学者对之有一定的疑虑，但大多出于诸如中国当时实施统制经济的条件并不具备，或者统制经济会成为政府或权贵谋取私利的工具等原因，而不是对统制经济本身的反对。方显廷与当时大多数学者一样，是赞成中国施行统制经济的。他提出："我国以积弱之余，处国际竞争日烈之秋，极须图所自树。其道当首推经济建设，至应取之途径，则外审大势，内察国情，仍不能不从统制经济入手。"④

在认可统制经济的基础上，方显廷就中国如何实施统制经济提出了自己的看法。首先，尽快在中国推行局部统制。他提出一个国家推行统制经济政策，必须具备三项基本条件："民众经济组织之健全，强有力之统一政府和执行统制经济技术之人才。"方显廷认为虽然中国民众经济组织涣散，国家

---

① 吴德培：《统制、计划及技术三种经济与中国》，《经济学季刊》第 5 卷第 4 期，1935 年，第 106—123 页。

② 方显廷：《统制经济与中国》，《中国经济研究》（上），商务印书馆，1938，第 57 页。

③ 方显廷：《统制经济与中国》，《中国经济研究》（上），第 62 页。

④ 方显廷：《国民经济建设之途径》，《信托季刊》第 2 卷第 2 期，1937 年，第 81 页。

主权凌替，以及技术人才缺乏，但这并不能作为中国不推行统制经济的缘由。他认为："整个的经济统制既属难能，退求其次，则局部的经济统制更不容因循自误。苟能迅速实施，勇往迈进，则收效之佳，容有出人意表者。事在人为，幸我行政当轴及早图之。"① 由此，方在 1935 年《统制经济与中国》中提出除当时国民政府已纳入统制经济体系的范畴外，还急需将交通、农业上的粮食与衣料、外贸和汇兑作为实施统制经济政策的重点。1937 年，在《国民经济建设之途径》一文中方将经济统制的重点扩展到交通、农业、工业、贸易、金融统制、财政六个方面。②

　　然而，值得注意的是，方显廷并不认为中国只应该实行局部统制，而放弃全面统制。他认为，中国经济要抵御外来和内在的侵袭，维护中国的经济命脉，必须有整个的计划予以统制。在方显廷看来，与全面统制相比，局部的经济统制成效必然不大，而只是中国缺乏某些条件下的无奈之举。例如他曾提出由于中国缺乏各种统计资料，如人口、可耕地和已耕地面积、农产、矿产、财富所得、失业、税收等重要经济统计资料都十分缺乏，这必然使得政府制定全盘计划会缺乏事实根据。③

　　其次，关于统制经济的主体，陈长蘅认为应由政府承担责任。他提出："统制的意思就是要把国民经济统筹全局而加以调节限制。这个统制的责任当然应由国家来担当。若是要由少数资本家企业家银行家或其他专以营利为目的的人们来施行统制，只可以说是垄断专利，使资本主义更为锐尖化，而不是统制经济应有的含义。"④ 庄智焕认为政府由于贪污腐化问题，统制经济应由同业公会来领导。方显廷认则为，"政府为统制经济之设计与司令机关，而由民众经济组织任执行之责"。⑤ 除了强调中央政府的宏观调控外，方尤为注重民间组织在统制经济体系下的作用，"盖统制经济之对象，非为数万万各自为谋之民众，而为数十百有组织之民众团体也"。⑥ "人民经济活动单位的改进也是战时经济所必需的。因为政府要从上而施行统制，非得下

---

① 方显廷：《统制经济与中国》，《中国经济研究》（上），第 70 页。
② 方显廷：《国民经济建设之途径》，《信托季刊》第 2 卷第 2 期，1937 年，第 81—83 页。
③ 方显廷：《抗战与经济统制》，《时事类编特刊》第 21 期，1938 年，第 19 页。
④ 陈长蘅：《民生主义之计划经济及统制经济》，《经济学季刊》第 5 卷第 4 期，1935 年，第 83 页。
⑤ 方显廷：《统制经济与中国》，《中国经济研究》（上），第 61 页。
⑥ 方显廷：《统制经济与中国》，《中国经济研究》（上），第 60 页。

而农工商三方面都有无数健全活跃的小活动单位不可。这种活动单位，在农业方面的就是农业合作社。在工商业方面的一种是工业合作社，一种是同业公会。"①

再次，关于统制经济下国营与民营问题，方提出政府除介入国家经济命脉的事业外，不能禁止民营进入任何行业。1940年，方提出国营事业是"为国生产，而非与民争利"。② 因此，政府举办的事业必须以下列原则为范围："一，国防的急需应当特别经营的；二，有统筹或统制之必要的；三，规模宏大，设备艰巨，非寻常财力所能举办的；四，为国防民生所亟需，而盈亏无甚把握的；五，为民营工业供给动力或燃料的。"③ 与此同时，方显廷也认为即使确定应归属国防的事业也不应该禁止民营进入。如方显廷在《工业建设之商榷》一文中指出："政府所筹办的事业都要合乎上列几个标准，而且并不独占，除有特别理由者外，政府不能因为办了某种事业，便禁止或妨碍人民举办同类的事业。就是法令上规定应该国营的政府也可用合办或出租的方法，委托人民经营。"④ 抗战结束后，方显廷更是提出要将一些战时国营的事业单位恢复为民营。方显廷在《民营应自中纺开始》一文中从各国棉纺织业大都归属民营的现实状况提出，中纺民营后对吸收民间游资、增加国民财富和国家税收，中纺本身经营不善，厂内技术人才能动性不高等多个方面阐述了中纺应该从国营恢复民营的理由。

方显廷的统制经济观念认可政府的宏观调控地位，也强调民间组织在经济体系中应该发挥的作用；认可某些行业应属国营，也强调任何归属国营的事业都不能禁止民营的进入；他多次提到并极为认可苏联计划经济模式所取得的成就，但他并不认可完全以集体或中央的意志取代市场竞争。这些观念表明方显廷在理论上显然是认可或者说倾向于当时西方主流的经济理论，即在一定程度上通过政府干预经济的方式来解决中国的经济发展问题。受此影响，方显廷对于政府在经济干预时所处的地位一直存有疑虑。这一疑虑并不完全基于方显廷对当时国民政府的态度，因为即使是在抗战期间方显廷极为重视并认可国民政府统制作用的时候，他也不时在文章中透露出利用地方政

① 蔡志新：《民国浙江学者的经济思想》，中国社会科学出版社，2009，第190页。
② 方显廷：《工业建设之商榷》，《西南实业通讯》第2卷第2期，1940年，第52页。
③ 方显廷：《工业建设之商榷》，《西南实业通讯》第2卷第2期，1940年，第52页。
④ 方显廷：《工业建设之商榷》，《西南实业通讯》第2卷第2期，1940年，第52页。

府、民间组织、民营企业等多种力量制衡中央政府的无限扩大。

　　作为一个致力于将西方经济理论，结合中国社会现实研究中国经济问题的经济学家，方显廷经常根据中国的具体情况而修正其观念。例如他认可全面统制，但认为在当时中国只能施行局部统制；他专门撰文详细介绍美国统制经济的模式，但也并未明确表示过中国就一定适合此种道路。

〔毛杰，浙江省社会科学院〕

翁文灏的民营经济思想与实践

乐承耀

摘　要　翁文灏不仅是中国地质学的奠基人，而且对中国早期工业化和大西南的开发做出过重大贡献。抗战期间，翁文灏提出了比较系统的发展民营经济的思想，带有极大的实践性和可操作性。翁文灏主持的资源委员会和工矿调整处在发展民营经济中做出了积极的努力，组织并领导了民营企业的内迁。这不仅促进了近代民族工业的发展，开发了大西南，而且为抗战胜利做出了很大贡献。同时也改变了不平衡的经济发展格局，培养了一批具有现代意识的企业管理人才。

关键词　翁文灏　民营经济　民营企业内迁

翁文灏，浙江鄞县（今宁波市鄞州区）人。抗战初期担任国民政府经济部长兼资源委员会主任委员和工矿调整处处长。1943 年 11 月，工矿调整处改为战时生产局，翁文灏兼任局长。翁文灏不仅是我国地质学的奠基人，而且对中国早期工业化和大西南的开发做出过重大的贡献，被毛泽东称为"有爱国心的国民党军政人员"。① 抗战时期，翁文灏提出了较为系统的发展民营经济的思想，并身体力行地实践。他的发展民营经济的理论和实践，有

---

① 毛泽东：《论十大关系》，《毛泽东选集》第 5 卷，人民出版社，1977，第 279 页。

利于我国民族工业发展，为抗战胜利奠定了物质基础，初步改变了我国经济发展的格局，培养了一批具有现代意识的企业管理人才。研究翁文灏的思想，我们从中能得到借鉴与启示。本文仅就翁文灏民国期间的民营经济思想与实践作一探讨。

一　翁文灏民营经济思想的提出与内容

何为民营经济，翁文灏认为，民营就是人民经营。他在《中国工业政策讲要》乙《国营、民营及中外合营之并进与协调》中提出"民营（人民经济）"。① 翁文灏提出发展民营经济的思想内容十分丰富。

（一）翁文灏提出发展民营经济思想的依据

翁文灏为什么提出发展民营经济思想，考察其论述，笔者认为主要有以下两点原因。

首先，从理论层面上说，以孙中山的"民生主义"为理论依据。中国革命先行者孙中山提出民族、民权、民生的"三民主义"。孙中山"三民主义"中的"民生主义"思想是中国工业化建设思想的集大成者，而发展民营经济是其重要内容。这主要体现在《建国方略》的《实业计划》之中。《实业计划》有"六个计划"，其中第一计划就明确提到："中国实业之开发应分两路进行：（一）个人企业，（二）国家经营是也。凡夫事物之可以委诸个人，或其较国家经营适宜者，应任个人为之，由国家奖励，而以法律保护之。"② 这里的"个人企业"就是民营企业。为推进中国民营经济的发展，必须采取相应政策。孙中山说："今欲利便个人企业之发达于中国，则从来所行之自杀的税制应即废止，紊乱之货币需改良，而各种官吏的障碍必当排去；尤须辅之以利便交通。"③

孙中山的发展民营经济说法，给翁文灏以深刻影响。翁文灏在论著中谈

---

① 翁文灏：《战后工业政策的建议》，李学通选编《科学与工业化——翁文灏文存》，中华书局，2009，第558页。

② 孙中山：《建国方略》之二《实业计划》（物质建设），中国社会科学院近代史研究所等编《孙中山全集》第6卷，中华书局，1985，第253页。

③ 孙中山：《建国方略》之二《实业计划》（物质建设），《孙中山全集》第6卷，第253页。

得最多的就是孙中山的"民生主义"，发展民营经济正是民生主义的重要组成。翁文灏发展民营经济思想也正是实践孙中山的"民生主义"。为此，翁文灏在论著、讲话中多次提到这个问题。在谈到经济建设经营途径时，翁文灏引了孙中山《实业计划》"第一计划"的首言："中国实业之开发，应分两路进行：（1）民营（原译个人企业），（2）国营（原译国家经营）是也。凡事物之可以委诸个人，或其较国家经营为宜者，应任个人为之（民营），由国家奖励，而以法律保护之。"① 只要对照孙中山的原文，我们就可以发现翁文灏有所改动。一是把孙中山"个人企业"改为"民营（原译个人企业）"，"国家企业"改为"国营"（原译国家经营）。在这里翁文灏明确提出"民营"的概念。他在《战后经济建设应有的几点认识》一文谈到孙中山的"民生主义"时说："遵照国父实业计划，制定战后经济建设总计划，欢迎国际资本与技术之合作。此项总计划之制定与实施，应注意于交通与动力之开发，并以工业农业平衡发展为目的，凡有独占性之企业而为私人之所不能办者，均归国营或公营，其他工业概奖助私人经营之。"② 这里的"私人经营之"也是指民营经济。孙中山的意思是交通、动力具有独占性，需要庞大资本，"非私人之所能办"，由"国营"或"公营"主经营，而轻纺等企业可以由民经营。翁文灏认为孙中山短短的文字，已把今后我国经济建设的远景和进行的方针"完全描绘出"。③

1948 年 8 月 4 日，翁文灏在资源委员会会议上谈到"建立国家资本"时云："国父《实业计划》中，复明言中国实业之开发，应分民营与国营，两路同时进行。"在谈"扶助民营事业"时又说："民生主义倡扬国营，同时亦保护与奖励民营。"④

考察翁文灏发展民营经济的论述，可以发现他多次征引孙中山言论，由此认为翁文灏民营经济思想提出的理论依据是孙中山的"民生主义"。

其次，从实践层面上说，翁文灏提出发展民营经济思想也是对中国近代

① 《中国经济建设概论》，李学通选编《科学与工业化——翁文灏文存》，第 494 页，
② 《战后经济建设应有的几点认识》，李学通选编《科学与工业化——翁文灏文存》，第 617 页。
③ 《战后经济建设应有的几点认识》，李学通选编《科学与工业化——翁文灏文存》，第 618 页。
④ 《在资源委员会第一届委员会会议上的演说》，李学通选编《科学与工业化——翁文灏文存》，第 658、659 页。

基本国情的认识。翁文灏认为，发展民营经济既是发展民族工业的要求，也是持久抗战的需要。

在近代中国，民族工业始终是"龟行蜗步"①，发展极为缓慢。尤其是抗战期间，由于日本侵略者的摧残，中国民族工业处在"超于动摇""脆弱"的境地。其表现为：在工业构成上，轻工业占比太高；在工业分布上，沿江、沿海地区密集度过高；在企业组织上，旧式企业成分较大。据有关统计，1937年实业部登记工厂3935家，资本总额377857742元，工人总数457143人，其中纺织业占工厂总数22.43%，食品业占22.38%，两者合计48.81%，而冶炼、机器、电器、军械4项重工业仅占11.6%。②

依据资源委员会1932年"中国工业调查"所载，当时全国合于工厂法之工厂2435家③，其企业组织类别见表1。

表1　1932年资源委员会调查中国工业情况

组织类别	工厂数（家）	百分比（%）
独资	561	22.87
合资	994	40.52
公司	682	27.80
政府经营及其他	198	8.07
合　计	2435	99.26

资料来源：翁文灏：《中国工商经济的回顾与前瞻》，《资源委员会公报》第5卷第2期，李学通选编《科学与工业化——翁文灏文存》，第538页。

表1告诉我们，合资、独资两种企业占到总数61.16%；公司组织者不到总数的1/3和前两项的一半。而那些不合于工厂法之工厂、作坊及一般商业，则更少有公司组织了。由于公司企业较少，一般工商企业的规模也都很小。另外，外资企业也压倒民族工业。1935年，全国48000余台织布机中，日本、英国合起来就占15000台，约占总数的31%。④

---

① 《中国工商经济的回顾与前瞻》，李学通选编《科学与工业化——翁文灏文存》，第534页。
② 《中国工商经济的回顾与前瞻》，李学通选编《科学与工业化——翁文灏文存》，第535页。
③ 《中国工商经济的回顾与前瞻》，李学通选编《科学与工业化——翁文灏文存》，第537页。
④ 《中国工商经济的回顾与前瞻》，李学通选编《科学与工业化——翁文灏文存》，第538页。

　　发展民营经济也是持久抗战的需要。在日本侵略者发动的两次淞沪战争中，中国军队死亡31.4万人，其中"一·二八"事变中死亡1.41万人，占参战部队总人数的25.1%，"八一三"事变中死亡30万人，占参战部队总人数的42.8%。① 造成这样的局面，日本工业的发达及武器先进是重要原因。当时，中国重工业不发达，军械工业尤其落后。在1937年，中国的重工业仅有冶炼、机器、电器、军械4大类型，其工厂数分别为60、340、58、3家，占工厂总数百分比分别为1.52%、8.6%、1.47%、0.07%；其资本亦小，分别占资本总数的百分比为0.66%、0.97%、0.71%、0.11%。4个行业相加，资本数占总资本数的2.45%。② 抗日战争是持久战，这就要求加快重工业的发展，尤其是军械工业的发展。除了国营企业生产外，还需要民营企业生产钢铁、石油等军用物资。同时，国内民用工业凋敝，物价上涨，严重影响了人民生活，需要发展纺织、食品、水电等事关民生的企业。这些企业与民营经济是密切相关的。

（二）翁文灏民营经济思想内容

　　翁文灏的民营经济思想形成于其任职资源委员会和工矿调整处处长期间，主要在1930年代中期到1940年代中期。其民营经济思想，主要体现在他所发表的论文、演讲、决策和言论中。主要有以下几个方面。

1. 积极发展民营经济

　　作为经济部工矿调整处负责人的翁文灏十分重视民营经济的发展。他在"为提倡民营事业"议题下强调："建国大业，须人民与政府合作进行，上下一心，努力以赴，始能达到目标。"③ 1938年1月27日，翁文灏对《大公报》记者发表谈话时说道："经济建设，端赖全国上下用其财力、人力、智力，共同努力经营，始克有济。政府固宜担负规划领导之重任，而人民亦需参与焉，于整个计划之下，埋头苦干。今后所有经济建设之工作，凡人民可有自营之力，而并无妨害国家政策之推行者，悉以民营为主。……各种轻工业及人民办理已有成绩之化学、机械、电工、纺织、造纸等工业，皆当由社会有志人士出面负责推进。"④ 而"凡有妨害民营事业发展之

---

① 《顾祝同致蒋介石电》，《历史档案》1985年第2期，第56页。
② 《中国工商经济的回顾与前瞻》，李学通选编《科学与工业化——翁文灏文存》，第535页。
③ 《推进生产事业》，李学通选编《科学与工业化——翁文灏文存》，第383页。
④ 《推进生产事业》，李学通选编《科学与工业化——翁文灏文存》，第383页。

一切阻力，亦必为之排除"。他特别强调"提倡国营决不是看轻民营或妨碍民营"。①

1945年10月10日，翁文灏在《中央日报》发表《战后经济建设应有的几点认识》一文，展望抗日战争胜利后的情景，提出经济发展的方向。翁文灏说："今抗战终了，国民革命的最大障碍已经除去，建设工作必须迎头赶上，加强努力，在国家建设总计划之下，接受外国资本和技术的协助，鼓励人民从事企业经营。"② 这里明确指出抗战胜利后，国家搞经济建设，要吸引外资，同时要鼓励民营经济发展。由于国民党反动派发动内战，翁文灏这一想法没有实现。

2. 国营与民营关系

翁文灏认为，国营与民营是共存的、互相促进的关系。他在《关于国营事业之意义》中说："提倡国营决不是看轻民营或妨碍民营。这一点我们必须切实认识，切不可毫无事实根据，而误会国营民营两者相互妨碍，不能并存。"相反，"国营事业正可帮助民营，促进民营，而且应该时时在心，使其互相辅助，共同成功"。"国营与民营实有不可分散的联系，在此时代的中国，尤为显然。"③ 因此，对民营企业不要歧视，在器材供应、产品销售以及动力分配上均一视同仁。翁文灏认为，民营各事业，要有轨道可循，且与国营各事业密切配合，竭诚互相，而绝不能倾轧摧残。如果民营企业需要，如助款、助运、减税，国营各业要"促成之"。1946年8月4日，翁文灏在资源委员会第一届委员会会议的演说中又指出："首为沟通国营与民营之分别，而使得互相连贯，合力进行。"④

翁文灏还认为："资源委员会所主办的实业，对民营事业，务应采取联系共进之方针，且愿尽辅助推动之力量，并表示在器材供应、产品销售，以及动力分配上均一视同仁，相携并进。此类宗旨，按之事实，已在实行，期之将来，更当加勉。在运输费率、税款比例等正式负担上，国营事业以与民

---

① 《经济建设方针》，李学通选编《科学与工业化——翁文灏文存》，第380页。
② 《战后经济建设应有的几点认识》，李学通选编《科学与工业化——翁文灏文存》，第620页。
③ 《关于国营事业之意义》，李学通选编《科学与工业化——翁文灏文存》，第648、649页。
④ 《在资源委员会第一届委员会议上的演讲》，李学通选编《科学与工业化——翁文灏文存》，第659页。

营事业同等待遇为宗旨，不轻使用特殊优待，俾不论国营、民营，皆可经办得宜，同循正规"。①

3. 政府的职责

在民营经济发展中，作为行政机关的政府职能部门"负有极宏大之职责"——领导、经营与管制。何为管制？翁文灏认为主要是"保护"，使民营各事业，皆有一定之规道可循，且与国营密切配合，不加限制。政府的职责是经营国营，而对于民营诸事，政府的责任是"切实督导"。在《战后工业政策的建议》中，他明确指出：政府对民营事业应"切实督导"使其增高效率，减低成本，积极前进。②

除了"督导"、"保护"外，翁文灏认为政府的职责还包括服务协调，以方便民众。这就是"鼓励"，给民众提供"方便"。政府对于法定手续，应当迅速处理，并应当以保息补助等各项方法对民营经济协助鼓励。此外如购买原料、运输货品等工作，政府亦应当予人民以种种方便，期使民营事业，在内地各处逐渐活动。"谒诚倡导，颁布非常时期矿业奖励条例，设立专管机构，以借贷资金，供给器材，联系供销，筹划建设等各项计划方法，努力协助。"③ 比如，工矿调整处为扶助民营事业之政府机关，对于民营工矿之迁移、材料之供给、技术之指导、资金之借贷等，皆应当积极协助。

此外，对于政府如何协调国营与民营的问题，翁文灏认为政府应采取国营、民营同时并进之政策，"政府办法，对于国营及民营事业之间，又务使相辅相成，而不至互相排挤"。④

奖励民营经济也是政府的职责。翁文灏认为：政府为助长民营事业并维持其稳固基础起见，应力加提倡民营事业，并优予奖励，且不惜财力之互助。翁文灏在《战后工业政策的建议》中亦云："凡工业之可以委诸个人，或其较国家经营为适宜者，应归民营，由国家奖励而以法律保护之……民营工业合乎手工业建设之规定者，政府应特别奖励资助之，并予以技术上及运

---

① 《在资源委员会第一届委员会议上的演讲》，李学通选编《科学与工业化——翁文灏文存》，第 659 页。
② 《中国经济建设的前瞻》，李学通选编《科学与工业化——翁文灏文存》，第 480 页。
③ 《中国经济建设的前瞻》，李学通选编《科学与工业化——翁文灏文存》，第 479 页。
④ 《中国经济建设的前瞻》，李学通选编《科学与工业化——翁文灏文存》，第 479 页。

输上之便利，使之依照计划如期发展。"①

4. 允许民营企业参与国有企业投资

翁文灏赞同民营企业参与国有企业投资。1946 年 9 月 4 日，翁文灏在资源委员会第一届委员会会议上的演说中表示"欢迎民股"。他说："在必要范围内，国营事业公司中，应欢迎民股加入，并可对民营事业的酌为投资。"②

二 翁文灏推进民营经济发展的实践与操作

翁文灏推进民营经济发展的实践与操作，主要体现在组织工矿企业大迁移的决策与领导、制定发展民营经济发展的法规，以及亲自参与和领导发展民营经济的重大活动。

（一）组织工厂企业大迁移的决策与领导

"八一三"事变后，日寇把战火烧到江南，东南沿海的大批民营企业与爱国实业家为保全民间实力，坚持长期抗日，纷纷将所办企业内迁。国民政府也支持民营工厂的内迁。翁文灏具体参与决策、组织和领导了这次民营工厂内迁，主要为民营企业申请补助、制定内迁路线和对内迁工厂安置。

1. 给予民营企业迁徙补助

工厂内迁前，翁文灏等在上海进行了调查，资源委员会并委派专门委员林继庸具体负责调查事宜，结果发现上海一些企业不愿搬迁。阻力既来自一些政府官员和企业家对形势的错误判断和对英、美势力的依赖，也担心企业迁移造成损失。经过一些动员工作，上海的企业家原则上接受了内迁条件草案，但要求给予补助，主要是工具费、运费、房屋费、地皮费等。

据此，翁文灏以资源委员会的名义于 1937 年 8 月 9 日向国民政府行政院提出《补助上海各工厂抗外侮之力量案》，要求尽快解决工厂迁移工作中几个

---

① 《战后工业政策的建议》，李学通选编《科学与工业化——翁文灏文存》，第 554 页。
② 《战后工业政策的建议》，民革中央宣传部编《翁文灏论经济建设》，团结出版社，1989，第 118 页。

急需解决的问题。提案对于上海机械、钢铁、炼气、橡胶、制罐及民营化学工业等 6 类工厂的主要机器设备内迁，请政府补助迁移费 56 万元，拨给建厂场地 500 亩，提供低息贷款 329 万元，奖励金每年 25 万元，为期 10 年。随即，国民政府行政院第 324 次会议对资源委员会的这一提案做出如下决议：奖励金暂从缓议，余通过。孙果达在后来的回忆中指出："8 月 10 日，国民政府行政院除了不同意给内迁厂拨奖金外，基本批准了上述提案。根据这一提案，国民政府给上海内迁民营工厂提供到武汉的装箱、运输、生活津贴等费用共计 56 万元，还提供长期低息贷款 329 万元，划给 500 亩地皮，作为这些工厂内迁的需要。"①

2. 建立工厂迁移监督委员会

为使上海等地工厂顺利内迁，翁文灏按照国民政府的意见，会同财政、军政、实业等部联合组织上海工厂迁移监督委员会，由林继庸任主任。

在翁文灏的部署下，1937 年 8 月 12 日下午 3 时，上海工厂迁移监督委员会在上海斜桥弄 42 号举行第一次会议。这次会议通过工厂联合迁移委员会人员组成、办公地点、选择工厂迁移经费支配等 5 项事项。其中明确提出为便利工作起见，即日起成立由各厂组成的工厂联合迁移委员会。委员名额规定 11 人，由各厂推举，送呈监督委员会批准。根据资源委员会的意见，上海企业家颜耀秋、胡厥文、支秉渊、余名钰、项康元、叶友才等 11 人发起组建的上海工厂联合迁移委员会于当天正式成立。

3. 确定工厂内迁原则和路线

为安排好内迁企业尽快在新的地方恢复生产，支援抗战，1937 年 9 月 27 日，工矿调整处在资源委员会会议厅举行会议，专门讨论工厂内迁问题。翁文灏主持了此次会议。经过讨论，会议做出决定，明确工厂迁移的原则。会后，翁文灏等就内迁的原则、路线等做了专门研究。内迁的原则是人才第一，图样次之，机器材料又次之。内迁的路线有陆路和水路，陆路为铁路。翁文灏在日记中记载："九月二十七日，星期一……工业调整委员会召集各机关人，会商工厂迁移原则。"②

据《翁文灏日记》记载，在翁文灏主持的资源委员会组织下，从 1937

---

① 孙果达：《抗战初期上海民营工厂内迁经过》，中国人民政治协商会议西南地区文史资料协作会议编《抗战时期内迁西南的工商企业》，云南人民出版社，1989，第 9 页。
② 李学通等整理《翁文灏日记》，中华书局，2010，第 17 页。

年 8 月中旬到 11 月 29 日，共有华生电器厂、大鑫炼钢厂等 114 家企业从上海迁至武汉，其中有不少企业迁往了川、滇、黔的大西南。①

（二）亲自领导和参与发展民营经济的重大活动

考察有关文献，翁文灏除关注发展民营经济外，还亲自领导和参与支持民营企业的活动。主要有支持渝鑫钢铁厂发展、参与"星五聚参会"、组织民营企业联合团体等。

1. 支持渝鑫钢铁厂

渝鑫钢铁厂原为上海大鑫钢铁厂，1934 年 1 月在上海杨树浦建厂，宁波帮企业，余名钰任总经理兼总工程师。1937 年"八一三"事变后，为坚持抗日，大鑫钢铁厂设法抢运机器材料内迁。1938 年 2 月，大鑫钢铁厂迁到重庆后与卢作孚民生公司合资，更名为渝鑫钢铁厂股份有限公司（简称渝鑫钢铁厂）。翁文灏对渝鑫钢铁厂的发展予以大力支持。他不仅提供经费支持，帮助钢铁厂内迁，而且亲自批准大鑫钢铁厂更名为渝鑫钢铁厂股份有限公司。1938 年 9 月 30 日，该厂总经理余名钰呈请工厂更名，翁文灏于 10 月 9 日就批准。现摘录如下：

经济部工矿调整处关于大鑫钢厂更名为渝鑫钢铁厂股份
有限公司的批文（1938 年 10 月 9 日）

具呈人：大鑫钢铁渝厂股份有限公司

九月三十日呈一件为本厂改称渝鑫钢铁厂股份有限公司，对于原有一切债务债权等项仍继续负完全之责，祈鉴核由。呈悉。查该厂改称"渝鑫钢铁厂股份有限公司"准予备案，惟该厂前向本处签借 20 万元契约二纸，现既更易厂名，自应改订新约以清事责，仰即派员来处办理。再呈称印鉴二份未据。此批

处长　翁文灏②

渝鑫钢铁厂为扩大生产，要求扩充钢铁、机械两部分，需款 470 万元。包

---

① 李学通等整理《翁文灏日记》，第 189 页。

② 翁文灏：《经济部工矿调整处关于大鑫钢厂更名渝鑫钢铁厂股份有限公司的批文》，重庆档案馆藏渝鑫钢铁厂档案，档案号：0794－2－3177。

括 2000 千瓦发电机一部 80 万元，拉管机两部 50 万元、18 寸轨钢机一部 45 万元等。翁文灏又主动联系致函四联总处，要求"查核办理"。其函如下：

经济部工矿调整处致四联总处函（1940 年）

　　查经济建设协助民营工业三年计划钢铁工业机械内，列有协助渝鑫钢铁厂扩充钢铁机械两部份。经贵处议决贷款协助有案。兹据该厂拟据扩充计划呈送到处。查该厂自内迁以来，迅速复工并扩充设备，如自制电炉、汽锤、轧钢设备、制钉机器及制炼硅铁炉等，均已分别装成并有出品，在抗战期内，对于后方生产颇称努力。兹据呈送计划前来，除外汇部份，另案办理外，相应检同本处审查意见书一份，暨该厂扩充计划四份，随函送上，尚希查核办理，见复为荷。此致

处长　翁文灏①

　　1941 年，工矿调整处还协助渝鑫钢铁厂扩充 3 年计划贷款，由中央银行、中国银行重庆分行、交通银行重庆分行及中国农民银行重庆分行 4 家银行贷款 120 万。

2. 参加重庆企业家的"星五聚餐会"

　　实业界的"星五聚餐会"于 1932 年 3 月在上海由中国银行总经理张公权（嘉璈）发起，宁波帮工商实业家方液仙、王性尧，银行家宋汉章等民营实业家是最早的一批参加者。1938 年后，"星五聚餐会"一度移至香港。1941 年 12 月中旬，"星五聚餐会"开始在重庆恢复活动。"星五聚餐会"的活动主要包括聚餐、座谈和演讲。这种活动方式在"星五聚餐会"的各个阶段一脉相承，只是规模有所不同而已，其目的是改进和发展工商业。"星五聚餐会"的组织形式和活动方式，体现了其旨在推动金融界和实业界加强情感联系、信息交流、振奋企业精神、强化经济互助等功能与特点。宋汉章曾经说："我们的任务，就是每星期五举行叙餐会时，除会员彼此叙谈意见外，有时敦请专家演讲，增进同人知识。"② 阮维扬亦云："名曰聚餐，

---

① 翁文灏：《经济部工矿调整处致四联总处函》，宁波帮博物馆编《抗战大后方宁波帮资料——以陪都重庆为中心》，宁波出版社，2013，第 26 页。

② 宋汉章：《香港星五聚餐会百次纪念》，宁波帮博物馆编《抗战大后方宁波帮资料——以陪都重庆为中心》，第 233—234 页。

实负有提倡国货、发展实业，建设经济之重大使命。与寻常聚餐会固未可同日而语。"① 正是因为"星五聚餐会"的联谊性质，有许多民营企业家聚会畅谈，引起国共两党的关注。周恩来曾到"星五聚餐会"演讲，翁文灏也经常参加，"倾听企业界的呼声，宣讲政府经济政策"，与一些民营企业家有良好的关系，积极支持星五餐会。②

1940 年 4 月 19 日，在香港举行了"星五聚餐会"第 100 次盛大纪念会。翁文灏为此题词："共同奋斗，发扬国光。"③ 在倾听企业界呼声后，翁文灏就帮助民营企业解决实际问题。实业家胡西园在"星五聚餐会"中曾谈道："翁部长对工业界是非常同情。但是中枢不了解，以为他在讨好工业界，所以他希望我们另外多做些工夫。再有二十八家小工厂，请求贷款，经过几番交涉，昨日翁部长已经答应，四联总处也同意。"④ 由此可见，翁文灏对民营企业的"同情"，也反映了翁文灏与民营企业的关系。

3. 积极推动民营企业家的联合

翁文灏通过资源委员会、工矿调整处的工作，促成民营企业家的联合。自 1938 年起，在重庆先后成立了迁川工厂联合会、全国工业协会、国货厂商联合会、西南实业协会、战时生产促进会、中小工厂联合会等战时民营企业联合组织。这既有助于企业之间的联络，又沟通了政府与企业家的联系。

翁文灏主持的资源委员会、工矿调整处在战时民营企业联合组织成立过程中起了重要作用。以迁川工厂联合会为例。1938 年 1 月，已有 14 家企业先后到达重庆，其他企业也络绎到渝。但是由于人生地疏，这些企业面临不少困难。虽然政府因抗日急需企业尽快恢复生产，然而首先要解决的是企业安置的问题。在翁文灏主持下，工矿调整处驻渝办事处于 1 月 25 日召开由吴蕴初、颜耀秋等 16 人参加的迁渝企业负责人会议。资源委员会专员林继庸认为各厂抵渝，势如散沙，非亟谋筹设枢纽，不足共策进行。旋即决定筹组"迁川工厂联合筹备委员会"。1938 年 4 月 17 日，迁川工厂联合会应运

---

① 阮维扬：《星五聚餐会之感想》，宁波帮博物馆编《抗战大后方宁波帮资料——以陪都重庆为中心》，第 235—236 页。

② 李学通：《书生从政——翁文灏》，兰州大学出版社，1996，第 204 页。

③ 宁波帮博物馆编《抗战大后方宁波帮资料——以陪都重庆为中心》，扉页。

④ 胡西园：《后方实业界星五聚餐会工业问题座谈会》，宁波帮博物馆编《抗战大后方宁波帮资料——以陪都重庆为中心》，第 250 页。

而生，会员企业 30 多家。该会宗旨宣称："本会以适应抗战建国之需要，协助各厂迁川，恢复生产，增强国力，并于抗战胜利后，协助迅速复员，增加生产。"作为工矿调整处处长的翁文灏不仅支持迁川联合会成立，而且向民营企业家表示："工矿调整处是为厂家服务的，不是个做官机关，要官民打成一片。"在翁文灏的支持下，迁川工厂联合会协助各厂完成了复工前的准备工作，解决购地问题，举办技工短训班，举办"迁川工厂出品展览会"等。国民政府经济部因"迁川工厂出品展览会"展出效果极佳，举行表彰大会，翁文灏在会上向 109 家内迁工厂颁发奖状，并授予迁川工厂联合会甲等一号奖状。①

西南实业协会前身为"星五聚餐会"，其宗旨是调查、统计、研究、设计资料，沟通实业界，提高生产效率，促进相互团结。目的是通过调查全川工厂，协助工厂解决困难。翁文灏对其非常关注。1939 年 1 月 16 日，他在西南实业协会四川分会的演讲中，提到民营工厂的"共同合作"，要"不分在朝在野，不分实业金融，是大家只有此一个目的，用全份智慧与力量，往前积极推进。这种精神就是西南实业协会的精神"。②

（三）参与制定发展民营经济的法规

翁文灏提出要用法律来保障民营经济的发展同时民营资本也应服从法律。为了保障民营经济的健康发展，翁文灏参与制定了相关的法规。

第一，对抗战以前颁布的有关经济法规进行清理和修订。国民政府曾于 1934 年 4 月和 1937 年 4 月先后颁布了《工业奖励法》《特种工业保息及补助条例》以奖助民营企业。但这两项法规存在缺陷：一是奖励方法少，仅有 5 项，且过于消极、力度不够，只是减低或免除出口税，减低或免除原料税，减低国营交通事业运输费，给予奖励金，以及在一定区域内享有五年以下的专利；二是制定的标准过严、门槛过高，如规定企业资本额需在 100 万元以上者，始得呈请保息或补助。③

由于上述两个法规不利于调动民营企业家的积极性，翁文灏制定了《非常

①　李本哲：《迁川工厂联合会记略》，《抗战时期内迁西南的工商企业》，第 33、38 页。
②　《西南实业会四川分会成立会的演讲》，李学通选编《科学与工业化——翁文灏文存》，第 399 页。
③　李学通：《幻灭的梦——翁文灏与中国早期工业化》，天津古籍出版社，2005，第 98 页。

时期工矿业奖助暂行条例》，取消了抗战前对民营企业经营门类上的限制，扩大了工业奖励的范围以及奖助的项目。如，取消企业资本额需在 100 万元以上者始得呈请保息或补助的规定，从而使更多的中小民营企业获得资助。

第二，出台新法规。为推动民营经济适应抗战的新形势，翁文灏还参与制定了一些新的行政法规。如，1939 年 2 月 25 日发布《小工业贷款暂行办法》，4 月 6 日发布《奖励工业技术暂行条例》，1940 年 11 月颁布《奖励工业技术补充办法》等。这些行政法规的颁布，从法律上支持了民营经济的发展和维护了民营企业家的利益，有利于抗战大后方的科技进步和企业生产活动。如《小工业贷款暂行办法》的施行，就有利于吸引民间资本投资工矿企业。

三　翁文灏发展民营经济思想的效果

李学通在《翁文灏中国工业化思想初探》一文中指出，翁文灏经济思想的"最大特点是，不同于学者型的纯学理论证，而是带有极大的实践性和可操作性，而且相当部分成为政府的实际经济政策，对民国时期的工业化建设产生了重要的影响"。① 翁文灏思想上重视发展民营经济，并身体力行把这一思想付诸实践。理论与实践的结合，使翁文灏发展民营经济思想在实践中产生了明显的效果。尽管中国近代民营经济命运多舛，以至从没有真正发育出容许民营经济生长的制度和环境，但翁文灏发展民营经济的思想及其实践，对民国时期尤其是抗战时期我国工业化建设产生了重要的影响。主要体现在以下几个方面。

第一，促进民族工业的发展。由于日本侵略者的经济统制和对华的经济摧残，中国的民族工业遭到严重破坏。当日军战火延烧江南，如果工矿企业毁于战火，必定使民族工业元气大伤。炮声惊醒了民营企业家，他们纷纷表示，不把企业留给敌人，为保护民族工业，坚持抗战，把工厂内迁。翁文灏正是临危受命，组织工矿企业大迁移，帮助民营企业渡过难关，制定一系列法规维护内迁民营企业利益，从而有力地促进了民族工业的发展。在考察工业方面，由于翁文灏实施的一系列促进民族工业发展的政策，致使工业区位

---

① 李学通：《翁文灏中国工业化思想初探》，中国社会科学院近代史研究所编《中国社会科学院近代史研究所青年学术论坛》（2001 年卷），社会科学文献出版社，2002，第 251 页。

有所拓展，工业生产加快，工业技术水准进步，工业联合组织强化，民族工业有了较快发展。负责民营企业的工矿调整处，曾编制"工业生产指数"，今摘录6项（见表2）。

表2　1938～1942年中国工业生产指数

年　份	1938	1939	1940	1941	1942
总指数	100	130.72	185.85	242.96	302.17
电力	100	135.88	205.01	261.04	291.65
煤	100	109.15	119.50	169.87	207.10
铜	100	211.11	350.56	875.00	2214.44
内燃机	100	151.09	529.09	706.30	715.09
棉花	100	142.37	277.25	387.52	718.97
面粉	100	127.29	214.09	298.08	322.54

资料来源：翁文灏：《中国工商业经济的回顾与前瞻》，李学通选编《科学与工业化——翁文灏文存》，第541—542页。

　　工矿调整处是负责监管民营企业的机构，上述数据基本是对民营企业调查所得。翁文灏文中原表列有17个项目，这里仅节录6项，其中电力、煤、铜、内燃机属于重工业，棉花、面粉属于轻工业。从上述6项内容看，民营企业无论是重工业还是轻工业，在抗战全面爆发后5年内，其指数是上升的，在一定程度上反映了战时民族工业的发展。

　　第二，为抗战胜利奠定了物质基础。翁文灏主持下的资源委员会在优先发展重工业的前提下发展民营企业，生产了大量的军用物资和生活资料。不仅增强了广大军民持久抗战的信心，也为抗日战争提供了军用物资。由于这些民营内迁工厂在规模与技术上都远远超过当地的民营工厂，因此成为大后方民营企业的主力军。1938—1939年，大后方的民营工业以制造军火为主。据工矿调整处统计，当时大后方所有民营工厂每月可制造手榴弹30万枚，迫击炮弹7万枚，各式炸弹、炮弹引信7万枚，飞机炸弹6000余枚，机枪零件1000套，大小军用圆锹30万把，大小军用十字镐20余万把，地雷引信千余枚，军用纽扣500万个，以及陆军测量仪器、军用炮表、子弹机等。[①] 民营工业在战时生产武器的作用显而易见。后方战时工业的发展速

---

① 李本哲：《重庆钢铁机器业主体的形成及其兴衰》，《抗战时期内迁西南的工商企业》，第105—106页。

度，在我国工业史上创造了惊人的纪录。

在翁文灏的关心下，经济部参股的渝鑫钢铁公司发展成后方最大的炼钢厂。1938—1939 年，渝鑫钢铁厂以制造军火为主，生产炸弹、手榴弹和山炮。翁文灏还组织在川各民用工厂生产军工产品。仅据战时生产局制造处1945 年生产安排，在川 59 家民用工厂生产工兵器材 49.9 万件。

1939 年后，后方的民营企业以民用生产为主。比如，渝鑫钢铁厂生产竹节钢、地轴钢、方钢、圆钢，还生产车床、油压机、制钉机、拉丝机等。1939—1945 年共生产钢 6057 吨、铁 5886 吨。① 渝鑫钢铁厂的发展也引起中共的高度关注。1942 年 1 月 14 日，周恩来曾为该厂题词："没有重工业，便没有民族工业的基础，更谈不上国防工业，渝鑫钢铁的生产，已为我民族工业打下了初步的基础。"②

由于民营工业发展，不仅制造了军用武器以支援前线将士抗日，也给民众提供了消费品，满足了物质上需要。尽管当时生活十分艰难，但还是为抗战胜利奠定了物质基础。

第三，暂时改变了不平衡的经济发展格局。抗战前，中国的近代工业主要集中在东部地区和沿海地区，西部工业比较落后。1937 年，川、云、黔、桂、湘、陕、甘 7 省，仅有工矿企业 237 家，资本 1520.4 万元，占全国工矿企业资本总额 4.03%。抗战期间，因翁文灏主持下的资源委员会组织民营工厂内迁，使内地工业得到较快发展。到 1943 年，后方工矿企业达到5266 家，资本达到 48 亿。③ 其中四川（含重庆）2622 家、云南 211 家、贵州 204 家、西康 9 家，西南地区合计 3046 家，约占全国的 68%。由于翁文灏积极推行发展民营工业的措施，在西南形成了不少工业区，主要有四川万县、长寿、涪陵一带水电、榨油工业；沱江及岷江流域的泸县、内江、五通桥、乐山、自流井等地的发电、酒精、制酸、造纸、炼油、炼焦等工业；威远地区的煤炭和钢铁工业；云南昆明的发电、机械、电工器材、冶炼等工业；重庆沿长江东起长寿，西至江津，北起合川，南达綦江的工业区。

尤其以重庆的工业发展最快。据经济部 1940 年的统计，重庆工业区拥

① 周勇主编《重庆通史》第 3 卷，重庆出版社，2002，第 1031 页。
② 周恩来：《为渝鑫钢铁厂题词》（1942 年 1 月 4 日），转引自李本哲《重庆钢铁机器业主体的形成及其兴衰》，《抗战时期内迁西南的工商企业》，第 102 页。
③ 薛毅：《国民政府资源委员会》，社会科学文献出版社，2005，第 295 页。

有机械厂159家、冶炼厂17家，电器厂23家，化学厂120家，纺织厂62家，其他行业48家，共达429家，占西南地区工厂数的50.7%，占大后方工厂数的31.6%。重庆因此成为战时工业部门最全、工厂种类最多、工业规模最大的综合性工业基地。

上述资料表明，翁文灏组织民营工业内迁及其在西南积极支持民营工业发展，有利于改变经济发展不平衡格局。

第四，培养了一批具有现代意识的企业管理人才。抗战前的大西南近代工业微弱，企业管理手段落后，技术人才缺乏，基本上是封建家庭式的、小手工业的管理方法。翁文灏主持上海等地的工厂内迁后，带去了技术和管理经验，并带去了先进设备和技术人才。许多宁波企业家在内迁中到达重庆，在那里施展才能。如，大鑫钢铁厂股份有限公司总经理兼总工程师余名钰，浙江镇海（今宁波市镇海区）人，毕业于美国加利福尼亚大学，获冶金学硕士学位。企业内迁后，余名钰任渝鑫钢铁厂总经理兼总工程师。他既有专业技术，又懂经营管理，是一个管理、业务双肩挑的人才。虞洽卿的三北机器厂在重庆设厂，随厂内迁的多数职工为熟练技工。刘鸿生在重庆开办华业火柴厂，为扩大生产，大量招收技术人才。1939年刘鸿生将化工专家刘公诚招到重庆，帮助林天骥和总工程师潘复洁筹建长寿的中国火柴原料厂。林、潘还招收一批沪江大学化工系毕业生和苏州工业专科学校毕业生，又把会计专科学校和立信会计学校的高才生聘为会计主任，以加强财务管理。另外，抗战期间，翁文灏通过招聘、选拔、培养、出国考察等手段，为西南地区培养了一大批有现代意识的工矿企业的科技人才和管理人才。这些人才在后来的中华人民共和国经济领域中成为中坚力量。

〔乐承耀，中共宁波市委党校〕

知识、人脉与时局：
张其昀学术生涯的政治转型

何方昱

摘　要　1920 年代中期，张其昀以其史地知识逐步构建起与竺可桢、翁文灏、丁文江、陈训慈、陈布雷等师友之间密切的人脉网络。因其不慎，在 1932 年加入国防设计委员会后即遭遇顿挫，令其重新思考学术与政治的关系。1936 年，张其昀追随竺可桢加入浙江大学，积极谋求学术事业上的建设。自 1940 年代起，张其昀在地略学领域的学识引起蒋介石的重视，为其渐趋政治中枢奠定了基础。1948 年浙大部分学生发起"驱张运动"，最终促使张其昀与国民党当局保持一致。张其昀学术生涯的政治转型，既有知识与人脉带来的推力，也有时局转变带来的压力，双重合力之下，他最终挥手与竺可桢诀别，在一定程度上也成为彼时学人群政治分野的表征。

关键词　张其昀　竺可桢　地略学

张其昀（1901—1985），字晓峰，浙江鄞县人。他以史地学为终身事业①，

---

① 大陆学界的研究多集中于张其昀在史地学领域取得的成就，主要成果参见刘盛佳《张其昀的地理思想和学术成就》，《地理学报》1993 年第 4 期；韩光辉《张其昀及其历史地理学贡献》，《中国科技史料》1997 年第 1 期；钱茂伟《现代浙东学人张其昀的史地学成就》，《浙东文化研究集刊》第 2 期，上海古籍出版社，2005；王永太《凤鸣华冈：张其昀传》，浙江人民出版社，2006。最新研究成果涉及张其昀的教育思想，见张光陆《张其昀教育思想研究》，浙江大学出版社，2015。

青年时代即成为"南高学派"的中坚力量①，中年时代追随老师竺可桢，在国立浙江大学服务 13 年。② 1949 年赴台湾后成为蒋介石政治中枢的重要一员，曾出任台湾"教育部长"，全面规划台湾教育体系。③ 张其昀以学者身份，渐趋服务于中央执政当局，已有成果多从继承儒学及士大夫精神的视角研究张其昀学术生涯的政治转型，但对促成其转型的知识要素与人脉缔结缺少历史的"深描"。④ 易代之际的学人政治转型研究，既有成果多聚焦于选择留在大陆的中立派或亲共学者，如竺可桢、马寅初、潘光旦、吴晗等⑤，而鲜有研究探讨亲国民党学者的政治抉择。基于既存研究的缺漏，本文利用学界较少参考的浙江省档案馆藏国立浙江大学档案、台北"国史馆"藏"蒋中正总统文物"、中研院近代史档案馆藏朱家骅档案、国民党党史馆藏《中央执行委员会常务会议提案》等原始档案，并参照《竺可桢日记》《陈布雷日记》《蒋介石日记》《国立浙江大学校刊》等多元史料，试图探究知识、人脉与时局在张其昀从学界到政界的转型过程中扮演的角色与发挥的作用，进而考察 1940 年代末期，原本政治认同趋近的学人，其立场和态度发生了怎样的变化。

---

① 彭明辉言及张其昀在《史地学报》中的影响时云："分析《史地学报》所刊载张其昀论著的内容，他很可能是史地研究会的理论中心。"参见彭明辉《历史地理学与现代中国史学》，台北，东大图书公司，1995，第 102 页；最近十年大陆学界对南高学派有所关注，主要成果参见吴忠良《传统与现代之间：南高地学派研究》，华龄出版社，2006；陈宝云《学术与国家：〈史地学报〉及其学人群研究》，安徽教育出版社，2008；许小青《张其昀与南高学派》，《近代史学刊》第 7 辑，华中师范大学出版社，2010。

② 颜士之、许为民：《张其昀史地结合思想与浙江大学史地系办学特色》，《浙江大学学报》1998 年第 3 期；何方昱：《知识、权力与学科的合分：以浙大史地学系为中心（1936—1949）》，《学术月刊》2012 年第 5 期。

③ 李怡纹：《张其昀因应学校教育发展课题之研究》，硕士学位论文，花莲师范学院国民教育研究所，2000；李俊霖：《张其昀之教育思想与实践》，硕士学位论文，台湾师范大学政治学研究所，2006。

④ 郑素燕：《继承中国传统士大夫精神：记张其昀的生平及其言论》，硕士学位论文，华东师范大学历史学系，2008；王瑞：《"圣人之徒"的儒生情怀：以探析张其昀学术思想为中心》，博士学位论文，华东师范大学历史学系，2013。

⑤ 何方昱：《党化教育下的学人政治认同危机：去留之际的竺可桢（1936—1949）》，《史林》2010 年第 6 期；李醒民：《检讨和自白：真诚的，抑或无奈的？——评竺可桢的自我检讨和内心自白》，《学术界》2015 年第 3 期；吴敏超：《马寅初被捕前后：一个经济学家的政治选择》，《近代史研究》2014 年第 5 期；杨奎松：《忍不住的"关怀"：1949 年前后的书生与政治》，广西师范大学出版社，2013；Mary G. Mazur, "Intellectual Activism in China During the 1940s: Wu Han in the United Front and the Democratic League," *China Quarterly*, 133 (1993)。

一　地理知识与人脉初结

张其昀的学术道路始于1923年编纂地理教科书，经十年磨砺，1933年谋划创建中国地理学会，而1935年当选中央研究院第一届评议员则是其早期学术生涯到达顶峰的标志。其间，给予张其昀最多提携与帮助的是竺可桢（字藕舫）及中国地质学的开创者丁文江（字在君）与翁文灏（字咏霓）。

张其昀与竺可桢相识于1920年，在此后30年的岁月里，他们一直是最亲密的师友。1919年，张其昀考入南京高等师范学校，竺可桢则于1920年到该校任地理学、气象学教授。翌年南京高等师范学校扩充为东南大学，先成立地理系，随后改为地学系，竺可桢任系主任。地学系下分地理、气象、地质、矿物四组，而地理学为张其昀的主修课程。1923年6月，张其昀毕业，进入上海商务印书馆，负责编辑初中、高中中国地理及世界地理教科书达4年之久。① 这一时期，仍执教于东南大学的竺可桢就编纂地理教科书事宜多次与张其昀商讨，给予他颇多意见与建议。1924年1月14日，竺可桢致函张其昀，商讨地理教科书的编纂事项，并转告他商务印书馆总编辑王云五来函内容。② 同时期的书信中，两人还商讨了多种西方人文地理学著作的参考价值，以及中学地理教科书的编辑凡例。经竺可桢的大力举荐，并协助张其昀与王云五进行沟通，编撰中学地理教科书成为张其昀大学毕业后的重要收入来源。对于这段经历，张其昀曾自述："高师毕业后，我替上海商务印书馆编辑初中和高中的地理教科书凡四年。因为我并非正式职员，得以整天在东方图书馆纵览群籍，博观约取，费时极多。当时报酬菲薄，生活清苦，但精神食粮，特别丰盈。"③

4年之后，张其昀编著的地理教科书颇受好评。高中《本国地理》由张其昀编辑，竺可桢审阅，经教育部审定后，自1928年6月发行第1版，至

---

① 《张其昀》，刘绍唐主编《民国人物小传》（129），《传记文学》第47卷第4期，1985年，第132页。
② 《致张其昀函》（1924年1月14日），《竺可桢全集》第22卷，上海科技教育出版社，2012，第58页。
③ 张其昀：《中华五千年史》第1册，"远古史·自序"，台北，中国文化大学出版部，1961，第4页。

1930 年 7 月，已发行了 10 版。1932 年 6 月以后，至少又发行了 7 版，当时被誉为中学三大教材之一。① 在编辑《本国地理》时，张其昀从搜集第一手资料入手，并参考国内外最新研究成果，将全国划分为 23 个"自然区域"，被认为是"有关中国地理区划的新观念"。② 此书出版后，任美锷称赞："这本书的出版，可以说是我国中等地理教育的一大贡献。从各方面看起来，它都是高中本国地理最优良的教本。在编制方面，在内容方面，它和普通课本，都迥乎不侔，独创一种新的精神。"③ 通过编撰地理教科书，张其昀与竺可桢结下了深厚的师生情谊。基于编撰地理教科书获得的经验与学识，加之柳诒徵与竺可桢的举荐，张其昀于 1927 年转任中央大学地理学系讲师。11 月 1 日，竺可桢致函张其昀："昨下午中央大学地学系学生代表嘱桢邀足下返校，今晨罗志希先生亦至所中，述中大方面敦聘足下之诚意，言辞颇为恳切。"④ 张其昀接受邀约，在中央大学执教近十年，从讲师做到副教授、教授。⑤

　　与此同时，张其昀在地理学领域取得的成绩也引起了翁文灏的关注。1929 年，受清华大学校长罗家伦之聘，翁文灏组织创办了清华大学地理学系并兼任系主任，积极搜罗地理学界的青年才俊，张其昀即是其目标之一。翁文灏对张其昀有意出国留学一事亦甚为关心。是年 7 月，竺可桢函告张其昀："顷接咏霓先生自平来函，欣悉清华资送足下赴美事，已由评议会通过，惟除每月津贴（九十五金元）及学费外，无公费一层，不能如足下之所期望，想志希先生亦有函通知矣。据咏霓先生之意，此层确有困难，望足下能弗坚持。"竺可桢同时提出一解决经费的方案："如足下虑有内顾之忧，气象研究所方面或可予足下以特约研究员名义，略送津贴若干，但每年必须担认作关于气象或气候之论文，以便在所中出版。"⑥ 或许因为顾虑经费问题，张其昀未能赴美留学。8 月中旬，翁文灏提出想请张其昀赴清华大学任

① 另两部为林语堂的开明英语教材和戴运轨的物理教材。参见王永太《凤鸣华冈：张其昀传》，第 9—13 页。

② 韩光辉：《历史地理学丛稿》，商务印书馆，2006，第 109 页。

③ 任美锷：《读张其昀的本国地理上册》，《中国新书月报》第 2—3 号，1933 年，第 9 页。

④ 《致张其昀函》（1927 年 11 月 1 日），《竺可桢全集》第 22 卷，第 168 页。

⑤ 《张其昀》，刘绍唐主编《民国人物小传》（129），《传记文学》第 47 卷第 4 期，1985 年，第 132 页。

⑥ 《致张其昀函》，1929 年 7 月 15 日，《竺可桢全集》第 22 卷，第 210 页。

教，竺可桢则函告张其昀"以中大地学系断难放弃足下，故已为婉辞"。① 此后几年，张其昀在中央大学教书之余，亦积极投身中国地理学会的筹建。

1933 年 3 月，翁文灏、竺可桢、张其昀三人联名撰写《中国地理学会发起旨趣书》。开篇即言："中国从前言地学者，本包有天时地利人和三方面……测天之学者，已有中国气象学会之组织，括地之学者，已有中国地质学会之组织，则以天时地利为基础而重视人文之地理学者，亦不可不有完密之团体，俾与气象地质鼎足而三，以共肩中国地学研究之大任。"② 彼时翁文灏为中国地质学会会长，竺可桢乃气象学会会长，张其昀则为地理学界的领军人物。1934 年 2 月，中国地理学会在南京正式成立，"基本会员 40 人，多为海内知名学者。并依据会章选举翁文灏君为会长，竺可桢君等 9 人为理事，由会长推定张其昀君为干事，胡焕庸君为会计"。③ 此后，中国地理学会编辑出版《地理学报》，在编纂丛书、整理方志、举行演讲、组织考察团、改进地理教育、讨论特殊问题、设置科学奖励等领域均有所建树，正如张其昀所云："知识即权力所寄，学会乃知识之汇。当兹国家栋崩榱折之日，正为学者戮力效命之时。"④

这一时期，张其昀在地理学领域的工作还受到中国地质学界泰斗、地质事业开拓者丁文江的关注。据张其昀自述："我在地理考察所作的报告，以论文方式陆续在《地理学报》发表，颇受丁文江先生的器重。"⑤ 1934 年 6 月，丁文江应蔡元培之邀，任中央研究院总干事，与张其昀往来亦密。"丁文江先生任中央研究院总干事，在成贤街办公，与中央大学为近邻，他喜欢找我去谈话。"⑥ 丁文江到任后首先准备成立中研院评议会，除中央研究院院长和 10 位所长为当然委员外，其他 30 位均由各国立大学推荐，被认为是一个代表全国学术研究最高水平的机关。⑦ 次年 6 月，各国立大学校长开始

① 《致张其昀函》，1929 年 8 月 20 日，《竺可桢全集》第 22 卷，第 214 页。
② 《中国地理学会发起旨趣书》，《方志月刊》第 6 卷第 4 期，1933 年，第 62 页。
③ 张其昀：《中国地理学会概况与其希望》，《科学》第 20 卷第 10 期，1936 年，第 832 页。
④ 张其昀：《中国地理学会概况与其希望》，《科学》第 20 卷第 10 期，1936 年，第 833 页。
⑤ 张其昀：《中华五千年史》第 1 册，"远古史·自序"，第 4 页。
⑥ 张其昀：《敬悼胡适之先生》，收入冯爱群编《胡适之先生纪念集》，台北：台湾学生书局，1973，第 152 页。
⑦ 蔡元培：《丁在君先生对于中央研究院的贡献》，《独立评论》第 188 号，1936 年，第 31 页。

推荐评议员候选名单。6 月 18 日，竺可桢致函丁文江，"介绍蒋丙然、张其昀两先生为本院评议会气象组候选人，附呈履历"。① 7 月 2 日，中研院评议会首届聘任评议员 30 人由国民政府正式聘定，张其昀入选。② 正如张自己所言："我那时仅 35 岁，是当选评议员中最年轻也是未曾出国留学的一位。"③ 张其昀的入选，除了竺可桢的力荐外，丁文江的器重也是一个重要因素。

不仅如此，丁文江还竭力为张其昀出国留学事谋划。11 月 18 日，竺可桢与丁文江商量，丁文江表示如张其昀愿赴欧留学，"渠当竭力设法筹款"，"渠以为最好于下学期北大课完后即赴欧，但疑足下是否有此决心"；竺也赞同张其昀出国留学，并认为"目前各国地理人材以德国为最多，法、美次之，英国则卑不足道也。英庚款送学生至英习地理，实大误"。④ 但丁文江竟于 1936 年 1 月 5 日不幸身故。丁身后之事，多由翁文灏、傅斯年、胡适等友人处置，张其昀也参与其中，做了大量工作。1 月 7 日，竺可桢致函张其昀："在君先生之死，于国内学术界为极大损失，而对于中央研究院打击尤深。嘱作短启，以咏霓先生为相宜，因渠与在君先生相知最深也。如咏霓先生无暇，望足下偏劳是荷。"⑤ 1 月 8 日，翁文灏将应竺可桢之请为《地理学报》所作"追悼在君文交张晓峰。与傅孟真谈在君善后事"。⑥ 张其昀编著了《丁文江先生著作系年目录》，刊于 1936 年 2 月出版的《独立评论》纪念丁文江先生专号上，还撰写了《丁在君先生对中国地理学之贡献》一文，刊于同时期《方志》杂志上。20 年之后，张其昀对丁文江的学

① 《致丁文江函稿》（1935 年 6 月 18 日），《竺可桢全集》第 23 卷，第 93 页。
② 30 位聘任评议员名单为：李书华、姜立夫、叶企孙、吴宪、侯德榜、赵承嘏、李协、凌鸿勋、唐炳源、秉志、林可胜、胡经甫、谢家声、胡先骕、陈焕镛、丁文江、翁文灏、朱家骅、张云、张其昀、郭任远、王世杰、何廉、周鲠生、胡适、陈垣、陈寅恪、赵元任、李济、吴定良。见《国府聘任中央研究院评议员李书华等三十人》，《申报》1935 年 7 月 3 日，第 4 张第 15 版。
③ 张其昀：《中华五千年史》第 1 册，"远古史·自序"，第 4 页。张其昀入选中研院第一届评议员，身为气象学界开拓者之一的蒋丙然却落选，此事引起蒋的不满。事后竺可桢曾向蒋丙然解释，"谓张氏之当选非他干事，乃张自己活动之结果"。参见陈学溶《我国气象学界蒋、竺两位老前辈之间的二三事》，《中国近现代气象学界若干史迹》，气象出版社，2012，第 108 页。
④ 《致张其昀函》（1935 年 11 月 19 日），《竺可桢全集》第 23 卷，上海科技教育出版社，2013，第 161 页；宋广波编著《丁文江年谱》，黑龙江教育出版社，2009，第 473 页。
⑤ 《致张其昀函》（1936 年 1 月 7 日），《竺可桢全集》第 23 卷，第 164 页。
⑥ 《翁文灏日记》上册，1936 年 1 月 8 日，中华书局，2014，第 5 页。

术贡献仍念念不忘，对其为人更是感怀不已："而其为人，胸怀洒脱，古道热肠，凡与之接触者，莫不获有深刻难忘之印象。"①

　　张其昀早年学术生涯的起步，多受益于竺可桢的谋划与引领；而其在编撰地理教科书、撰写游记与筹建地理学会的过程中，以地理知识赢得了丁文江与翁文灏的重视，为其初涉政界铺平了道路。

二　加入国防设计委员会与初涉政界的顿挫

　　学界一般认为，张其昀踏入政界，是在 1949 年追随蒋介石到台湾以后。② 实则 1930 年代初，张其昀已被提名特许入党，不久又加入蒋介石的智囊机构——国防设计委员会，此后以学者身份服务最高当局，其中的曲折变故多为研究者所忽视。

　　张其昀在编撰地理教科书时，关心时局，经常撰写与之相关的文章。1927 年 5 月，张其昀在《东方杂志》上发表《中国之国都问题》一文，讨论了北京必须迁都的历史原因与地理因素，在将南京与北京和武汉进行比较之后，提出定都南京的重要性："南京为最富于历史兴味之都会，李白诗云：'吴宫花草埋幽径，晋代衣冠成古丘。'文天祥诗云：'一片清溪月，偏于客有情。'仰高山而怀先烈，过城垣而思故国，无形中之流风余韵，足以使人低徊流连，激发其志气者，尤有无穷之价值，与超绝之地位焉。"③ 11 月，他又发表《论江苏之新省会》一文，提出国民政府定都南京之后，"镇江实为建设江苏新省会之唯一地点"。张其昀从镇江的地理位置、与大运河之关系、文化要素等方面阐述意见，并对新镇江的开辟与建设颇多建议。④ 这些与时局相关的讨论开始受到执政当局的注意。1930 年 12 月 9 日，余井塘、陈立夫在国民党中央执行委员会常务会议上递交提案，案由"为提请准张其昀特许入党并免除预备党员程序径为正式党员"，具体内容为："查

①　张其昀：《丁文江与中国地理学》，《新教育论集》，台北，"中国新闻出版社"，1958，第104 页。
②　相关成果可参见王瑞《"圣人之徒"的儒生情怀：以探析张其昀学术思想为中心》，博士学位论文，华东师范大学历史学系，2013。
③　张其昀：《中国之国都问题》，《东方杂志》第 24 卷第 9 号，1927 年，第 8 页。
④　张其昀：《论江苏之新省会》，《东方杂志》第 24 卷第 21 号，1927 年，第 7—19 页。

中央大学张其昀前为所著论文如中国之国都问题等十五篇阐扬党义、擘划建设均能深中肯綮，业由中央宣传部呈奉党务委员批，应介绍其入党并给予函奖等语在案，除函奖一节由中央选出不办理外，敬依照特许入党办法第一条之规定，提请钧会准予特许入党并免除预备党员程序，俾径为正式党员以资鼓励。"① 这既是张其昀所言"知识即权力所寄"的真实写照，也是他以学者身份首次引起政治高层的注意。

"九一八"事变后，时任教育部常务次长兼国民政府秘书的钱昌照向蒋介石提出创办国防设计机构的构想，既能达到富国强兵与抵御外侮的作用，还可以"延揽目前国内各界知名人士、社会贤达及各方面专家学者参加到政府里来"，"扩大统治基础，巩固统治秩序"。② 此时蒋介石刚刚成功分化了汪精卫、胡汉民的反蒋联合阵营，再次与汪精卫合作，重掌政权。他开始重视干部队伍的建设，遂将目光扩展到国民党以外的社会精英中。有学者认为，蒋介石有意在军事委员会之下成立国防设计委员会，目的在于"以此名义延揽一批党外人士，特别是教育界的精英，以此储备干部，随时为己所用"。③

钱昌照拟定了一份四五十人的名单呈蒋介石，其中属教育文化方面的人士有胡适、杨振声、傅斯年、张其昀等。据钱昌照回忆："一九三二年春、夏、秋三季在南京、牯岭、武汉由我介绍和蒋介石见面，或者为他讲学的有王世杰、周览、徐淑希、胡适、张其昀、吴鼎昌、徐新六、杨端六、丁文江、翁文灏、顾振、范锐、吴蕴初、陈伯庄、万国鼎等二三十人。"④ 这或许就是张其昀与蒋介石的首次会晤，但在《蒋介石日记》《事略稿本》等史料中未见记载，或正说明彼时张其昀尚未引起蒋介石的直接关注。

是年 11 月 1 日，国防设计委员会正式成立。成立之初，该委员会为国民政府参谋本部所属非公开机构，对外称南京三元巷二号。国防设计委员会委员长由蒋介石亲任，翁文灏任秘书长，钱昌照为副秘书长⑤，设委员四五

① 《中央执行委员会常务会议提案》（1930 年 12 月 9 日），国民党党史馆藏，档案号：3.3/142.59。

② 钱昌照：《钱昌照回忆录》，东方出版社，2011，第 36 页。

③ 金以林：《蒋介石与政学系》，《近代史研究》2014 年第 6 期，第 47 页。

④ 钱昌照：《国民党政府资源委员会的始末》，《文史资料选辑》第 15 辑，中华书局，1961，第 26—27 页。

⑤ 李学通：《翁文灏年谱》，山东教育出版社，2005，第 81 页。

十人，另设专门委员 200 人，均为当时各方面的技术专家。国防设计委员会的工作主要分军事、国际关系、财政经济、教育文化等 8 个方面。教育文化方面主要包括"编制国语、公民、历史、地理中小学教科书，同时研究世界各国训练青年的方式方法"。① 11 月 28 日，钱昌照电告蒋介石："教科书编制事，杨振声担任国文、张其昀担任地理，及教厅人选正与翁文灏推敲中。"② 除编纂教科书之外，国防设计委员会还负有军事和国际关系方面的工作，诸如"调查研究日本和德国的军事情况"，"注意日本的外交，同时研究东北、西北、西南、蒙古、新疆、西藏等边疆问题"，因此对外保密，"会址设在南京三元巷二号，不悬招牌，信封只印'三元巷二号'"。③ 虽然张其昀对自己在国防设计委员会的这段经历沉默缄口，鲜有提及，与他一起工作的任美锷对此却有所论及。"1934 年，我在前中央大学毕业后，经晓师推荐，进入前资源委员会为练习员，协助晓师工作。前资源委员会由著名地质、地形学家翁文灏任秘书长，负责该会工作。晓师应翁氏邀请，到资源委员会任职，仍兼前中大地理系教授，但除讲课外，其余时间均到资源委员会工作。当时，该会办公房较紧，我与晓师及另一位中大毕业同学李玉林同在一个办公室里工作，朝夕相处。"④

国防设计委员会还进行了专门人才和西北地区两项调查研究工作。对于后者，设计委员会组织了西北调查团，分水利测量、地质矿产、垦牧及民族、农作物及移垦、人文地理 5 队，赴陕西、甘肃、西宁等地进行了为期两年的实地考察，收集了这些地区的大量经济、政治资料，拟制了开发西北地区的计划。⑤ 张其昀参加了人文地理分队的调查团，他自述："余西北旅行历时几及一年，于二十三年九月十日离京，二十四年八月六日返京。同行者为中央大学毕业生林文英、李玉林、任美锷三君。尝北登阴山，南越秦岭，

① 钱昌照：《钱昌照回忆录》，第 40 页。
② 《钱昌照电蒋介石》（1932 年 11 月 28 日），台北，"国史馆"藏，"蒋中正总统文物·特交档案·一般资料"，档案号：002000001453A。
③ 钱昌照：《钱昌照回忆录》，第 37 页。
④ 任美锷：《学贯史地、博学勤奋；谆谆教导、万世师表——追念张晓峰师》，《张其昀先生百年诞辰纪念文集》，台北，中国文化大学出版部，2000，第 190 页。
⑤ 郑友揆等：《旧中国的资源委员会（1932—1949）——史实与评价》，上海社会科学院出版社，1991，第 15 页。

西至敦煌阳关。"① 旅行结束后，张其昀将这段经历写成《西北旅行记》连载于《国风》月刊第 8 卷第 1—8 期。

这次出行虽属不公开的秘密调查活动，但仍受到各地政府的保护。考察期间，甘陕两省政府部门均训令各属县对于此次调查予以关照。1934 年 12 月 31 日，陕西省政府接甘肃省政府函后即训令汉中区各县县长："兹有国防设计委员会遣派调查人文地理专员张其昀率领调查员林文英、李玉林、任美锷等，日前赴夏河一带考察事毕，于本月五日返兰，现拟前往陇南各县，转赴陕西汉中所属各地，从事考察，各该县人文地理等事，深恐沿途不靖或各县未奉明文，不予便利之处，用特函请贵署令饬沿途军政机关，俟该员等到境，妥为保护。"② 这一训令属于省政府间的不公开文书，且便于张其昀一行开展调研，尚在被允许范围内。但随后张其昀一行的活动被新闻报纸披露，演变为传播到大众的公开活动，遂不为执政当局所容忍。1935 年 1 月 24 日，张其昀抵达陕西汉中南郑县，以"国防设计委员"的身份在南郑发表讲演，题为《在南郑讲复兴汉中》。张其昀谈到汉中的发展应重视开展经济活动，并建立便捷的交通网络。③ 讲演事宜不久即见诸报端，引起行政院军政部长何应钦的关注，并上报蒋介石，张其昀因此受到影响。

2 月 8 日，何应钦致函蒋介石："国防设计委会本为筹商贡献国防计划而设，举凡会内情形及委员行动等等，理宜保守秘密，以免为外人所注意，惟查各地报纸时见关于该会消息，委员行动谈话间或亦有喜自宣布者，在我尚未有具体办法，外人已不胜其惊讶，影响所及殊非浅鲜。职意该会委员多系文人学者而研究之问题又多系关系经济方面问题，为避免邻邦及外人注意起见，可否将该会名称酌予更变，将国防字样免去，另易以其他名称或照中央军事机关制度改革方案改组。"④ 同时附呈国防设计委员张其昀在南郑讲演新闻一则。

蒋介石在得到报告后，立即致电翁文灏、钱昌照。电文中除了重申国防

---

① 张其昀：《西北旅行记》，《国风》月刊第 8 卷第 1 期，1936 年，第 17 页。

② 《省政府训令令汉中区各县准特派驻甘绥靖主任公署咨请饬属保护调查专员张其昀等一案》（1934 年 12 月 31 日），《陕西省政府公报》第 2403 号，1935 年。

③ 《国防设计委员张其昀在南郑讲复兴汉中》，《华北日报》1935 年 1 月 24 日，第 7 版。

④ 《何应钦致电蒋介石》（1935 年 2 月 8 日），台北，"国史馆"藏，"蒋中正总统文物·特交档案·一般资料"，档案号：002000001595A。

设计委员会的保密性质外，还做出指示："近来华北日报南郑通讯记载国防设计专门委员张其昀于一月二十四日以本会委员资格，公开讲演，迹近招摇，殊失检点，应予申戒并知照各委员嗣后不得以会内情形或委员资格，擅自对外宣传夸张为要。"[①] 同时，蒋介石回复何应钦："国防委员会名称已改，张其昀演讲招摇已电军秘书长转知申斥，并令嗣后各委员不得在外宣传、夸张。"[②] 3 月 24 日，翁文灏、钱昌照复电蒋介石："张其昀君以本会专员资格公开演讲，甚失检点，自责即予申戒，同时将再知照各委员各专员等，以后不得以会内情形对外宣传，恳勿念查"。同时两人再次强调"本会性质秘密，职等惟恐报端或有披露，曾两次通知南北各报馆不得登载本会消息，并行文各新闻检查所对此项消息禁止各报登载，而本会每次派委员专员等出外工作时，职等总是再三叮嘱，严守秘密，但仍有失检之虑。以后自当更加注意也"。[③]

4 月，国民政府军事机构进行改组，国防设计委员会易名为资源委员会，改隶军事委员会，委员长仍由蒋介石兼任，正副秘书长仍由翁文灏和钱昌照担任。根据组织条例，资源委员会原有的军事、国际关系、教育文化三个部门即告结束，人员并入相应的主管部门。自此，资源委员会的调查研究逐步过渡到重工业建设阶段。[④] 张其昀也逐渐淡出这一机构，将事业重心置于学界。设计委员会的更名，应该说与张其昀有直接关系，但在他此后的文字中，对于自己早年在国防设计委员会服务的这段经历，鲜有提及，对于西北旅行的这段经历也只谈到"达一年之久，以兰州为中心，循河西走廊至敦煌，南越秦岭山脉至汉中，北上蒙古高原至绥远北部百灵庙，又曾到青海大湖边上及甘肃西南隅拉卜楞喇嘛寺，尤以乘皮筏看惊心动魄的黄河峡谷，印象深刻难忘"。[⑤] 可以想见，对于初涉政界的张其昀而言，这件事带给他的震动和影响，令其不得不重新思考学术与政治的关系。

① 《蒋介石致电翁文灏、钱昌照》（1935 年 3 月 22 日），台北，"国史馆"藏，"蒋中正总统文物·特交档案·一般资料"，档案号：002000001605A。

② 《蒋介石致电何应钦》（1935 年 3 月 22 日），台北，"国史馆"藏，"蒋中正总统文物·特交档案·一般资料"，档案号：002000001605A。

③ 《翁文灏、钱昌照复电蒋介石》（1935 年 3 月 24 日），台北，"国史馆"藏，"蒋中正总统文物·特交档案·一般资料"，档案号：002000001606A。

④ 钱昌照：《钱昌照回忆录》，第 42 页。

⑤ 张其昀：《中华五千年史》第 1 册，"远古史·自序"，第 4 页。

就在此时，竺可桢决定接任国立浙江大学校长，向张其昀发出邀请，就此开启了张其昀的浙大岁月。

三　"为学问而努力"与地略学研究

1936 年 5 月 2 日，竺可桢写信给张其昀正式邀约其加盟浙大："桢初抵浙校，头绪纷繁。……史地方面，深望足下与赞虞均能惠然肯来。"① 当时，张其昀本已有赴英国进修的打算，他在给陈训慈的信中坦言："竺师前日有一手谕，知浙大已通过成立国文、史地二系，史地系嘱赞兄与弟任之。弟本思自费赴英读书一年，现遵师嘱，延期至明秋。"② 5 月 21 日，竺可桢再函张其昀谈及此事："赞虞、驾吾下学期均能来浙大，至为欣慰。……史地系除足下与赞虞外，可添两助教。"③ 此后，张其昀成为竺可桢在浙大最重要的襄助者。

陈训慈作为张其昀的挚友，是张其昀学术政治生涯转型中的关键人物。④ 张其昀、陈训慈于 1919 年同时考入南高史地部，又同入史地研究会并在《史地学报》中担任重要角色。张其昀与陈训慈的深厚交谊，为张其昀与陈布雷的关系奠定了良好基础。1920 年代中期，张其昀在上海商务印书馆编撰地理教科书，时任《商报》编辑主任的陈布雷曾邀其为《商报》写过几次专论，这是二人最初的相识。⑤ 作为陈布雷的四弟，陈训慈亦在竺

---

① 《致张其昀函》（1936 年 5 月 2 日），《竺可桢全集》第 23 卷，第 258 页。
② 《致陈训慈先生函》（1936 年 5 月 17 日），《张其昀先生文集》第 21 册，台北，中国文化大学出版部，1989，第 11573 页。张其昀晚年曾言及加盟浙大之曲折："民国二十五年春，他（指胡适）从北平给我一信，约我是年秋到北大教课，并附寄聘书。……（胡适）任北大文学院院长，聘请作者的用意，是想建立地理学系，因为北大地质学系是著名的。当时作者打算赴英国研究一二年，复信须俟英国回来再看情形。但不久竺师受命为国立浙江大学校长，约我在新办的史地学系当主任，师命不可违，因之放弃留英计划。"见张其昀《敬悼胡适之先生》，收入冯爱群编《胡适之先生纪念集》，第 151—152 页。
③ 《致张其昀函》（1936 年 5 月 21 日），《竺可桢全集》第 23 卷，第 264 页。
④ 陈训慈，字叔谅，浙江慈溪人。国立东南大学毕业后，先在上海商务印书馆编译所任编译工作，又在中学任教。1930 年任中山大学史学系讲师。1932 年任浙江图书馆馆长，复在浙江大学兼课。1940 年离浙入蜀，从兄（陈布雷）任笔札者五年，亦参与文教团体活动。抗战胜利后，任清理战时文物损失委员会副主任，参与调查战时中国文物图书的损失。1949 年之后一直从事图书馆工作。参见《同学弟子传略·陈训慈》，收入柳曾符、柳佳编《劬堂学记》，上海书店出版社，2002，第 374—375 页。
⑤ 张其昀：《追念陈布雷先生》，《中央星期杂志》1964 年 12 月 13 日，第 2 页。

可桢、张其昀与陈布雷之间发挥着传递讯息的桥梁作用。当陈布雷成为蒋介石的"文胆"后，为国民党的发展竭尽心力。陈训慈认为，胞兄陈布雷站在忠于国民党的立场上，很想征求国内大学教授和著名科学家参加国民党。或许其动念较早，但具体行动则始于1938年。陈布雷的第一批目标，"就是张其昀以及张所尊敬或接近的师友。他最先提到的是竺可桢、秉志两师，对张其昀的友人，则提到抗战前夕来浙大任教的郭秉和、及在中大任教的缪凤林诸人"。① 是年7月15日，张其昀偕其南京高师同学、任教于中央大学的胡焕庸和缪凤林拜见陈布雷，三人与陈畅谈一小时，"胡缪两君有允加入本党意"；1939年3月，张其昀在重庆参加全国教育会议，于4日晚拜访陈布雷，表示"愿加入本党并介绍郭斌龢入党"；10日，又与陈布雷"谈约一小时"。② 不久，张其昀与郭斌龢就在陈布雷介绍下加入国民党。关于此点，不惟陈训慈在文中有所述及，即后来张其昀等人亲笔填写的登记表中亦明确表明入党介绍人为陈布雷，党证号前标有"特"字。③

此外，更有中枢机构高层几次邀请张其昀加入政府。先是于右任担任国民政府监察院院长时，曾多次电邀张其昀出任监察委员。④ 1938年2月15日，竺可桢收到于右任来电，"询张晓峰在何处。当即复一电，云晓峰已赴泰和"。⑤ 十天之后，陈布雷也接到于右任的委托，请陈代为致电张其昀："请就任监委"，陈布雷在日记中直言此乃"受人之托，非我意也。晓峰应为学问而努力，何必强之作官乎？"⑥ 张其昀没有接受于右任的邀请，仍留浙大教书。但在一年之后，经由陈布雷沟通，张其昀与蒋介石开始有所接触，通过创办学人刊物等学术活动，张其昀再次进入蒋介石

① 陈训慈：《先兄畏垒杂忆》，《从名记者到幕僚长——陈布雷》，第13页。
② 《陈布雷先生从政日记稿样》（2），1938年7月15日、1939年3月4日、1939年3月10日，东南印务公司，出版时间不详，第290、337、338页。
③ 《教育部直属机关学校主要人员登记表·张其昀》（1942年10月24日），浙江省档案馆藏，国立浙江大学，档案号：53/1/894。
④ 据被遴选为监察委员的杨亮功回忆："右老为国家网罗人才时，都从国内的各大学中去物色，许多人与右老根本不相识，但右老往往因为看了他们的文章或听了他们的才名而去找他们。右老找人才，从不接受推荐，纯以人才为主，譬如当时在浙江大学执教的张其昀，就是右老慕名而选任监察委员的。"参见许有成编著《于右任传》，湖南人民出版社，1988，第178—179页。
⑤ 《竺可桢日记》（1938年2月15日），《竺可桢全集》第6卷，第469页。
⑥ 《陈布雷先生从政日记稿样》（2），1938年2月25日，第267页。

的视野。1939 年 12 月 10 日，蒋介石在日记中记载："预定：二、约张其韵、郎星石等。"① 12 月 28 日，张其昀与浙大工学院院长李熙谋再次拜访陈布雷，"商浙大迁黔事，请委座特予资助"。② 此后一年，但凡张其昀赴重庆开会，必定前往拜访陈布雷。如 1940 年 3 月 21 日，"四时张晓峰、竺藕舫两君来访"；③ 3 月 28 日，"张晓峰君来谈浙大近况与文化宣传及青年思想善导问题……谈一小时而去"。④ 通过张其昀和竺可桢，陈布雷对于浙大的状况较为了解，也为张其昀与蒋介石之间搭建了沟通的桥梁，最高领导层已经对张其昀颇为关注。三青团成立之后，因缺乏有力干将，三青团书记长张治中有意揽张其昀加入。9 月 27 日，陈布雷委托教育部"发张晓峰君电，询其能就青年团宣传处事否"。⑤ 10 月 9 日，张其昀告诉竺可桢"以陈布雷再电促其就政治部及三民主义青年团书记长张文白（治中）之宣传部事"，张其昀表示"已辞"，并请竺可桢再复一电，重申其立场。⑥ 虽然这是张其昀一步步逼近政治中枢的开始，但在 1940 年代初，张其昀仍将教书与做学问视为事业重心，将主要精力置于创办刊物与组织学社上。

1941 年 3 月，竺可桢、张其昀前往重庆参加教育部会议。3 月 14 日，张其昀拜见陈布雷；⑦ 次日晚，陈布雷偕张其昀往谒蒋介石，"谈史地教育及浙东文献之整理，与边疆地理等问题。偕同进餐，与蒋夫人谈文学修养。九时归"。⑧ 这次进谒，张其昀给蒋介石留下的印象极佳。蒋在当天日记中记载："晚约张其昀来谈，此史地专家同乡中后起之秀，甚可爱也。"⑨ 蒋介

---

① 《蒋介石日记》（手稿），1939 年 12 月 10 日，斯坦福大学胡佛研究所档案馆藏，下同。蒋介石最初在日记中将张其昀的"昀"字写作"韵"，1941 年 9 月 2 日及以后的日记中已将"韵"改为"昀"。

② 《陈布雷先生从政日记稿样》（2），1939 年 12 月 28 日，第 387 页。

③ 《陈布雷先生从政日记稿样》（3），1940 年 3 月 21 日，第 403 页。

④ 《陈布雷先生从政日记稿样》（3），1940 年 3 月 28 日，第 404 页。

⑤ 《陈布雷先生从政日记稿样》（3），1940 年 9 月 27 日，第 434 页。

⑥ 《竺可桢日记》（1940 年 10 月 9 日），《竺可桢全集》第 7 卷，第 455 页。

⑦ 《陈布雷先生从政日记稿样》（3），1941 年 3 月 14 日，第 466 页。

⑧ 《陈布雷先生从政日记稿样》（3），1941 年 3 月 15 日，第 466 页。

⑨ 《蒋介石日记》（手稿），1941 年 3 月 15 日。而在《事略稿本》中也有这样的记录，词句稍有不同："晚约见张其昀，公谓彼为对史地特有研究之专家，吾同乡中后起之秀，甚可爱也。"参见《蒋中正总统档案：事略稿本》（45），1941 年 3 月 15 日，台北，"国史馆"，2010，第 728 页。

石用"甚可爱"形容一位学者，尚不多见，且与张又同为浙东同乡，蒋介石对张其昀的好感由此倍增。此次会晤中，张其昀向蒋介石介绍了自己的学术抱负，即准备出版学术刊物《思想与时代》，蒋则欣然拨款5万元用于创办杂志。[①] 4月，张其昀回到遵义浙大后，和史地系教授张荫麟商定："拟纠合同志，组织学社，创办刊物，在建国时期从事于思想上的建设，同时想以学社为中心，负荷国史编纂之业，刊行'国史长编丛书'。"[②] 此后，张其昀聚集一帮好友，成立学术组织，开展了一系列的学术活动。《思想与时代》月刊也成为1940年代在中国学界颇具影响力的刊物。[③] 据彼时在陈布雷侍从室工作的蒋君章言："我在陈布雷公办公室主办搜集资料与酌量呈阅文件以及提供参考资料等工作。《思想与时代》得呈最高当局参阅，就是这种关系，最高当局之重视先生，大概也始于此时。"[④]

此后不久，张其昀在报上连载《中国史上的大教育家》，蒋曾在日记中记下此事："1941年9月2日，下午看张其昀制中国大教育家一文完。"[⑤] 此文为蒋所称赏，蒋还亲自题写封面书名《中华历代大教育家史略》，由重庆钟山书局出版。[⑥] 是年冬，蒋介石委托陈布雷找人撰写一部综合精深的军事史书，作为军事学校军事史教材，陈布雷推荐张其昀任撰述，赞赏其"治地理之学，而善读史，好以史事得失或方舆形势，论列当前之问题，著述斐然，竟为时人所传诵"。[⑦] 张其昀欣然应允，撰写了《二千年来我国之兵役与兵制》《历代之军政与军令》《历代之兵源与将才》《历代之兵器与军资》

① 竺可桢在日记中也记载此事："谈龙泉分校事。布雷与晓峰昨在委员长宅晚膳，委员长允[拨]五万元为办杂志之用，名为《时代与精神》。晓峰明日回校。"参见《竺可桢日记》（1941年3月17日），《竺可桢全集》第8卷，上海科技教育出版社，2006，第40页。

② 张其昀：《敬悼张荫麟先生》，重庆《大公报》1942年10月27日，第2版。

③ 何方昱：《学人聚合与中国学界"自组织"：以1940年代〈思想与时代〉学社为中心》，《史林》2008年第4期。

④ 《追怀张其昀先生》，《张其昀先生纪念文集》，第172页。

⑤ 《蒋介石日记》（手稿），1941年9月2日。

⑥ 张其昀：《中华历代大教育家史略》，钟山书局，1942。此书由大东书局1946年、台北"中国新闻出版社"1956年再版时，封面均采用蒋介石亲笔书"张其昀教授著《中华历代大教育家史略》"之书名。

⑦ 张其昀：《中国军事史略》，台北，正中书局，1944，"陈序"，第2页。

等论文刊于《思想与时代》。① 1944 年 5 月，由正中书局结集出版。张其昀在《凡例》中略加说明："本书以朝代为经，以事为纬，对于我国历代之军事演变，如兵制兵源与兵役之法，军政与军令系统，名将与重要战争，军器军需与其对战术之影响，皆溯其原始，迹其递嬗，论其得失，俾于我国军事各方面之沿革，著其涯略，故名曰《中国军事史略》。"② 陈布雷作序并对此书多加褒奖："洵足以明古今之变，彰递嬗之迹。至若称述汉唐明初用民建军之良法美意，表扬历代名将之精神，乃至论列一代之军政将才之如何影响于当世之治乱兴衰，往往因事以明旨，语重而心长，读者自能体会得之"，并认为"所以阐明我国军事之大概源流者，洵可供我革命军人与一般国民之参考，且足为军事学校军事史教材之取资也"。③ 评价甚高。《中国军事史略》不但开创了中国军事史研究的先河，更重要的是，此书的撰写与出版正值抗战中后期，作为军事学校的教材，其所具有的国防教育意义尤显重要。自此时起，张其昀的学术兴趣更偏重于与时局密切相关的地略学研究。④

1943 年 2 月，美国国务院文化交流处通过美驻华大使馆邀请中国几所著名大学推举专家教授 6 名赴美访问并讲学。经商定由西南联大、中央大学、武大、浙大、复旦、川大、云大各推一人。各大学所推如金岳霖（联大，哲学）、蔡翘（中大，生物学）、费孝通（云大，社会学）、刘乃诚（武大，政治）及萧作良（川大，经济学），大抵皆曾留学欧美，唯张其昀

---

① 张其昀：《二千年来我国之兵役与兵制》，《思想与时代》第 13 期，1942 年，第 1—43 页；《二千年来我国之兵役与兵制》（续），《思想与时代》第 14 期，1942 年，第 20—39 页；《历代军政与军令》，《思想与时代》第 15 期，1942 年，第 6—49 页；《历代之兵源与将才》，《思想与时代》第 16 期，1942 年，第 10—48 页；《历代之兵源与将才》（续），《思想与时代》第 17 期，1942 年，第 18—37 页；《历代之兵器与军资》，《思想与时代》第 20 期，1943 年，第 16—57 页；《历代之兵器与军资》（续），《思想与时代》第 21 期，1943 年，第 18—26 页。

② 张其昀：《中国军事史略》，"凡例"，第 3 页。

③ 张其昀：《中国军事史略》，"陈序"，第 2 页。

④ 地略学（geopolitics），通常译为地缘政治学，是西方政治地理学最主要的学科分支。有学者认为，地缘政治学是一个在服务于国家权力中发展起来的知识领域。参见卡罗琳·加拉尔等：《政治地理学核心概念》，王爱松译，江苏教育出版社，2013，第 76 页。1962 年，张其昀发表《地略学之涵义、方法与功用》一文；1965 年出版《政治地理学》一书，被视为现代中国地略学的开拓者之一。参见韩光辉《历史地理学丛稿》，商务印书馆，2006，第 117 页。

未曾留学也不善直接用英语讲课。但竺可桢考虑其对史地特有研究，又能阐扬中国文化，加之两人关系笃厚，还是推荐他赴美。① 临行之前，蒋介石曾宴请这批赴美教授。5 月 14 日，蒋在日记中记："宴张其昀等"。② 蒋只记"张其昀"名，可知此时蒋对张已经较为熟稔。

　　张其昀抵美后，一方面在哈佛大学从事学术研究，专注于探究地略学理论。张曾自述这段访学经历："我大部分时间致力于地略学的研究，并作多次旅行，但对西洋史学名著，亦所究心。"③ 地略学研究地理特征与国际政治的关系，张其昀运用其丰富的地理学知识，对于抗战后期中国所处国际环境的复杂性多有阐发，进而提出复兴中国海权的观点。9 月 18 日，张其昀在哈佛大学地学研究所发表题为《中国之陆权与海权》的演讲，重申海权对于中国的重要性。张提出："近百年来之不平等条约，莫非战舰威胁之结果。中国立国于太平洋上，台湾海南二岛为耳目之所寄。……此次抗战，日军侵据海南岛，蒋委员长曾称此举为太平洋上之九一八，盖据珍珠港事变仅十五个月耳。今后中国非重兴海运不足以保护台湾海南二岛，非守此二岛不足以屏藩全国，故中国海权之恢复，实为远东和平之柱石。"④

　　12 月 3 日，在美国的张其昀上书蒋介石，信中谈道："消弭国际纷争，重建世界秩序，应先从南洋着手，使美英中荷日与南洋本地民族在该地占平等地位，以协调方式取得当地资源。"⑤ 在张其昀看来，明代郑和七次海航，遍历南洋与印度洋各国，"今南洋有数百万华侨，其基业实奠立于此时，惜自明代中叶以后，海权废弛，倭寇乘之"⑥，谋中国海权之复兴，除台湾、海南二岛外，重视与南洋各国的合作也势在必行。张其昀正是凭借其在地略学领域的学识，开始对执政当局有所建议，蒋介石对其意见也愈加看重。1944 年 3 月 12 日，竺可桢在重庆参加中央研究院的评议会。会后赴蒋介石官邸座谈并午膳，蒋"席间询研究院评议会计划及资委会展览会状况，

① 陈训慈：《先兄畏垒杂忆》，《从名记者到幕僚长——陈布雷》，第 14 页。
② 《蒋介石日记》（手稿），1943 年 5 月 14 日。
③ 张其昀：《中华五千年史》，台北，中国文化大学出版部，1982，"自序（一）"，第 28 页。
④ 张其昀：《中国之陆权与海权》，《思想与时代》第 39 期，1945 年，第 1 页。
⑤ 《张其昀致蒋介石函》（1943 年 12 月 3 日），台北，"国史馆"藏，"蒋中正总统文物·特交档案·特件"，档案号：002000001374A。
⑥ 张其昀：《中国之陆权与海权》，《思想与时代》第 39 期，1945 年，第 1 页。

亦询及浙大近况与晓峰是否将回国"①，足见蒋介石对张其昀的重视。

1945 年 11 月上旬，张其昀回到上海。13 日，张其昀拜访正在上海公干的竺可桢。② 12 月 19 日，张其昀拜访陈布雷，"八时卅分张晓峰君来谈在美之观感"，并向蒋介石汇报旅美经过。③ 回国后的张其昀，继续在报刊媒介上发表其地略学研究成果，阐述自己对国内、国际形势的判断。在中国的对外关系中，张其昀高度重视南洋地区，这与他的海权观密切相关。"中国对外的经济关系，除美国外，第二个重要地方便是南洋，中国人必须具备海洋意识。南洋与中国及印度息息相通，如果我国及印度都能欣欣向荣，南洋各地必然受其鼓舞。"④ 张其昀的海权观还体现在他对中国的台湾、海南两处海岛的高度关注。抗战胜利后，张其昀就对建设台湾与海南提出具体建议："台湾终于光复，海南将建行省，这是中国恢复海权发展海运的大好机会。台湾海南二岛，面积相近，地势相似，宛如孪生兄弟。以资源言，彼此可以长短相补。故将来两岛建设应多切磋互助之处，台湾工业发达的程度，在国内仅次于东北，例如电力、机械、造船、冶金诸工业，利用日人已有之基础，继续进步，大有可为。台湾人口六百万，海南岛近二百二十万人，足见后者尚可容纳移民。且海南工业尚在发轫，又为吸收侨资之理想区域。"⑤ 这些意见在国民党撤退的关键时刻，对蒋介石做出最终抉择曾发挥重要作用。

四 "驱张运动"与渐趋政治中枢

关于张其昀回国后的工作，陈布雷早在半年之前就曾致函张其昀，望其能"赴侍从室整理蒋主席之传记"，张其昀函告竺可桢后，竺颇不赞同并认为："此是出力不讨好之事。因在中国做传记最为困难，以完全不批评其为人，否则其子孙亲戚必丑诋之，甚至于生命不保。其优点则必赞美至十二分以上，不啻谀墓辞。晓峰初自美回国而使作此等工作，实在可为浪费人才

---

① 《竺可桢日记》（1944 年 3 月 12 日），《竺可桢全集》第 9 卷，第 51 页。
② 《竺可桢日记》（1945 年 11 月 13 日），《竺可桢全集》第 9 卷，第 563 页。
③ 《陈布雷先生从政日记稿样》（4），1945 年 12 月 19 日，第 817 页。
④ 张其昀：《战后国际关系之新思潮》，《思想与时代》第 43 期，1947 年，第 21 页。
⑤ 张其昀：《忧患里的中国》，《大公报》（天津）1947 年 9 月 21 日，第 2 版。

矣。因渠可以专门著作作终身事业，而不必为伟人作传记为终身事业也。蒋主席之丰功伟烈又待传记为重哉！"① 以竺可桢与张其昀的师友厚谊，竺此番言辞极诚恳，完全站在张的角度为之思量考虑。最终张其昀未入侍从室，仍返回浙大，继梅光迪之后出任浙大文学院院长，兼史地系主任，继续教书著述。战后学潮汹涌，浙大则成立多个教授委员会应对。1947 年 3 月，浙大校方先后成立了 13 种委员会，襄助学校推进校务。② 对此，张其昀颇为自信，在写给陈训慈的信中宣称："至学潮问题，因浙大教授会有相当力量，相信不致十分为难。"③ 张其昀对于教授治校持乐观积极态度，认为"这是中国大学民治化的新发展，希望政府积极奖励这种趋势，减少不必要的拘束，多给大学以实验和创造的机会"。④

然而，1948 年春爆发的文学院革新运动却将矛头直指张其昀。革新运动是由中文系与史地系的部分学生发起的。中文系学生要求中文系、外文系合并为文学系，文学系再分语文与文学两组。史地系中有 75% 的学生签名要求史地分家，地理系属理学院，历史系属文学院。⑤ 很快，这场革新运动的矛头直指文学院院长张其昀与外文系教授佘坤珊。5 月 13 日，有学生贴出壁报，"攻击张晓峰不遗余力，谓其只顾史地，将国文、英文置诸不足轻重。又有人主张史地分系"，攻击佘坤珊及国文系教师郑石君的壁报也层出不穷。⑥ 学生攻击教授的壁报一经张贴，即引起浙大教授群体的强烈不满。主要被攻击人张其昀也贴出文告回应："余忝长文院二年，愧无建树，近者同学肆意谩骂攻击，深感德不足以服人，自本日起除任课外，院系职务一并辞去。"⑦ 5 月 16 日，事态进一步趋于紧张，教授群体再次表达了对校方迟迟不做处置的不满。但因训导长李浩培赴沪，对个别壁报作者的处置，要等训导长回来后召开校务会议方可讨论执行。⑧ 17 日，法律系二年级学生景诚

① 《竺可桢日记》（1945 年 8 月 20 日），《竺可桢全集》第 9 卷，第 491 页。
② 《实行教授治校，成立十三种委员会》，《国立浙江大学校刊》复刊第 145 期，1947 年 3 月 17 日，第 3 页。
③ 张其昀：《致陈训慈先生函》（1947 年 2 月 25 日），《张其昀先生文集续编》第 1 册，中国文化大学出版部，1995，第 437 页。
④ 张其昀：《学潮与建国大计》，《大公报》（天津）1947 年 6 月 9 日，第 2 版。
⑤ S. Y.：《浙大文学院革新运动详记》，《观察》第 4 卷第 16 期，1948 年，第 17 页。
⑥ 《竺可桢日记》（1948 年 5 月 13 日），《竺可桢全集》第 11 卷，第 111 页。
⑦ 浙江大学学生运动史研究课题组撰写《浙江大学学生运动史》（未刊稿），2011，第 59 页。
⑧ 《竺可桢日记》（1948 年 5 月 16 日），《竺可桢全集》第 11 卷，第 113 页。

之所办壁报《群报》上登一文，标题为《张其昀引咎辞职，佘坤珊更应滚蛋》，言辞激烈，引起浙大文学院教员的普遍不满："今日停课不教者有徐声越、任铭传、郦衡叔、王驾吾诸人。文学院教员全体与晓峰同进退，史地系同人昨开会亦有同样决议，谓学校如无办法则将全体辞职。理、工、农教授联名表示愤慨，不日将罢教。"① 眼看壁报攻击事件即将引发教授全体罢教，局势即将失控，所幸此时训导长李浩培已回到杭州，竺可桢与李浩培商谈后，召见学生自治会主席陈业荣，告以事态之严重，"彼允于今晚开会后撕去一切攻击文字，余告事已太迟，动了教员公愤，必致有处分办法也"。②

　　5月18日下午3点浙大召开校务会议，讨论自治会壁报问题。校务会议决定，"限期令壁报编辑刘万甸交出四张壁报之人名，予以严惩，如不交出，刘万甸即予以开除。同样景诚之亦须交出《群报》上撰文之浙大学生姓名。次谈以后壁报处置问题。讨论甚久，迄无具体办法"。③ 3年前浙大通过的《壁报审查办法》犹如一纸空文，失效已久。④ 5月25日下午，浙大再次召开校务会议，竺可桢报告："壁报侮辱教授而致开除刘万甸事。讨论甚久，讨定刘万甸、蔡昌荣、叶立义、张锡昌、胡润杰五人均记大过二次，留校察看。次讨论壁报问题，及五月廿日签名罢课签名数目谎报问题，均交训导处拟办法。"⑤ 至此，喧嚣一时的壁报攻击教授事件暂告中止。

　　浙大五月"驱张运动"中，遭到攻击的主要对象乃前任训导长张其昀与英文系教授佘坤珊，两人均为国民党党员。张其昀虽然受到学生的攻击，然并不主张严惩学生，但他在事件中受挫亦很明显。5月26日，张其昀对竺可桢谈了自己在史地学系开展的各项工作，"可回文学院办公，但总以学生不明瞭近来渠为学校努力状况，如向蒋慰堂捐款建筑百里馆，向孙贻〔诒〕让后人捐玉海堂之书。谓史地方面现方努力于版图、方志、钱塘江流域之调查"。⑥ 客观地说，学生并不了解张其昀主持下的史地学系的工作，

---

① 《竺可桢日记》(1948年5月17日)，《竺可桢全集》第11卷，第113—114页。
② 《竺可桢日记》(1948年5月17日)，《竺可桢全集》第11卷，第113—114页。
③ 《竺可桢日记》(1948年5月18日)，《竺可桢全集》第11卷，第114—115页。
④ 1945年6月9日，浙大校务会议讨论并通过《学生壁报审查办法》，其核心内容是发布壁报的学生必须署真实姓名并在学生自治会出版股备案。见《第四十六次校务会议纪要》，《国立浙江大学校刊》复刊第125期，1945年6月16日，第4页。
⑤ 《竺可桢日记》(1948年5月25日)，《竺可桢全集》第11卷，第120页。
⑥ 《竺可桢日记》(1948年5月27日)，《竺可桢全集》第11卷，第121页。

只是因为其明显的政党色彩而在此次风潮中摇旗呐喊。鉴于张其昀与国民党中央的关系，《中央日报》也载文抨击此事："浙江大学，在地方当局与学校当局互相推诿之下，被共党匪徒发展组织而成为指挥东南学运之中心枢纽。……最近该校职业学生又复胁迫名地理学者张其昀教授，因其为国民党中央委员，不许他在学校教书，必欲迫使去职而后快。"① 然而《中央日报》这类国民党机关报刊发为张其昀鸣不平的文章，只能进一步激起"左倾"学生对张的不满，令其处境更为窘迫。7 月，张其昀坚决辞去浙大行政职务。② 同时，张其昀意识到学校的政治环境已发生变化，他的政治立场趋向与国民党最高当局保持一致。

1949 年 2 月 21 日，蒋介石被迫下野。③ 28 日，《中央日报》上刊登了张其昀撰写的《与周恩来先生一封公开信》。此函的核心是劝告中国共产党要与国民党"互助妥协"，因为"极端主义会使国家分裂，而分裂是万万要不得的，我们要集合在祖国的旗帜之下，方法与手段尽有商量余地，目的和力量一定是殊途同归"。④ 此信发表于国共内战的最后时刻，能起到的作用微乎其微。尽管如此，这封公开信却是张其昀在 1940 年代末期从学界跨向政界的重要表征。3 月 5 日，张其昀致函朱家骅，并随函附上该公开信："兹附奉拙著一篇，幸祈是正。其他二页并恳于便中转奉力子、岳军二位先生，费神至感。"朱家骅在回复中对此信多有肯定："时局艰危，愈要国脉民命不绝如缕，深待我教育界同人群起呼吁，维护此一线生机。吾兄蛮声论坛，爱国忧时尤彰。"⑤ 此举亦可视作张其昀借此博得国民党中央高层的认同。

3 月底，应蒋介石的召见，张其昀前往溪口。据浙江省保警总队长侯定远回忆："两人谈得投机，蒋介石留张在武岭中学居住，待之如上宾，一连密谈三天，蒋慨叹地向张说：'司徒雷登大使最好能移往杭州，那里是他出

---

① 《社论·反迫害·反暴动·反卖国》，《中央日报》1948 年 5 月 26 日，第 2 版。

② 《竺可桢日记》（1948 年 7 月 10 日），《竺可桢全集》第 11 卷，第 155 页。

③ 刘维开：《蒋中正的 1949：从下野到复行视事》，台北，时英出版社，2009，第 74 页。

④ 张其昀：《与周恩来先生一封公开信》，《中央日报》1949 年 1 月 28 日。见《张其昀致朱家骅函》（1949 年 3 月 5 日），中研院近代史所档案馆藏，朱家骅档案，档案号：301/01/23/483。

⑤ 《张其昀致朱家骅函》（1949 年 3 月 5 日）、《朱家骅复函张其昀》（1949 年 3 月 7 日），中研院近代史所档案馆藏，朱家骅档案，档案号：301/01/23/483。

生之地、第二故乡，距溪口不远，这里景色也不逊于庐山，如能敦促大使来此一游，就再好没有。'……想通过张其昀拉拢一批名流学者出面邀请司徒雷登以'杭州荣誉市民'称号来杭居住，从而再布置与蒋会谈，借以加强蒋美关系，抬高蒋的威信。"① 3 月 31 日，蒋介石还特别宴请张其昀，日记中记："晚课毕约宴其昀等后批阅文电。"② 4 月初，张其昀返回杭州。4 月 4 日，张其昀告知竺可桢："去奉化溪口三天。与工务局俞局长同往并见蒋先生，商范氏天一阁将改公立图书馆。谓蒋决计不离溪口，风采甚潇洒，但以其不能辞去国民党总裁为恨，并谓其左右尚希望美援甚烈。"竺可桢则言："美援不可恃，因美国人士对于中央政府过去作风已失信用，即使以后中央能有作为，亦要靠自己。"嗣后张其昀衔命奔走，曾就邀请司徒雷登到杭州居住，商之于曾任杭州市长的周象贤，周以"不在其位，不谋其政"而却之。③

4 月 23 日，中共军队进入芜湖，局势骤然紧张。国民党政府下令紧急疏散，政府要员已飞往上海和广州。翌日，张其昀找竺可桢商量自己的去留问题。总统府战略顾问王东原劝张其昀离杭，且"必要时可以飞机相接"，竺可桢则认为："不必如此惊动。为校着想，渠去系一巨大损失；为渠个人着想，则或以离去为是，因若干学生对渠不甚了解也。余劝其乘车去沪，不往宁波，因沪上友人甚多，可从长商酌也。"④ 5 月初，张其昀在上海乘轮船赴广州，为赴台做准备。

6 月初，阎锡山受命出任行政院长一职，首要考虑行政院各部长人选问题。6 月 7 日，阎锡山将初拟的内阁名单分送蒋介石与李宗仁裁示，其中委任张其昀为教育部长。⑤ 6 月 8 日，蒋介石致阎锡山电，谈道："教育部长张其昀现在穗，请兄就近接洽，但料其必不就，亦不必勉强，或可属朱家骅兼任，否则杭立武暂仍其旧如何？"⑥ 经考虑，阎锡山于 6 月 10 日晚重拟一份

① 侯定远整理《蒋介石下野回溪口的见闻》，《文史资料选辑》第 66 辑，中国文史出版社，1979，第 71 页。
② 《蒋介石日记》（手稿），1949 年 3 月 31 日。
③ 侯定远整理《蒋介石下野回溪口的见闻》，《文史资料选辑》第 66 辑，第 71 页。
④ 《竺可桢日记》（1949 年 4 月 24 日），《竺可桢全集》第 11 卷，第 426 页。
⑤ 《徐永昌日记》第 9 册，1949 年 6 月 7 日，中研院近代史研究所，1991，第 340 页。
⑥ 刘维开：《蒋中正的 1949：从下野到复行视事》，第 203 页。

阁员名单，其中教育部长改为杭立武。① 与此同时，国民党中央党部已将张其昀纳入重要成员。据时任国民党中央执行委员会秘书长的郑彦棻回忆，彼时"中央党部已迁至广州，晓峰兄嫂避难至穗，彦棻即予接待，并电报总裁。旋奉电示，嘱请晓峰兄伉俪赴台北，我乃购备机票代为安排一切送他们赴台。"② 6 月 6 日，郑彦棻电蒋经国，告知张其昀的赴台时间："棻亟欲到台与兄等会谈，但党部事繁，能否成行刻难决定。其昀兄决与乃健兄日间飞台，行期定后，当另电告。"③ 6 月 7 日，郑彦棻电蒋介石："各委员于中央常务委员会以上主张早日成立非常委员会，并决定中央党部应即分地办公，推定李文范、陈立夫等商讨国民党组织与制度之改进方案。"④ 此时，蒋介石已决心改组国民党中央委员会，准备任用一批新干部。6 月 8 日，在高雄的蒋经国写了一长函给蒋介石，劝其重新改组国民党，并迅速开展组训干部的工作："目前从事于新组织，如不脱离本党之组织形态，恐难以形成。而吾人在此时是否有根本抛弃旧组织之决心，此实为组织之先决条件"。对于蒋介石的侍从机构，蒋经国在与俞济时等幕僚商量后，拟就具体意见："大人离京返乡以至今日，一般侍从人员多能忠心服务，但皆重事务，而未能注意政务。今日大局已定，将开始在长期中过苦痛之流亡生活并从事于艰难之复兴工作。故实有加强侍从机构之必要。……希望张其昀（理论研究）、董显光、陶希圣（国内外宣传）、林蔚（军事）、唐纵（特工）、王世杰（政治外交）诸先生能经常参加侍从工作。台湾之情况从各方面深加观察，危机四伏，如不早日改进，则将来可能发生变乱以至不可收拾。"⑤ 蒋经国家书透露出张其昀已进入蒋介石的侍从机构，将被委以重任。6 月 13 日，谷正纲、陈雪屏电蒋经国："其昀乃健二兄已抵台北，现

---

① 刘维开：《蒋中正的 1949：从下野到复行视事》，第 206 页。

② 郑彦棻：《四十余年不平凡之交——纪念张其昀晓峰兄逝世周年》，收入《张其昀先生纪念文集》，第 14 页。

③ 《郑彦棻电蒋经国》（1949 年 6 月 6 日），台北，"国史馆"藏，"蒋中正总统文物·特交档案·一般资料"，档案号：002000002049A。

④ 《郑彦棻电蒋中正》（1949 年 6 月 7 日），台北，"国史馆"藏，"蒋中正总统文物·文物图书·稿本（一）"，档案号：002000000733A。

⑤ 《蒋经国致蒋介石家书》（1949 年 6 月 8 日），台北，"国史馆"藏，"蒋中正总统文物·家书·蒋经国家书"，档案号：002000000479A。

定十四日在草山省府第一宾馆聚膳，务请兄驾临。如希圣兄已到，请偕来。"①

此时蒋介石虽已下野，但仍具国民党总裁身份。7月10日至12日，蒋以国民党总裁身份与菲律宾总统季里诺在碧瑶会谈，谋求"远东各国应即成立联盟"，共同反共。8月6日至8日，蒋介石又在"南朝鲜镇海与李承晚商谈成立'远东反共联盟'的计划"。② 张其昀作为访问团成员，参加了这两次出访，并写下了《碧瑶纪行》与《镇海纪行》，详细记录了出访过程，这也是张其昀加入政治中枢后的首次出访。③ 7月16日，蒋介石在广州主持国民党中常会与中政会的联席会议，并正式组成非常委员会。在蒋的主导下，一套具体的国民党改造方案于广州举行的中常会上获得通过。按照蒋的构想，改造委员必须加入新鲜血液，"拟以中委与非中委者各占半数，过去在党方面负过责任者，此次不必参加"。④ 此后不久，中国国民党总裁办公室在台北成立，张其昀受命担任第六组组长，职掌办公室秘书及综合业务。⑤ 8月14日，蒋介石电示邓文仪："共匪反动文件汇编等书即共匪军事、党务、政治、经济、土改、群众运动等有关各种小册及刊物，当每种各检十册，从速派员带来交黄少谷同志转张其昀同志。"⑥ 12月15日，黄少谷、张其昀向蒋介石呈递政治改革纲要及草案。⑦ 上述几份档案显示，1949年底，张其昀已经在国民党中枢担任重要职务，成为蒋介石在国民党内倚靠的重要干部。彼时的一份小报上曾刊登一则新闻《张其昀承乏布雷遗职》，其中提到"蒋总裁赴菲、韩时，发觉一个侍从官，这就是补陈布雷遗缺的张其昀了，张是一个文史教授，稍注意教育文化的人便知道他的，最近蒋总裁的办

① 《谷正纲、陈雪屏电蒋经国》（1949年6月13日），台北，"国史馆"藏，"蒋中正总统文物·特交档案·一般资料"，档案号：002000002049A。
② 严如平、郑则民：《蒋介石传稿》，中华书局，1992，第489页。
③ 张其昀：《碧瑶纪行》（1949年9月1日）、《镇海纪行》（1949年9月1日），收入潘维和编《张其昀博士的生活和思想》，第301—314页。
④ 王良卿：《三民主义青年团与中国国民党关系研究（1938—1949）》，台北，近代中国出版社，1998，第393—394页。
⑤ 刘维开：《蒋中正的1949：从下野到复行视事》，第224页。
⑥ 《蒋介石电邓文仪》（1949年8月14日），台北，"国史馆"藏，"蒋中正总统文物·筹笔·戡乱时期"，档案号：002000000263A。
⑦ 《黄少谷、张其昀呈蒋介石》（1949年12月15日），台北，"国史馆"藏，"蒋中正总统文物·特交档案·政治"，档案号：002000000958A。

公室各组人事的发表，他是秘书组组长，照历史看是很出乎意料的，如在中央多人之中，陶希圣、张道藩、程沧波、程天放诸子原是可以入选的，殊不知各有各的看法不同，企图不同，这就说蒋总裁会不会喜欢他们补布雷的缺是一问题，而他们会不会企图去补这一缺也成问题"。[①] 这则报道虽系作者个人揣测，却也从一个侧面道出了张其昀加入蒋介石侍从机构的重要原因，即蒋介石采纳蒋经国的重要意见，以新鲜血液改造国民党中央，张其昀乃学者出身，在国民党内无派系纠纷，是较为合适的人选。

余　论

自 1920 年代起，张其昀在竺可桢的引领下，以编纂地理教科书逐渐扬名学界，1933 年又发起创建中国地理学会，担任理事及干事一职，成为地理学会的中坚力量。在翁文灏与丁文江的提携下，年仅 35 岁的张其昀当选为中央研究院第一届评议会评议员。早期学术生涯与人脉网络的建立为其学术生涯的政治转型奠定了基础。然同年发生的导致国防设计委员会更名的失慎事件，却是张其昀政治生涯中遭遇的首次顿挫，令其此后行事更加谨慎。他转而聚合同人创办《思想与时代》月刊，以谋学术兴国。加之挚友陈训慈的介绍、陈布雷的提携，张其昀最终有机会接触政治权力中枢，受到蒋介石的赏识。更为重要的是，张其昀在地略学领域的学识，特别是他提倡的海权观，在 1940 年代末期尤为国民党执政当局所需要，并令最高执政者服膺。张其昀曾言"知识即权力所寄"，他从学界转向政界的过程，即是对此言论做出的生动注解。

知识与人脉的合力使张其昀有机会一步步逼近政治权力的中心。而在鼎革之际其国民党党员身份则成为他做出不同于竺可桢等人政治抉择的最后推手。抗战胜利后，国共两党爆发内战，国民党执政当局因无力约束学潮，只能在大学校园内强化实施训导制。身为国民党党员的张其昀，曾出任浙大训导长，故而被浙大"左倾"学生视之为"国民党教授"。1948 年浙大爆发"驱张运动"之后，校园环境对张其昀颇为不利，在这种情况下，他选择成为追随蒋介石的"陈布雷第二"。

---

① 陆民进：《张其昀承乏布雷遗职》，《时事新闻》1949 年 10 月 1 日，第 11 页。

依此而言，张其昀学术生涯的政治转型，既有知识与人脉带来的推力，也有国共内战学潮爆发带来的迫力，双重合力之下，他最终挥手与竺可桢诀别。竺可桢执掌浙大 13 年，张其昀辅佐其右亦 13 年，两人亦师亦友，情谊密合，但在 1940 年代末期，两人在政治认同上产生巨大分歧，并最终做出截然不同的政治抉择。1947 年底，浙大爆发了于子三案，案情复杂，竺可桢奔走其中，应付各方势力之间的纠葛，精疲力竭，对国民党执政当局愈感失望。[1] 1948 年 6 月 15 日，竺可桢因浙大学潮事前往南京，曾会晤陈布雷。据接见者蒋君章回忆："我问竺校长对时局的看法，他说：'国民党办不好，让中共试试也好。'"[2] 最终，竺可桢选择留在大陆。透过张其昀的"去"和竺可桢的"留"或可看出，在国共政权更替的转折时代，原本立场趋近的学人群已出现政治认同危机，彼时中国政治文化形态呈现出断裂与多元之势，在一定程度上也揭示出国民党政权为何会丧失其政治基础。

〔何方昱，上海社会科学院历史研究所〕

---

① 有关于子三案件的最新研究成果，参见贺江枫《1947 至 1948 年于子三惨案与国共两党、竺可桢三方的各自对策》，（香港）《中国文化研究所学报》第 58 期，2014 年 1 月。

② 蒋君章：《追怀张其昀先生》，《张其昀先生纪念文集》，第 172 页。

张其昀的省区改革主张及其具体方案

张学继

摘　要　民国时期，有一个与民国相始终的省区改革运动，要求对行省制度进行全面的改革，著名史地学家张其昀亦参与其中。本文主要探讨张其昀的省区改革主张及其拟订的具体方案。

关键词　省区改革　张其昀

民国时期，有一个与民国相始终的省区改革运动。这个运动的最早发起人是改良派领袖、思想家康有为，他在《官制议》《废省论》等著作中对元朝以来实行的行省制度进行了全面系统地批判，要求对行省制度进行全面改革。康有为的主张得到一部分学术界、政界人士的积极响应。[①] 他们制定了各式各样的方案，并在局部地区实施。归纳起来，民国时期的省区改革运动有两派：一派主张废除行省的名称，恢复元朝以前中国曾经实行过的州、郡、道、府制度，这一派被称为废省派；另一派则主张保留行省制度，对现行的大省区一分为二（少数省份一分为三），这一派被称为缩省派，又称析省派。关于民国时期省区改革运动的全貌，笔者曾经在《民国时期的缩省

---

①　学术界积极支持政区改革并在理论与方案上进行了探索的学者主要有梁启超、陈去病、陈庆麟、宋渊源、张其昀、吴传钧、施养成、洪绂、傅角今、张富康、张雨峰、胡焕庸、杨栋林等。积极省区改革的政界人物主要有袁世凯、宋教仁、熊希龄、张謇、段祺瑞、伍朝枢、蒋介石、张群、熊式辉、但焘等。

运动》① 及《探索体国经野之方略：百年来有关我国一级行政区划改革方案评议》② 两文中加以系统的探讨，这里不赘述。本文所要探讨的是民国时期著名史地学家张其昀的省区改革主张及其拟订的具体方案。

一　张其昀的省区改革主张

张其昀（1901—1985），字晓峰，浙江鄞县（今宁波市鄞州区）人。1919 年考入南京高等师范学校史地部学习，1923 年毕业，入上海商务印书馆编译所任职，期间主编高中《本国地理》教材，风行全国。1927 年，到南京国立中央大学地理学系任教，主讲中国地理，成为中国人文地理学的先驱。1935 年，当选国立中央研究院第一届评议会评议员。1936 年，张其昀应当年南京高师时代的老师、时任国立浙江大学校长竺可桢的邀请来到杭州担任浙江大学史地学系主任兼史地研究所所长，后任浙江大学文学院院长，成为浙江大学史地学科的创始人。

作为国内知名的史地学家，张其昀对于当时的省区改革运动十分关心。为了配合蒋介石当时力推的缩省运动，张其昀写了长篇文章《改革省区的基本原理》，③ 系统地阐述了他关于省区改革的思想主张。张其昀的文章阐述了六大问题，分述如下。

第一，"改革省区乃出于民众之愿望"。

中国的行省制度起源于元代，累朝相承，积弊重重。由于一省区域过大，往往包含了若干个性质完全不同的地理单元，造成一省之内各区域之间无限的矛盾纠纷。他举例说："（辛亥年）革命军兴，成都与重庆，太原与河东，安庆与寿春，各立都督，各不相下，由于党派客气者，固无论矣。它若江苏则江南江北争分省焉，广西则桂林南宁争迁省焉，江南与江北各有其利害，桂林与南宁各有其是非。湖南一省也，而中路南路西路各自为团体。

---

① 刊登于香港中文大学主办的《二十一世纪》杂志 1994 年 10 月号。拙作实开启新时期省区改革研究之先河。在《二十一世纪》杂志创办二十周年之际，拙作曾被评为该刊发表的经典论文之一。
② 全文登载于上海中山学社主办的《近代中国》2005 年第 15 辑，并摘要刊登于上海市委党校主办的《理论文萃》2004 年第 4 期。
③ 刊登于《时事月报》第 4 卷第 3、4 期，1931 年。

广东一省也，而钦州廉州，闻广西议筑铁路，闻广西迁省南宁，皆跃跃有改隶广西之愿望。广东钦廉之人民，曾派代表向国会请愿，欲以钦廉划归广西。其他暗潮汹汹，急待解决者，尚难遍举。是以民国除年，海内贤达，已倡改革省区之说，各著文以抒其卓识。"①

张其昀接着又举了鲁、苏、皖、豫四省边境广大地区沦为土匪巢穴的例子。他说："自临城劫车案发，中外震动，举国人士，咸注目于匪薮。匪薮何在，即苏鲁皖豫四省之边境也。据报纸所载，调查所得，匪区之广，蔓延数百里，匪徒之多，聚集数万人。果何以致此，其原因虽甚复杂，而行政区域之失当，实有极重大之关系。盖苏之徐州，皖之宿州，鲁之曹州，豫之归德一带，犬牙相错，成多角形体。四省边境，离省会太远，行政上不免忽视，即使特加注意，亦有鞭长莫及之患。有人谓省会为官薮，省边为匪薮，殆由省区太大之故，此其一。且黄河以南，淮水以北，泰山以西，三角形之平原，本为一天然区域，风土人情，大同小异，地瘠民贫，风俗强悍。近世因黄河北迁，淮水淤塞，水利失修，连年荒歉，一夫呼啸，如水赴壑，杀人勒赎，习为故常，在新旧黄河之间，苦匪患已久。兼之分隶四省，政令不一，匪徒东窜西扑，漂忽无常，地方官吏限于畛域，难施剿抚，其势几防不胜防。匪区之扩大，殆由于省区与地理上之天然形势不合，此其二。故不欲根本肃清匪患则已，欲肃清之，非建一新省不可。即将豫东鲁南苏皖淮北之地别立一省，设省会于交通适中之徐州。如此则数省边界，昔苦卵翼所不及者，今如指臂之相连，选节制可用之兵，移驻此区，专司剿匪，一方则促进导淮事业，以安此千万人之生计。其他一切教养之政，亦得平均发展，不致畸重畸轻，启同省中之争议。倘使政治清明，自治发达，游民有安纳之所，谁谓匪薮不能变为乐土乎？"② 因此，张其昀主张通过重划省区，改变上述不合理的现象，以期符合人们的愿望。

第二，"改革省区为国家重大之要求"。

张其昀主张以调整省区来统筹解决边疆问题。他提出的原则是："边疆

---

① 张其昀：《改革省区之基本原理》（未完），《时事月报》第 4 卷第 3 期，1931 年，第 157 页。

② 张其昀：《改革省区之基本原理》（未完），《时事月报》第 4 卷第 3 期，1931 年，第 157—158 页。

分省问题，须依中国全民族之利益而解决。"① 他在论证过程中特别举了东北呼伦贝尔地区、延边地区两个问题来加以论证。

第三，"新省区之唯一目标"。

张其昀简单地回顾了中国行省制的历史及其弊病，得出省区改革的基本原则。他指出："查现行省区起于元代，明清两朝承之，稍有修改。元代以异族入主中华，以征服地视中国，于民族主义无与焉；省政府仅为中央政府之支部，中央曰中书省，各地方曰行省，于民权主义无与焉；君主以国家为一人之产业，地方财赋视为其产业之花利，于民生主义无与焉。满清之地位，与蒙古无异。明太祖虽有恢复中华之功，而于现代民权主义与民生主义，盖未曾梦见。例如浙西江南在元代本属一省，明太祖定都金陵，为集权于中央起见，不恤违反住民之公意，横截全区，强分二省，可见一般。故现在欲谈省区建设，必须将不合时代精神之旧省界，涤荡肃清，根本改造，一切以总理之遗教为根据。总理所著三民主义，同条共贯，一线相承，而其重心所寄，尤在民生主义。总理尝称民生主义为政治之中心，经济之中心，亦一切历史活动之中心。……民生主义为实业计划之理想，实业计划为实行民生主义之方法。新省区之唯一目标，既为谋国计民生之发展，对于建国方略实业计划，自不应视为空中之楼阁，而应视为建筑之图案。当厘正省区之际，处处留心，对此新建设之图案，断不可稍有牺牲。吾故曰：改造省区问题，不仅仅着眼于历史之事实，不仅仅着眼于国势之现状，尤当开拓心胸，着眼于中国将来实业之发展。"②

张其昀引用孙中山《建国大纲》的相关条款指出："建国大纲第十七条曰：'中央与省之权限，采均权制度，凡事务有全国一致之性质者，划归中央，有因地制宜之性质者，划归地方，不偏于中央集权，或地方分权。'又第十八条曰：'县为自治之单位，省立于中央与县之间，以收联络之效。'夫所谓'因地制宜'者，必在同省之内，有相同之地理环境与相同之民生状况，然后可以联络各县，讨论利害一致之公共问题，确定兴利除弊之适当政策。总理尝有言曰：'滨海之区，宜侧重水产；山谷之区，宜侧重矿业或

---

① 张其昀：《改革省区之基本原理》（未完），《时事月报》第 4 卷第 3 期，1931 年，第 160 页。

② 张其昀：《改革省区之基本原理》（未完），《时事月报》第 4 卷第 3 期，1931 年，第 164 页。

林业。宜予地方以措置之自由。'如此，地方政治生活乃极活泼。否则同省之内，'广谷大川异制，民生其间者异俗'，利害不同，希望各异，此数县公民所肯定者，彼数县公民乃加以否定，意见纷歧，精神散漫，省政府联络之术已穷，因地制宜之性质，果从何处产生？现行省区之流弊，不外二种，一曰省区过大，治理不便；一曰省区与地理上之天然形势不合；前者尚可赖促进交通之法以事补救，而后者实为从来省政设施之最大障碍。故将来中国之新省区，当与地理上之民生区域合而为一，举风土人情素相融洽之各县，结为一地方自治之团体，此亦理势所必然。故欲研究中国省区改造问题，必以研究中国区域地理为切实可靠之办法，毫无疑问。"①

历史学家柳诒徵在《中国文化史》一书中对秦代推行之郡县制推崇备至，认为是良制。张其昀不同意柳诒徵的观点，他指出："夫二千年前之郡制，在今日固已不复适用，然当日政府实事求是之精神，千载下犹可采取，唐代因山川形势，分天下为十道，唐之道区，往往与天然区域相符，例如汉水上游之山国，本为一天然区域，现行省区分隶于陕西河南湖北三省。陕西、河南二省秦岭以南之地，河流尽南注汉水，故自地形言，应属于扬子江流域，而自政治言，反属于黄河流域。惟唐代于秦岭汉水之间置山南道，最合于天然区域。唐代道区，疆域辽阔，可再分析为若干副区，要其注重天然区域之精神，至今犹可采取其遗意。"②

然后张其昀回顾了美国、法国行政区划的历史，得出这样的结论："远征古郡之遗意，旁观欧美之新潮，使吾人对于省区改造之目标，与其实行之方法，已有深切之觉悟，并怀有莫大之希望。吾人作事，宜取法乎上。先总理尝称吾国治民生主义者，发现最先，当为文明各国之所取法。国民政府果能按照民生区域为划分政治区域之标准，使划野分州之大业，为世界一新观听，是亦西洋之学者与政治家之所有志而未逮者。"③

第四，"中国民生区域之研究"。

---

① 张其昀：《改革省区之基本原理》（未完），《时事月报》第 4 卷第 3 期，1931 年，第 164 页。

② 张其昀：《改革省区之基本原理》（未完），《时事月报》第 4 卷第 3 期，1931 年，第 165 页。

③ 张其昀：《改革省区之基本原理》（未完），《时事月报》第 4 卷第 3 期，1931 年，第 166 页。

1925 年，张其昀出版《本国地理》一书，倡导天然区域之概念。他在该书自序中写道："本书破除省界，惟就地形、水利、气候、物产、人口、语言、都市、交通、风俗、历史种种要素，参伍稽考，分析综合，厘定中国为二十三区。是乃天然区域，以其简要明确，可为地理上之真正单位。"[1]张其昀指出："地理学之宗旨即在研究人地相互之关系，就地的方面着想，称为天然区域，又就人的方面着想，可称为民生区域。……常言云：'风土人情'，善哉此语，实有至理存焉。凡风土人情相同之处，山川风物，一若有共同之意义，与共同之生命，而当地人民亦具有独立之资格与自负之精神。是以大地之上，除天然区域外，又可分为许多民生区域。前者相当于常言之风土，后者相当于常言之人情。"[2]张其昀指出："中国版图之广，已超轶欧罗巴全洲，数千年来大思想家与实际政治家努力之成绩，使中国民族大致已告统一。……民族界线已经荡然无余……要之，同文同轨之盛迹，为中国历史上最大之荣誉：一视同仁之观念，为中华民族对于世界文化最大之贡献。研究中国地理者，最大之便利，即在中国之人和。"[3]

张其昀在《本国地理》一书中将全国划分为 23 个天然区域，其中河北省及其邻近地区归纳为海河区域。之后，张其昀又在《东方杂志》发表《河北省区改造问题》一文，将海河区域细分为四区：卢沟区、沽淀区、卫漳区、滦阳区。并对四区一一加以论证。

第五，"省界问题"。

1927 年 4 月，南京国民政府内政部颁布划分省界之条例，规定省界之划分除特殊情形外，依下列标准：①山脉之分水线；②道路河川之中心线；③有永久性之关隘、堤塘、桥梁及其他坚固建筑物可以为界线者。张其昀认为，内政部提出的这个标准"尚欠完备"，"不足以应付一般省界问题"。[4]他认为，除了各种天然疆界外，还有所谓人文疆界，十分复杂。张其昀指出："省区改造问题，其内容实甚繁复而精微，当参互稽考，博综研究。其搜集材料，既须有锐敏之分析力；抉择材料，又须有精明之判断力。至于整

①　张其昀：《本国地理》上册，商务印书馆，1925，第 76 页。
②　张其昀：《改革省区之基本原理》（续完），《时事月报》第 4 卷第 4 期，1931 年，第 237—238 页。
③　张其昀：《改革省区之基本原理》（续完），《时事月报》第 4 卷第 4 期，1931 年，第 238 页。
④　张其昀：《改革省区之基本原理》（续完），《时事月报》第 4 卷第 4 期，1931 年，第 240 页。

理著述，语必征信，更须具有科学求真之精神，自非才学兼长之学者，不能胜任而愉快。秉'知难行易'之学说，此种综合研究，实为不可少之步骤。依吾人愚见，新省区之建设，须经三大步骤：第一为预备期，第二为辩论期，第三为行政期。第一期之工作为谨严之科学著作，即制成假区域图，并附以详细之说明书。至第二期乃付诸当地人民之舆论，即由国民政府采取学术研究之成绩，以假区域图提交各地人民复决，期间自有往复磋商之余地。至第三期则大功告成，但由政治家起而实行可矣。辩论时期集思广益，参加人数多多益善。在预备期与行政期，但须少数专门人才耳。"①

第六，"区域精神与民族精神"。

张其昀指出："边疆各省，其省界问题即为国界问题。划分省界，当以天然疆界为主，而与人文疆界相辅而行。若论及国界，其情形完全不同，即当以人文疆界为主要，天然疆界反居次要。"② 关于区域精神与民族精神之关系，张其昀指出："目前中国各区域经济上强弱之点大相悬殊，必须通盘筹划，以有余补不足，方能跻于一律平等之地位。详究总理实业计划，一方面发挥区域精神，使各地方因地制宜，均能充分发展；一方面又以民族精神联络而贯注之。其中重要纲领即将沿海沿江各地稠聚人民，移殖于蒙古天山一带从事垦殖，延长七千英里之西北铁道系统，其目的即在于此。"③ "将来省区改正之后，区域精神与民族精神均当求其充分发展，一如造屋之基础，一如大厦之栋梁，上下交相为用，有不可偏废者。"④

按照民族精神与区域精神相互连贯的思想，张其昀认为应当重视省会地点的选择。因为省会"不仅视为一个民生区域之天然中心，而尤当重视其与全国各省区之关系，使其干支相联，于统一之中，收敏活之效"。⑤

---

① 张其昀：《改革省区之基本原理》（续完），《时事月报》第 4 卷第 4 期，1931 年，第 242—243 页。

② 张其昀：《改革省区之基本原理》（续完），《时事月报》第 4 卷第 4 期，1931 年，第 243 页。

③ 张其昀：《改革省区之基本原理》（续完），《时事月报》第 4 卷第 4 期，1931 年，第 245 页。

④ 张其昀：《改革省区之基本原理》（续完），《时事月报》第 4 卷第 4 期，1931 年，第 246 页。

⑤ 张其昀：《改革省区之基本原理》（续完），《时事月报》第 4 卷第 4 期，1931 年，第 245 页。

二　张其昀对浙东建省的论证

浙江省一般分为浙东、浙西两大区域，故有两浙之称。前人这样形容两浙之分野："两浙兼吴越之分土，山川风物，迥乎不侔。浙西泽国无山，俗靡而巧，近苏常，以地原自吴也。浙东负山枕海，其俗朴，自瓯越为一区。"① 由此可见，两浙的分野既是两个完全不同的天然区域，也是两个不同的文化区域。从天然区域来说，浙西以平原泽国为主，浙东以山地为主；从文化来说，浙西属于吴文化圈，浙东属于越文化圈。所以，张其昀说："浙东浙西之分区，不特地理形势之所固然也，又可证之于历史矣。浙江以西在昔每兼包吴会，非如今之苏杭异省也。东汉分浙江以东为会稽郡地，而西则为吴郡。……元代始置浙江行省。及至明初，定鼎金陵，既以江南为畿辅，乃划杭（州）、嘉（兴）、湖（州）、宁（波）、绍（兴）、台（州）、金（华）、衢（州）、严（州）、温（州）、处（州）十一府设浙江布政司，时洪武十五年事也。（即西元一三八二年）自是以还至于今日。太湖南北划为两橛，形势全失，肩指不应，此坚彼瑕，可为寒心。故当举浙西平原划归于扬子江流域。事权既一，地利亦尽，此亦保江南之急着也。"②

张其昀认为，如果更细致的区分，浙江省实际上是由 3 个天然区域组成的。他说："浙江地势显然分为三区：其一代表平原生活，其一代表海岸生活，其一代表山岳生活。旧杭嘉湖三府，为扬子江下流冲积平原之一部，南起钱塘，北届镇江，囊括太湖，襟带运河；其地则一望平野，川渠交错，人烟稠密，蚕桑利薄，'饷给于国，尺寸之土必耕；衣被他乡，机杼之声不绝。'地饶多利，俗尚纷华。此一区域，可与北邻之苏沪，合称之曰长江三角洲。既逾钱塘，南迄瓯江，东望沧海，西倚重山；（如四明、天台、括苍、雁荡诸大山）其地则山多田少，方言格磔，樵采捕鱼，衣食自足，其人敏慧，善于为贾，此一区域，可以名为浙海区域。若夫钱塘江之上游，如严属之淳安隧安，衢属之常山江山，杭属之昌化于潜，与安徽南部，江西东北部，地文相连，万山屏蔽，（仙霞岭、怀玉山、天目山、黄山交错其间。）

---

① 顾炎武：《天下郡国利病书》卷一。
② 张其昀：《论宁波建设省会之希望》，《史地学报》第 3 卷第 7 期，1925 年，第 4—5 页。

势若高屋建瓴，古称'山越'，开化最迟；其地则山险土硗，茹苦食贫。惟森林苍郁，产茶尤富，而仙霞岭为往来之喉隘。此一区域，吾姑称之曰山越区域。三大区域，环境互殊，利害不同，当各就所宜而谋开发，实为两完之计。"①

张其昀接着提出了浙海区域建省的问题。他说："浙海区域，乃指浙东独流入海诸大河之流域而言，即曹娥江流域之绍兴，甬江流域之宁波，椒江（或灵江）流域之台州，与瓯江流域之温州处州是也。此区之内，山海交错，环境相同，休戚相关，故其地方上利害问题亦待公同之解决，初非限于一隅。"② 张其昀从四个方面进行了论证，他的结论是："要而言之，浙东沿海约三十县，风土人情较之他处，尚属同多而异少，苟能别立一省，使地方自治得以平均进行，不至有畸重畸轻，启同省中之争议，是一举而数善备也。愿吾人民亟起图之。"③

浙东独立建省，那么浙东省会城市以何处为佳？张其昀认为，宁波"为浙海区域天然中心点"，"为浙东首善之区"。他从经济、交通、文化三个方面进行了论证，指出宁波是浙东的经济中心、交通中心、文化中心。

关于宁波作为区域经济中心的地位，张其昀论证说："宁波濒海，小民业网罟舟楫之利，冲风犯浪，不畏艰巨，出没波涛，变化如神，积习生常，有自来矣。唐宋以后，海舶往来，物产丰衍，市廛所会，万商之渊，座肆售货，朝夕从事，故子弟之学，不劳而能竞习为商，商日益众，帆船足迹，远暨南北，千里遨游，视若比邻，几有'遍地宁波'之感焉。宁波商人，举措活泼，思虑缜密，质朴而不饬外观。故能雄飞于全国各市场。其在上海营业者，达四十万，上海总商会之重要分子，大半属于宁波人。其他各大商埠，类皆组织宁波帮，与山西帮广东帮相颉颃。论者谓宁波商人与广东山西商人相比较，其质朴似山西人，而灵机敏活为山西人所不及。其豪毅果断似广东人，而勤勉忍耐又为广东人所不及。加以团结力之强固，资本之富裕，其势力洵不可侮。此又外人纯客观之批评，非乡人之私好也。"④

关于宁波的区域文化中心地位，张其昀引用宁波地方志关于"甬东人

---

① 张其昀：《论宁波建设省会之希望》，《史地学报》第 3 卷第 7 期，1925 年，第 4 页。
② 张其昀：《论宁波建设省会之希望》，《史地学报》第 3 卷第 7 期，1925 年，第 5 页。
③ 张其昀：《论宁波建设省会之希望》，《史地学报》第 3 卷第 7 期，1925 年，第 7 页。
④ 张其昀：《论宁波建设省会之希望》，《史地学报》第 3 卷第 7 期，1925 年，第 14 页。

文为浙之冠"的说法，指出浙东学术源远流长。他指出："四明二百八十峰，有洞天福地之说，山川灵秀，发为英杰。自王荆公游宦鄞县，教学始兴。宋元之季，衣冠彬彬，号称邹鲁。明代余姚以区区一邑，笃生王阳明黄梨洲二大师，开创浙东数百年之学风。语其梗概，则理学为体，而史学为用也。梨洲受学蕺山（刘宗周），而象数之学兼家漳浦（黄道周）；文献之学，远溯金华先哲之传（金履祥、许谦、宋濂等），复兼言礼制以矫空疏。梨洲讲学甬上最久，其大弟子多出是邦。万季野（斯同）以一布衣参明史馆事数十年，主持京师学风，康熙末称祭酒焉。其兄子万九沙最老寿，在乾隆年间为鄞学宗全谢山（祖望）问业于万九沙，而大衍梨洲之绪，续成宋元学案百卷，于典章文献，探讨尤勤，卓然为乾隆间史学大师。谢山云殁，鄞学衰矣。后进之士多驰心科举以邀功名，然尊师择友，学有渊源，龙翔风举，后先相望，及阮元督浙，汉学输入浙江，定海黄氏父子（式三与以周）崛起孤岛中，治三礼最通博，能名其家，以周先生主讲南菁书院，江南名士多被其化。泊乎晚近，溪上蓄道德能文章者，犹可指数，而象山陈氏（汉章）慈溪杨氏（敏曾）洪氏（允祥）鄞县马氏（衡）皆为北京大学史学教授，又如鄞县翁氏（文灏）治地质学有心得，曾参与万国地质学会，是亦前此讲学者之所未见，而实有所不逮者也。近人拟于中国设国立大学十所，其一曰闽浙大学，建于宁波，此诚服善从义之公心，非乡人之私好也。"①

此外，张其昀还从"民族主义""乡治主义"等角度对于建设宁波为省会的问题进行了论述。他最后的结论是："以上论述宁波建设省会之希望，大略甚明。过去之光明如彼，未来之俊伟如此，乡邦爱慕之忱，岂不油然而生哉。"②

对于中国分省，特别是浙江分省，作为浙江人的张其昀的思想感情其实也是很矛盾的。他曾经说："作者为浙人，在情感上实不愿见本省分离为二。浙省古称'千岩竞秀，万壑争流'。浙东浙西大体均为山乡，河流奔泻，富于水力。至于海国风光，亦不限于浙东，浙西亦有之。故浙江全省自有其他地理上之个性。再以面积论，仅占全国百分之一，在各省区为最小，倘不加划分，亦甚有理由。但是我们如果往前看，从建设前途着想，便觉浙

① 张其昀：《论宁波建设省会之希望》，《史地学报》第 3 卷第 7 期，1925 年，第 13—14 页。
② 张其昀：《论宁波建设省会之希望》，《史地学报》第 3 卷第 7 期，1925 年，第 16 页。

东浙西实宜分担建国时期重要之使命。衢州古称八省通衢，现在浙赣路已经显出此种规模，大江以南苏皖浙赣闽粤湘桂八省均为其营养区域，如能发展此交通干线，其于江南八省有如振衣得领，再辅以钱塘江之水电计划，借以促进农工商航，浙西繁荣至有希望。杭州控钱江大桥，临东方大港，为本省重心之所寄。浙东居南北两洋之中，北指苏鲁辽冀，南下闽粤台湾，为沿海八省之枢纽，可称为海上之八省通衢。海产海运之振兴，大有造于国运之昌隆。宁波为历史名港，居民习于海上生活，定海长涂石浦海门诸港，环列左右，海上经营此应为适当之据点。作者以此观点，曾建议分浙省为东西二省，以旧宁绍台温诸府属为浙东，余属浙西，分功合作，以发扬两浙地方自治之精神。个人见解如此，取舍决于公意，故不敢自以为是。"①

三　张其昀拟订的省区改革方案

1947 年 2 月 7 日，张其昀在《大公报》发表《缩小省区方案刍议》，提出了一个完整的省区改革方案。稍后，张其昀又在《思想与时代》发表《省区评议》一文。在上述两篇文章中，张其昀重申了他的关于省区改革的一些基本主张。归纳起来包括以下几方面内容。第一，省区改革以后，地方行政定为省、县二级制。第二，省区改革宜就地理环境大同小异者设为一省，俾得研求省内共同之问题，以定施政之纲领，集中财力，悉心经营。将来省份虽然增加，但省之地位提高，地方自治无事事秉承中央之必要，可免内重外轻之弊。建国必须建省，调整省区，事实上有此需要。第三，尽可能尊重历史传统，不宜轻易变更现有省界。张其昀说："改革省区非谓对于过去省界置之不顾。省制行之已七百年，历史的事实已变为地理的因素。……粤人之于粤，川人之于川，莫不有深长之怀念与浓厚之情感。此类地方观念实为地方自治之心理基础。区域精神与民族精神，实如鸟之双翼，有相得益彰之功用。故分划省区，苟非必要，不宜轻易变更省界。即原有府界，例如皖之徽州，浙之宁波，其地方色彩甚为鲜明，于厘定新省界时，宜充分注意及此。"②

---

① 张其昀：《省区评议》，《思想与时代》第 49 期，1947 年，第 5 页。
② 张其昀：《省区评议》，《思想与时代》第 49 期，1947 年，第 4 页。

根据上述思想主张，张其昀提出了他的省区改革方法："就是一省分为二省（间有分为三省者），并尽量保存原有的省界。"①

表 1　张其昀所拟省区改革方案

序号	省名	省会	备 注
1	冀东	唐山	西以蓟运河为界
2	冀北	清苑(保定)	与冀南大体以沧石路原线为界
3	冀南	临清	现在山东、河南二省黄河以北之地划本省
4	鲁东	潍县	与鲁西以泰山山脉为界
5	鲁西	滋阳(兖州)	
6	晋北	阳曲(太原)	与晋南以汾河中流之灵石附近为界
7	晋南	临汾(平阳)	现在山西境内漳河与沁河流域之地亦属本省
8	豫东	开封	与豫西大体以平汉路沿线为界
9	豫西	洛阳	
10	陕北	咸阳	与陕南以秦岭分界
11	陕南	南郑(汉中)	
12	陇南	天水	与河西以黄河分界
13	河西	张掖(甘州)	
14	江北	淮阴	与江南以长江为界
15	江南	吴县(苏州)	
16	浙江	杭县(杭州)	旧宁绍台温处5府属划归浙海,余属浙江
17	浙海	鄞县(宁波)	
18	赣北	南昌	以樟树镇吉安间之峡江附近为赣北赣南之界
19	赣南	赣县	
20	皖北	蚌埠	皖北包有巢湖流域,其南划归皖南
21	皖南	芜湖	
22	鄂东	武昌	与鄂西以襄(阳)沙(市)公路沿线为界
23	鄂西	宜昌	
24	湘东	长沙	湘资二流域归湘东,沅澧二流域归湘西
25	湘西	常德	
26	川东	巴县	嘉陵江水系归川东,岷江水系川西
27	川西	成都	
28	闽北	闽侯	闽北包有闽江流域,其南属闽南
29	闽南	龙溪(漳州)	
30	台湾	台北	台湾全岛设为行省,包括澎湖列岛

① 张其昀：《缩小省区方案刍议》，《思想与时代》第49期，1947年，第6页。

续表

序号	省名	省会	备　注
31	岭东	潮安（潮州）	岭东指现在广东省东部东江流域以外之地
32	岭南	南海	
33	广南	广州湾	广南指现在广东省西南部西江流域以外之地
34	海南	琼山（琼州）	海南全岛设为行省，包括西沙群岛等岛屿
35	桂北	桂林	今广西省内四江流域，自贵县以下流域所经，均属桂北，余属桂南
36	桂南	邕宁（南宁）	
37	黔北	遵义	与黔南以乌江为界
38	黔南	贵筑（贵阳）	
39	滇东	昆明	与滇西以红河为界
40	滇西	大理	
41	辽宁	沈阳	东北九省界线均经划定
42	安东	安东	
43	辽北	四平街	
44	吉林	长春	
45	松江	滨江（哈尔滨）	
46	合江	佳木斯	
47	黑龙江	北安	
48	嫩江	龙江	
49	兴安	呼伦（海拉尔）	
50	热河	赤峰	省界照旧
51	察哈尔	万全（张家口）	省界照旧
52	绥远	归绥	省界照旧
53	宁夏	宁夏	省界照旧
54	青海	西宁	省界照旧
55	西康	巴安	雅龙江下游原属四川之建昌各地划归西昌省
56	西昌	西昌	
57	新北	迪化	南以天山为界
58	新南	疏勒（喀什噶尔）	天山南麓塔里木河流域之地
59	天山	吐鲁番	天山南麓不属于塔里木河流域之地
60	西藏	拉萨	区域照旧

注：原载《大公报》1947 年 2 月 7 日，《思想与时代》第 49 期转载。

四　简短的评论

废省派的主张这里不展开论述，单就缩省（析省）派而言，也有不同的主张。一派主张打破现有的省界，将大致相同的天然区域或人文区域划为一省。早在晚清，就有人提出以徐州为中心，分划江苏、山东、河南、安徽四省邻近地区建立以徐州为省会的徐淮省。1920 年代，又有人提出太湖流域包括苏南与浙北的杭嘉湖地区独立建省，并发起建省运动。张其昀在1931 年发表的《改革省区之基本刍理》也认可这种主张，并指出："若以太湖南北合为一省，则地势既专，地利亦尽，此真民众之利益也。夫太湖南北，唇齿相依，其风俗习惯知识性情互相仿佛，其人民互结婚姻，通交际，数千年来，敦睦相安，不生嫌隙。……江浙分省以来，至今六百年矣，而江南、浙西之民，仍有联合自卫之要求，则政府何不顺从民意改正省区？所谓'江山好改者'，其此之谓欤？"①

按照天然区域划省，固然有科学的一面，但也不是绝对的合理。就以太湖区域独立建省来说，如果太湖区域独立建省后，该省自然是十分富庶，但周边的苏北、浙西相对就会贫困得多。又如四川盆地，如果成渝平原独立建省，肯定会很富庶，与周边的川西、川北、川南等省会形成十分强烈的反差。所以，完全按照相同的天然区域来作为划分省份的标准，显然会带来很多问题。还是以不同的地理单元混合、相互调剂的传统办法为妥。况且现有省界已经有六七百年的历史，早已深入人心，要全盘打破是十分困难的。张其昀是著名的历史地理学家，他自然明白这个道理，所以他在 1947 年 2 月发表的《缩小省区方案刍议》一文中没有采纳自己过去提倡过的天然区域理论，而是承认在现有省界的前提下，采取一分为二（或一分为三）的办法。他解释说："因为一省分成二省，划界问题大体可不致牵涉他省。一旦由宪法会议决定原则，则缩小省区一事不难立即实现。新省区的界线，可由政府提交各省省议会复议后，即作为定案，并即颁布新省区的地图。那么，宪政时期各种地方建设均可迅速顺利进行，而不致有一度纷更混乱的现象。"②

---

① 《时事月报》第 4 卷第 3 期，1931，第 158—159 页。
② 《思想与时代》第 49 期，1948 年，第 7 页。

　　笔者认为，基本尊重现有省界，但也不是绝对的。元朝实行行省划分省界的时候，更多的是出于军事上的考量，特别强调各行省之间相互监督、互相牵制，所以，省与省之间呈现犬牙交错的局面。例如，安徽的天长地区深入江苏境内，几乎将江苏省拦腰斩断；又如，云南的昭通地区深入川南数百公里，而四川的攀枝花地区也同样深入云南数百公里，形成典型的犬牙交错的边界。到了现代社会，这种犬牙交错的边界对于国内军事上的价值等于零，但是它给各省边境地区的开发所造成的困境则是实实在在的。因此，如果能借缩省的契机解决这种犬牙交错的边界，无疑会是一个很大的进步。

　　1949 年中华人民共和国成立后，走了一段回头路。先后撤销了东北九省，恢复了晚清的东北三省；在关内，撤销了热河、察哈尔、绥远三省，设立了内蒙古自治区；川西撤销了西康省；在中原地区撤销了平原省。所有这些，等于重新恢复了清朝时的大省制。随着经济社会文化的快速发展，一方面要求更加精细化的管理；另一方面，民众要求自治的呼声也会越来越高，已经实行数百年之久的大省制的弊病也会越来越凸显，需要有更合理的行政区划安排。民国时期的缩省运动仍然可以给现在以启示与借鉴。

〔张学继，浙江省社会科学院历史所〕

张其昀由学入仕的转折

王 瑞

摘 要 张其昀在民国时期凭借个人杰出的学识以及陈布雷的引荐，逐渐受到蒋介石的重视，并于 1948 年向蒋建言退守台湾。作为坚定的文化保守主义者，张其昀具有深厚的卫道情结，此为其服膺孙、蒋之道的心理基础；又在私人交谊的缠结、推动下，而逐渐偏离学人本位，与国民党政治纠葛在一起。

关键词 张其昀 儒家 国民党

张其昀（1901—1985），字晓峰，生于浙江省鄞县西南乡西杨村。自 1923 年从东南大学毕业后，历任上海商务印书馆编辑，中央大学讲师、副教授、教授，中国地理学会干事兼出版委员会主任，中央研究院评议会评议员，浙江大学史地系主任、史地研究所所长、史地教育研究室主任、文学院院长、训导长，国民参政会参政员，三民主义青年团中央干事，制宪国民大会代表，考试院考试委员，国民党中央委员。1949 年 5 月，他在广州犹豫去美国还是香港，偶逢故人钱穆，遂商定同去香港办学。后因接到蒋介石电召，临时于 6 月赴台。自此又历任"总裁办公室秘书组主任"、"中央宣传部长"、"中央改造委员兼秘书长"、"中央委员兼秘书长"、"教育部长"、"革命实践研究院主任"、"国防研究院主任"、"国民大会代表兼主席团主席"、"总统府资政"等职，并创办中国文化大学。[①] 从这份简要的履历不难发现，张其昀赴台之后方与政治纠葛较深。本文主要从经世学术对政治高层的吸引、私人交谊的缠结、儒家文化观念的趋同等方面，探讨张其昀从一位学者走向国民党政治中心的原因。

一　在大陆时期以学为本

张其昀在 1949 年以前的主要活动场域为南京高等师范学校（暨东南大学）、上海商务印书馆、中央大学与浙江大学。主要职业为编辑、撰稿人、大学教师，主要成就在个人研究撰述、组织学术活动与创办报刊杂志，而在民国政治史上极少留下声音。

在治学方面，1920—1950 年代，张其昀作为我国现代区域地理研究的先驱，其地学观点一直引导着中国地理学的发展方向。[②] 从《人生地理教科书》（1926）、《本国地理》（1928）、《中国民族志》（1929）、《夏河县志》（1935），再到主持《遵义新志》（1948），体现出其一以贯之的区域地理思想，且日趋成熟。在近代中国地理教育史上，张其昀是继张相文之后系统编纂中学地理教科书的第二人。他为商务编写的两部教科书，初中版《人生地理教科书》（1926）与高中版《本国地理》（1928），以近代科学地理学理论与方法，究明人地之关系，开创了我国地理学的新学风。《本国地理》被誉为民国三大中学教材之一，[③] 推进了中国近代地理教育的发展。张氏早年即凭借这部教材名震全国，成为其学术生涯中一重华丽的前奏。

在推进中西学术文化的交流方面，张其昀深受南高《学衡》"昌明国粹，融化新知"之学风影响，早期即积极译介新知，发表《历史地理学》、

---

① 华冈学会：《张其昀博士简历》；刘承洲、陈文尚：《张创办人晓公博士的游踪（年表）》，潘维和主编《张其昀博士的生活和思想》上册，台北，中国文化大学出版部，1982，第 623—625、711—718 页。宋晞：《张其昀先生传略》，台北，中国文化大学出版部，2000，第 1—27 页；王永太：《凤鸣华冈——张其昀传》，浙江人民出版社，2006，第 286—291 页；张其昀先生百年诞辰纪念文集编辑委员会：《张其昀先生百年诞辰纪念文集》，台北，中国文化大学出版部，2000，第 588—589 页。

② 邓景衡：《张晓峰先生之地理学思想》，潘维和主编《张其昀博士的生活和思想》上册，第 1043 页。

③ 王永太：《凤鸣华冈——张其昀传》，第 13 页。

《方志之价值》等大量译介文字，① 运用中西文化比较研究的方法撰写《柏拉图理想与周官》《中国与中道》，② 并借由《人生地理学》、《战后新世界》与《新地学》等书，③ 成为最早向国内译介西方政治地理学理论的学者。1943 年 6 月 5 日，他代表浙江大学应美国国务院之邀，赴美访学。9 月 21 日，他在哈佛大学东方学会发表题为"艾默生论中国文化"的演说。11 月 12 日，他在旧金山利用远程电讯网，向中国国内发表"战时之美国青年"的演说。④ 1944 年，他先后前往芝加哥大学、威斯康星大学等大学发表演讲，阐扬中华文化之博大精深，震撼了美国学术界。⑤ 同年 11 月 4 日，罗斯福在波士顿芬威球场发表竞选演说，他从康桥前往，听闻后即撰文向国内介绍"T·V·A 制度"。⑥ 11 月 5 日，他应邀前往约翰·霍普斯金大学拜访校长艾赛亚·鲍曼⑦，双方就中国的地理环境与战后国家建设问题交换了意见。12 月，《自然》杂志发表题为《中国地理研究工作》的文章，对张氏同年发表在《美国地理学年报》上的《中国地理研究》一文给予高度评

---

① 张氏于此一时期发表的译介文字具体有《美国人之东方观》（《史地学报》1922 年第 1 期）、《黄河游记》（《史地学报》1922 年第 4 期）等，对国外地学思想与书籍的介绍有《地学书介绍六则》（《史地学报》1922 年第 3 期）、《地学书七种》（《史地学报》1922 年第 4 期）、《地学书十种》（《史地学报》1923 年第 2 期）、《历史地理学》（《史地学报》1923 年第 2 期）、《地理类十种》（《史地学报》1923 年第 5 期）、《最近欧洲地理学进步之概况》（《史地学报》1922 年第 1 期）、《美国之地理学》（《史地学报》1923 年第 3 期）、《西灵地雅》（《史地学报》1923 年第 3 期）、《兑亚二君之大学地理教育观》（《史地学报》1923 年第 5 期）、《亚洲东南部山脉河流之新解释》（《史地学报》1923 年第 6 期）、《地理学之新精神》（《史地学报》1923 年第 7 期）、《日本地理纪要》及续作（《史地学报》1925 年第 6 期、第 7 期）、《人生地理学之态度与方法》（《史学与地学》1926 年第 1 期）、《方志之价值》（《史地学报》1923 年第 4 期）等。

② 分别见《史地学报》1922 年第 1 期；《学衡》1925 年第 41 期。

③ 《人生地理学》原名 Human Geography，法国白吕纳（J. B. Broundes）著，由张其昀独立译介，商务印书馆 1930 年出版。《战后新世界》原名 New World，美国鲍曼（Isaiah Bowman）著，由张其昀与胡焕庸、向达等人合译，商务印书馆 1927 年出版。《新地学》署名"竺可桢等译"，实由张其昀主编，乃汇编《史地学报》《史学与地学》《地理杂志》《方志月刊》等杂志上有关译介国外地学新说的文章而成，钟山书局 1933 年出版。

④ 吴相湘：《张其昀治学与兴学》，潘维和主编《张其昀博士的生活和思想》上册，第 647—648 页。

⑤ 王永太：《凤鸣华冈——张其昀传》，第 26 页。

⑥ 吴相湘：《张其昀治学与兴学》，潘维和主编《张其昀博士的生活和思想》上册，第 649 页。

⑦ 即 Isaiah Bowman，《战后新世界》的作者，为美国著名的地略学家，曾创建美国地理学会，担任美国地理学会会长、国际地理联合会主席。

价。① 访学美国的经历令张其昀眼界大开，1943—1949 年，他撰写了大量介绍国际形势与海外学术文化的文章，如《美国战时大学与学术研究》《马歇尔之国防论》等，② 并将部分文章结集，出版单行本《旅美见闻录》。③ 张其昀在中西学术文化交流方面的耕耘和努力，对于近代国外学说的引介，以及传统学术于中西交会中的蜕变与转型，做出一定的贡献。

随着学术地位的上升，张其昀在 1940 年代开始筹划、主持大型学术活动，扮演学术领导人的角色。在浙大流亡遵义期间，他主持史地研究所同仁集体撰修《遵义新志》，④ 其中的相对高度研究、土地利用绘图在国内均属首创。抗战胜利后，浙大于 1946 年迁归杭州。张其昀感奋于相对安定的生活和不断改善的工作条件，颇欲在学术上大展宏图。1948 年，他先后约集校内外地理学专家 20 余人，拟合作编纂《中华民国地理志》和《中华民国地图集》。至 1949 年春，经过一年的积极工作，通论第一册《中国之自然

① Chi-Yun Chang, "Geographic Research in China," *Annals of the Association of American Greographers* 34 (1944): 47-62.

② 相关著述具体有《战时之美国青年》（重庆《大公报》1943 年 11 月 30 日，第 3 版）、《美国战时大学与学术研究》（重庆《大公报》1944 年 3 月 12 日，第 2、3 版）、《艾默生论中国文化》（《远东季刊》1944 年 5 月）、《最近美国对华舆论》（重庆《大公报》1944 年 6 月 10 日，第 3 版）、《当代哲人对于世局的指示——爱因斯坦、杜威、罗素、克罗齐、孙泰耶那》（重庆《大公报》1944 年 9 月 17 日，第 2、3 版）、《中美航空半月记》（《思想与时代》1944 年第 37 期）、《罗斯福总统之遗爱——介绍 T·V·A 制度》（重庆《大公报》1945 年 5 月 25 日，第 3 版）、《原子能力之新世纪》（重庆《大公报》1945 年 10 月 26 日，第 3 版）、《北美学府之一枚南针》（重庆《大公报》1945 年 11 月 21 日，第 3 版）、《海外最大的中国城（一、二）》（《智慧周刊》1946 年第 7、8 期）、《哲斐孙总统嘉言录》（《智慧半月刊》1946 年第 12 期）、《世界的新希望》（《思想与时代》1947 年第 41 期）、《战后国际关系之新思潮》（《思想与时代》1947 年第 43 期）、《罗素论西方文化（上、下）》（《思想与时代》1947 年第 44、45 期）、《白璧德——当代一人师》（《思想与时代》1947 年第 46 期）、《马歇尔之国防论》（《天文台》1947 年第 1 期）、《美国之报业》（《思想与时代》1947 年第 48 期）、《史汀生论美苏关系》（《思想与时代》1947 年第 50 期）、《罗士培与莱德论中国》（《申报》1947 年 12 月 16 日）、《苏联地图集》（上海《大公报》1948 年 1 月 9 日）、《罗士培：中国篇》（上海《大公报》1948 年 2 月 6 日、3 月 5 日、3 月 9 日）、《麦钦德学说与中国之边疆》（上海《大公报》1948 年 4 月 16 日，第 7 版）、《马汉之海权论》（上海《大公报》1948 年 4 月 30 日，第 7 版）、《新政的实验——TVA 制最新报告》（上海《大公报》1948 年 6 月 11 日，第 7 版）、《风雨驰骤之莱茵河》（上海《大公报》1948 年 7 月 9 日，第 7 版）、《李宁史太林之国防论》（上海《大公报》1948 年 8 月 6 日，第 7 版）、《忧患里的世界》（上海《大公报》1948 年 10 月 29 日，第 6 版）、《杜鲁门总统与美国农民》（上海《大公报》1948 年 11 月 14 日，第 2 版）等。

③ 张其昀：《旅美见闻录》，商务印书馆，1946。

④ 《遵义新志》，国立浙江大学史地研究所，1948。

环境》已脱稿，然未及出版，4 月时局已变，张氏自此离开浙大。此一中国地理学研究的宏伟计划，亦随他的离去而中途废止。直到 1956 年，《中国之自然环境》经过专家复校、修订后，在台湾得以出版面世。

张其昀在发展学术事业方面具有深远的眼光，除了主持集体研究计划，还曾组织大型学术会议。1941 年为徐霞客逝世三百周年，张氏于 12 月 20 日在遵义浙大校园组织召开徐霞客逝世三百周年纪念会。到会学者共 80 余人，会上宣读论文十篇。次年，会议论文结集为《徐霞客先生逝世三百周年纪念刊》，作为浙大文科研究所史地学部丛刊第四号，石印出版。1948 年，又由上海商务印书馆铅印出版，书名改为《地理学家徐霞客》。徐霞客逝世三百周年纪念会的召开，开创了我国徐学研究的新纪元。

除了学术研究与建设，张其昀还热衷于学术出版事业，最早可追溯至其求学南高时主编《史地学报》的经历。1921 年 11 月，《史地学报》在南高正式创刊，张其昀历任副总干事、总编辑等要职，为该刊撰稿计 32 篇，发文篇数居众作者之首。[①] 该刊于 1926 年 10 月停办后，为延续南高史地学会的学脉，张其昀与柳诒徵、向达等师生发起组织"中国史地学会"，[②] 并创办《史学与地学》以继之。1928 年胡焕庸留法归来，张其昀与竺可桢、胡焕庸等共同创办《地理杂志》，后于 1932 年 3 月停刊。因地学另立门户，"中国史地学会"遂于 1929 年改组为南京中国史学会，同年 3 月发行《史学杂志》。[③] 1932 年 4 月，《时代公论》在中央大学创刊，张其昀担任总发行人。9 月，又与柳诒徵等创办《国风》杂志。11 月，又发起成立的"中国人地学会"，创办《方志月刊》，重续《地理杂志》之弦歌。

1933 年，张其昀与翁文灏、竺可桢在《方志月刊》上联名号召成立中国地理学会。翌年 3 月，"中国地理学会"在南京成立，张其昀任理事、干事、出版委员兼主任，会刊《地理学报》创刊号于 9 月正式发行。1941 年 8 月，张其昀在浙大与梅光迪、张荫麟、钱穆等人创办了著名的《思想与时代》月刊，以沟通中西文化为职志，而特别重视时代思潮与民族复兴之关系，"隐然为后方学术

---

① 吴忠良：《传统与现代之间——南高史地学派研究》，华龄出版社，2006，第 8、15、22—23 页。
② 吴忠良：《南高史地学派与中国史学会》，《福建论坛》2005 年第 2 期。
③ 吴忠良：《传统与现代之间——南高史地学派研究》，第 191 页。

期刊之一重镇"。① 此外，张其昀还曾于 1937 年创办《史地杂志》，并亲任主编。浙大史地教育研究室成立后，他主持出版了多册史地教育丛刊。1947年，又创办《浙江学报》，作为文、法科教师发表论文的园地。②

除了办期刊，张其昀还曾在沪杭各大报，如《申报》《中央日报》《东南日报》等承办学术副刊。③ 1948 年，为纪念抗战期间病逝的中国著名军事家蒋百里，又于《大公报》下创办副刊《版图》（双周刊）。④ 不仅如此，张其昀还参与过创办出版机构。1932 年，他与友人合资开办钟山书局，出版了不少地理教科书。1940 年代，又与友人合资创办上海华夏印刷出版公司，⑤ 编印了现代文库丛书等。

由上述情况不难看出，张其昀在 1949 年以前的事业与成就，集中体现在学术教育方面。正是凭借个人杰出的学识以及陈布雷的引荐，他开始受到蒋介石的重视和信任，学人生涯开始向政治偏移。

二　经世学术对国民党高层的吸引

张其昀生平治学带有浓厚的务实风格。他在青年时代的学术储备期，多着力于译介求知，间有一些充满经世热情的文字，如《论宁波建设省会之希望》《中国国都问题》等文。⑥ 自 1927 年正式任教中央大学，随着知识经验的积累，其思考与撰述表现出越来越多的独立性，国防与经济地理研究开始成为张氏的关注核心。此一转折亦与当时的历史情势密不可分。1928 年日寇制造皇姑屯事件，不断向东北扩张势力，东北局势日益紧张。自 1931 年"九一

---

① 宋晞：《张其昀先生传略》，第 10 页。
② 徐规：《忆晓峰师对我的栽培》，《张其昀先生百年诞辰纪念文集》，第 248 页。
③ 陈训慈：《先兄畏垒杂忆——关于陈布雷公私生活事迹几段溯记》，浙江省政协文史资料委员会编《从名记者到幕僚长——陈布雷》，浙江人民出版社，1988，第 16 页。
④ 张其昀：《版图的缘起》，《张其昀先生文集三编》，台北，中国文化大学出版部，2001，第 277 页。
⑤ 浙江省鄞县地方志编委会：《鄞县志》（下），中华书局，1996，第 2093 页。
⑥ 相关著述具体有《世界今日之重大问题》（《史地学报》1922 年第 3 期）、《远东问题之地理背景》（《史地学报》1923 年第 6 期）、《地理与国际问题》（《史地学报》1923 年第 7 期）、《论宁波建设省会之希望》（《史地学报》1925 年第 7 期）、《中国国都问题》（《东方杂志》1927 年第 9 号）、《论江苏之新省会》（《东方杂志》1927 年第 21 号）、《中国历史上之国防组织》（《文化建设月刊》1927 年第 10 期）等。

八"事变爆发，"日本侵略我国之野心昭然若揭"，因此"唤起国人共御外
辱"，实为首要。① 面对国家的危急情势，强烈的爱国热忱和民族使命感激励
他撰写了大量因应时势的经世之作，如《东北之黄渤二海》《甘肃省利弊书》
等文。② 1936 年，张其昀随竺可桢转赴浙江大学。次年卢沟桥事变爆发，日
本侵略势力由东北延伸至华北，在国家与民族生死存亡的危急关头，他凭借
个人学术专长，以笔作武器，纵论国际形势，集中发表了大量有关战略与国
防的文章，如《西战场之形势》《太平洋上之菱形国防》等，③ 并出版单行本

---

① 宋晞：《张其昀先生传略》，第 7 页。

② 相关著述具体有《论中日两国经济的关系》（《地理杂志》1928 年第 1 期）、《首都上之国
防价值》（《地理杂志》1928 年第 2 期）、《山东问题与民族前途》（《地理杂志》1929 年第
1 期）、《国防计划与新多伦》（《时事新报》1929 年 1 月 4 日）、《北方大旱及其善后之策》
（《地理杂志》1929 年第 3 期）、《滇缅边务与西南大局》（《建国月刊》1929 年第 1 期）、
《关于四川问题之几张地图》（《地理杂志》1930 年第 5 期）、《首都之地理环境（一、二）》
（《地理杂志》1930 年第 2、4 期）、《首都之新气象》（《史学杂志》1930 年第 3 期）、《改
革省区之基本原理》及续作（《时事月报》1931 年第 3、4 期）、《东北之黄渤二海（一、
二）》（《地理杂志》1932 年第 1、2 期）、《东省大豆与商业革命（上、下）》（《时代公论》
1932 年第 2 号）、《上有天堂下有苏杭》（《时代公论》1932 年第 3 号）、《山穷水尽之扬子江
（一、二）》（《时代公论》1932 年第 4、5、8、9 号）、《中国之领空》（《申报月刊》1932 年
第 1 号）、《中国土地人口新统计》（《国风》1932 年第 1 期）、《热河省形势论（上、中、
下）》（《国风》1932 年第 1、2、4 期）、《太平洋上之二线》（《国风》1932 年第 5 期）、《肉
搏》（《国风》1932 年第 5 期）、《兴安屯垦工作》（《国风》1932 年第 6 期）、《东北之葫芦岛
筑港》（《方志月刊》1932 年第 3 期）、《东北之海防》（《方志月刊》1932 年第 4 期）、《国势
学讲义（一、二）》（《方志月刊》1933 年第 1、2 期）、《续绝存亡之东北（一、二）》（《申
报月刊》1933 年第 1、2 期）、《国防丛谈（一—八）》（《中央时事周报》1933 年 3—4 月），
《江南春色与国防革命》（《国风》1933 年第 8 期）、《潇湘夜雨》（《国风》1933 年第 8 期）、
《知己知彼》（《国风》1933 年第 1 期）、《摩托与国防》（《新中华杂志》1933 年第 3 期）、
《国防教育四讲》（《国风》1933 年第 3 期）、《毋忘东北失地》（《国风》1933 年第 8 期）、
《国防教育与小学教材》（《方志月刊》1934 年第 6 期）、《国防与教育》（《教育杂志》1934
年第 1 号）、《国防观点下之中国经济地理》（《实业部中国经济年鉴·地理篇》1934 年）、
《东北在中国所占之地位》（《申报年鉴》1934 年）、"National Crisis and Question of National
Unity"（*Peoples Tribune* 10，1935）、《甘肃省利弊书》（《方志月刊》1935 年第 7、8 期合刊）、
《甘肃省河西区之渠工》（《方志月刊》1935 年第 9、10 期合刊）、《甘宁青三省之商业》（《方
志月刊》1935 年第 11、12 期合刊）、《思念冀东》（《国风》1936 年第 3 期）等，并出版了
Chinese Economic Yearbook（The Commercial Press，1934）。

③ 相关著述具体有《廿二年来的河北》（上海《大公报》1936 年 10 月 12 日，第 2 版）、《察
北与绥东之提携》（《国闻周报》1936 年第 49 期）、《绥远省之军事地理》（《中国新论》
1937 年第 1 期）、《沦陷后之东北》（天津《大公报》1937 年 1 月 17 日，第 2 版）、《沦陷
后之外蒙古》（《独立评论》1937 年第 235 号）、《中国历史上之国防区域》（《史地杂志》
1937 年第 1 期）、《卢沟桥之位置》（天津《大公报》1937 年 7 月 18 日，第 3 版）、《救
国公债与其相关的问题》（《国命旬刊》1937 年创刊号）、《西战场之形势》（转下页注）

The Problem of the Northeastern Provinces　。① 随着民族危机渐趋缓解，以及与陈布雷等国民政府上层的联系日益密切，其撰文又出现新的动向，开始关注政权建设，如《中央与地方之均权制度》《中国现代民治的基本因素》等，② 并继续关

（接上页注③）（上海《大公报》1937 年 10 月 31 日，第 3 版）、《中国之国都问题》（《东方杂志》1938 年第 9 期）、《鲁南战场》（汉口《大公报》1938 年 5 月 15 日，第 2 版）、《江西之生命线》（汉口《大公报》1938 年 6 月 26 日，第 2、3 版）、《张鼓峰事件之地理背景（上、下）》（《国命旬刊》1938 年第 13、14 期）、《图们江畔之风云》（上海《大公报》1938 年 9 月 11 日，第 2、3 版）、《今后抗战之西南经济基础》（《中国青年》1939 年第 2 期）、《东蒙形势谈》（重庆《大公报》1939 年 9 月 10 日，第 2、3 版）、《辟和议谬论》（重庆《大公报》1939 年 1 月 22 日）、《日本帝国的丧钟》（重庆《大公报》1940 年 2 月 25 日，第 2 版）、《纪念林文忠公——并论禁烟与抗战之关系》（重庆《大公报》1940 年 6 月 3 日，第 3 版、6 月 4 日第 3 版）、《战略的理论与实际》（重庆《大公报》1940 年 7 月 7 日）、《南洋衢地之新加坡》（重庆《大公报》1941 年 4 月 27 日，第 2、3 版）、《罗邱宣言与东北问题》（重庆《大公报》1941 年 9 月 18 日，第 3 版）、《解决东北问题之基本原则》（《思想与时代》1941 年第 3 期）、《顾景范氏之国防论》（《国立浙江大学师范学院院刊》1940 年第 1 期）、《论建都》（《思想与时代》1941 年第 5 期）、《建国时期宁波之地位》（重庆《大公报》1941 年 12 月 16 日，第 3 版）、《送民国三十年》（重庆《大公报》1941 年 12 月 28 日，第 2、3 版）、《太平洋上之菱形国防》（重庆《大公报》1942 年 2 月 1 日，第 2 版）、《国防中心论（上、下）》（《思想与时代》1942 年第 7、8 期）、《太平洋战争之新战略》（重庆《大公报》1942 年 2 月 1 日）、《印度独立运动之原委》（重庆《大公报》1942 年 3 月 26 日，第 2、3 版）、《二千年来我国之兵役与兵制》及续作（《思想与时代》1942 年第 13、14 期）、《半年来太平洋之战争》（《世界政治》1942 年第 11 期）、《历代之军政与军令》（《思想与时代》1942 年第 15 期）、《陆都兰州》（重庆《大公报》1932 年 10 月 12 日，第 2、3 版）、《历代之兵源与将才》及续作（《思想与时代》1942 年第 16、17 期）、《我国战后之五大问题》（《思想与时代》1932 年第 19 期）、《历代之兵器与军资》及续作（《思想与时代》1943 年第 20、21 期）、《印度建国之基本问题》（《思想与时代》1943 年第 22 期）、《战后中国之重大问题》（重庆《大公报》1943 年 5 月 23 日，第 2、3 版）等。

① National Chekiang University Press, 1942.

② 相关著述具体有《中国历史上之建国精神》（《史地杂志》1937 年第 2 期）、《中华民国之国格》（《新经济半月刊》1940 年第 1 期）、《言论自由与思想自由》（重庆《大公报》1941 年 3 月 2 日，第 2 版）、《我国宪法草案之重要思想》（《思想与时代》1941 年第 1 期）、《中央与地方之均权制度》（《思想与时代》1941 年第 2 期）、《行政中枢论》（《思想与时代》1942 年第 6 期）、《国文政治哲学之历史渊源》（《三民主义周刊》1942 年 2 月 28 日）、《建国方略与民生主义》（《思想与时代》1942 年第 9 期）、《建国方略之十大纲领》及续作（《思想与时代》1942 年第 10、11 期）、《如何培养领导人才》（《中央周刊》1942 年第 41 期）、《论青年之政治教育》（《三民主义半月刊》1942 年第 1 期）、The Prospect for Chinese Democracy（*Political Science Quarterly* 60，1945）、《中国现代民治的基本因素》（《智慧周刊》1946 年第 7 期）、《学潮与建国大计》（《中学月刊》1947 年第 3 期）、《孙治让之政治思想》（《浙江学报》1947 年第 1 期）、《省区评议》（《思想与时代》1947 年第 49 期）、《建设的民治》（《申报》1947 年 12 月 9 日）、《建军要义》（《申报》1948 年 1 月 13 日，第 8 版）、《蒋百里先生论建国之道》（台北《中央日报》1948 年 12 月 5 日，第 2 版）等。

注经济建设与国际关系，如《浙赣路与东南经济建设》《中国与日本》等文。①

张其昀自言一生最究心者为"国势学"，总结其个人学术研究，可大致分为五类，即"国魂"、"国史"、"国土"、"国力"与"国防"。② 所谓"国魂"，从他的著述和思想来看，应为传统儒学与三民主义。"国史"与"国防"自不待言，"国土"即为地理学，"国力"多指经济与民生建设。这五个方面在张氏的学术思想体系中并不是孤立的，在许多著述中，他善于运用跨学科的研究方法，把文化观念、历史、地理、军事、经济统一起来说明问题。他以史地学术闻名于世，却能通过史地现象关联到文化、军事、经济诸问题，为国家建设建言。可以说，他深究"国魂"、"国史"、"国土"、"国力"、"国防"的目的，皆求能有贡献于"国势"，这一点明显受到浙东经史学派"经世致用"传统的影响。其精勤治学，笔耕不辍，著述之丰为同侪所不及。生平既未留过洋，也没读过研究生，凭一顶学士帽执教于当时的一流学府中央大学，并迅速自讲师升任教授，且于 1935 年当选为中央研究院评议会第一届评议员，成为其中最年轻的一位。

张其昀杰出的经世学术与强烈的爱国热忱，不仅为学界所推重，并引起了国民党高层的注意。笔者于 2014 年 12 月 23 日在台北中国文化大学访问张其昀之子张镜湖先生。根据张先生回忆，其父早年经由南高"融通中西"学风的熏陶与涵养，加上后期访学美国的考察实践，使其对国际形势具备丰富而深刻的认识。他曾屡次凭借自己的专长为陈布雷提供有关国际形势等方面的参考意见，参谋之功增进了双方的友谊。正是在陈布雷的引荐下，张其

---

① 相关著述具体有《应为东北开创崭新的前途》（天津《大公报》1946 年 3 月 17、18 日）、《南京乎？北平乎？》（重庆《中央日报》1946 年 3 月 26 日）、《定都南京的十大理由》（南京《中央日报》1946 年 4 月 28 日，第 2 版）、《再论建都》（《思想与时代》1947 年第 42 期）、《对日和约中之琉球问题》（上海《大公报》1947 年 8 月 31 日，第 3 版）、《省区问题、新国防论》（《申报》1947 年 12 月 23 日，第 8 版）、《香港的前途》（《思想与时代》1948 年第 51 期）、《世界政府的途径》（《申报》1948 年 1 月 20 日，第 8 版）、《中国与日本》（上海《大公报》1948 年 1 月 23 日，第 9 版）、《美苏关系》（《申报》1948 年 1 月 27 日，第 8 版）、《今后之中苏关系》（上海《大公报》1948 年 4 月 2 日，第 7 版）、《浙赣路与东南经济建设》（《思想与时代》1948 年第 52 期）、《北方边外》（上海《大公报》1948 年 10 月 9 日，第 6 版）等。

② 潘维和主编《张其昀博士的生活和思想》上册，第 625 页。

昀后来逐渐受到蒋介石的垂青，为其赴台并与国民党政治纠葛在一起，埋下历史的伏笔。

目前有一些观点认为，张其昀在解放战争后期曾建议蒋介石退守台湾，如王永太《凤鸣华冈——张其昀传》、吴宗岳《张晓峰有类王安石》、散木《"陈布雷第二"张其昀：首个提出国民党迁往台湾》等。① 由于迄今尚未发现张其昀、蒋介石这两位主要当事人留下的相关记载，仅见他者转述，一直缺乏比较有力的证据。根据张镜湖先生回忆，1948 年 2 月的一个晚上，蒋经国带着王东原到杭州张宅叩门，当时他恰在家中，便去为客人开门。蒋经国表示要请张其昀到奉化走一趟。张其昀当晚随蒋经国去了奉化，盘桓数日即回到杭州。张先生后来从父亲那里得知，蒋介石此次召人去奉化，主要商讨国民党将来可以退往哪里的问题。四川籍的杨森、张群建议可迁往重庆，张其昀则坚称重庆守不住，建议迁往台湾。理由是彼时中共的空军、海军还没有建设起来，海岛可以充分发挥海峡阻隔之优势，相比之下，海南岛的港口只有 1 万吨，高雄港已达 10 万吨，因此台湾是最佳退守之地。蒋介石亦觉张其昀的分析有理，自 1948 年下半年起便开始把故宫文物、国库黄金等陆续运往台湾。

张先生强调，自己当时还在浙江大学史地系读四年级。张先生于 1948 年毕业于浙江大学史地系，1948 年 2 月的确应属浙大四年级生，此与口述中的年份吻合。他强调在张其昀建议迁往台湾之后，国民党才把故宫文物、国库黄金等陆续运往台湾。第一批故宫文物于 1948 年 12 月运抵基隆港，此一史实亦与口述中的年份相符。而张先生作为当晚的开门人，成为其父奉召离家去奉化一事之见证者，在缺失主要当事人留下的相关记载的情况下，其相关口述便具有特殊的史料价值。

通过这段口述材料可以看出，张其昀的建议曾影响了蒋介石从大陆败退后的部署策略，进而影响到国民党的命运乃至 1949 年以后中国政治的面貌。一介学人，能成为蒋介石在困顿不安之际如此倚重的战略智囊，完全是出于蒋介石对其经世学术的信赖。

---

① 王永太：《凤鸣华冈——张其昀传》，第 48 页；吴宗岳：《张晓峰有类王安石》，《张其昀先生百年诞辰纪念文集》，第 276 页；散木：《"陈布雷第二"张其昀：首个提出国民党迁往台湾》，中国共产党新闻网，http：//dangshi. people. com. cn/GB/85039/11712073. html。

三　私人交谊的缠结

张其昀从学人走向政治，除了凭借个人杰出的经世学术，还与他和陈布雷、蒋介石的交谊有关。早在南高时期，他与陈布雷的胞弟陈训慈是文史地部同班同学，有此因缘，渐与陈氏兄弟交厚。陈布雷主编《商报》时，张氏一度在上海商务印书馆编教材，曾应邀为《商报》写过几次专论。前文曾述及，其治学注重融通中西，对国外学术文化思潮与国际形势有较丰富的认识与理解，故能凭借学术专长，屡为陈氏提供有关国际形势方面的参考意见。朋友间的相互帮助为人之常情，1930年代张其昀协助竺可桢办理浙大校务，校方与政府的沟通包括争取经费等事宜，多由他通过陈布雷上达，而得以促成。

抗战时期，陈布雷欲"征求国内大学教授和著名科学家等参加国民党"，以扩充国民党中的"正士"，借以提高国民党的社会声望。张其昀及其"所尊敬或接近的师友"，遂成为陈的第一批目标。1939年，张其昀在陈布雷的介绍下加入国民党。按照陈的说法，国难当头，"吾人今日请人入党，不是共安乐，乃是共艰危"。[①] 此一"共艰危"的邀请，就陈张交谊而言，令张难以拒绝。张其昀确也表示过，自己无意涉足党派政治，因抗战时期痛感于民族危亡，家国陷于风雨飘摇的悲苦境地，国民政府作为当时的合法政府领导国军在正面战场浴血杀敌，他于是"愤而入党"。按照张的说法，他极愿保持独立学人的本色，不愿沾染党派色彩，加入国民党是为了表达对国民政府领导军民共赴国难的精神支持，源于爱国之心。客观地看，张其昀"入党"既是出于书生报国之见，也和他与陈布雷的私交有关。

1940年，国民政府表示希望由张其昀出任浙大训导长。张其昀认为训导长一职事务烦冗，与学术无涉，且浙大于抗战期间连年内迁，其协助竺可桢办理校务已耗费许多时间精力，希望能有较多时间专心治学，曾一度拒绝该职务。后因国民政府和陈布雷的坚持，张氏遂于1941年1月出任浙大训导长。由此可见，他内心仍希望以学术为本，而不愿过多涉及与学术无关的

---

① 陈训慈：《先兄畏垒杂忆——关于陈布雷公私生活事迹几段溯记》，《从名记者到幕僚长——陈布雷》，第13—14页。

行政事务。平心而论，其加入国民党并非不情愿，可出任训导长，确实有勉强。这件事情虽然不大，却成为他在私人交谊缠结下的妥协之始。

张其昀与蒋介石交往，自然离不开陈布雷的举荐之功。据陈训慈回忆，1941 年 3 月，张其昀由蒋介石直接延揽为国民参政员，此 "与布雷的推荐而更得蒋的器重有关"，其每赴渝开会，亦 "必来见布雷，也常受蒋引见"。[①] 此间不难想见，早在 1941 年以前，蒋介石已对其印象颇佳，不然难有 "直接延揽"。事实上，张其昀尝以一腔报国热忱与读书人治国、平天下的经世情怀，针对时局在报刊上发表了大量有关国防、军事战略、经济地理、内外情势等与国家利益密切相关的议论，已显示出策士的风范与才识；并在国民政府下设之国防设计委员会、资源委员会中担任专门委员，为国效命；再加上其勤勉敦厚的品行、浙江宁波籍贯上的优势等，都是蒋介石对其另眼相看的原因。

同月，张其昀当选 "三民主义青年团中央干事"，又与陈布雷受邀至蒋家共进晚餐，蒋介石决定拨款 5 万元支持张其昀创办《思想与时代》杂志。[②] 同年，蒋介石对报上连载张其昀所撰的《中国历代之教育家》极为赞赏，"特为专辑小册印行"，并亲自题写书名 "中华历代大教育家史略"。[③] 彼时，蒋又嘱陈布雷 "留意博雅能文之士"，撰述 "综合精审之军事史书"，"以应军事教育之需要"。陈遂 "商之张君"，张其昀 "慨然诺之"。于是同年底，蒋介石就撰写中国军事史一事，特又约见张其昀。张自翌年陆续发表有关历代 "兵役与兵制"、"军政与军令"、"兵源与将才"、"兵器与军资" 诸文，于访美临行前结集为书稿，送交陈布雷校阅，并请陈为之作序。[④]

1943 年，张其昀受邀赴美访学，期限原为一年，由美方提供 500 美元设备费、每日 10 美元生活费及一应旅费。[⑤] 其因之前从未出过国门，极愿在美多作研究，以深入了解海外学术文化思想，故 "将期满时，即函请布雷代向蒋申请延长在美研究时间"，获蒋介石特拨研究费予以襄助。1945 年

①　陈训慈：《先兄畏垒杂忆——关于陈布雷公私生活事迹几段溯记》，《从名记者到幕僚长——陈布雷》，第 14 页。

②　王永太：《凤鸣华冈——张其昀传》，第 28 页。

③　宋晞：《张其昀先生传略》，第 10 页。

④　陈布雷：《序言》，张其昀《中国军事史略》，台北，正中书局，1944，第 1—2 页。

⑤　王永太：《凤鸣华冈——张其昀传》，第 26 页。

9月，张其昀自美归国，次年 1 月即当选国民党中央委员。到 1948 年，蒋介石召开"行宪国大"时，将张其昀直接列为"国大代表"，① 对其拉拢、提携之情有增无减。

张其昀接受国民政府拉拢的原因是多方面的，包括他在抗战时期对国家民族命运的忧虑，对国民党和国民政府的同情，以及与陈布雷、蒋介石的交谊等，其中并不见有政治投机的倾向。他在大陆时期主要从事学术与教育事业，在尊崇儒家文化传统方面，与蒋介石和三民主义声气相投。他愿意接受国民参政员、中央委员、国大代表的头衔，可是当 1946 年 9 月，蒋介石拟邀他到南京从事"文字及编辑工作"时，他以浙大工作一时无法交卸为由婉拒，努力守住学人本位的底线。②

四　儒家文化观念上的趋同

张其昀因家庭环境和师承渊源的影响，成为 20 世纪的卫道士。国民党的政治意识形态与儒家文化观念的趋同，是他倾向于国民党政治的重要原因。

张其昀生于晚清，幼年即通过庭训与师承，深得儒学之教。其父张兆林生逢儒学饱经国人诟病与西学冲击的无奈，念念不忘"真志节"与"真学问"。他教导张其昀应以乡贤为楷模，如王应麟于宋末杜门不出，其"士不以秦贱，经不以秦亡，俗不以秦坏"的悲鸣，代表了儒学的真精神；清初万斯同著《明史稿》，全祖望表彰南明史迹，乃"一脉相承，伸张民族大义"，"都在黑暗时代里埋下光明的种子"，晚清革命运动即为"宋明以来民族精神的复兴"。③ 不难看出，张兆林已受到晚清激进思潮的影响，倾向于革命，可又不满民国建立以后的新文化运动。他赞同革清朝的命，主要出于夷夏之辨的民族情结，尽管没提出革新文化的命，其传承儒家精神的文化诉求却是很明显的。父亲言传身教所产生的深刻影响，就张其昀的思想观念、人生抉择和全部生涯来看，都是显而易见的。张其昀终生忠实拥护民族传统

① 陈训慈：《先兄畏垒杂忆——关于陈布雷公私生活事迹几段溯记》，《从名记者到幕僚长——陈布雷》，第 16—17 页。
② 宋晞：《张其昀先生传略》，第 13 页。
③ 张其昀：《自序》，《中华五千年史》第 1 册，第 2 页。

文化，卫道士的精神与求新、求变的 20 世纪主潮显得有些格格不入，追溯缘由，可知其家庭生活背景实为肇端。

1907 年，张其昀入家族祠堂"伦叙堂"念私塾，"《四书》背诵如流，有神童之誉"。① 足见其于髫龄之际，对儒家经典已熟稔于胸。后来随着晚清的教育改革，他转而进入新式学堂，从初级小学、高级小学、中学一直读到大学。② 可是由于特殊的师承，尤其是前清举人陈康黼以及"南雍双柱"柳诒徵、王伯沆对他潜移默化的影响，使得传承儒学的观念、意识，自庭训与私塾发蒙起，就没有在他身上中断过。值得注意的是，他在南高读书期间，刘伯明、柳诒徵向诸生宣扬孙中山及其学说，对他产生了深刻影响。他自 1919 年考入南高，当时全校的主要负责人为哲学史教授刘伯明。刘氏对孙中山的学说和主张极为推崇，其作为虔诚的基督徒，有着传教士式的恳切与激情，故在学生中影响极大。③ 不仅如此，史学教授柳诒徵对孙中山亦颇欣赏，他为诸生开列的必读书单中，即有《孙文学说》。柳氏提出，"细针密缕的工夫与大刀阔斧的手段，精舍小筑的结构与崇楼广厦的规模，乃学术工作的两方面，有如手掌之与手背，系不可分者"，其"不满意于学术界像南北朝之分裂，而当如盛唐昌明时期的大一统"，欲达此目的，"不可不精研国父《孙文学说》一书"。④ 张其昀对孙中山及其学说的关注，早期即缘于刘、柳二师的推介与引导。

张其昀总结孙中山毕生之学，乃在振兴中华民族，建设新中国。称其思想虽经纬万端，然自成系统，即所谓三民主义。⑤ 他认为中国数千年来有始终一贯的政治哲学和完整统一的社会道德，此种民族精神和思想即以孔子为中心的儒家学说，⑥ 并把三民主义奉为儒家思想在近代中国的演进。⑦ 阳

---

① 侯中一：《杏坛巨子张晓峰博士》，潘维和主编《张其昀博士的生活和思想》上册，第 1414 页。

② 依次具体为：鄞县西南乡西杨村"启文小学"、西南乡"鄞县第四高级小学"、宁波"浙江省立第四中学"、"南京高等师范学校"。

③ 张其昀：《自序》，《中华五千年史》第 1 册，第 2 页。

④ 张其昀：《自序》，《中华五千年史》第 4 册，台北，中国文化大学出版部，1982，第 3 页。

⑤ 张其昀：《国父学术思想之体系》，《张其昀先生文集》第 7 册，台北，中国文化大学出版部，1988，第 3477 页。

⑥ 张其昀：《中国的文艺复兴》，《张其昀先生文集》第 19 册，台北，中国文化大学出版部，1989，第 10023 页。

⑦ 张其昀：《论青年之政治教育》，《张其昀先生文集三编》，台北，中国文化大学出版部，2001，第 168 页。

明学说是张其昀与孙中山、蒋介石在儒家文化观念上的核心契合点。张氏提出，真知力行不仅是人类历史发展的原动力，也是中国儒学精义。孙、蒋人生哲学的落脚点都在"行"字上，从《论语》《中庸》等儒家经典，到阳明"知行合一"学说，再到孙的"知难行易"学说与蒋的力行哲学，就强调力行精神而言，是一脉相承的。1936 年，他作为中央大学的名教授，随竺可桢共赴浙大，创办浙大史地系。当时浙省学人，"均寄望于阳明学之重振，以余生长浙东，故聘余为主任兼所长，后又兼任文学院院长"。外界连绵不断的期许与推重，促使他内心的学术使命感越来越强烈。抗战时期，他协助竺可桢将浙大从杭州沿着浙赣、湘桂、黔桂路线迁至内地，在浙江建德、江西吉安白鹭洲、泰和上田村以及广西宜山等地，都曾驻留开课。至1940 年前后，方在贵州北部遵义、湄潭安定下来。"这些省份，都有明代王阳明先生讲学遗址，在学术源流上是有深长意义的。"① 不难想见，蒋介石作为信奉阳明学说的浙东同乡，自然容易受他的认同。且孙、蒋终生都高倡儒家学说、拥护传统道德，此与"全盘西化""打倒孔家店"的激进主张截然不同，与南高"文化保守主义"的学风却较为契合。可以说，儒家文化观念上的趋同，是张其昀服膺孙、蒋的主要原因。

张其昀在共产主义与三民主义之间选择了后者，原因是多方面的。在他看来，三民主义是中国人自己创立的学说，其在理论上继承了传统儒学。共产主义则是西方人在异域文化土壤里创造的思想，且经由俄国再转手到中国。他出身于南方学派，学统渊源对其影响至为深远。北方的新文化派在反封建的大旗下，提出全盘西化、打倒孔家店等激进主张，而他一生最见不得诸如"西化"、"倒孔"等根源于深沉的民族自卑情结，不明传统精粹之意义与价值，不辨中西文化各自优劣所在的昏昧情形。他认为，中国的读书人当以"富贵不能淫，贫贱不能移，威武不能屈"的儒生精神自勉，外国的坚船利炮可以压迫中国的领土和主权，却不能摧毁中国人的精神，决不可因为近代以来的系列挫折，而全盘否定自家。中西文化各有所长，中国文化长于哲思，西方文化优于技术，国人固然需要直面现实，虚心学习西方的优点，可若舍弃自家所长，而取人之所短，则是不辨是非、毫无民族自尊与自信的洋奴。此外，尚须注意的是，他凭借在史地学术与国防战略方面的深厚

---

① 张其昀：《自序》，《中华五千年史》第 1 册，第 4 页。

学养，基于对东北领土及国防安全的考虑，对俄国始终抱守警惕、戒备之心。因已有此成见，他很容易把从俄国输入的共产主义，误作俄国欲在文化上"以华亡华"的险恶计谋。要之，他对共产主义的态度，比起党派之见，更多的属于其个人的成见。

五　结语

张其昀在大陆时期，尽管因与陈布雷的交谊以及个人杰出的学识，逐渐走进蒋介石的视野，并受到重视和信任，可他基本上还是一个致力于学术与教育事业的学人。他的政治生涯主要始于赴台以后。1949年4月底，张其昀接受竺可桢的建议，于杭州解放前夕决定离开浙大。他在赵松乔等学生的帮助下，携妻儿搭乘杭州解放前的最后一列沪杭火车抵上海。又在杭立武的帮助下，于5月只身乘飞机先抵广州。家眷无法同上飞机，数日后乘船由海路抵穗相聚。他虽于1948年2月即建议蒋介石可退守台湾，并为蒋所采纳，可是次年5月他在广州考虑个人出路时，仅犹豫于美国、香港两地，尚无去台湾的打算。直到路逢钱穆，才决定共赴香港办学。且以申办民国私立学校的名义，已向当时英属香港教育司注册立案。后因受蒋介石电召，才临时于6月携家眷乘军机赴台。

一些观点认为张其昀热衷政治，主动巴结国民党，早有意追随蒋介石去台湾，是不完全符合史实的。前文述及，张其昀曾于1946年拒绝去南京从事"文字及编辑工作"，那么1949年他为什么没有再拒绝蒋介石？用世俗的眼光看，他仓皇逃至广州，甫遭失业，亟须新的立足安身之地。可他毕竟已与钱穆等志同道合之士做出新的事业规划，且蒋介石亦同为逃难者，后事实难预料。他倾向于孙、蒋之道，肇因于孙、蒋学说对儒学道统的宣扬和鼓吹，且蒋又为浙东同乡，其个人实有重振浙东学派的抱负。此外，蒋介石还在诸多方面对其屡有提携与鼓励，此在上文已有备述。可以说，蒋、张二人有着共同的文化价值趋向，且蒋对张又有恩义在先。是故，从1949年以前的情形来看，张其昀固无入仕之念，但在蒋介石落难流亡台湾后，作为究明义利之辨的传统读书人，他委实难以再拒绝蒋的邀请。

张其昀一生热爱学术，不仅志在传承民族学术，更在学以经世，究心于国家命运与民族前途，不懈地为时代困境寻找出路。在南高学风的陶冶涵养下，他发现传统思想不足以开创现代中国，而西方学说亦不足以担负起建设东方的重任。因此，需要沟通中西，融贯新旧，令中西学术文化思想"二柯相接，乃生佳卉"，以孕育出能应对时代与社会困境的新思想。他在生前高呼复兴中国文化，实质为复兴儒学，即汲取国外的先进学说，集人类学术之大成，而成充实光辉的现代儒学，以适应现代中国与现代世界的发展需要。今天看来，他以儒家为本，以"集中外之精华"为途径，探索新的文化动力，而致力于民族复兴的做法，是具有远见卓识的。不仅如此，孙、蒋均以传承中华道统相标榜，出于儒家文化观念上的趋同、卫道意识上的声气相投，加以私人交谊的缠结作用，张其昀逐渐偏离学人本位，而倾向于国民党派。这一事实在一定程度上说明，民族传统文化是联结华夏儿女的血脉津梁，只有充分尊重才能进一步发挥文化的凝聚力，获得更广大范围华人群体的认同。

〔王瑞，上海大学历史系、龙岩学院中央苏区研究院〕

20世纪20年代陈裕光
与金陵大学的立案与改组[*]

蒋宝麟

摘　要　金陵大学是1910年由南京三所基督教书院合并创办的教会大学。20世纪20年代中国民族主义和革命运动对金陵大学造成巨大挑战。该校的美国当局、南京校方和中国籍教师群体被动或主动做出各种回应，直至学校的治理结构完成根本性转变。1920年代初，金陵大学在北京政府教育部完成"部分立案"。1926年，在五卅运动以及北京政府教育部颁布强硬的立案政策的冲击下，金陵大学校内行政层开始改组。至1928年实现校董会设立、中国人出任校长和完成立案的全方位转变，金陵大学由此进入新时代。金陵大学回应立案以及内部改组是一个环环相扣的渐变过程，既体现了中国教会大学在此历史关头处理与中国政府关系的共性，又有其特殊的一面。

关键词　金陵大学　陈裕光　教会大学立案

金陵大学（简称"金大"）由南京的三所基督教书院合并而成。其一是

* 本文系国家社科基金青年项目"清末新式学堂与近代中国教育财政的起源研究"（14CZS044）阶段性成果，并获中国博士后科学基金特别资助项目（2014T70497）资助。

汇文书院（The Nanking University），由美国的美以美会（Board of Foreign Missions of the Methodist Episcopal Church）创办于 1888 年。其二是基督书院（The Christian College），由美国基督会（Foreign Christian Missionary Society）创办于 1891 年。还有一个是益智书院（The Presbyterian Academy），由美国长老会（Board of Foreign Missions of the Presbyterian Church in the U. S. A.）创办于 1894 年。1906 年，益智书院与基督书院合并为宏育书院（The Union Christian College）。1910 年，宏育书院与汇文书院合并，建立金陵大学（University of Nanking）。金大于 1911 年获得美国纽约州教育局和纽约大学的认可，其毕业生由纽约大学校董会授予学士学位。① 金大是中国较早由基督教各差会联合办学的高等教育机构。② 1920 年代初掀起的"非基督教运动"与"收回教育权运动"，以及 1927 年政权鼎革对金大外部属性与内部治理体系造成重大冲击。该校在美国的决策群体、校方和中国籍教师群体被动或主动地做出各种回应，直至学校的治理结构完成根本性转变。在这一过程中，陈裕光由参与校内变革的重要一员而成为改组后的第一任中国籍校长，并推动金大向南京国民政府完成立案。

对金大校史的研究已有一定基础。张宪文主编的《金陵大学史》是目前为止唯一一部专门以金大为研究对象的学术专著。③ 英语学界的中国教会大学个案研究从 1950 年代开始，但以笔者目力所及，尚无以金陵大学（University of Nanking）为研究主题的英文论文。

研究金大校史，有两种最主要的档案史料。一是中国第二历史档案馆藏"私立金陵大学档案"；二是"亚洲基督教高等教育联合董事会档案"（Archives of the United Board for Christian Higher Education in Asia）第四系列"中国教会大学资料"（Series IV China College Files）中的"金陵大学档案"。④ 以上两种档案中英文并存，除小部分内容交叉重叠，余者可互补参

---

① 《成长时期概况》，《南大百年实录》编辑组编《南大百年实录》中卷，南京大学出版社，2002，第 14 页。
② Nanking Stands for International Cooperation in Its Church Work，中国第二历史档案馆藏，私立金陵大学档案（下文简称"金大档"），档案号：649/2296。
③ 张宪文主编《金陵大学史》，南京大学出版社，2002。
④ 该档案藏于美国耶鲁大学神学院图书馆，已全部制成缩微胶卷。该资料原档 50 余盒（Box），制成胶卷 43 盘（Reel），绝大部分为英文文件，包括各种会议记录、各学院文件、教职员论著、各方函电、财务资料与学校期刊。

照。不过，由于档案开放以及语言等问题，这两种档案尚未得到充分利用。金大内部诸多史实重建有赖于英文档案，特别是对英文会议档案的条理贯通。若只靠中文档案、报刊、回忆录等，许多史实往往模糊不清、似是而非。此外，学界对教会大学立案问题已有充分的个案研究。① 然而，既有研究对北京政府的立案措置及教会大学的应对重视不足。其实，这一问题应与教会大学内部的权力调整、南京国民政府的立案措置进行通盘考量。本文在利用档案及其他史料的基础上，全面考察 1920 年代金陵大学的两次立案过程以及由此引发的内部权力结构改组，以呈现在中国的民族主义与革命运动中，教会大学如何应对政府政策与政局变动，以继续办学，并迈向"中国化"。

一　北京政府的立案法令与金陵大学的应对

金大的首任校长是包文（A. J. Bowen），美国伊利诺伊州人，1897 年来华，是南京汇文书院的第二任院长，他力主将南京的基督教书院合并成一所大学。从金大建校到 1927 年，包文一直担任校长，是校内最高行政首脑。不过，在法理上，校长并不负金大的最高责任。

金大是美国几个基督教差会在中国合作的教育事业，具"派出性"，其本部仍在美国。在美国纽约设有金陵大学的"托事部"（Board of Trustees，中文亦有译作"托管会"、"托事会"或"美国董事会"），成员由创校的美以美会、基督会与长老会派员组成，此后美北浸礼会（American Baptist Foreign Missionary Society）参与金大的办学，其成员亦有加入托事部。

托事部的职责之一是持有金大拥有或借来的财产，投资和管理基本金。② 换言之，金大的校产所有者是金大托事部，托事部对校产有充分的所有权和处置权。托事部的另一项职责是批准或否决在南京的理事会（Board

---

① 如王立诚《美国文化渗透与近代中国教育——沪江大学的历史》，复旦大学出版社，2001，第 4 章；章博《近代中国社会变迁与基督教大学的发展——以华中大学为中心的研究》，华中师范大学出版社，2010，第 2 章。

② 1909 Proposed Constitution of the University of Nanking, Archives of the United Board for Christian Higher Education in Asia Archives, Microfilm, Reel 55/Box 188, Hereafter "UBCHEA Archives".

of Managers of the University of Nanking）的成员、提名理事会成员和任命校长、罢免不称职的校长。① 1925 年修正的《金陵大学细则》明确规定托事部对金大的经济和行政负全责。②

在金大的相关英文文件中，美国的托事部被称为 Home，中国的金陵大学被称为 Field，这对指称很形象地说明金大"西人治校"和"教会治校"的治理特征。不过，就实际办学情形而言，Home 毕竟和 Field 遥隔万里，托事部"遥领"的实效性有时可能较弱，而在地设置的另一个决策机构正好弥补此缺憾。这一机构即设于南京的理事会。③

根据并校前的制度设计，金大同时设置理事会和托事部。理事会是在地（Field）的"校董会"，对校政的决策也起到很大的作用。对托事部而言，理事会是其在南京的执行机构；而对金大而言，理事会是其决策机构。理事会成立之初，其成员均系在华的美籍传教士。1915 年后，理事会开始有中国籍人士加入（由理事会自行选任）。④ 此后，理事会又渐次有同学会代表（即校友）与差会中的中国籍人士加入。金大理事会屡次增加中国籍成员。据校长包文言，在理事会中，中国籍理事将逐年增加，直至"中西各半"。⑤

托事部和理事会共同构成金大治理结构的"顶端"。托事部授权理事会处理校务，但选聘校长及教授必须得到托事部的最后同意。⑥ 在托事部和理事会之下，校长包文是具体校务的最高执行者，同时是理事会的主席，掌握了在地的最高治理权。副校长文怀恩（John E. Williams）的主要职责是沟通南京学校与美国托事部及各合作差会的关系，并负责在美国为学校募款。文

---

① 1909 Proposed Constitution of the University of Nanking, UBCHEA Archives, Microfilm, Reel 55/Box 188.
② Minutes of the Executive Committee Meeting of the Board of Trustees of the University of Nanking, February 25, 1925, UBCHEA Archives, Microfilm, Reel 55/Box 188/Folder 3316.
③ 亦译作"校董会"，为区别 1927 年后的校董会（Board of Directors），本文统一称"理事会"。
④ The Semi-Annual Meeting of the Board of Trustees of the University of Nanking, March 30, 1915, UBCHEA Archives, Microfilm, Reel 55/Box 188/Folder 3316.
⑤ 包文：《金陵大学之近况》，《中华基督教教育季刊》第 1 卷第 4 期，1925 年，第 33 页。
⑥ 刘廷芳：《教会大学办学之困难》，《中华基督教教育季刊》第 5 卷第 3 期，1939 年，第 18页。

怀恩长期以"休假"的名义在美国，最久的一次长达三年。① 而大学和各院系的绝大部分行政权力均掌握在西籍教师之手，可以说是"西教士独掌校权"。②

金大在建校初期全然由西人所办所治，基督化是其根本性质。在当时，这是所有中国教会大学的共性。清末民初，教会学校是一股独特的力量，基本游离于中国的官办教育体制之外。从 1924 年起，中国教育界提出"收回教育权"的口号，即在国内提倡民族性的教育，反对教会教育，反对帝国主义文化侵略，将教会学校（包括其他外国人在华办理的教育事业）收归中国人之手，掀起轰轰烈烈的"收回教育权运动"。这场运动是新文化运动时期开始的"非基督教运动"的延续，之后又因 1925 年五卅运动引发的全国性反帝民族主义运动及国民革命而声势更为壮大。③

无疑，"收回教育权运动"对中国各教会大学造成极大的影响，它们被迫回应这一"政治正确"的民族主义浪潮。这涉及两个方面：对内，教会大学是否应将更多的学校行政权力开放给中国人；对外，教会大学是否应向中国政府注册成为"私立大学"，即立案。就后者而言，教会学校从清末起就面临这一问题。

在南京国民政府成立之前，国家对教会学校并无一以贯之的政策，在相当长的时间内亦无实质性管理或规范。清末全国兴办新式学堂，各级教会教育也陆续进入中国。关于外国人设学堂，学部称清廷的学堂章程并无允许办理的条文，但并不要求此类学堂向政府登记，"除已设各学堂暂停设立，无庸立案外，嗣后如有外国人呈请在内地开设学堂者，亦均无庸立案，所有学生，概不给予奖励"。④ 可以说，清末时期国家对教会学校实施的是放任政策，这与当时朝野上下急切兴学的社会环境密不可分。

在进入民国后的较长一段时间内，教会学校的办学依然游离于国家教育

① Twenty-first Meeting of the Board of Managers of the University of Nanking, March 16, 1925, UBCHEA Archives, Microfilm, Reel 58/Box 192/Folder 3338.

② 吴哲夫：《教会学校移交行政职权之问题》，于华龙译，《中华基督教教育季刊》第 4 卷第 2 期，1928 年，第 44 页。

③ 关于非基督教运动和收回教育权运动，详见杨天宏《基督教与民国知识分子：1922 年—1927 年中国非基督教运动研究》，人民出版社，2005。

④ 《学部咨各省督抚为外人设学无庸立案文》（1906），舒新城编《中国近代教育史资料》下册，人民教育出版社，1961，第 1077 页。

体制外。关于高等教育部分，北京政府曾对私立大学有一系列的规定，教育部于 1912 年 10 月颁布《大学令》，其中第 21 条规定"私人或私法人亦得设立大学"①，即承认私立大学的合法性。翌年 1 月 16 日，教育部颁布《私立大学规程》。从条文看，教育部仅规定私立大学设立时须将设立之目的、名称、位置、学则、学生定额、地基房舍之所有者及其平面图、经费及维持之方法和开校年月等"呈请教育总长认可"，而对于私立大学的内部组织和科系课程没有特别规范。② 1 月 23 日，教育部又颁布《私立大学立案办法》，要求 3 个月之内所有私立大学遵照《私立大学规程》报部备查，一年后由部派员视察，如果成绩良好，准予正式备案。③ 当然，民初私立大学认可、立案的相关规定的约束力并不强。

不过，在当时的政策语境中，教会大学并不算作国家规定的"私立大学"，而是单列为"外人设立学校"。北京政府对于此类学校有专门规定者始于 1917 年。该年 5 月，教育部以第 8 号布告的形式颁布《中外人士设专门以上同等学校考核待遇办法》④，其中规定"此项学校办理确有成绩者，经本部派员视察后得认为大学同等学校或专门学校同等学校"，这类学校呈请教育部认定时要将具体办学情况造册上报。1919 年 3 月，教育部颁布第 6 号布告，规定"凡外国人在内地所设专门以上学校，不以传布宗教为目的，且不列宗教科者，准其援照私立专门学校规程或大学规程及专门以上同等学校待遇法，呈请本部核查办理"。此条显系针对各级教会学校。当时中国的此类学校概由外国教会创办，是传教事业的一部分，各校均开设宗教科目，这是其实现教育宗旨的重要手段。如果依照 1919 年教育部第 6 号布告的规定，各教会学校向政府立案，教会学校的基督教性质便荡然无存。1920 年 11 月，教育部又颁布第 11 号布告，称近年来外国人士在各地设立专门以上学校较多，但大部分未经教育部认可，要求"外国人之在国内设立高等以上学校者，许其援照大学令、专门学校令以及大学专门学校各项规程办法，

---

① 《1912 年 10 月 24 日教育部公布大学令》，朱有瓛主编《中国近代学制史料》第 3 辑下册，华东师范大学出版社，1992，第 2 页。

② 《1913 年 1 月 16 日教育部公布私立大学规程》，朱有瓛主编《中国近代学制史料》第 3 辑下册，第 17—18 页。

③ 《1913 年 1 月 23 日教育部私立大学立案办法布告》，朱有瓛主编《中国近代学制史料》第 3 辑下册，第 18 页。

④ "专门以上学校"即"专科以上学校"。

呈请本部查核办理，以泯畛域，而期一致"。①

　　教育部的几则官方法令表明国家对教会大学办学的基本态度，教会大学方面对此确实有一定反应。1917 年，之江大学曾考虑过向北京政府申请立案，未果。② 金大的立案情况则比较复杂。1920 年教育部第 11 号布告颁布后，金大即向教育部提出其大学部（colleges，含文科、农林科与预科）立案的请求。③ 翌年 2 月，教育部派员视察该校。视察委员向部方报告，认为金大农科"成绩既有可观，办法亦属得宜，应许暂准备案"，而文科和农林科"内容既未充实，办法亦欠妥善"，应该加以整顿，另外还要求必修的宗教科目改为选修。④ 1921 年 8 月，金大农林科⑤在北京政府教育部立案。⑥ 在同年 10 月 13 日召开的理事会会议上，校长包文通报此消息。他表示，当初向教育部呈请立案时并不得知须将宗教科目改为选修的要求，既然教育部提出这一要求，金大今后不再谋求立案。⑦ 11 月 1 日，托事部召开非正式会议，称收到教育部关于金大立案的公文，托事部将在收到南京的意见后再做出决定。⑧ 此时，托事部应该尚未收到 10 月 13 日理事会会议记录。12 月 20 日，托事部召开年会，会议宣读校长报告。该报告指出，文理科设置宗教必修科目成为立案的障碍。托事部对于立案问题进行讨论，并参考理事会会议记录，决定由执行委员会在下一次托事部会议中宣布声明。⑨

---

①　教育部各布告文转引自杨思信、郭淑兰《教育权与国权：1920 年代中国收回教育权运动研究》，光明日报出版社，2010，第 59—60 页。

②　胡卫清：《普遍主义的挑战：近代中国基督教教育研究（1877—1927）》，上海人民出版社，2000，第 369 页。

③　Registration by the Ministry of Education, UBCHEA Archives, Microfilm, Reel 60/Box 196/Folder 3379.

④　《教育部视察金陵大学报告》，《南大百年实录》中卷，第 25—27 页。原引文句读有误，已更正。

⑤　金陵大学于 1914 年创办农科，1915 年创办林科，1916 年两科合并称农林科，1928 年改称农学院。

⑥　《教育部对全国专科以上学校调查一览表金陵大学部分（民国 15 年 5 月 13 日）》，《南大百年实录》中卷，第 31 页。

⑦　The Eighteenth Meeting of the Board of Managers of the University of Nanking, October 13, 1921, UBCHEA Archives, Microfilm, Reel 58/Box 192/Folder 3335.

⑧　Meeting of the Board of Trustees of the University of Nanking, November 1, 1921, UBCHEA Archives, Microfilm, Reel 55/Box 188/Folder 3316.

⑨　Minutes of the Annual Meeting of the Board of Trustees of the University of Nanking, December 20, 1921, UBCHEA Archives, Microfilm, Reel 55/Box 188/Folder 3316.

托事部自然不同意以牺牲宗教必修科目为代价而立案，如此就意味着学校基督教性质的丧失，但金大又接受了农林科立案的部令，所以这是一种"部分立案"的特殊状况，在当时的各教会大学中绝无仅有。这同时也体现金大办学者在向政府立案和保持基督教性之间的复杂心态。不过，整体而言，1925 年前教育部的立案政策及条件对于教会大学没有实质性触动，除了金大，没有一所教会大学向政府立案。

1925 年 11 月 16 日，北京政府教育部颁布《外人设立学校认可办法》6 条：

> （一）凡外人捐资设立各等学校，遵照教育部所颁布之各等学校法令规程办理者，得依照教育部所颁关于请求认可之各项规则，向教育行政官厅请求认可。（二）学校名称上，应冠以私立字样。（三）学校之校长，须为中国人；如校长原系外国人者，必须以中国人充任副校长，即为请求认可时之代表人。（四）学校设有董事会者，中国人应占董事名额之过半数。（五）学校不得以传布宗教为宗旨。（六）学校课程，须遵照部定标准，不得以宗教科目列入必修科。

该办法公布后，此前教育部公布所有同类法令均作废。① 此案似一颗深水炸弹，在中国基督教教育界迅速引爆，并彻底改变了各教会大学对立案的态度。从条文内容看，相较此前教育部公布的立案法令，"1925 年办法"各条更为明确、严苛。例如，"校长须为中国人"之条，对于当时各教会大学校长均为西人的现实情形，无疑是极大的挑战；而第五条更使教会大学无法接受。两个多月后，教育部又规定："国内私立学校及外人捐资所立学校，关于一切课程训育管理事项，须按照部章，如有违反者，应即停办。"② 这个规定亦颇严格，彰显教育部的权威。

这些条文背后的大语境是五卅运动引发的全国性反帝民族主义高潮，对教会大学在华的合法性构成巨大威胁。这就使得教会大学不仅要正面

---

① 《教育部最近公布外人设立学校认可办法》，《中华基督教教育季刊》第 1 卷第 4 期，1925 年，第 1—2 页。

② 《时事日志》，《东方杂志》第 23 卷第 6 号，1926 年，第 147 页。

"1925 年办法"，又要借助是否立案或如何立案之法，以克服中国民族主义运动带来的负面影响。教会学校在中国民族主义浪潮中的困境，除了合法性问题外，还涉及实际利益。一般而言，当时教会大学的收入除了基本金利息收益和合作差会拨款外，还包括学生缴纳的学费。但在中国民族主义高昂之际，很多国人以子弟入外人学校为耻，教会学校面临生源不足的生存危机。例如 1926 年春季学期，因受"非基督教运动"影响，金陵大学有 100—120名学生转学到同城的国立东南大学。①

在"1925 年办法"颁布之前，中国基督教教育界已有较为充分的心理准备和行动准备。在"非基督教运动"和"收回教育权运动"如火如荼进行之际，华人基督教领袖和政学两界的基督徒名人较主动地对此进行正面回应，普遍要求在教会大学内停止强迫的宗教信仰仪式和宗教科目，并向中国政府立案。如燕京大学中国籍教授吴雷川就较早提出要改良现有的教会教育，他称："教会的保守性太重，自从国家遍设学校之后，教会学校的进步，反而迟滞……一般非难基督教的人，以为基督教不应将传道事业与教育事业，并为一谈，更不当以学校为传道机关。"他指出，教会中学应该"删去圣经"，"废去早晚祷"。② 另一位中国教育界的基督徒、中华基督教教育会董事朱经农说得更为直白，"教会大学对于宗教事项，应该任人自由选择，不可加以强迫"，主张任何教会学校都要向中国政府注册。③ 相较而言，外籍传教士和教会大学管理者的回应要保守得多④，他们坚持教会大学的基督教特性和外国性，上述 1926 年前各教会大学拒绝立案即是例证。然而，在高涨的民族主义浪潮中，他们的态度不可能一成不变。⑤

1925 年 4 月召开的中华基督教教育会董事会年会做出"学校注册案"

---

① Twenty-second Meeting of the Board of Managers of the University of Nanking, March 18, 1926, UBCHEA Archives, Microfilm, Reel 58/Box 192/Folder 3338.

② 吴雷川：《对于教会中学校改良的我见》，《真理》第 1 年第 16 期，1923 年，转引自杨思信、郭淑兰《教育权与国权：1920 年代中国收回教育权运动研究》，第 227 页。

③ 朱经农：《中国教会学校改良谭——在南方大学讲演》，《中华基督教教育季刊》第 1 卷第 2 期，1925 年，第 8—9 页。

④ 详见杨天宏《基督教与民国知识分子：1922 年—1927 年中国非基督教运动研究》，第271—273 页。

⑤ 卢茨（Jessie Lutz）认为教会大学的西方行政当局倾向于渐进主义，慢慢改变了对教会大学管理权开放给中国人和立案条件的态度。〔美〕杰西·格·卢茨：《中国教会大学史（1850—1950）》，曾钜生译，浙江教育出版社，1987，第 194、234—235 页。

决议："基督教学校应即速向地方政府或中央政府注册立案；惟须顾及基督教之特殊功用，不受注册之限制。"中华基督教教育会副总干事程湘帆拟就《基督教学校注册之意义》的意见书，作为会议的官方文件。①

据曾任中华基督教教育会宗教教育参事会干事的缪秋笙回忆，1923年吴哲夫（Edward W. Wallace）就任中华基督教教育会代理总干事，他倾向于接受中国政府的立案要求，并在教育会内增加华人基督徒的参与。吴哲夫向中华基督教教育会董事会提议成立"基督教学校注册委员会"，以刘廷芳、程湘帆②、赵运文等为委员，到北京去活动。1925年9月间，刘廷芳、程湘帆和赵运文三人拟就"基督教教育近年来进步情况"的说帖，呈送北京政府教育部部长、次长、参议、司长等重要人物。11月16日，教育部公布"外人捐资设立学校请求认可办法"，教育部承认教会学校为私立学校，吴哲夫认为这是重大胜利。③照缪秋笙之意，教育部颁布"1925年办法"前，教会方面已经和政府方面做过相当多的沟通，教育部做出了一定的让步。

其实，"1925年办法"颁布后，教育部在舆论环境中也颇为尴尬。当时《密勒氏评论报》发表一篇未署名文章，认为"北京政府教育部关于教会学校立案的六条规定，态度是友善的"，这些规定已比之前宽松。但教育部正处在夹缝之中，一面是中国的激进主义者大肆批判这个条例，要求颁布更加严格的条例以迫使教会学校关门；另一面是基督徒和自由主义者恳请教育部落实宗教信仰自由原则，在此基础上才能立案。④

1926年2月，中华基督教高等教育联合会⑤隔年会在上海沪江大学举

---

① 《中华基督教教育会董事会年会决议案（一九二五年四月一日至二日）》，《中华基督教教育季刊》第1卷第3期，1925年，第82—83页。

② 在1926年2月召开的中华基督教教育会高等教育参事会隔年会上，齐鲁大学校长瑞恩培（J. D. MacRae）称程湘帆在过去数月间与教育部有过接触。见 J. D. MacRae," The Significance of the Conference," in *The Christian College in the New China*：*The Report of the Second Biennial Conference of Christian Colleges and Universities in China*（ Shanghai, 1926），pp. 2—3。

③ 缪秋笙：《教会学校"立案运动"中的见闻》，政协上海文史资料工作委员会编《文史资料选辑》第20辑，中华书局，1965，第192—201页。

④ "Shall Christian Mission Schools Register with Peking Government?" *The China Weekly Review* 36（1926）：4.

⑤ 1924年全国基督教大学联合会改组为中华基督教高等教育联合会，与中华基督教教育会高等教育参事会（The Council of Higher Education）合为一体。

行，会议的焦点议题就是立案。该会议有两场关于教会大学立案问题的专门讨论会，但会上没有达成一致意见，会议也未做出任何相关决议，未采纳任何调查结果，但接受了立案的原则，并支持 1925 年 4 月中华基督教教育会董事会年会"学校注册案"决议。①

与下属的高等教育参事会相比，中华基督教教育会对教会学校立案推进力度更大。1926 年 5 月，该会董事会召开第二次年会，吴哲夫做干事报告。他指出，1925 年 11 月 16 日教育部颁布的《外人设立学校认可办法》，"颇使基督教教育界大大的失望，但是较之从前的注册条例确有极大进步"，原来教会学校被单列为一类，后经过基督教教育同仁的请求，政府允许按照私立学校注册条例办理，"基督教学校既在中国设立，则教育中当然应含有中国的性质；不但不能与中华民国的愿望相反，而且必须至少能代表一部分中国人的意旨。此外，我们更要承认中国政府有管辖我们学校之实权。至于讲到基督教教育与政府怎样接近而发生联络关系，则更为我们不可推委〔诿〕的责任"。② 吴哲夫的意思很明确，教会学校若想在中国继续办学，非立案不可。此次会议做出关于立案的决议 3 项：

> （一）特派一委员会进京，与教育部作非正式之接洽，说明其基督教学校请求政府注册之诚意，与当前之阻碍，并希望当局有以解决之。
> （二）催请全国基督教学校，即请实行注册办法第一，二，三，四条及第六条之首项。
> （三）凡基督教学校，愿照颁布之条例注册者听之。③

这一决议表达得十分直白，即中华基督教教育会对于教会学校立案的态度是接受教育部所规定的大部分要求，"学校不得以传布宗教为宗旨"与"不得以宗教科目列入必修科"两条予以保留，但会继续与教育部保持沟通，协商解决；如果有教会学校完全接受教育部办法立案，中华基督教教育会也不会阻拦。据缪秋笙称，这个决议是董事会根据三个参事会的意见，重新斟

---

① "Government Registration," in *The Christian College in the New China: The Report of the Second Biennial Conference of Christian Colleges and Universities in China*, p. 76.
② 吴哲夫：《干事报告》，《中华基督教教育季刊》第 2 卷第 2 期，1926 年，第 74 页。
③ 《董事会第二次年会纪要》，《中华基督教教育季刊》第 2 卷第 2 期，1926 年，第 81 页。

酌，最后经过吴哲夫的修正。决议中与教育部接洽的代表，仍由刘廷芳、程湘帆和赵运文充任，并委托刘廷芳先在北京布置，使代表团有与教育部人员谈话的机会。因为交通和时局的关系，程、赵未入京，1926 年夏中华基督教教育会会长刘廷芳以个人身份向教育部请求解释原第五条疑义。① 1926 年 7 月 6 日，北京教育部第 188 号部批，解释第五条：

> 据呈，称："外人捐资设立学校认可办法第五条，是否专就宗旨立言，与信仰及传教自由，不相抵触？请求解释"等情。查该项办法第五条，系言设立学校，当以部定教育宗旨为宗旨；在校内，不应有强迫学生信仰任何宗教，或参加宗教仪式之举，于信仰及传教之自由，并无限制。此批。②

从教育部的解释文意看，教会学校向政府立案并不影响校内信教师生的信仰和传教自由，部方已做出很大妥协。即便如此，各教会大学仍采观望态度。之所以如此，胡卫清认为有几个原因：教会大学受西方差会本部控制，在华传教士不能擅作主张；向中国政府立案，教会大学也担心其绝大部分来自西方的经费受到影响；立案要由中国人担任校长，这也是当时传教士不能放心的；传教士担心学校立案后自己原有的地位受到影响。③

教育部颁布 "1925 年办法"，又于翌年颁布态度软化的 "部批第五条解释"，而中华基督教教育会和华人教会要人也推动各教会大学立案。但此后究竟有几所大学遵此令立案？以笔者目力所及，卢茨、胡卫清、杨天宏、杨思信和郭淑兰诸著均未言明。④ 此后真正向北京政府教育部立案的只有燕京大学。燕大于 1926 年冬向北京政府教育部呈请认可，1927 年春获准。⑤ 同

---

① 缪秋笙：《教会学校 "立案运动" 中的见闻》，第 212—213 页；程湘帆：《注册问题之经过及解决的焦点》，《中华基督教教育季刊》第 2 卷第 3 期，1926 年，第 60—61 页。

② 转见刘廷芳《会长通函第三号》，《中华基督教教育季刊》第 2 卷第 3 期，1926 年，第 10 页。

③ 胡卫清：《普遍主义的挑战：近代中国基督教教育研究（1877—1927）》，第 382—383 页。

④ 张宪文主编《金陵大学史》述及此问题，也是一段空白，从收回教育权运动直接过渡到 1927 年南京国民政府后的立案问题。

⑤ 《〈燕京大学一览〉记燕京大学校史》，朱有瓛、高时良主编《中国近代学制史料》第 4 辑，华东师范大学出版社，1993，第 490 页。

一时期，广东岭南大学亦向政府立案获准（1927 年 3 月），不过申请对象是广州国民政府。① 还有一所教会大学被教育部认可，情况很特殊，这就是金陵大学。前述金大农林科于 1921 年在北京政府教育部立案，1925 年底北京政府教育部援引 1915 年《私立专门以上学校认可条例》，民国大学、平民大学、华北大学、金陵大学和协和大学虽经批准立案，但无"认可"字样，一律改为正式认可。② 如此一来，金陵大学（其实是农林科）被认可为私立大学。有意思的是，金大校方对外公开宣称："本校为私立大学，所有行政组织一律遵守教育部规定之私立学校规程"；还表示："本校虽为教会设立，但不强迫任何学生皈依教门，但愿尽吾人义务，使学生明了各种教谛，庶将来作自由的选择。"③ 承认金大是私立大学，言下之意是已经向政府立案，服从政府的规定；而不强制学生的宗教信仰，亦符合教育部"1925 年办法"的规定。若如此，金大和教育部两相情愿，该校立案应该没问题。不过，现实情况要比所宣称的复杂纠结得多。

　　1926 年 3 月 18 日，金大理事会召开第 22 次会议。④ 此会恰是教育部颁布"1925 年办法"后金大理事会召集的首次会议，会中应该对立案问题有所讨论。不过，从会议记录看，关于是否立案并无决议。但会中形成两个相关决议，一是组织"立案委员会"（Committee on Registration），由 5 名委员组成，其中 3 名中国人，2 名外国人，该委员会将研究金大立案的所有问题，并将报告递交执行与经济委员会⑤；二是组织"宗教教育委员会"（Committee on Religious Education），同样由 5 名委员组成，其中 3 名中国人，2 名外国人，该委员会将研究金大的宗教教育问题。显然，此时金大对于立案与否尚未定案，"1925 年办法"中的关于取消宗教必修科目的决定是

①　高冠天：《岭南大学接回国人自办之经过及发展之计划》，朱有瓛、高时良主编《中国近代学制史料》第 4 辑，第 570—573 页。
②　《教部正式认可五大学》，《中华基督教教育季刊》第 1 卷第 4 期，1925 年，第 77 页。
③　包文：《金陵大学之近况》，《中华基督教教育季刊》第 1 卷第 4 期，1925 年，第 37 页。
④　Twenty-second Meeting of the Board of Managers of the University of Nanking, March 18, 1926, UBCHEA Archives, Microfilm, Reel 58/Box 192/Folder 3338. 下文所引此次会议内容，均见此。
⑤　理事会下设若干常设委员会，最重要的机构是执行委员会（Executive Committee），负责在理事会会议前拟定议案，是理事会的代表，在紧急情况时可代表理事会作出决议。从 1924 年起，执行委员会和经济委员会合并，称"执行与经济委员会"（Executive-Finance Committee）。

金大考虑立案与否的关键问题之一。同样，当时托事部亦未形成立案的决议，不过在 1926 年 4 月 21 日的会议上，专门就教育部"1925 年办法"进行讨论，但"因为缺少包文校长明确意见，托事部未形成决议"。①

虽然 1926 年 3 月 18 日金大理事会年会未对立案与否表态，但另一项议程与立案问题息息相关。校长包文在会议上称："目前学校面临严重的经济困难，但比这更严重的是'华人领导层问题'。我们都知道此问题的急迫性，这也代表了一个进步的方向，即本校既是中国的一部分，也是各合作差会的一部分。"包文公布了前一天（3 月 17 日）各外籍行政主管的集体辞职书，内称："我们相信是时候让更多的中国人担任校内行政职务，理事会应郑重考虑此事……以扩大学校的合作基础。我们自愿辞去行政职务，并听从理事会的任何安排。"该辞职书签署者为校长包文、副校长文怀恩、文理科科长夏伟师（Guy W. Sarvis）、农林科科长芮思娄（J. H. Reisner）、图书馆馆长克乃文（Harry Clemons）和鼓楼医院院长赫济生（A. C. Hutcheson）。辞职书于 3 月 17 日递交理事会执行与经济委员会。执行与经济委员会遂任命一个委员会向理事会起草报告，程湘帆代表该委员会在 3 月 18 日的会议上进行报告。经过讨论，理事会做出 3 项决议：1. 理事会向校行政主管表示谢意，感谢他们能在短时间内将职位开放给中国人；2. 当有充分能力的中国人服务于学校时，理事会将宣布遴选中国人担任行政主管的政策；3. 任命一个 5 人委员会充分研究必要的步骤，该委员会须向执行与经济委员会报告。此次会议任命中国籍教员过探先与芮思娄担任农林科共同科长（Co-Dean）。

1926 年 3 月金大外籍行政主管宣布集体辞职，向中国籍教员开放学校高级行政职位，这从侧面显示该校对立案的态度。教育部"1925 年办法"第三条规定："学校之校长，须为中国人；如校长原系外国人者，必须以中国人充任副校长，即为请求认可时之代表人。"包文和文怀恩同时宣布辞职，意味着校长与副校长之职均可让渡给中国人。当然，此次"辞职"仅是一种姿态。因各行政主管辞职须理事会和托事部批准，而物色中国籍接替者又须经过专门委员会的研究，即使有中国籍接替者，也须经过理事会和托

①　Minutes of the Semi-annual Meeting of the Trustees of the University of Nanking, April 21, 1926, 金大档，档案号：649/2317。

事部的任命，特别是接任校长和副校长；即便三个步骤均顺利完成，所费时日也颇多。值得注意的是，向中国人开放行政权，外籍传教士和教师未必能达成一致意见。签署了总辞职书的夏伟师在一个月前代表金大出席中华基督教高等教育联合会隔年会时，沪江大学校长魏馥兰（F. J. White）在会上报告教会大学向中国籍教员开放行政权的问题。在讨论中，夏伟师明确表示："大部分外国人对任何中国人担任华人行政主管均表示十分担忧。征求几位中国人的意见，回答是任命中国人担任科长是不可行的。真正的问题是，是否有既是基督徒又有能力的中国人？这样的人几乎没有，而且这样的竞争对他们来说太激烈了。"①

当然，金大的治理权已逐步向中国人开放，这种趋向已不可逆转。从1915 年开始，金大理事会增加多名中国籍理事的固定名额，差会派出理事中的中国人也逐渐增多，至 1925 年时中国籍理事在理事会已占半数。另一方面，金大的中国籍教员人数不断增多，从 1912 年创校之初的外籍教员 17人、中国籍教员 20 人，到 1922 年外籍教员 34 人、中国籍教员 64 人。② 由外籍传教士和教师包揽行政的架构终将被打破。在 1925 年 3 月 16 日的第 21次理事会年会上，包文称"将保证经费聘请优秀的中国籍教师，他们也将分担学校的行政责任"。③ 所以，1926 年金大外籍行政主管宣布集体辞职并非突然。

1926 年夏，金大又聘陈裕光担任文理科科长、过探先为农林科科长、胡小石和陈钟凡任国文系主任、张信孚为体育系主任。包文还对外透露，时任东南大学校长的郭秉文最适合继任金大校长。④ 郭秉文是一名基督徒，也是当时中国教育界最重要的人物之一。⑤ 据理事会一位"重要人"说："接收困难，不在人材，而在经济。一俟经济方面筹划妥当，即正式允许辞职，

①　F. J. White, "Making the Christian College more Chinese," in *The Christian College in the New China : The Report of the Second Biennial Conference of Christian Colleges and Universities in China*, p. 39.

②　包文：《金陵大学近十年的发达》，《兴华报》第 19 卷第 18 期，1922 年，第 5 页。

③　Twenty-first Meeting of the Board of Managers of the University of Nanking, March 16, 1925, UBCHEA Archives, Microfilm, Reel 58/Box 192/Folder 3338.

④　《金陵大学当局总辞职》，《申报》1926 年 7 月 5 日，第 3 张第 11 版。

⑤　详见许小青《郭秉文与民国教育界》，《教育学报》2014 年第 5 期。

收归华人办理云。"① 可见，一来西人辞职与华人接替需要按程序进行；二来学校受"经济问题"掣肘，所以实现行政主管大换班"延宕不决"。但是，随着一年后国民革命浪潮的汹涌袭来，金大行政权迅即由中国人接收，并且完成了多年悬而未决的立案问题，该校治理结构从而发生重大变化，中国籍教师群体成为推动这个进程的重要力量。

二　"南京事件"后金陵大学校内行政权的让渡

1927 年 3 月 23 日，北伐军攻抵南京，直鲁联军败退城内。次日，北伐军入城，南京局势极度混乱。期间，南京城内发生大规模由"乱兵"发动的排外暴力活动，外国领事馆、侨民住宅、教堂、教会学校及商店遭抢劫，并有外国人遭殴打甚至被杀，英美两国军舰炮击南京，又造成人员死伤，酿成"南京事件"。② "南京事件"对金大几乎造成毁灭性的打击，副校长文怀恩被杀，学校科学楼的设备小部受损，部分学生宿舍财物被抢劫，附属中学损失严重，华言科的大楼遭大规模抢劫，有 5 幢教员住宅被烧并遭劫。③ 国民党军队进驻校园和鼓楼医院，所有外籍教员离开学校，学生回家，学校就此关闭。当时有报章称美国准备"完全抛弃"金大。④ 事件后，金大面临两大困境：一为绝大部分外籍教员离校回国，金大原有的行政和教学秩序完全被打乱；二为金大在当时仍标举"打倒帝国主义"和"收回教育权"的国民党政权统治区域内，作为教会大学，前途未卜。

1927 年 4 月 19—20 日，金大理事会第 23 次会议在上海传教大楼举行。⑤ 校长包文报告了外籍教员请假的情况，并表示自己也将于 4 月 23 日回国。他针对目前的局势表示：外籍教员和在美人员要求金陵大学保持明确

---

① 《金陵大学当局总辞职》，《申报》1926 年 7 月 5 日，第 3 张第 11 版。
② 1927 年"南京事件"的焦点是谁是制造者和参与者，此问题目前尚无定论，参见杨天宏《北伐期间反教暴力事件及其责任问题》，《历史研究》2004 年第 1 期；陈谦平《关于 1927 年南京事件的几个问题》、《1927 年南京事件中外伤亡人数和财产损失考订》，《民国对外关系史论：1927—1949》，三联书店，2013。
③ 《H. G. 罗伯逊先生向美国托事部报告金陵大学在"南京事件"中的遭遇》，《南大百年实录》中卷，第 39 页。
④ 《华北警备问题》，《申报》1927 年 4 月 7 日，第 2 张第 7 版。
⑤ 下文引用该次会议内容，均见 Twenty-third Meeting of the Board of Managers of the University of Nanking, April 19, 20, 1927, UBCHEA Archives, Microfilm, Reel 58/Box 192/Folder 3339。

和强烈的基督教性质而不被限制，美国人不会允许金大被政党驱使或被学生控制，否则学校不可能获得美方资助。就此，理事会决议继续办理大学，维持到 1927 年春季学期结束。这就意味着，金陵大学可能因政局变动而停办。不过，在此紧急时刻，金大有一套临时维持的方案。农林科科长过探先介绍了包文任命的一个由 9 位中国籍教员组织的委员会主持校政的情况。这个"九人委员会"的前身是 1926 年包文提出辞呈后为应对金大改组问题组成的"四人委员会"（过探先、陈裕光、刘国钧和刘靖夫），不过这个问题之后搁置了，直到"南京事件"后"四人委员会"出面应付政局变动，之后又补充 5 人，组成"九人委员会"。理事会决议，授权包文、过探先和陈裕光组织"学院行政委员会"（College Administrative Committee），委员为过探先、陈裕光、刘国钧、李德毅、陈嵘、李汉生和陈钟凡。该委员会与理事会进行协商后代表理事会管理学校。在 5 月下旬召集的理事会执行与经济委员会会议上，学院行政委员会委员和金大附属中学行政委员会两位委员及鼓楼医院两位职员组成"校务委员会"（University Administrative Committee），校务委员会对理事会负责，承担学校的行政职责，并负责与政府打交道，过探先为召集人。①

以上措置，或早有准备。据《申报》称：在北伐军攻占两湖之际，金大校方就对时局有所研判，当时外籍领导层对将行政权交予华人的决心更加坚定，副校长文怀恩曾到汉口与国民党商量金大善后事宜，当直鲁联军占据南京对抗北伐军时，校长包文即准备当北伐军攻克南京后，外籍教员全体辞职，校务交给"临时教育委员会"（即"四人委员会"）。② 不过，理事会和包文还任命了芮思娄为校务顾问（Advisor to the Administration）。芮思娄的角色类似校长的代表。他在上海博物院路 20 号 526 室设立临时办公室，作为金大教职员总部③；同时，理事会的执行与经济委员会仍在上海召集会议，芮思娄任执行秘书。校务委员会在南京，芮思娄及其控制的教职员总部临时办公室和理事会执行与经济委员会在上海。芮氏代表外籍教员和理事会

①　Meeting of the Executive Finance Committee of the Board of Managers of the University of Nanking, May 20—25, 1927, UBCHEA Archives, Microfilm, Reel 58/Box 192/Folder 3339.

②　《金陵大学收归华人办理经过》，《申报》1927 年 6 月 13 日，第 3 张第 10 版。

③　Minutes of the Meeting of the Trustees of the University of Nanking, June 9, 1927; John H. Reisner to Friends, April 28, 1927, 金大档，档案号：649/2317。

的利益①，他对校务委员会的职权起到牵制作用。在非常时期，校务委员会和芮思娄共同维持金大，双方虽同舟共济，但亦有龃龉之时。如校务委员会决定免考及毕业典礼日期，芮思娄在沪表示不满，校务委员会去函表明此是不得已的办法，并希望芮"以后认清权限，勿任意发言"。②

校务委员会接管金大，负责日常事务。前述"南京事件"后金大面临的第一重困难，即外籍教员离校，已基本克服。而且金大校友愿意出资帮助学校渡过难关，使 1927—1928 年度预算得以成立。③ 即在 1927 年夏学期结束后，下一学年能正常开学。不过，在当时的政局下，金大未来是办是停，如何办理，并不完全取决于该校的行政、教学和经费状况，以及美国托事部和外籍教员的态度，还要看金大如何跨越第二重困难，即应对国民党的政策措施，这一点更具决定意义。

早在广州国民政府时期，国民党对教会学校实行严格限制的政策，严令教会学校立案。而北伐兵锋所指，各地教会学校又受到严重冲击。虽然蒋介石在 1927 年 4 月 12 日实行"清党"，随后南京国民政府成立，国民党逐渐淡化"反帝"色彩，但在南京政府初期，其教育政策依旧体现较强的"革命性"，同时国民党地方党部对包括教会学校在内的各类学校持激进的"党化"态度。之后情况慢慢发生变化，教会学校得以继续生存。

在金大第 23 次理事会会议上，负责在宁维持局面的过探先报告说，激进的国民党南京市政府欲接管金大的财产和校舍，由于过探先和李德毅与国民党高层的沟通才作罢。江苏省政府成立后，情形稍好转，金大得以开学。金大"九人委员会"还向蒋介石递交申请书，说明金大目前由中国人主持，并不设宗教必修科目，请求蒋撤掉驻军。与包文的态度明显不同，过探先强调金大应继续办理，"一旦道路更为光明清澈，我们就能把握其方向，这比我们让它停办更好"。④ 显然，过探先对金大前途的态度坚定，但学校能否继续生存，一个老问题又重新摆在眼前，即立案。不像前一两年，金大对

---

① "The Revolution and Christian Colleges," *The Chinese Recorder* 58（1927）：456 - 457.

② 《六月八日第十三次校务会议记录》，1927 年 6 月 8 日，金大档，档案号：649/225。

③ Meeting of the Executive Finance Committee of the Board of Managers of the University of Nanking, May 20 - 25, 1927, UBCHEA Archives, Microfilm, Reel 58/Box 192/Folder 3339.

④ Twenty-third Meeting of the Board of Managers of the University of Nanking, April 19 - 20, 1927, UBCHEA Archives, Microfilm, Reel 58/Box 192/Folder 3339.

北京政府的立案法令可以延宕不决，此次绝无可能绕过南京政府的立案政策。

　　1926 年 10 月，广州国民政府教育行政委员会颁布《私立学校规程》和《私立学校校董会设立规程》，规定外国人设立的教会学校也属于私立学校，私立学校须受教育行政机关的监督和指导，不得以外国人为校长，宗教科目不得为必修科，不得强迫学生参加宗教仪式；由校董会选任校长，外国人不得担任校董，如果有特殊情形可以充任，但本国董事名额须占多数，外国人不得任董事长。① 南京国民政府成立后，1927 年 7 月成立的大学院是中央最高教育行政机构。大学院对其前身教育行政委员会所议决的法令，采取继承的态度。② 大学院重新公布了上述两份文件。③ 而在金陵大学一方，校务委员会清楚地认识到现实，学校已到非立案不可的境地。

　　在 1927 年 6 月 13 日的金大校务会议上，陈钟凡称中央教育行政委员会对金大"态度颇为不妥"，并鉴于浙江省限期收回教育权之举，他提议修改金大组织大纲草案中关于校董会组成的条款。言下之意，他担心国民政府接管金大。同时，会议决议邀请国民党政要胡汉民、蒋介石、伍朝枢和刘文岛参加金大的毕业典礼并训词。此决议表明校务委员会主动释放出对国民政府的服从诚意。④ 6 月 16 日，金陵大学理事会在上海召开第 24 次会议，过探先指出江苏省教育厅颁布新的教育体系，每一个省只设一所公立大学。此即"大学区制"。6 月 9 日，南京国民政府决定在江苏省试行大学区制，任命张乃燕为国立第四中山大学校长；7 月 8 日，江苏省实行大学区制，裁撤省教育厅，第四中山大学既是该省（大学区）最高学府，又是大学区内最高教育行政机构，区内所有公立学校及教育机构均隶属于第四中山大学。⑤ 为此，过探先很担心江苏省的大学区制会对教会学校的地位造成影响，教会学校会被国立第四中山大学控制，所以"有必要考虑尽早向政府立案的问题，

① 《国民政府取缔私立学校》，《中华基督教教育季刊》第 2 卷第 3 期，1926 年，第 77—80 页。

② 《大学院教育行政处处务会议记录（第一次会议，十六年十月二十七日）》，《大学院公报》第 1 年第 2 期，1928 年，第 49 页。

③ 《大学院公报》第 1 年第 1 期，1928 年，第 39—44 页。

④ 《六月十三日第十五次校务会议记录》（1927 年 6 月 13 日），金大档，档案号：649/225。

⑤ 详见蒋宝麟《"党国元老"、学界派系与校园政治——中央大学首任校长张乃燕辞职事件述论（1928—1930）》，《社会科学研究》2013 年第 3 期。

以应对紧急情况"。显然，过探先主张立案。会议接下来讨论立案问题，有人称南京政府有官员提出，如果金大没有在 1927 年前向政府申请立案，就很难继续办学，故立案很有必要，如果拖延，事态将复杂化。

出席此次会议的理事葛德基（E. H. Cressy）称，沪江大学正在申请立案，但所涉及的问题远超过他们之前所想到的，立案的时间可能很长，还涉及校产问题。他还提到一个关键问题，各校在华的董事会必须有明确的权力来处理立案问题。葛德基的发言其实代表当时外籍教会人士对立案的摇摆心态。不过，沪江大学的行动促使金陵大学立案的决心更加坚定。讨论之后，理事会表决：赞成采取各种申请立案的措施；任命一个委员会专门负责制定金大改组计划，交由托事部批准；授权大学立案委员会准备立案事宜，这将得到理事会和托事部的批准，这个委员会有 6 位成员，其中芮思娄为会议召集人，过探先为当然委员。① 就此，金大立案的大原则确立。原则确立之后就需要具体办法。归根到底，金大立案要从三方面努力：一是尽快与政府接洽，办理立案手续，以免学校有变；二是建立新的校董会，重新划分校董会与托事部的权责关系，后者要把若干权力让渡予前者；三是选任一名中国籍校长。三个方面问题都解决，立案才有可能实现。

三　陈裕光担任校长与金陵大学立案

在当时的局势下，金大校方很害怕学校成为国民党的"革命对象"，故只有通过立案，即被现政权认可，才能继续办学。6 月 29 日，金大改组和立案委员会（Committee on Reorganization and Registration）召开会议。程湘帆和陈裕光指出目前形势已很急迫，国民党中央执行委员会秘书长兼江苏省政府主席钮永建已透露政府有接管金大之意，所以金大必须及早立案。② 金大申请立案有两个基本前提：一个符合规定的校董会，一名中国籍校长。这两点的落实，需要托事部和理事会的讨论和决议，时间耗费就在所难免。改组和立案委员会决定在 8 月 1 日前向托事部通报立案的必要性。同时，金陵

---

① Twenty-fourth Meeting of the Board of Managers of the University of Nanking, June 16, 1927, UBCHEA Archives, Microfilm, Reel 58/Box 192/Folder 3339.

② Meeting of Committee on Reorganization and Registration, Board of Mangers of the University of Nanking, June 29, 1927, UBCHEA Archives, Microfilm, Reel 58/Box 192/Folder 3339.

大学同学会也呼吁母校尽早立案。① 而此时的校务委员会对此更加急迫。7
月 6 日的校务委员会会议决定致函理事会，"声明倘八月一日不将立案手续
办妥，如因此发生困难，全体委员不负维持责任"。② 陈裕光回忆，自己曾
主动向即将成立的大学院联系有关学校前途与立案事宜。③ 然而，8 月 1 日
已至，金大却未完成立案手续，校务会只得派过探先和陈裕光到第四中山大
学区汇送缓期立案的呈文。④ 10 月，校务会又托芮思娄催请托事部考虑立案
问题。⑤ 此后，托事部托人视察金大以便立案。⑥

　　改组和立案委员会在 6 月 29 日专门讨论了改组问题。根据国民政府
1926 年《私立学校规程》和《私立学校校董会设立规程》的规定，私立学
校的校董不得是外国人，如果有外籍校董，名额数也不得超过校董会人数的
一半。芮思娄提出要修改金大的现有章程，使中国人在理事会中占多数，但
尽量以现有章程为基础进行改组。这就意味着外籍传教士和教师不希望校董
会大幅度改组，只要符合政府规定即可。校友吴东初认为，理事会的权力范
围应该扩大，托事部的一些固有权力应该交给理事会。最后，会议形成 3 个
决议，根据会议精神，理事会发电报给托事部，请求批准：（1）理事会更
名为董事会（Board of Directors）；（2）董事会有权选举校长；（3）托事部
将校产出租给董事会，为期 5 年；（4）托事部将所有校内事务管理权移交
给董事会。⑦ 7 月 12 日召开的理事会第 25 次会议通过修订的《校董会章程》
和《托事部章程》。其中托事部章程有许多重大修改：办学宗旨由原先"培
养教徒领导人，为我们基督教的后代提供高等教育，并在基督教的影响下
发展中国高等教育，与上帝保持一致"，改为"在充分的宗教自由中保持
教会主办本校，这将确保高等级的教育质量，促进社会福利和公民社会和
公共服务的典范，发展创办人所秉持的理想人格"。还有更重要的一点，

① 《金陵大学第十七届毕业礼纪》，《申报》1927 年 6 月 22 日，第 2 张第 7 版。
② 《七月六日第十九次校务会议记录》（1927 年 7 月 6 日），金大档，档案号：649/225。
③ 陈裕光：《回忆金陵大学》，金陵大学南京校友会编《金陵大学建校一百周年纪念册》，南
　京大学出版社，1988，第 13 页。
④ 《八月二十六日临时校务会议记录》（1927 年 8 月 26 日），金大档，档案号：649/225。
⑤ 《十月六日第三十二次校务会议记录》（1927 年 10 月 6 日），金大档，档案号：649/225。
⑥ 《十月十七日第三十四次校务会议记录》（1927 年 10 月 17 日），金大档，档案号：649/225。
⑦ Meeting of Committee on Reorganization and Registration, Board of Mangers of the University of
　Nanking, June 29, 1927, UBCHEA Archives, Microfilm, Reel 58/Box 192/Folder 3339.

托事部改为"创始人委员会"（Board of Founders），废除托事部任命校长和提名理事会成员、批准理事会改选的权力。另外，理事会改组为校董会，原本理事会中 3 个完全合作差会即美以美会、基督会和长老会各拥有 4 个固定成员名额，这 4 个名额中西籍不论；而在新的校董会中，3 个完全合作差会各拥有 5 个固定成员名额，其中 3 名中国人，2 名美国人；美北浸礼会原在理事会中有 3 个成员名额，现在校董会中有 4 个成员名额，中美籍成员各半；由同学会推举 4 名成员；理事会（校董会）推举 5 名成员；校长作为当然成员不变，校长不再担任校董会主席，教职员不能担任校董。新的校董会将主导学校大政方针及其他校务大权，校董会和创始人委员会签订校产租赁协议，即金大校产仍归创始人委员会（托事部）所有，但校董会有使用权。①

两个月后，托事部会议召开，讨论理事会提出的改组计划，形成 7 项决议。第一，同意并承认理事会所提请求：理事会更名为董事会；董事会有权选举中国籍校长；托事部将金陵大学校产在 5 年内租予董事会；托事部将所有校内管理权移交给董事会。第二，托事部将选举新校长全权交由校董会，所有有关立案和校内行政、财务等问题交由校董会。第三，托事部正在准备理事会章程基础部分的草拟，理事会的宗旨是保持学校的基督教性和完全的宗教自由。第四，托事部大致同意由理事会提出的校董会和托事部（创始人会）关系的文件……第七，托事部劝说各差会继续资助金陵大学目前所申请的现金经费，并尽可能不削减。② 如此，金大改组在校内和美国两方面的制度障碍基本扫清，金大所有立案手续均由新校董会办理。③

11 月 29 日，金大理事会在沪召开最后一次会议，宣布自行休会（adjourned since die）。同日，金陵大学董事会召开第一次会议，宣告校董会

---

① Twenty-fifth Meeting of the Board of Managers of the University of Nanking, July 12, 1927, UBCHEA Archives, Microfilm, Reel 58/Box 192/Folder 3340, 另见附件 A *Proposed Amendments to Constitution of Board of Directors* 和附件 D *Proposed Amendments to Constitution of Board of Trustees*.《修订校董会章程》中的大部分内容体现于《修订托事部章程》。

② Minutes of the Meeting of the Trustees of the University of Nanking, September 14, 1927, 金大档，档案号：649/2317。

③ 《十月二十日第三十五次校务会议记录》（1927 年 10 月 20 日），金大档，档案号：649/225。

正式成立。①

　　随着时间的推移，选任中国籍校长成为最关键、最急迫的问题。在
1927 年 6 月 29 日的金大改组与立案委员会会议上，吴东初提出要选出一位
中国籍校长，标准是"既能与政府有密切的联系，又是一位杰出的基督
徒"。② 这是金大各种正式会议上第一次明确提出要选任一位中国籍校长及
其标准。紧接着，7 月 12 日召开的理事会第 25 次会议决议组织一个校长提
名委员会以提名新校长人选。不过，此次会议所修订包括校董会有任命校长
之权的各项章程有待托事部通过，所以产生的提名委员会及校长提名人选均
是非正式的。③ 尽管如此，校长提名委员会的工作进展得十分快捷高效。9
天之后，校长提名委员会召开会议，正式提名陈裕光博士为金陵大学校长。
从此次会议的记录看，与会委员未提及其他人选。④ 翌日，提名委员会以书
面形式通知陈裕光，称陈是提名委员会的首选，是中国各教会、各差会、校
友和教员都对其抱有信心的人。⑤

　　陈裕光，祖籍浙江鄞县（今宁波市鄞州区），1893 年出生于南京的一个
基督教家庭，1905 年进入金陵大学的前身之一的汇文书院附属中学读书，
之后进入金陵大学学习，1915 年毕业。1916 年，陈裕光赴美留学，先后就
读于克司工业大学（Case School of Applied Science）和哥伦比亚大学，主修
化学，1922 年毕业获博士学位。陈裕光毕业后即回国，受聘于北京高等师
范学校（1923 年更名为"国立北京师范大学"），1924 年曾任该校总务长和
代理校长。1925 年秋，陈裕光回母校金陵大学任教。⑥

---

①　First Meeting of the Board of Directors of the University of Nanking, November 29, 1927, UBCHEA
　　Archives, Microfilm, Reel 58/Box 192/Folder 3343.

②　Meeting of Committee on Reorganization and Registration, Board of Mangers of the University of
　　Nanking, June 29, 1927, UBCHEA Archives, Microfilm, Reel 58/Box 192/Folder 3339.

③　会议记录中在组织校长提名委员会的决议后有一个说明："在未得到托事部批准前，任命提
　　名者是几乎不合适的。在立案生效后举行新校长就职典礼是明智的，这样他会感到在位稳
　　固。"见 Twenty-fifth Meeting of the Board of Managers of the University of Nanking, July 12,
　　1927, UBCHEA Archives, Microfilm, Reel 58/Box 192/Folder 3340。

④　Minutes of the Meeting of the Nominating Committee, The University of Nanking, July 21, 1927,
　　UBCHEA Archives, Microfilm, Reel 58/Box 192/Folder 3340.

⑤　Secretary of the Nominating Committee to Dr. Y. G. Chen, July 22, 1927, UBCHEA Archives,
　　Microfilm, Reel 58/Box 192/Folder 3340.

⑥　陈裕光生平，详见王运来《诚真勤仁 光裕金陵——金陵大学校长陈裕光》，山东教育出版
　　社，2004，第 1 章。

关于被提名为校长，陈裕光回忆说："同年（1927 年——引者注）11 月，金大理事会在上海开会，突然作出决议，推选我为校长。电报发来，局面已成，难以推辞。"[①] 不过，陈裕光的回忆有误。前述，7 月份他已经得到提名的通知。而 11 月的理事会会议正式任命他任校长，他当时并不在南京，而在上海的会场。[②] 彼时提名陈裕光为校长，似乎很突然。可是，他自己回忆说，北伐时包文就有意请他出任新校长，被他婉拒了，在形势突变之际，包文又对他提及此事，他的态度"一如既往"。[③] 照此说，陈裕光在提名宣布前，自己应有心理准备。

那么，为什么会选择陈裕光担任校长？在校长提名委员会给陈裕光的通知函中，提及原因，即他受各方面的信任。不过，这种表述还比较含蓄，读起来庶几冠冕之词。陈正式就任后，金大学生会对他能够当选校长的原因有过分析："本校校长须兼备下列四种资格始克胜任：（A）与本校有长久历史并对于本校情形熟悉者，（B）有学识经验者，（C）为西人信仰者，（D）与同学会及各方感情融洽者，上列四者之中，独具一项者，校中固不乏人，但能备而有之者，则舍陈博士外实无其他最合宜之人。"[④] 此言至当。

陈裕光是金陵大学的毕业生，这一身份是他当选校长的重要原因。纵观近代中国 13 所基督教新教大学，1949 年前历任的中国籍校长特别是首任的中国籍校长绝大部分为本校毕业生。例外情况有岭南大学首任中国籍校长钟荣光，不过钟氏从岭南学堂时期起即任该校中文教习；圣约翰大学第二任校长涂羽卿（1946—1948）非校友出身；齐鲁大学校长更替频繁，部分中国籍校长非校友出身；燕京大学校长（及代理校长）吴雷川、刘廷芳、陆志韦和梅贻宝等均非校友出身。[⑤] 中国早先的本土大学教授一般来源于有科举功名的士人，随着清末民初第一批大学生的毕业，大学教授开始来源于大学毕业生。他们中的一部分人留学国外，后又回国任教；一部分未留学者直接留校任教，或通过从事其他职业后进入大学任教。这种情况在新文化运动时

① 陈裕光：《回忆金陵大学》，《金陵大学建校一百周年纪念册》，第 13 页。
② Twenty-sixth Meeting of the Board of Managers of the University of Nanking, November 9 – 11, 1927, UBCHEA Archives, Microfilm, Reel 58/Box 192/Folder 3341.
③ 陈裕光：《回忆金陵大学》，《金陵大学建校一百周年纪念册》，第 12—13 页。
④ 矫如：《本校学生会招待沪宁各报记者纪》，《金陵周刊》第 1 期，1927 年，第 67 页。
⑤ 各教会大学历任校长情况，综合参考各校校史资料，不一一标注出处。

期大量出现。大学毕业生留校或留学后回本校任教，是当时的普遍现象，而校方似乎也乐意信任校友任教。陈裕光自己就称当时他回校任教，颇受包文信任。

另外，陈裕光是留美博士，任职教授，学识当可服众。他曾在北京师范大学担任行政职务，成为校长之前任金大文理科科长和校务委员会委员，负责实际事务。在非常时期，金大需要一位有行政经验的校长。还有更关键的一点，陈裕光于 1925 年秋回金大执教，1926 年 3 月 18 日即以理事的身份参加理事会会议，他是金大三个完全合作差会之一的长老会派出的代表①，可见他在教会和学校中的地位。

1927 年 8 月 24 日，已回美国的包文致函托事部主席史密尔（Robert E. Speer），正式提出辞去金陵大学校长职位，这样"金大才可以由中国人继任校长"。② 9 月 14 日，托事部会议批准包文辞职。③ 如此，从法理上讲，之前金大理事会提名陈裕光继任校长才真正有效，接下去的任命步骤才合法。

在 9 月 13 日的理事会执行与经济委员会会议上，校务委员会首次明确表示希望确定一位中国籍校长，认为由校长领导行政工作比校务委员会有效率得多，而且要立案也必须有中国籍校长，所以恳请理事会任命新校长。④ 这显示了校内中国籍教员的态度。

11 月 9—11 日，金大理事会在沪召开第 26 次会议。会议讨论校长提名问题，校长提名委员会提名陈裕光为校长。随后，陈即席发言，做了一番推辞。紧接着，校务顾问芮思娄转达包文对陈裕光的信任；校务委员会主席过探先代表中国籍教员支持陈当选校长。最后，理事会推举陈裕光为金陵大学校长。陈裕光即发表当选感言，表示自己将在这一职位上尽力，任职主要是为了便于金大立案，希望只担任代理校长至立案完成，并要求设立名誉校长和副校长之职。理事会否决陈裕光只担任代理校长与设副校长之请，设立名

---

① Twenty-second Meeting of the Board of Managers of the University of Nanking, March 18, 1926, UBCHEA Archives, Microfilm, Reel 58/Box 192/Folder 3338.

② A. J. Bowen to Robert E. Speer, August 24, 1927, 金大档，档案号：649/2327。

③ Minutes of the Meeting of the Trustees of the University of Nanking, September 14, 1927, 金大档，档案号：649/2317。

④ Twenty-second Meeting of the Board of Managers of the University of Nanking, March 18, 1926, UBCHEA Archives, Microfilm, Reel 58/Box 192/Folder 3338.

誉校长待以后考虑。理事会还决定，校务委员会即自行解散，由新校长负责校务；同时，改组与立案委员会终止，其所处理的事务交予执行与经济委员会，立案手续由新校长负责。① 11 月 29 日，金陵大学校董会第一次会议正式任命陈裕光为金陵大学校长。② 自此，金陵大学校长更替问题完全解决。陈裕光回忆说自己担任校长的条件是理事会要同意他在金大立案事务上"采取主动"。③

就在金陵大学完成学校改组（设校董会）并任命中国籍校长之后不久，大学院于 1927 年 12 月 20 日颁布《私立大学及专门学校立案条例》、1928年 2 月 6 日颁布《私立学校条例》，核心精神即私立学校要受教育行政机关的"监督"和"指导"，私立学校必须组织校董会"负经营学校之全责"，校长须对校董会"完全负责执行校务"，并规定私立学校不得以宗教科目为必修科，不得在课内做宗教宣传，不得强迫学生参加宗教仪式。④ 这是南京国民政府成立后最高教育行政机构最早颁布的有关私立学校立案的法令。对此，中华基督教教育会的态度如旧，建议教会大学从速进行立案。⑤

1928 年 2 月 21 日，大学院院长蔡元培复函陈裕光，称收到陈的手书，得知金大正在筹备立案，发给私立大学立案表样式一册。⑥ 从时间看，政府有法可循，金陵大学即照此规定正式准备立案，节奏紧凑，颇为主动。5 月中旬，金陵大学正式呈请立案。6 月，校董会设立一个新的立案委员会处理立案事宜。8 月 6 日，大学院核准金大校董会之设立，并准予其立案。经大学院派员实地调查，于 9 月 20 日与大同大学、复旦大学和无锡国学专门学院同一批获准立案，成为南京政府时期最早立案的私立大学之一和第一所立

① Twenty-sixth Meeting of the Board of Managers of the University of Nanking, November 9 – 11, 1927, UBCHEA Archives, Microfilm, Reel 58/Box 192/Folder 3341.

② First Meeting of the Board of Directors of the University of Nanking, November 29, 1927, UBCHEA Archives, Microfilm, Reel 58/Box 192/Folder 3343.

③ 陈裕光 1958 年《自传》，上海市轻工业研究所藏，转引自王运来《诚真勤仁 光裕金陵——金陵大学校长陈裕光》，第 106 页。

④ 《私立大学及专门学校立案条例（十六年十二月二十日公布）》，《大学院公报》第 1 年第 1 期，1928 年，第 26 页；《私立学校条例（十七年二月六日大学院公布）》，《大学院公报》第 1 年第 3 期，1928 年，第 8 页。

⑤ 《本会十二届年会纪要》，《中华基督教教育季刊》第 4 卷第 3 期，1928 年，第 91 页。

⑥ 《蔡元培致陈裕光函》，1928 年 2 月 21 日，金大档，档案号：649/62。

案的基督教新教大学。^① 陈裕光向托事部宣称，立案意味着金大得到公众与官方的认可，金大的事业将得到中国人民更好的评价。^② 包文向托事部称赞陈裕光任校长后，在立案问题上，对保持金陵大学基督教性质的态度十分坚定和积极。^③

结　论

1928 年，金陵大学实现校董会设立、中国人出任校长和完成立案的全方位转变，由此进入新时代。这项转变与 1920 年代"非基督教"和"收回教育权"的民族主义风潮、国民革命风暴和政权鼎革有直接关联。金陵大学对民族主义与革命运动的回应，既体现教会大学"中国化"趋势以及内部治理结构调整的整体共性，又有其独特性。金大校方在北京政府时期就开始重新审视自身与中国政府、社会的关系，努力融入国家教育体制之中，游走于"中国化"与基督教宗教性之间，完成特殊的"部分立案"，拥有了"本国私立大学"的政治标签。而在五卅运动与北京政府教育部颁布强硬的立案政策的冲击下，金大校方主动释出向中国籍教职员开放校内中高级行政职位的意愿，学校改组已是大势所趋。

1927 年的"南京事件"对金大几乎造成毁灭性的冲击，外籍教职员出走，学校陷入混乱和困顿，进而由中国籍教职员执掌校务，学校得以维持。正是事件前校方主导的渐变性改组，才使得事件发生后中国籍教职员能够牢固掌握校政，并主导学校未来的走向。由此，陈裕光脱颖而出，成为新的校长，进而打破"托事部—理事会"的权力结构，成立新的校董会。陈裕光力主金大迅速向南京国民政府申请立案，将学校带入南京国民政府规划的方

① 《改进时期概况》，《南大百年实录》中卷，第 38 页；Minutes of The Third Meeting of the Board of Directors of the University of Nanking, June 28—29, 1928, UBCHEA Archives, Microfilm, Reel 58/Box 192/Folder 3343。最早立案的私立大学是厦门大学（1928 年 3 月 28 日）。金陵大学立案后，除圣约翰大学（1947 年 10 月立案）外，其他基督教新教大学相继立案成功，最晚立案的是华西协和大学（1933 年 6 月）。

② Y. G. Chen to B. A. Garside, October 5, 1928, UBCHEA Archives, Microfilm, Reel 72/Box 209/Folder 3354.

③ A. J. Bowe to B. A. Garside, November 30, 1928, UBCHEA Archives, Microfilm, Reel 72/Box 209/Folder 3354.

向。上述各个环节紧密相扣，金大的立案与改组是一个持续了数年的渐进过程。金大成为南京政府时期最积极谋求立案，同时也是第一个成功立案的教会大学，与此有莫大关联。

立案后，与同时期的国立大学相比，教会大学的内部治理结构中既有一个代表教会和西方利益的校董会（尽管与之前相比，校董会已有相当程度的"中国化"），校董会对校长的权力无疑具有一定的制约作用；同时，中国籍校长在校内外也受到外籍教职员和教会势力的掣肘，与国立大学校长在校内事务上能握有绝对权力不等同。在金陵大学，校长陈裕光是能协调教会与中国世俗教育界、金大与政府间关系的绝佳人选。他担任校长不仅是教会方面应对南京国民政府要求必须遴选中国人担任校长的结果，也缘于金大校方主动践行"中国化"的努力。在金大校内，相对于教会与外籍教职员，陈裕光担任校长不仅体现了个体意义，更代表着中国籍教职员的群体力量。正是这股力量推动着金陵大学迈向本土化与自主性。

〔蒋宝麟，上海社会科学院历史研究所〕

沙孟海早年治学思想生成的
群体和地域因素考察

徐　清

摘　要　1914 年夏至 1927 年末，沙孟海居甬、寓沪的 14 年是奠定其学术人生基础并逐步走向丰厚的重要阶段。沙孟海的治学精神和学术思想，在近现代中国学术文化的发展变革中得以孕育和推进，而浙东学术文化传统和诸多师友的砥砺，对他更是一种直接的滋养，促其一生求真求实，重融通、重独创，融贯怀疑精神与理性精神，在传统与现代之间寻找和开拓自己的治学路径。

关键词　沙孟海　浙东史学　求真求实

沙孟海（1900—1992）出生于浙江省鄞县翔凤乡沙村（今属宁波市鄞州区塘溪镇）。沙村距离县城东南约 40 公里，位于天台山脉大梅山下的一个三面环山的偏僻山坳中。1914 年夏，沙孟海考入浙江省立第四师范学校，从偏僻山坳走向城市，由此开启一段新的求学生涯。而 1922 年 11 月迁居上海，直到 1927 年底离开，这五年是其学术人生逐步走向丰厚的一个重要阶段。本文即以 1914 年夏至 1927 年末沙孟海居甬、寓沪的这 14 年为考察时段，着重从其所置身的师友群体和地域两方面探讨沙孟海研求文史、立志学术的促成因素以及所受的切实影响。

一 居甬期间师友的砥砺

浙江省立第四师范学校于 1905 年由张美翊、陈训正向宁波知府建议创办，是浙江省最早的一所师范学堂。[①] 沙孟海 1914 年夏入学后，在此接受了较完善的课程教育，并且遇到了对其一生影响至深的良师益友，确立起研治古代文史的志向。期间，沙孟海受国文教师冯君木、历史教师洪允祥的鼓励和引导，自订"自学课程"；又与同辈好友冯都良、葛旸、陈训恕、俞允等组织"越风社"，砥节砺行、勉学勤思。1920 年暑期，已毕业的沙孟海与冯都良等集会于宁波城西般吉巷效实中学内，由冯君木、陈训正、张原炜、冯汲蒙等做指导，共同讲习文史，钱保杭与陈训恩亦时有参与。"般吉集"激发了沙孟海继续探求文史的兴趣，是年 8 月他辞去工作，搬至宝兴巷冯君木的回风堂，一心追随先生问学。

冯君木[②]作为沙孟海早年为学的重要引路人，对其学术视野、文化立场乃至人格精神的影响"既夙且深"。[③] 二人知交十六载，情同父子。冯君木的治学和为文，一方面讲求广综博取、宏大精深，不强立门户，陈训正评其"为学务其大不遗其细"[④]；另一方面，诗词文章自有明确旨归：其文章上规汉魏，崇尚气骨，论文推崇朴学家汪中一派而不排斥桐城；其诗取法唐宋，尤重江西诗派，晚年之作刊落声华、融冶情性；其词论、词作则与况周颐、朱祖谋多所契合。

[①] 该校在原月湖书院基础上建成，初名宁波府师范学堂，民国元年（1912）改名宁波师范学校，次年改名浙江省立第四师范学校。学堂完全科设修身、教育学、中国文学、算学、博物、理化、习字、图画和体操等课程，修业年限五年，免交学费。参见胡审严《清末民初宁波的职业学校》，政协宁波市文史资料委员会编《宁波文史资料》第 8 辑，http://www.nbzx.gov.cn/art/2007/3/9/art_9742_429873.html，最后访问日期：2016 年 6 月 9 日。

[②] 冯开，原名鸿墀，字阶青，一字君木，人称回风先生，浙江慈溪人。冯氏家族为慈溪望族，其发源之远、簪缨之盛、本支之繁，在族谱中有详细记载。冯开于光绪十八年（1892）中秀才，补县诸生。光绪二十三年（1897）选拔贡生，朝考列为二等。然其无意仕进，翌年出为浙江丽水县学训导，兴文教、修学宫，一年后调任宜平县学教谕，以病未赴。三十岁后即栖迟故里，以教书为业。著有《回风堂诗文集》十四卷。参见沙孟海《冯君木先生行状》，《沙孟海全集·文稿卷》，西泠印社出版社，2010，第 442 页；邬向东、谢典勋、骆兆卅：《国学家冯君木和他的子侄》，《古镇慈城》2001 年第 3 期。

[③] 《冯君木先生行状》，《沙孟海全集·文稿卷》，第 442 页。

[④] 《冯君木冯都良父子遗事》，《沙孟海全集·文稿卷》，第 507 页。

冯君木每每为沙孟海批阅《日录》、改定文稿，或褒奖或训诫，沙孟海亦往往移录于册、自我省鉴。如《僧孚日录》庚申年九月十三日（1920年10月24日）条云："往年所作日记自戊午正月至庚申秋，凡五册，师阅毕有批语数条。总评有云：'始终如一，见其有恒，内省绝严，见其自克。'"①壬戌年七月廿三日（1922年9月14日）条云："以前册《日录》呈师评阅，师谓：'每阅汝《日录》，每岁必改观，此册精语益多矣。'因题卷耑有云：'不意后生之记事殊乃为老夫作特健药，臭洽味同，岁寒得慰。沙生沙生，吾得子其可以老矣。'"②又，壬戌年七月廿三日（1922年9月14日）条云："师数日前书余文稿上二百余言，以作文太少为戒。"③沙孟海的古典文学思想和观念大多承自冯君木，作文倾向汉魏而融会六朝，于近世文章则兼取桐城、扬州诸派，尤重汪中、章太炎，力求"文章"以"学问"为根基。冯君木对沙孟海时以学问文章相勉进，时以德行品节相熏染，竭尽奖掖之功。沙孟海在晚年回忆时仍记忆犹新："少年承学，善诱善导，薄微片能，辄称誉勿置。先博其趣，然后勉进艺业。故弟子敬爱先生，犹敬爱其父兄也。"④

近代以来，甬上以诗词文学名家者尤多。冯君木与应启墀、陈训正、洪允祥年龄相仿，志趣相投，并称"慈溪四才子"。在这四人中，应启墀病瘵先逝，沙孟海未及亲见，然赏读遗作，称叹其文"不由八家畦径，委宛曲折，发于性灵，其才气固迈往无伦也"。⑤陈、洪二人中年以后皆曾任职宁波，沙孟海因此有机会得以师事，亲受教诲。⑥陈训正云："尝与沙生论世，深痛士之不能蓄德而安贫者大都类是，而生亦惴惴用以为戒，故自学校毕修，以迄今日，捐耆欲，屏纷华，挈其子弟，相从于寂寞之境凡五六年。"⑦在宁波期间，沙孟海还拜识了冯君木的族侄、浙东藏书大家冯孟颛，以及在

①　《沙孟海全集·日记卷1》，西泠印社出版社，2010，第29页。
②　《沙孟海全集·日记卷2》，第326页。
③　《沙孟海全集·日记卷2》，第325页。
④　《冯君木先生行状》，《沙孟海全集·文稿卷》，第442页。
⑤　《僧孚日录》辛酉年十月二十日条，《沙孟海全集·日记卷1》，第257页。
⑥　《僧孚日录》辛酉年十一月十四日条："洪佛矢师示我《养知书屋诗集》，乃郭筠仙所作。郭诗学杜，佛师谓在湘乡上也。"见《沙孟海全集·日记卷1》，第277页。
⑦　《陈天婴贻沙生文若》，沙茂世编撰《沙孟海先生年谱》，西泠印社出版社，2010，第153—154页。

冯家坐馆、通晓文字声韵和碑帖书法的钱罕。冯孟颛自弱冠始访求典籍，致力于搜集乡邦文献，其"伏跗室"所藏多明清两朝史料和乡贤著作，沙孟海从中得阅多种文献和碑帖拓本，又时常与师友在此聚谈，眼界逐渐为之开阔。

　　沙孟海交游共处的诸位师长不仅具有很好的旧学根底，而且思想开明、身践力行，以传播新学、发展教育和推进社会变革为己任。早在 1902 年，陈训正、洪允祥、钱保杭等在上海集资创办"通社"译书局，翻译出版东、西方各类科学名籍，一时传播甚广。1907 年宁波府教育会始立，会长张美翊、副会长陈训正不负众望，三年间兴建中小学校及师范学堂等百余所。1910 年，陈训正入同盟会，又任上海天铎报社社长，洪允祥、陈训恩均为报社主笔。1912 年前后，陈训正、冯汲蒙、虞辉祖等在宁波后乐园兴办"国学社"，招收学生，补习经史文学。1918 年，诸人共创"南社"分社"剡社"。① 沙孟海在 1943 年所撰《陈屺怀先生行状》中，对其生平事迹叙述翔实，不惟敬服其文学造诣，称先生"博涉群书，探综道要，吐辞为经，足以自成家数"，② 更将其早年赴日访求科学图书仪器，回国创办通社、兴办学堂、宣导革命诸事娓娓道来。此文虽属后撰，但在早年居甬期间，沙孟海对屺怀先生兼容中西的思想和耿介凛然的气度应当已有直接的感受。

　　这群甬上名士的言传身教使沙孟海耳濡目染，在其有志于学的初期即规避了孤陋与浅俗。除沙孟海外，曾参加"般吉集"的青年学子后来也多成为当世俊彦。冯君木长子冯都良幼承家学、文采斐然，为人耿介刚直，与沙孟海性情最相投。他从效实中学毕业后，先后担任上海《商报》、《申报》主笔和总编辑，兼任东吴大学中国文学教授。冯都良这样叙说他与沙孟海在宁波结识后若干年里的交契："僧孚为人，澹定寡言笑，意量坦坦，于人若无与者，而人自爱之。余生也讷，平居跂诣接，独一见僧孚，即爱好勿能去。僧孚亦暱就余，五六年来，契合弥深，一日不见，便忽之如有所失。"③

---

① 沙孟海《冯君木先生行状》记载此事："（冯君木）与同县陈镜堂晋卿、郑光祖念若、冯毓撝汲蒙、陈训正无邪、应启墀叔申、钱保杭仲济、魏友枋仲车诸子为剡社。日月要晤，会文辅仁，一时溪上号多士焉。"见《沙孟海全集·文稿卷》，第 442 页。

② 《沙孟海全集·文稿卷》，第 453—454 页。

③ 冯贞胥：《沙僧孚大母周夫人八十寿序》，《沙孟海先生年谱》，第 158 页。

二　寓沪五载师友的引介

近代以来，甬人尤其是商界人士旅居沪上者人数众多。为了便于联络和扶助同乡，协调内部利益和矛盾，快速融入上海的商业经济环境，成立了宁波旅沪同乡会、钱业公会等团体组织。① 沙孟海在 1922 年 11 月从宁波迁居上海，首先是受到经济因素和外在环境的直接牵动。此前，他在追随冯君木问学的同时，为了解决生计、承负家庭经济重担，自 1921 年 3 月受聘于甬上望族屠用锡家，② 负责教导其子弟学业。坐馆授徒为他提供了基本的生活保障，更重要的意义还在于，为他的赴沪发展做好了铺垫。1922 年 10 月间，屠氏欲携二子迁往上海，邀请沙孟海同去。沙孟海欣然接受这一聘约，这对于他的人生无疑是一次重要的机缘。11 月 24 日，23 岁的沙孟海抵达上海。

到沪初期，沙孟海应屠氏和另一富商蔡同常两家合聘坐馆。蔡同常，字明存，号琴孙，鄞县东乡人，清末藏书家蔡鸿鉴之孙，编有《明存阁善本书目》，著录善本近 800 种，曾请冯孟颛为之鉴定。③ 他虽经营货殖之业，然而为人重义尚礼、笃于故旧，生平好结纳文学之士，与冯君木、陈训正、张于相、虞含章等均相识，尤与冯君木最友善。早在 1920 年秋沙孟海即已结识蔡氏，迁沪后更是来往频繁。④ 据《僧孚日录》1922 年 12 月上旬的记

---

① 除了上海之外，民国时期宁波商人几乎遍及江苏、江西、安徽、四川、湖北等全国各省，也都分别建有同乡会。"宁波旅沪同乡会"始创于 1910 年，由鄞人施蟒青捐资兴办，复经诸同乡鼎力赞助而不断壮大，至民国初年已拥有会员二万余人。参见张传保、赵家荪修，陈训正、马瀛纂《鄞县通志·政教志》丑编，"党部团体"，宁波出版社，2006，第 1590—1593 页。

② 据《鄞县通志》记载，屠氏一族中，七世有屠滽，成化进士，官至吏部尚书；十七世有屠继烈，曾任长山、平原、章丘、阳谷等县知县；十八世有屠宗基，任永泰县知县；十九世有屠用锡，字康侯，继烈之孙，民国初年任浙省议员。

③ 蔡鸿鉴（1854—1881），字蕶卿，号季白，又号琴笙、秋蝉，鄞县东乡人。出生于富商之家，其"墨海楼"藏书近十万卷，多得自镇海姚燮大梅山馆，天一阁、抱经楼部分藏书亦为其所收。参见郑伟章《文献家通考（清—现代）》，中华书局，1999，第 1217—1219 页。

④ 沙孟海《蔡君五十之颂并序》（1934）："余少时则闻邑中有好义君子曰蔡君默。九年［笔者按：即民国九年（1920）］秋，尝从冯君木、陈无邪、张于相、虞含章诸先生集城东濠上楼，君亦来，是为余识君之始……是岁［笔者按：即 1922 年］冬，余亦佣书走沪，始稍稍就君，主君家明存阁者余两载。君故好结纳文学之士，尤与冯先生善。余从冯先生游最久，由是益昵君，君亦以冯先生故特重余。"（见《沙孟海全集·文稿卷》，第 444 页。）

载，沙氏抵沪后仅十天，即受托为蔡氏录存家藏书画款识及印记题跋。

对于初到上海的沙孟海而言，除了经济保障之外，冯君木、张美翊等师友的热心引介，更为他立稳脚跟、拓展交游和研求学问奠定了重要基础。张美翊，号让三、蹇叟，宁波人，曾随薛福成出使欧洲，后历任盛宣怀、浙江巡抚张曾敭等幕府，又两度出任南洋公学提调兼总理，晚年被选为宁波旅沪同乡会会长，著有《箓绮阁诗集》，编纂《奉化县志》《东南海岛图经》《罗马尼亚国志》《塞尔维亚国志》等。1922 年末至 1924 年间，张美翊屡屡致函上海友人，积极为沙孟海引荐，促其拜识众名士。《僧孚日录》载：

> 壬戌年十月廿五日（1922 年 12 月 13 日）："晚，百行来，导余游海上题襟馆，晡归安俞语霜原，待安吉吴子茹涵未至。先是，蹇丈有书抵吴，为余绍介，并属引见其父仓石先生。"
>
> 同年十一月十日（1922 年 12 月 27 日）："蹇丈属一诣吴子茹，请引见仓老，谓此老粹然蔼然，必须一见。"
>
> 同年十一月廿六日（1923 年 1 月 12 日）："得蹇丈书，附致刘澄如锦藻书，荐余教其子《说文》之学。又致郑苏戡先生书，俾往申后持而往见之，丈谓游大人以成名，古亦有之云。"
>
> 同年十一月廿七日（1923 年 1 月 13 日）："丈（笔者注：指张美翊）于余赴申，颇引以为怅，并语余异日必成名，前途幸自爱也……反于回风堂，蹇丈又遣童子以书至，并附致罗子经振常、丁辅之仁两书，亦为余绍介。罗乃叔言弟，效樊榭卖书海上。丁藏有汉印数百方。"
>
> 癸亥年十二月八日（1924 年 1 月 13 日）："张蹇丈每与申友书，必及余与夷父、百行三人，前辈奖借不忘如此。"
>
> 同年十二月十一日（1924 年 1 月 16 日）："蹇丈有书致顾鼎梅先生燮光，属余与夷父持往访之。"[①]

正是在张美翊的积极联络和敦促下，沙孟海得以拜识比自己年长五十余岁的吴昌硕；也正是借由蹇丈的数封推介信，他谒见了当时的诗坛领袖郑孝胥，

---

① 《沙孟海全集·日记卷 2》，第 405、417、434、556、560 页。

金石学者顾燮光，罗振玉之弟、藏书家和校勘学者罗振常，以及富藏古印的西泠印社创始人之一丁仁等赫赫有名的长辈前贤。

1923 年 8 月，冯君木因被聘为"修能学社"社长而移居上海，师生再度相聚。该学社由慈溪人秦润卿兴办，是利用宁波旅沪钱业公会的部分会馆场所聘请师资、开设教席，以培养钱业子弟。① 自 1925 年 2 月，沙孟海除了坐馆授徒外，同时在该学社兼任国文教师一职。其师友辈中，往日已熟识者如陈训恩、朱炎复、钱罕、冯都良、俞次异等在 1920 年代前期也陆续迁沪，同膺该学社讲席。② 此期的修能学社俨然成为冯君木与友生们会文谈艺的场所，期间过从甚密者还有如以词学享誉于时的况周颐、朱孝臧，扬州学派后期代表李详，同光诗派引领者夏敬观以及程颂万、徐珂、刘凤起、任堇等。沙孟海凭借冯师的引介和随侍左右的机缘，自然而然得以了解和熟悉诸位先生，甚或拜识和亲聆其教。此外，他还曾游处于海上题襟馆金石书画会、停云书画社，结识俞语霜、吴子茹、吴东迈等；③ 又有缘亲聆章太炎言谈，面晤康有为于"游存庐"。数年间，沙孟海的交游大为拓展，人脉得以充分延伸，学术识见和视野格局今非昔比。

三　清代浙东学派的精神滋养

鄞县地处浙东沿海，古属明州，介于慈溪、镇海、定海、奉化、余姚诸县之间。唐宋以来尤其是明清之际，此地多经史宿学之士，其蹈行圣贤之学，文章、气节易世不衰。清季万斯大、万斯同、全祖望等接续黄宗羲，传承浙东学派"博采、求实、创新、经世"的精神，开拓经史之学新境界。梁启超在《中国近三百学术史》中如此评价："浙东学风，自梨洲、

---

① 范学文：《金融业巨子秦润卿》，《宁波文史资料》第 5 辑，宁波出版社，1987，第 71—81 页。
② 陈布雷：《修能图书馆记》，沙茂世、吴龙友编《沙孟海遗墨》（上），西泠印社出版社，2005，第 7 页。
③ 《僧孚日录》癸亥年十月二十日条："与冰生、夷父游停云社，晤山阴任堇叔（堇），堇叔为伯年先生子，书画皆工善。吴缶翁始创题襟社，旧在汕头路，吴缶老不常至，俞语霜住社中，若主办。语霜殁后，社分为两，其一在福州路，因其旧颜，一即停云社，在麦底安路，堇叔为真领袖矣。"见《沙孟海全集·日记卷2》，第 525 页。

季野、谢山起，以至于章实斋，厘然自成一系统，而其贡献最大者实在史学。"[1] 清代浙东学派影响所及，并不囿于一时一地，其特有的学术品格既富含传统精髓，又不失恒久生命力，对近现代中国学术文化的发展影响深远。[2]

沙孟海 20 岁前后开始览阅全祖望《鲒埼亭集》等浙东学人著作。这部《鲒埼亭集》记录了明季清初学者、义士的诸种事迹，尤其是南明诸贤的碑志记传，可谓情深气壮、栩栩如生，同时又有对学术源流的辨析、史书编纂的探讨，堪称全祖望一生治学和人格精神的凝结之作。沙孟海精心阅读后，曾将有关鄞县乡里的史事大段摘录在册。他又时从师友处听闻乡先哲史事，并亲往拜谒明季义士之墓。例如《僧孚日录》辛酉年二月廿四日（1921 年 4 月 2 日）条记："午后，冯衷博、钱舒于二人来，持夫子命从往北郊马公桥，展冯公簟溪、王公笃庵及董公幼安三义士之墓……三公皆明末起兵者，事败遇害，墓中尸皆不全……冯公为慈溪冯氏之旁支，其墓故无人知，数年前吾夫子与曼孺寻得之。夫子之曾祖白于先生有《马公桥寻簟溪公墓不可得诗》，夫子因与曼孺于马公桥更访寻之……回风堂诗有五古一首，其题为《与从子贞群寻冯跻仲、王完勋两侍郎合葬墓得之》。……既寻得，因修其墓，董公墓在冯、王二公合葬西南二三步，碑字尚可读，冯、王二公旧碑不可读，今曼孺为更立石焉。二公事昨日夫子为余称述甚详，兹记而未悉。盖《鲒埼亭集》有王公、董公墓志，黄梨洲亦有冯公墓志，他日宜检读之。董公为六狂生之一。冯公名京第，王公名翊，董公名志宁。冯、王皆慈溪人，董鄞人。"[3] 又记："检《鲒埼亭集》有《冯侍郎遗书序》，但言其著作，未详其事实。又有《明故兵部右侍郎兼都察院右佥都御史王公墓碑》及《明兵科都给事中董公神道表》，其外有关三公之文甚多，皆读一过。"[4]《日录》中有关明末浙东义士的记录尚多，兹不具录。值得注意的是，在 4 月 2 日的《日录》上端空处，还有冯君木的两条批注，一是"钱名肃乐"，此为回答沙孟海的疑问，即"又有一稚绅为钱忠介公不知其名，待问诸夫子"；另一是"以刃断所枭首堕地者，乃陆属人为之，非陆自为也。事见《鲒埼

① 梁启超：《中国近三百学术史》，上海三联书店，2006，第 87 页。
② 董平选注、祁茗田评析《浙江精神之哲学本源》，浙江古籍出版社，2004，第 18 页。
③ 《沙孟海全集·日记卷 1》，第 111—112 页。
④ 《沙孟海全集·日记卷 1》，第 112—113 页。

亭集》。黄太冲、陆周明墓志亦著其事，拔刀击头者为江子云，拾头者为毛明山，笃庵之旧部也"①，也是为补正《日录》所记。由此可知，冯君木不仅熟读《鲒埼亭集》，还曾亲自访寻和修葺明义士冯、王二公之墓，又屡为沙孟海详述明末浙东史事。1921 年 6 月，沙孟海从伏跗室主人冯孟颛处得见鄞人万斯同《明史》及李邺嗣《汉语》《南朝语》稿本等，亦是难得的浙东文献。② 1925 年初沙孟海由沪返乡期间，曾前往鄞县邹谷全谢山祖墓拜谒。③ 再联系后来其他诸事，比如 1932 年他在南京任职教育部秘书时，凭借眼力和学识，对万斯同《明史稿》手稿十二册做出明确鉴定，并借助好友、藏书家别宥斋朱鼎煦之力收购，使这部极为珍贵的历史文献得到妥善保藏；④ 1980 年代末，为襄助《万斯同年谱》（陈训慈、方祖猷合著）的编撰，多次致函上海图书馆馆长顾廷龙等等，凡此种种，皆根植于沙孟海与浙东历史、学术文化之间一脉相承的内在联系。浙东学人以其渊博学识和高风峻节为沙孟海树立了一个高山仰止的标杆，同时也成为凝结浓厚乡情之所在。

沙孟海的治学精神和学术思想，在近现代中国学术文化的发展变革中得以孕育和推进，而浙东学术文化传统和师友的砥砺，对他更是一种直接滋养，促其一生求真求实，重融通、重独创，融贯怀疑精神与理性精神，在传

---

① 《沙孟海全集·日记卷1》，第 113 页。

② 《僧孚日录》辛酉年四月廿九日条："伏跗室主人出示万季野《明史》及李杲堂《汉语》、《南朝语》之稿本，李书未梓，万书未全，与今本《明史》对校，字句亦大同小异，诸本皆有印记，可珍贵也。"（见《沙孟海全集·日记卷1》，第 154 页）李邺嗣（1622—1680），原名文胤，号杲堂，以字行，鄞县人，诗文卓然成家。万、李二人均曾受荐博学鸿词科而不就，师事黄宗羲，为浙东学术代表。

③ 《僧孚日录》乙丑年一月十三日条："傍晚，雨，次布（童第德，字次布——笔者注）导余登其村后山上，看全谢山题其族祖墓（乾隆乙丑，是时先生年四十许），谢山先世自曾祖而下居邹谷者四世，故不少遗迹思旧之居，邑志载之，今不知其处矣。"见《沙孟海全集·日记卷3》，第 783 页。

④ 天一阁藏万斯同《明史稿》第 1 册册首有吴泽、葛旸、陈宧士、李晋华、张宗祥、朱赞卿等人题记和观款。吴泽题记："别宥见示万季野先生《明史稿》，改窜涂乙，颇有义法，非深于史学者弗能为。泽复以先生当年与人手札再三细校，字字结撰，又不爽累黍，审为真迹无疑。甲戌二月，后学吴泽拜观记。"甲戌是 1934 年。万明、解扬《天一阁〈明史稿〉（略考》（《北京联合大学学报》2009 年第 1 期）一文认为，吴泽于 1934 年从字体的角度率先将此稿认定为万斯同手迹。实际上，沙孟海更早看到该手稿并做出判断（参见 1989 年沙孟海所撰《万季野明史稿题记》，《沙孟海全集·文稿卷》）。当然，以吴泽（1900—1938，字公阜，鄞县人）与沙孟海的深厚交谊、频繁往来而言，不排除二人共同商议、得出共识的可能。

统与现代之间寻找和开拓自己的治学路径，以广涉语言文字学、金石考古学、书学、印学等多个领域的博览融汇的视野和胸襟，追问传统观念、习见之说，至晚年"成就了足以代表一个时代的书学与印学高度的事业"。①

〔徐清，杭州师范大学美术学院〕

---

① 方爱龙：《书学卷·导言》，《沙孟海全集·书学卷》，第3页。

近代中国法律人的时代命运

——以法界翘楚吴经熊的苦旅人生为视角

孙　伟

　　摘　要　吴经熊涉足法学学术、法学教育、司法、立法等诸多领域，对近代中国法制进程做出了重要贡献。吴经熊成功的一个重要原因是他精心构建了一个重量级朋友圈，有霍姆斯、蒋介石、孙科、徐志摩等。他三次错失"法律救国"的机会：1937 年抗日战争全面爆发，1946 年被委任驻罗马教廷公使，1949 年国民党丧失大陆政权。最后他选择去美国做大学教授。其政治倾向是中立的，法律倾向是鲜明的。

　　关键词　近代中国　法律界　吴经熊

　　吴经熊（John C. H. Wu），字德生，1899 年 3 月 28 日出生于浙江鄞县（今宁波市鄞州区），1986 年 2 月 6 日逝世于台北。他是 20 世纪中国一位极其罕见的学贯中西、具有世界影响的法学大师，几乎获得了法律人所能获得的各种荣誉，足迹遍及当时中国法界的各个角落，在法学领域所取得的成就足以让国人仰视，让西人侧目。而最引人关注的是他的人生堪称传奇，前半生在法界风光无限，后半生又因各种缘故皈依了天主教。通过以吴经熊的苦旅人生作为典型个案进行深入考察，既可以更加客观与理性地审视近代中国的法制进程，又可以较好地总结近代中国法律人共同的时代命运。

一　吴经熊对近代中国法制进程的重要贡献

当前，诸多海内外的法学界学者对吴经熊的评价非常高，其作为 20 世纪中国最具代表性的法学家的地位已经获得普遍认可。如许章润所言："就法学来看，海峡两岸，偌大中华，亿万生灵，真在国际上混出点名声的，撒手西归后仍然有点回响的，实际上惟吴经熊先生一人而已。"① 梁治平曾说："在中国法学史上，吴经熊占有一个特殊的和引人注目的位置。"② 曾建元亦云："他是近代中国第一位世界级的法理学家，也是中华民国法制的重要擘划者。"③ 吴经熊助推中国法制进程的重要贡献可以归为以下几个方面。

1. 近代中国法学学术

作为民国时期极具国际视野的著名法学家，吴经熊在法学学术方面取得了重大的成就，极大地促进了法律的传播。吴经熊的法学学术贡献主要体现在三个方面：一是理论建树，即考察中国传统法律思想，评介西方法律思想，创见法律哲学思想，研究中国法制进程；二是文献编纂，即汇编和校对法学论著，编撰和校勘法学工具书；三是传媒平台搭建，即主编《法令周刊》，主持上海法学编译社，支持《法学季刊》建设。

吴经熊作为法学大家对近代中国法制进程的最大贡献体现在法学学术方面。他借助上海的经济文化中心地位，充分利用各种社会资源与传播媒体，著书立说，以法学理论成果的形式给世人以启迪。一方面，通过法学理论研究，提升了自己在国内外法学界的声望，让更多的人了解自己的法律思想；另一方面，通过法律文献的编纂和法律传媒平台的搭建，借助他人的法学成果最大限度地传播了法律，间接地反映了自己的法学理念，还扩大了自己的法学视野与自己的学术圈，使得自己能比较容易地及时掌握国内外最新的法学研究动态，最终成为国内外法学界的话语权威。

---

① 许章润：《法学家的智慧——关于法律的知识品格与人文类型》，清华大学出版社，2004，第 77—79 页。
② 〔奥〕田默迪：《东西方之间的法律哲学：吴经熊早期法律哲学思想之比较研究》，中国政法大学出版社，2004，前言，第 8 页。
③ 许章润：《清华法学》第 4 辑，清华大学出版社，2004，第 81 页。

2. 近代中国法学教育

1915 年 9 月，东吴大学创立法科于华洋杂处的上海。1927 年，更名为东吴大学法学院，为我国创办最早及最著名的法学院。[①] 东吴大学法学院在 20 世纪上半叶享誉海内外，被誉为中国"近代法律家的摇篮"，特别是在培育我国比较法学和国际法人才方面贡献至巨，时有"北朝阳、南东吴"之美誉。东吴校友在 1946 年的东京大审判中发挥了独特的作用，一时名声大噪。吴经熊不仅大学就读于该校，而且在出国学成归来后，以当年最优秀毕业生的身份回到母校任教。

吴经熊几乎涉足了当时中国法学高等教育的主要领域。作为大学教师，他承担了较为繁重的一线教学工作，培育了一大批东吴学子。作为学术权威，他撰写学术论著、参加国内外重要学术会议、带领学生翻译西方法学名著。不仅使自己成为当时中国法学界的骄子，而且使东吴法学声名鹊起，引领法学潮流。

1927—1938 年，吴经熊在担任东吴大学法学院院长期间做了大量工作，如调整办学思路、加强师资建设和改善办学条件等，大大拓展了学校的生存与发展空间，为东吴法学的腾飞做出了巨大贡献。他在东吴大学法学院任教（特别是担任院长）的经历，在近代中国法律教育史上留下了辉煌的一页，是近代中国法学学科迅速发展的重要见证者和推动者，不愧为近代中国"著名的法学教育家"。他在培育法律人才过程中所表现出来的渊博学识、超世眼界和博大胸怀，为当下中国的法学教育者们提供了极大的启示，并提出了极高的要求。

3. 近代中国司法

吴经熊的司法实践包括：担任律师，维护法律的尊严，乃至维护国权，开了社会风气；担任上海公共租界临时法院推事和代理院长，通过重大案件的审判，试图将"中国法律霍姆斯化"，维护司法独立原则；担任上海公共租界工部局法律顾问，试图将工部局的行为纳入中国法制的轨道；担任联合国制宪大会中国代表团法律顾问，组织起草了《联合国宪章》中文本。

---

① 具体内容可参见孙伟《近代中国最著名的法学院——东吴法学院之研究》，《江西社会科学》2010 年第 11 期；孙伟《中国最早的大学法学院之考析》，《东吴法学》2011 年春季卷，中国法制出版社，2011。

吴经熊以废除列强在华领事裁判权为己任，积极参与上海司法制度的改革，并最终取得了重大的成绩。在他眼中，法律面前人人平等、司法独立原则、秉公执法是绝不能动摇的，这样才能推动中国法制建设的真正发展与中国社会的真正进步。他认为，领事裁判权的收回不能以丧失国权为代价，而应该追求真正的正义与公平。他在司法实践领域取得的巨大成功，为他在其他法律领域的实践活动起到了极大的推动作用，主要体现在法学论著的撰写、法学教育的推广、重要法律的制定等方面。因此，吴经熊比绝大部分法律界人士能更清楚地认识到中国社会现实的残酷，中国到底需要什么样的法律和法律人才，中国人需要什么样的法律思想与理论等。

4. 近代中国立法

对于一位法律界人士来说，一生中参与立法的机会不会太多，而制定国家的主要法典和根本法典的机会更是稀少。吴经熊不仅有幸直接参与了民法典和宪法的制定，而且还作为法条的主要撰写人被载入史册。因此，对吴经熊立法实践的探究无疑具有极大的理论与现实意义。

吴经熊曾参与《中华民国民法》的制定工作，贡献表现为：一是直接参与立法（立法者）；二是其法律思想成为立法的理论指导（影响者）；三是对法条的解读（阐释者）；四是对法律的宣传（宣传者）。

他还参与了近代中国发生的两次非常重要的制宪活动，一次是主持制定"五五宪草"，一次是参与制定 1946 年《中华民国宪法》。而且"五五宪草"是以"吴氏宪草"为蓝本，参考各方意见评论，后经过反复多次修正最终而成。他的贡献表现为：一是直接参与立法（立法者）；二是直接影响其条文内容（决定者）；三是对法条的解读（阐释者）；四是对法律的宣传（宣传者）。特别是吴经熊的宪政实践对近代中国的法制现代化建设起到了重要的推动作用。

可见，吴经熊接受了当时中国和世界最先进的法学教育，涉足了法学学术、法学教育、司法、立法等诸多领域，并做出较大的历史贡献。① 这一特

---

① 由于吴经熊在法律领域的涉猎面太广，精力有限，所以难免存在不够深入之处，受到同行或舆论的质疑。比如，学者对他是否属于原创型法律著述家持有异议，认为他无系统的法律思想，也无专门的法学著作，而多为论文集的形式，从而不能进入伟大思想者之林。"吴氏宪草"完成后，吴经熊特意以个人名义在各大报刊发表，却受到非常多的批评。当时立法院还令各级政府、学校和研究机构进行讨论。社会各界对这个草案褒贬互见，立法院收到各方意见评论共计 200 余件，国内众多重要刊物也对它作了公开的广泛讨论。其实，我们对吴经熊不必过于苛求，更应从推动近代中国法制进程的整体成效上进行宏观评价。

殊经历，使其成为近代中国法制走向现代化的亲历者和重要推进人。与大多数法学家相比，吴经熊对近代中国法制进程的贡献更加全面、深入与持久。他的个人命运与近代中国法制进程所取得的成绩非常契合。

二　吴经熊精心建构的重量级朋友圈

吴经熊成为近代中国法律界大家的背后是诸多因素共同作用之结果，这也导致其所取得的辉煌成就难以被复制，如家庭因素、个人因素、时代因素、区位因素等。[①] 其实，还有一个重要原因，就是吴经熊善于交际及自我宣传，结识了一批好朋友。他的朋友圈中存在各色人等，有西方法学大家，如霍姆斯、施塔姆勒、庞德等；国民党政界要人，如蒋介石、孙科等；上海流氓大亨，如黄金荣等；东吴法学院的师生，如盛振为、杨兆龙、丘汉平等；文化名人，如胡适、徐志摩等。他在交友方面可谓不拘一格，既可以与法学大家坐而论道，又可以与江湖朋友称兄道弟。纵观吴经熊精心构建的重量级朋友圈，一方面对他的学业和事业帮助较大，另一方面也有心灵的沟通，乃君子之交。

1. 霍姆斯

吴经熊早年游学足迹遍及欧美著名学府，结识许多国际一流法学权威。奥立维·温德·霍姆斯（Oliver Wendell Holmes），1902—1932 年任美国联邦最高法院大法官，被公认为美国现代实用主义法学的创始人，也被称为美国历史上最伟大的大法官之一。吴经熊在第一次留学欧美期间，最大的收获就是结识了当时的世界级法学泰斗——霍姆斯。吴经熊较霍姆斯小了近 60 岁，一少一老，一中一美，结成忘年之交，一时传为国际法学界的一段学术佳话，成为近代中西法律思想文化交流中传奇式的个案。

两人的交往主要通过充满热忱与睿智的书信进行，从 1921 年第一次通信至 1935 年霍姆斯逝世，长达 15 年之久，往来书信共计 106 封。[②] 这些书信是近代中国法制进程中弥足珍贵的历史文献，更是通向他们心灵世界的钥

[①] 具体内容可参见孙伟《浅析近代中国法学大师——吴经熊的成功之因》，《中共宁波市委党校学报》2011 年第 3 期。

[②] 该数字由台湾学者曾建元统计而来。

匙。这是沟通两种文化和四代人的通信，虽然他们一生只见过两次面，但我们可以从字里行间领悟两者深笃的情谊，记载了两者相识、相交、相知、相惜的过程。这些信件的内容涉及对学术、人生、信仰、社会、教育、法律实务等问题的探讨，更是中美两种法律制度的对话。事实上，这段超越时空的友谊也被吴经熊视为"一生当中最有意义的一件事"。得到霍姆斯不断的指点与认可，不仅使他迅速进入世界法学界主流圈，而且为他致力于推动中国法制进程提供了精神动力与前进方向。

2. 蒋介石

法学家吴经熊与国民党总裁蒋介石是老乡，一个是宁波鄞县人，一个是宁波奉化人。二人的交往有三段渊源，两次是中华民国宪法的草拟，一次是因为《圣经》的翻译。

吴经熊第一次进入蒋介石的视野是"五五宪草"的起草。南京国民政府建立后，为了统治的需要，开始大量编纂法律条文。到 1930 年代初期，国民政府面对内外交困的压力，为挽救日益深重的民族危机，开始启动立宪模式。当时吴经熊对中国的法制建设满怀热情，也因此进入政界，直接参与此事。他进入立法院，担任立法委员，兼任宪法草案起草委员会副委员长、代理委员长、审查委员会委员。后来还被推选为初稿主稿人，并用一个月的时间完成宪法初稿，被称为"吴氏宪草"。以吴经熊稿为蓝本，经多次征求意见及反复激烈讨论，最终修改定稿。1936 年 5 月 5 日，南京国民政府公布了这部《中华民国宪法草案》，史称"五五宪草"。此次修宪使得吴经熊名声大噪，成为当时中国首屈一指的法学大家。由于此次修宪不是在蒋介石的直接主导下，所以此时蒋介石对吴经熊尚谈不上熟悉。

吴经熊不仅是一位法学家，而且国学基础扎实，通晓多国语言，知识跨越东西方文明。[①] 1942 年 6 月，吴经熊在重庆翻译了《圣经》中几首《诗篇》，通过宋霭龄辗转到了蒋介石的手中。皈依天主教不久的吴经熊很好地融会贯通了基督教教义与中国传统儒家思想的精髓，因而译文语言流畅、文字优美、句子对仗工整。蒋介石读罢，大为赞赏。11 月，在宋美龄、蒋介石的鼓励和资助下，吴经熊正式着手翻译《圣咏》，并将所有译稿呈交蒋介石过目。蒋介石仔细阅读译文，"三阅译稿，予以修正，加以润色"，与吴

---

① 吴经熊：《超越东西方》，周伟弛译，雷立柏注，社会科学文献出版社，2002，第 336 页。

经熊"推敲字句，辨析疑义，切磋琢磨，不遗余力"，① 帮助吴经熊进一步把译文修改得更加生动，文句更紧凑，呈现出古雅的风格。1946 年，在蒋介石的资助下《圣咏译义初稿》由商务印书馆出版。该书出版后，赢得了一片赞誉之声，被称赞为"清新俊逸，引人入胜"②，"文笔古茂，音节铿锵，咏之为咏，名副其实"。③ 这次二人的精心合作，虽然仅属于精神、宗教层面，但无疑大大拉近了两人的距离。

抗战结束后，为了给国民党独裁统治披上合法、民主的外衣，蒋介石加紧了立宪的步伐。国民党单方面召开了国民大会，并于 1946 年 12 月 25 日最终通过了《中华民国宪法》。吴经熊受到蒋介石的重用，担任了第一审查委员会及综合审查委员会委员。1946 年 11 月 27 日，"中宣部举行记者招待会，到会中外记者二百余人。吴氏出席说明制宪原委，婉转透彻，记者无不折服"。④ 由于与"五五宪草"的渊源，吴经熊再次出山，他在秉承蒋介石旨意的基础上，对提交的宪法修正草案进行力所能及的修改。正是由于蒋介石的重用，吴经熊才得以再次走上修宪的历史舞台。

3. 孙科

吴经熊与孙中山的长子孙科的关系非同一般，他们之间的关系有两个交集。第一次是 1930 年代前期的修宪活动。1933 年 1 月 12 日，吴经熊接受孙科之邀出任立法院立法委员，任职长达 13 年之久。⑤ 1 月 16 日，孙科就任立法院院长，领导宪法起草工作。心怀满腔抱负、声名卓著的吴经熊在孙科的支持下，担任宪法草案起草委员会副委员长。吴经熊不辱使命，用一个月的时间完成了草案，交给了孙科。吴经熊后来回忆："他原则上同意了，并建议，为了引起公众对制宪的兴趣，以及看看人们对草案有何反应，我应以我自己的名字发表它，引发各个方面的建设性的批评。他说，这些批评可以作为我们委员会讨论中的一个有益参考。我知道我的草案无疑会成为攻击的目标，但仍接受了他的建议。"⑥ 两人的关系很是亲密，吴经熊"每逢周末

---

① 《圣咏译义初稿》，吴经熊译，商务印书馆，1946，于总主教序，第 2 页。
② 《圣咏译义初稿》，吴经熊译，于总主教序，第 1 页。
③ 《圣咏译义初稿》，吴经熊译，朱主教序，第 1 页。
④ 陈如一：《吴经熊公使》，《申报》1946 年 12 月 19 日，第 3 张第 9 版。
⑤ 吴经熊担任第三届（1933 年 1 月 12 日至 1935 年 2 月）、第四届（1935 年 2 月至 1946 年 10月 14 日）立法委员。参见刘寿林等编《民国职官年表》，中华书局，1995，第 407 页。
⑥ 吴经熊：《超越东西方》，第 213 页。

与孙科来上海共游娱乐场所"。①

　　第二次是在解放战争即将结束之际。1948 年 11 月至 1949 年 3 月，孙科出任行政院长，在国民党军队几乎全线崩溃的背景下，竭力逼蒋介石下野，进行和谈，寻求"光荣的和平"，以挽救国民党的统治。孙科的内阁缺人，希望吴经熊能出任司法部长。吴经熊接受了邀请，离开妻子和孩子，于 1949 年 2 月 21 日从罗马回国。② 虽然在孙科提名吴经熊之前，内阁就已经垮台了。但由此亦可见两人的关系非常紧密，否则在当时的历史条件下吴经熊不会冒险赴约。

4. 徐志摩

　　吴经熊是宁波鄞县人，徐志摩是海宁硖石人，两地相距不远，同属浙东地区，二人算是同乡。1916 年秋，17 岁的吴经熊考入上海沪江大学。③ 在那里，他遇到了比自己年长两岁的同学徐志摩。当时学校管理严格，要求住校，加上家庭背景、成长经历及个人品性等方面有诸多的相似性，所以两人迅速成为好朋友。半年后，在徐志摩的劝说下，两人转报天津北洋大学法律预科，并于 1916 年冬天双双通过了该校在上海举行的入学考试。④ 半年后，由于校方决定第二年将法科并入北京大学法科，吴经熊决定转学至位于上海的东吴大学法律专科，1920 年夏赴欧美深造。徐志摩则转入北大的法科政治学门，在那里完成了预科学业，1918 年 8 月赴美、英留学。遗憾的是，两人在美国留学期间未曾谋面，直至 1922 年在柏林才再次见面。后来吴经熊还成为徐志摩与张幼仪婚变的见证人。

　　1924 年夏和 1922 年秋，吴经熊与徐志摩先后回国，一个以法律为业，一个与诗歌为伍，结果都在各自的领域享誉海内外。成功的法学家与著名的诗人之间，仍持续着当年在沪江校园的纯真友情。二人时常通信，并相互问候与关照⑤，一直持续到 1931 年徐志摩不幸英年早逝。1934 年吴经熊在上

---

①　吴经熊曾为《天下月刊》杂志撰写了一篇《杂记》（Un Melange），其中提到了他与孙科在上海共度周末生活的事（1937 年，第 267 页）。转引自谢颂三《回忆东吴法学院》，上海市政协文史资料委员会编《上海文史资料存稿汇编》第 9 辑，上海古籍出版社，2001，第 69 页。

②　吴经熊：《超越东西方》，第 387 页。

③　吴经熊：《怀兰集》，光启出版社，1963，第 76 页。

④　吴经熊：《超越东西方》，第 51—52 页。

⑤　虞坤林编《志摩的信》，学林出版社，2004，第 146 页。

海的英文杂志 *The China Critic*（《中国评论周报》）第 7 卷上发表了《奇妙的经历》一文，把自己与志摩的友谊描述为"最丰盛而又气味相投的友谊"，并对二人的区别给出入木三分的分析："徐志摩接近宇宙的方法是爱，他张开双臂，渴望拥抱它。他以不知足的狂热，几乎渴望把它吞下去。我，另一方面，把宇宙看做是一个永不枯竭的活水泉源，这里啜一口，那里喝一口，很像是一只在长流小溪边偷偷摸摸的松鼠。那么，什么构成我们隐藏的相似处呢？在他死后出版的日记中，志摩证实我腹内有火。那么，正好这对火的拥有把我们集合在一个永恒的友谊中。"① 在二人纯真友谊的背后，暗含了共同的不断进取的事业心、坚韧乐观的人生态度，以及舍我其谁的鸿鹄之志。

吴经熊是近代中国一位真正的"法律达人"，与只知为政府当局歌功颂德的御用文人不同，亦不同于沉湎书斋、孤芳自赏的书生名士。吴经熊亦俗亦雅，在他身上，学者、哲学家、政治精英和俗人的成分兼而有之。

三　吴经熊三次错失"法律救国"机会引发的思考

吴经熊少年得志，曾经踌躇满志地希望通过自己的努力，通过自己的法律知识，通过自己的方式来改变中国的命运。然而，命运却不断捉弄他，相继三次错失"法律救国"机会，留给后人无尽的思考。

1. 1937 年，抗日战争全面爆发——大失所望，难以接受

吴经熊有幸先后实施和参与了许多重要的法律实践活动，且基本上都取得了较大成就，其中还不乏惊世之举。其目的是通过试图影响政府，继而改造中国，使之成为西方式的法治国家。② 然而中日战争全面爆发，国家和个人的命运都发生了巨大的变化，中国的法制进程被打断，吴经熊正常的工作与生活中断，甚至生命安全也成问题。1938 年 1 月，吴经熊携家迁至香港。他当时没有收入，只靠为《天下月刊》写文章来养活全家，生活困苦。③ 太

---

① John C. H. Wu, *The Art of Law and Other Essays Juridical and Literary*（Shanghai: Commercial Press, 1936）, pp. 215 - 216. 中文翻译可参见〔奥〕田默迪《东西方之间的法律哲学：吴经熊早期法律哲学思想之比较研究》，第 188—189 页。

② 吴经熊：《超越东西方》，第 129 页。

③ 吴经熊：《怀兰集》，第 79 页。

平洋战争爆发后，吴经熊在香港被日本人控制人身自由，直至 1942 年 5 月 2 日，他才率全家从九龙逃出。①

战争给国家和民族带来了灾难，人们流离失所，生活痛苦。吴经熊后来这样描述那个可悲的处境："成为我这一代的中国人，就是成为一个非常困惑的人。我从一个避难所移到另一个避难所，经过许多震惊。无论如何，生而为人都是坏事……我们的出生乃是一切的烦恼之始。""意识到我年近 40，却仍未获得我可无保留地信奉的真理。"所以他总结道，"当我回顾往昔，1937 年可视为这一生的转折点。我的皈依发生在那年冬天。"②

据此，他在精神上出现了极度的悲观失望，人生观、世界观、价值观发生了巨变，暂时放弃了对法律的信仰，开始寻求新的精神寄托。他后来回忆，1937 年上海沦陷后，他住在同学袁家璜家。袁家璜是天主教友，每天晚上，袁家全家老小齐集一室，共同读经。通过读经吴经熊慢慢顿悟，在当年 12 月 18 日接受了洗礼，正式成为天主教徒。③

此后，吴经熊的一些朋友发现自从他成为天主教徒，多少失去了些雄心。他这样答复："真相却是，现在我比任何时候都有雄心了。我曾享有世俗的荣耀，但发觉这是空的。满足于可逝之物根本就不是雄心。对我，整个世界再不能提供任何值得羡慕的东西；我惟一的雄心就是成为上主的乖孩子。"④

2. 1946 年，被委任为驻罗马教廷公使——希望再次破灭，被迫接受

抗战结束后，1945 年 10 月 10 日国共两党先是达成了"双十协定"。不久，又于 1946 年 1 月与各民主党派一起在重庆举行政治协商会议。大家围绕今后的中国应该采取什么样的宪法展开了激烈的争论，并达成了宪草修改的 12 条原则。是年底，国民党单方面举行所谓的"制宪国大"。由于蒋介石的支持，吴经熊再次成为中国政界的风云人物，直接参与宪草的最后修正与讨论，又以官方宪政权威自居。然而，正当吴经熊准备重新大干一场、施展才能之时，蒋介石却并不想把这位宪法专家留在身边，于 1946 年 9 月 8 日正式任命吴为中华民国驻罗马教廷公使。同年 12 月 17 日，吴携妻子和子

---

① 吴经熊：《怀兰集》，第 80 页。
② 吴经熊：《超越东西方》，作者序，第 2—5 页。
③ 吴经熊：《怀兰集》，第 79 页。
④ 吴经熊：《怀兰集》，第 5 页。

女由上海出发，开始了出使之旅，未能目睹《中华民国宪法》的最后通过。[1]

吴经熊在《中华民国宪法》通过前被外派，且是与宪政无甚关系的教廷公使，这无疑是当头一棒，使其刚刚燃起的"法律救国"希望再次破灭。其实，蒋介石希望恢复抗战前国民党的一党专政，而所谓的宪政、还权于民只不过是欺骗人民的幌子，他根本不打算认真执行，并企图通过武力解决共产党。吴也看破蒋的心思，知道此次的宪法又将是纸上谈兵，中国的宪政遥遥无期，所以也就知趣而又无奈地离去。

3. 1949 年，国民党丧失大陆政权——浇灭最后一丝侥幸，黯然接受

吴经熊虽然去了罗马，对中国法律救国的道路非常灰心，但仍保有最后一丝希望。1949 年初，他不惧危险和牺牲返回国内，拟出任孙科内阁的司法部长。此行亦表明吴经熊仍坚持实现法律救国的夙愿。

对于吴经熊回国出任孙科内阁的司法部长，朋友们好意相劝，让他不要接受，认为"内阁一点也不受欢迎，注定了要垮台"，"你为什么这么盲目地一头扎进去，引火上身呢？"吴经熊回答道："你们不知道我是一个基督徒，只要我行得正，就不怕引火上身吗？如果人人都在政府危急的时候退缩，那只会加速它的垮台。"[2]

吴经熊接受了孙科的邀请，但提出了三个条件，即关于司法独立、法官的薪金和囚犯的教育。[3] 据此可以看到吴经熊对法律救国具有相当的执着，几年的大使生涯并没有冲淡其法律思想。不过，吴经熊提出的这三个略带法律技术性的问题在当时的历史背景下无任何作用。不久，随着国民党在大陆的迅速溃败，他的这些想法和冲动成为泡影，他在中国最后一次法律救国的尝试胎死腹中。屡受打击的吴经熊可能已料到这一结果，他的态度是"既不高兴也不难过"，此后他对"法律救国"彻底死心，心理上完全皈依天主教。[4]

在近代中国，虽然"法律救国"与"科学救国""教育救国""实业救国"等企图超越现实政治斗争的救国论都曾喧嚣一时，但吴经熊错失三次

---

① 吴经熊：《怀兰集》，第81页。
② 吴经熊：《超越东西方》，第389页。
③ 吴经熊：《超越东西方》，第390—391页。
④ 吴经熊：《超越东西方》，第392页。

"法律救国"机会的特殊经历，反映了近代中国法律界知识分子共同面临的最终命运——法律救国的道路在近代中国行不通。历史早已证明，不扫除国内政治上腐朽的反动势力，各式各样的救国论都无法挽救中华民族的危亡。当然，这些救国论及其践行者的苦苦求索，促进了近代中国社会的进步，也积累了许多宝贵的经验教训。

四　从吴经熊最后的抉择审视其政治与法律倾向

在"法律救国"梦彻底破灭的时候，吴经熊处于极其尴尬的地位。因为他还面临一个重要抉择，即何去何从。其实，在中华人民共和国成立前，原国统区的诸多知识分子都面临这个如何"站队"的重大问题。吴经熊当时的选择有三个。

第一，留在大陆，接受共产党的领导。然而，吴经熊在 1949 年初国共两党争夺全国政权形势非常明朗的情况下，未能像很多中间派一样，选择站在共产党一边。纵观他的回忆录和著作，未有任何对共产党评价的内容。

事实上，吴经熊是一个学者。由于他的出身、家境，以及所接受的教育，他的心灵深处没有为底层民众求解放的原始冲动，而更多的是力图从国家层面进行改革，通过影响政府的决策，来改造已有的政治制度和社会制度。在他看来，留在政府内对现有体制进行改革和建设似乎更可取。这可从 1919 年五四运动期间吴经熊的表现窥见一二。1917 年秋季到 1920 年 6 月，吴经熊在上海的东吴大学法科学习。在 1920 年内部刊行的《东吴年刊》中，对那一届毕业生的三年大学生活有一个很好的介绍或概括，其中对吴经熊的介绍是："经常向《英文杂志》和《上海时报》投稿。在 1919 年由上海当局举办的'健康散文大赛'中荣获了一等奖。担任了上海学生会出版部副部长（1919 年秋）。……担任了六个学期的班长。担任了'文学会'的秘书（1918 年秋至 1919 年夏）和主席（1920 年夏）。担任了基督教青年会主席（1919—1920 年）。担任了 1920 级级长。获得了一等奖学金。"[1] 由此可以看到吴经熊是一个品学兼优的好学生，而且积极参加文学创作、宗教活动。

---

[1] 《东吴年刊》（1920 年），第 73 页，苏州大学图书馆藏。

据记载，东吴法科学生会"滥觞于民八之五四运动"。[1] 它是五四运动期间随着全国性的学生运动而诞生，并成为东吴法科最重要的学生团体。然而，至今没有发现任何证据表明吴经熊曾经加入该组织。虽然他学习、生活在五四运动后期的中心城市上海，但对五四运动基本上采取了漠视的态度。从上述《东吴年刊》可以找出对其不作为的一些注脚，他认为："作为一名律师，将中国从目前的水深火热之中拯救出来，并组织一个强有力的政府。"[2] 在吴经熊看来，拯救中国还是要依靠政府，不能与政府唱对台戏。

1932 年，吴经熊加入了国民党。正如他所说："那个时节，我开始对于三民主义发生信念。"[3] 此后，他成为三民主义的重要理论阐述者。1937 年12 月，吴经熊加入了天主教。因此，无论是他所遵从的三民主义，还是所信仰的基督教，事实上都与共产党的无神论、共产主义理念不同，他从心理上难以接受共产党政权。

第二，随赴台湾，接受国民党的领导。继续与丢掉大陆的国民党政权搅在一起，在吴经熊看来是一件羞耻的事情。他对蒋介石的所作所为，对国民党政府的腐败、专制、无能失望至极，也许在他看来，如果按照自己所预计的法制图纸建设国家，起码局面不至于如此糟糕。吴经熊对国民党是哀其不幸，怒其不争。

1949 年 4 月，国民党大势已去，朋友们建议吴经熊赶紧回罗马。吴经熊回到宁波与大哥和已经下野在奉化溪口的蒋介石告别。蒋介石特意派车把他接到奉化。吴经熊在后来的回忆中对这段往事很是感慨："我给了他一份手稿的复写件，说道：'我有 50 岁了，一个人到了 50 岁，该知道上主给他的人生使命了（'五十而知天命'）。我打算将余生投给教育和精神生活。我再也不会将时间浪费在政治上了。'对此蒋介石回答说：'啊，那太好了！'"在蒋的秘书的建议下，吴经熊与蒋介石拍了一张合影。两张椅子摆在院子里，蒋介石选了右手的那张先坐下了。按照中国的礼节，左比右贵。吴经熊拒绝坐在左边的椅子上，想换一下位置。蒋介石不愿意，说道："请就坐。"他只好坐下了。[4] 吴经熊原本一肚子怨气，但见到蒋介石礼贤下士的这些举

---

① 《东吴法科年刊》（1924 年），第 73 页，苏州大学图书馆藏。

② 《东吴年刊》（1920 年），第 73 页，苏州大学图书馆藏。

③ 吴经熊：《怀兰集》，第 78 页。

④ 吴经熊：《超越东西方》，第 393 页。

动，也就只好作罢。国民党去台后由于要反攻大陆，进行了数十年威权统治，法制建国也被抛到九霄云外。

第三，去第三个地方，远离是非之地，而且是越远越好。吴经熊先是回到了罗马继续担任驻罗马教廷公使，但他不想继续任职，认为"太多的晚会和应酬要应付，没有时间学习了。毕竟，学习是我最主要的兴趣"。①

最终，吴经熊选择了去美国定居。1949 年 6 月，他辞掉教廷使节的职务，7 月受朋友之邀携家人到美国檀香山，在夏威夷大学担任中国哲学及文学教授。1951 年秋季，又应新泽西州西顿哈尔大学之聘，携家人到纽瓦克，担任法学教授。② 他选择了定居美国，因为那里是他曾经求学的地方，有熟悉的老师与同学，正好可以静下心来思考自己的得失，还可以不受约束地做一些自己喜欢的学问。当然，吴经熊的选择既是对国民党当局的否定和讽刺，同时也是希望超然于国共两党之争，毕竟自己是一个学者。③

吴经熊熟谙中国的历史和国情，明白要在中国实现法制现代化绝非易事，必须要借助人治，即必须要有一定的政治倾向；但人治又会伤及法制本身，即阻碍法制的进程，这些都让他矛盾不已。此次最后的抉择，表明他的政治倾向是中立的，即不想再卷入任何党派之间的斗争徒耗生命。同时，也可以看到吴经熊心中的法律倾向是鲜明的。一方面，东西方文化在他身上打下了深深的烙印，散发出一种中西合璧的和谐境界；另一方面，他对革命、暴力、专政、牺牲等不感兴趣，却对民主、平等、人权、法治等心仪不已。

吴经熊代表的是除国共两党之外的第三派，这个特殊群体试图通过自己的努力改变中国现状、改变国运，真诚地希望实现中华民族伟大复兴的中国梦。不过，包括吴经熊所追寻的法律救国梦在内的各种救国主张在当时的中国却被历史证明是难以实现的。

吴经熊最终选择离开中国大陆，没有去台湾，而是去美国读书做学问，以国际人士自居。吴经熊对法律的科学思考直到晚年都没有停止过，但他已

① 吴经熊：《超越东西方》，第 394—395 页。

② 吴经熊：《怀兰集》，第 82 页。

③ 吴经熊孙女 Raissa Wu 叫他阿爷，她回忆了自己父亲的一句话，反映了吴经熊真正的学者心态。"你知道，每次我要介绍他跟我的朋友认识，阿爷总说'叫他们去看我的书。看我的书比跟我面对面讲话还能了解我这个人。'"转引自辅仁大学校牧室编《吴经熊博士百周年冥诞纪念学术研讨会论文集》，辅仁大学出版社，2003，第 249 页。

不再纠缠于具体的法律问题，而是侧重于对法律哲学、法理学、中西法律文化等本原的思考。这是对蒋介石无声的抗议，但二人并未彻底"分手"。1966年吴经熊最终定居台湾，重新出山，除任中国文化学院教授外，还担任国民党的中央评议委员，以及象征国民党高级荣誉顾问的"总统府资政"，为孙中山和蒋介石立传，安享晚年生活。吴氏学术与政治的一生，是绚烂、复杂、矛盾的一生，又是给后人带来无限遐想的一生。

〔孙伟，中国井冈山干部学院教学科研部〕

张美翊的晚年岁月
及与弟子间的师徒情

钱茂伟　　钱之骁

摘　要　张美翊晚年关注书法，重视书法人才培养，选择优秀苗才如朱复戡、沙孟海等加以重点培养，终使他们成为 20 世纪的著名书法家。《菉绮阁课徒书牍》《张塞叟先生文稿》反映了张氏 1920—1924 年最后 5 年的生活与思想。在对朱复戡教育过程中反映出他的教育思想是艺术必须兼文化，做好人才能做好事。

关键词　张美翊　朱复戡　沙孟海

张美翊（1857[①]—1924），字让三，号简硕，晚年改号塞叟，浙江宁波人。他曾是民国初年的"浙江三杰"（张美翊、陈训正、冯开）之一。然而由于多种因素，知道张美翊的人越来越少了，至今无系统的论文对张美翊的事迹及成就进行专题的研究。本文对其晚年活动作一梳理，重点是他对弟子的培养。

---

① 网上有关张氏生年，多作 1856 年。据《甬上青石张氏宗谱》卷二《系录》，张美翊生于咸丰七年（1857）二月初八日，卒于民国十三年七月初十日，享年 68 岁。

一　最后的岁月

张美翊晚年身体很差。如 1921 年三月时，"头晕稍愈，手颤几不成字"。① 1922 年，"老夫寓兰君处逾半月，卧室临江近，早起六点，波光潋滟，小舟往来，真如画境，早夜尚可衣裌。日有汤默士、任莘耕诊视，晕眩稍减"。② 兰君指美国人兰雅谷（Jacob Grant），1890 年任宁波华美医院院长。1923 年时，"老朽就诊北门华美医院，濒江有树木，日食西菜，当养得好，勿以为念"。③ 最后二年，张氏仍在写作之中。

1922 年，兰雅谷决定扩建医院。1923 年，购得北门外一块土地。五月，宁波华美医院扩建募款，张氏为之写《宁波华美医院募建新医院启》，称："当兰君来华三十年，地方官绅为留纪念，集资购置爱克司光镜。兰君以为求医者日多一日，去年已达一万一千四百人有奇。原有院舍实不能容，爰就宁波北门内购地一区，计钱二万元，约计建筑设备，非二十四万金不办。美国煤油大资本家暨教会均愿资助。此间官商士绅感兰君之诚意，念新院之必要，无不乐为劝募。方今风气开通，吾乡各属均以设立医院为当务之急，然使扩张华美新医院，继京师协和医院而起，其造福地方，岂浅鲜哉！伏祈军民地方长官、绅商学界，提倡扶助，中西合力，俾底于成，有厚望焉。"④ 文章具体介绍了医院扩建原因，求医人数、扩建地点、所需资金、资金来源情况，等等。这篇文章，今人知道者不多。

1923 年，为袁尧年作家传。袁尧年，字耀臣，号涤轩，鄞县人，著有《循陔室内外集》《袁氏家谱》，"弱冠成诸生，好经史词章，务得其门径"。光绪四年（1878），校勘先曾祖袁钧《郑氏佚书》，竭数年之力，始为写定，由浙江学政瞿鸿禨送浙江书局，刊刻于世。光绪十四年优贡，仕至教谕。清朝灭亡后，曾与朋友一起赴日本考察经济与文学。回国后在上海当老师，"卖文自绘，气情高傲，率放不变，而提事子弟，不遗余力。革命而后，益

---

① 见《四明文献集目》，天一阁藏。
② 张美翊：《蓉绮阁课徒书札·致朱百行30》，樊英民整理，《新美域》2008 年第 2 期（本文所用均为 2009 年寿石斋新浪博客连载，别题《蓉绮阁课徒书牍》）。
③ 张美翊：《蓉绮阁课徒书札·致朱百行77》。
④ 张美翊：《张謇叟先生文稿·宁波华美医院募建新医院启》，天一阁藏本。

自韬敛，人海之地，杜门谢客，身与世若两不相较"。① 此家传提供了袁尧年的第一手资料，可见清末民初人士的变化。

1923 年，为镇海商人王康伯的母亲写寿序，称："吾甬人经商上海者，以镇海为最有名。……余往来海上几十年，获交其人。……吾乡礼义之邦，世家之族，所以保世滋大者，必先有贤母而后有令子，载于彤史，斑斑可考。"② 这种现象正是张氏乐于替人母亲写寿序的原因之一。"今世衰道微，人之有冒险图利之心，朝为豪贾，暮为窭人者，往往而是。愿康伯益慎交游，尚勤俭，勿为时风象势所转移，以慰亲心而寿后嗣。"③ 这样的教导，也是十分有意思的。

1923 年，为省议员屠时逊的母亲作寿文。"甬上屠氏，自明以迄有清，代有名德硕望，冠冕乡邦。即其闺门内则，亦时时见于志乘。而屠君时逊，方以娴习法政，举充省会议员。每相见，则询以地方之要政。去秋风水为灾，筹办义振，时逊则奉其母谢太宜人命，出内相助，奔走劝募。"④

1924 年 3 月，为上海童涵春药堂经理邵文耀作墓志。"吾乡以药为业者，推慈溪人。足迹而至，远而巴蜀滇桂，近而腹地沿海各省，采制购运，皆溪上人为之眉目，往往终身一业，或一再传，守之不变。其翘然特异者，能知《证类本草》、《和剂局方》诸书之要。邵君父子，即其人也。……先世秉训翁，以药业起家，躬亲肆事者四十年。君年十四，承父志，习业术上海之童涵春堂。……君自少至老，自学徒至经理，未尝易肆。生平先人而兴，后人而息，勤俭忠信，不苟言笑。研究药性方书，久而尽通其术。"⑤ 童涵春药堂是慈溪庄桥童家人童善长创办的药店。邵氏父子是其主要的管理人员，这是其他记录不见的。

1924 年，为上海鄞县商人鲍哲泰作生圹志。"年十三，即弃书而贾，就业于乡之京苏杂货肆，兼售首饰缎匹。既不得志，则驾钓船捕鱼江浙海中。年三十，始客上海，营衣业。旋经理煤号，自是终身一业。维时殖货，岁有

① 张美翊：《张謇曳先生文稿·敕授征仕郎涤轩袁先生家传》。
② 张美翊：《张謇曳先生文稿·恭颂诰封恭人王母邱太恭人六秩寿序》。
③ 张美翊：《张謇曳先生文稿·恭颂诰封恭人王母邱太恭人六秩寿序》。
④ 张美翊：《张謇曳先生文稿·恭颂屠母谢太宜人六秩寿序》。
⑤ 张美翊：《张謇曳先生文稿·邵君明辉墓志》。

余赢，商场称信义焉。笃奉景教，爱人如己，乐善好施，老而不倦。"①

　　1923 年，为黄庆澜夫人作传。黄庆澜夫人是张焕纶的女儿。"光绪之初，各省风气未开，上海通商大埠，仅有西人所办学堂。张先生首创梅溪书院于沪城，仿照学堂，分科教授，是为中国办学第一人。"涉及上海第一所西式学校梅溪书院。张经甫女儿"深慨中国女教过于守旧，力谋维新，为女界发异彩"。光绪末年，黄庆澜辞去官职，自费去日本考察学务、工业。1906 年回国后办三育初高等小学。官瓯海道尹时，张氏倡改育婴堂，延聘女教士主持保育。1919—1924 年，黄庆澜任职宁绍道尹，来到宁波，1923年卒于宁波，"为教育界之女师，慈善界之慈母"。②

　　张氏作传所选择的人物有三大类型，一是为商人作传，二是为教育者作传，三是为文人作传。

　　朋友冯孟颛将张美翊这些稿子汇编成《张蹇叟先生文稿》一册，此稿收录了《恭颂屠母谢太宜人六秩寿序》《沙母周太孺人八秩寿讌诗序》《恭颂诰封恭人王母邱太恭人六秩寿序》《敕授征仕郎涤轩袁先生家传》《钦旌节孝陈母江太孺人像赞》《宁波华美医院募建新医院启》、《莳里草堂两世遗墨题词》《太公以相张先生暨□□太母王太夫人七十双寿颂》《鲍君恒齐生圹志》《邵君明辉墓表》《松馆姻丈郑先生五秩寿序》《黄道尹太太张夫人行事》《留圃记》《长者陈君文鉴像赞》《汉中石门摩崖王遗石门铭跋》《魏安乐王元诠墓志铭跋》等。这些文章不少是初稿，上面有修改痕迹，识读有一定难度。

　　此外，张美翊有文集《张美翊存稿》，与其叔③张延章的《三代齐眉阁初稿》《三代齐眉阁续稿》《谈柄》《宁波俗话分韵》合在一起，共六十册。上海嘉泰拍卖有限公司 2008 春季艺术品拍卖会时曾出现过，现不知收藏于何地。江苏美术馆孙晓云称："2000 年，我居然用我的字换到了他的两本手稿，其中大多是论碑帖和起草的章程，第一篇就是给弘一法师的信。"④ 托人询问，说是两部复印件，可惜搬家后找不到了。《张美翊存稿》估计是张延章编纂的张美翊残存文集，所以合在一起。又有《菉绮阁诗集》，不见。

---

① 张美翊：《张蹇叟先生文稿·鲍君恒齐生圹志》。
② 张美翊：《张蹇叟先生文稿·黄道尹太太张夫人行事》。此文没有标题，为笔者所拟。
③ 或作侄子，误，"延"字辈属 34 代。《甬上青石张氏宗谱》明确作三十四代。
④ 孙晓云：《那种热爱长在我的身上》，《扬子晚报》2014 年 6 月 6 日。

如果这些文献能得到，当可对张美翊有更深入的研究。张美翊是比较注重文献的人，有时连往来书信都装订成册，不知为何生前没有替自己编纂一部诗文集。

张美翊又编辑《大清泉谱》一册，60页，扉页题"昭阳大渊"，即癸亥，民国十二年（1923），宁波图书馆有藏。前有朱义方为张美翊绘一佛坐于蒲团上，题写小篆：无量寿佛无上妙法。这是一部稿本，就是用宣纸将清历朝铜钱拓印下来，然后粘在本子上，每页双幅图案，是一枚铜钱的两面。

1924年8月10日，张氏辞世。在张氏辞世前的3月14日，浙江大学校长竺可桢曾有《致张其昀函》，主题是"购地学书籍，张让三捐书"，称："贵邑张让三先生，桢耳闻其名久矣。……张君如愿捐助珍藏图书，极所欢迎。"① 可惜，张氏图书有否捐赠浙江大学，不得而知。

二　培育书法人才

据说张氏早年曾拜李叔同为师。此说肯定有误，因为李叔同是光绪六年（1880）出生的，比张美翊小24岁。考李叔同在1901—1903年曾就读南洋公学，所以张美翊是李叔同老师辈的人。考李叔同35岁即民国三年（1914）始加入西泠印社，与金石书画大家吴昌硕时有往来。结识张美翊，当在此以后。1918年9月，李叔同正式入灵隐寺为僧。为此，张美翊曾到寺中力劝李叔同还俗。

晚年的张美翊喜欢书法，"我近日看帖甚多"，开办"蹇记各大纸庄"。② 他希望家乡后辈中能出几位出类拔萃的书法家。说及慈溪人洪荆山，称"此君年轻，若能好学而不出风头，不求速化，可教也"。③ 由此可知，他选择弟子是有条件的，除书法好之外，还得稳重好学。通过主动出击，物色书法人才，张氏重点栽培了朱复戡、沙孟海等青年书法家。

（一）　言传身教朱复戡

朱复戡即朱义方，其祖父朱孝弘是南洋巨商，其父朱节镛19岁就到上

---

①　竺可桢：《竺可桢全集》第22卷，上海科技教育出版社，2012，第92页。
②　张美翊：《菉绮阁课徒书札·致朱百行3》。
③　张美翊：《菉绮阁课徒书札·致朱百行53》。

海创立了南洋广告公司、通用电器公司，做过上海《时事新报》主编。朱义方早年得志，有"神童"之称。1918 年春，朱义方的名字引起了宁波同乡会会长张美翊的注意，得知同为鄞县人，便四处打听。张美翊认为上海大环境不好："上海红尘十丈，最易陷溺，立志向上，修学敦行，自足振起。君子之道，暗然日章。一般大投机冒险家，多赚浪用，譬之春花，难望秋实，其志大才疏者无论矣。"① 作为少年，"此时不努力，再过四五年，人以字匠役汝，则终身没出息矣！且篆隶正草亦须读书多，见闻广，则出笔自然渊雅"。② 张氏主动提出做朱义方的老师，耐心赐教。1920 年，张氏返故里定居后，又主动招朱义方来宁波受学。朱义方十分珍惜老师的来信，将之粘在一个本子上，"复读分黏尺牍，老朽乃多格言"。③ 这一百多封信件，经山东的樊英民先生整理，题为《篆绮阁课徒书札》。

张美翊给朱复戡带来的影响，表现为以下几个方面。

第一，推荐他结交了许多贤达名流、文坛大家，开阔了朱复戡的视野。如 1918 年 9 月，张氏带着学生赴杭州灵隐寺，朱复戡得以结识弘一法师。1920 年 6 月，由张美翊介绍，访李梅庵。"公作书时，能许其侍侧尤感。"④ 8 月，由张美翊介绍，朱复戡访金石学家方若。"方药老是否寓孟渊？务须往访，此君极高雅也。"⑤ 1921 年，张氏已料到"时局大变，北政府推翻，南政府必起。贤试访戴季陶，将来从之"。⑥ 戴季陶是国民党元老、理论高手。"季陶雅才，可敬爱，日来晤否？学其文字，勿信其高论可矣。"⑦ 要朱复戡学习戴季陶之长，弃其短。又要朱复戡学罗振玉，"雪堂蔼然道貌，可师可法"。⑧ "然见老朽函而不延揽英年，则其人不可交矣。"⑨ 张美翊不仅毫不保留地介绍自己的朋友给朱复戡认识，还积极推广朱复戡的作品。1923 年 10 月，由张美翊介绍，朱复戡识金石学家顾鼎梅。张氏所写的介绍信称：

---

① 张美翊：《篆绮阁课徒书札·致朱百行 27》。
② 张美翊：《篆绮阁课徒书札·致朱百行 5》。
③ 张美翊：《篆绮阁课徒书札·致朱百行 24》。
④ 张美翊：《篆绮阁课徒书札·致李瑞清》。
⑤ 张美翊：《篆绮阁课徒书札·致朱百行 10》。
⑥ 张美翊：《篆绮阁课徒书札·致朱百行 18》。
⑦ 张美翊：《篆绮阁课徒书札·致朱百行 25》。
⑧ 张美翊：《篆绮阁课徒书札·致朱百行 39》。
⑨ 张美翊：《篆绮阁课徒书札·致朱百行 61》。

"书法一门，殆天资胜于学力。敝门下朱生百行，作书一摹即似，其写《石鼓》足与缶老相抗。十七八时，仿清道人，可夺其真。摹印尤古秀。今年廿一，因家境，就银行，未遂其志。三四年来，见闻颇广，下笔更进。将来如刻范书，有需题签临摹之处，可以委之。特来奉访，希指教为幸。"①1922 年 7 月，张美翊为朱复戡代定《朱义方书画篆刻润例》12 类服务收费标准，"若终日为人傭书，一无报酬，生其殆矣，爰为略定润例"。②

第二，让朱复戡代自己为人作书法。如 1920 年为张美翊捉刀书"东林庵"。遵张美翊嘱，朱复戡仿郑孝胥字体书《云龙颂词》。1922 年 5 月的一天，朱复戡去张氏家，见案头有远道寄来的晋砖，上有"太康十年九月九日作记"的题刻。张氏视若拱璧，爱不释手。朱复戡持砖，细细打量，即将在上面动刀。张美翊震惊起来，急欲阻止。转而一想，他懂得此砖的价值，既然要刻，必有把握，就任其动手篆刻。及成，其文曰："太康砖，晋初肇，中研材，发笔藻，子子孙孙其永宝。百行造。"其字古朴精妙，与原有文字浑然一体，相映生辉，甚为欣喜，张美翊为题《太康九月九日砖砚铭拓本》，中有"使冬心、叔未诸老见之，当畏此后生"之语。后来，冯君木见此砖，也赞不绝口。这方砚铭拓本，因张美翊和冯君木作跋题字，朱复戡多年慎重珍藏，晚年又写了题记："十年浩劫，童年作品散失殆尽，顷捡归箧，得者见此石，恍如隔世物火。"③1922 年 5 月 31 日，朱复戡为张美翊书斋名"菉绮阁"，张以之印自用信笺。宁波"栎亭"建成，朱复戡遵张美翊嘱，用篆书替张美翊捉刀书楹联。12 月，为张美翊刻"张美翊印"，为张炯伯刻"张晋之玺"。1923 年 9 月，为张美翊捉刀篆《宁波佛教孤儿院功德碑》碑额。是年，为张美翊绘一佛坐于蒲团上，题写小篆：无量寿佛无上妙法。张美翊以之印自用信笺。"乡人能求我文贤书，诚为合璧。"④师生合作，晚年的书法生意确实做得非常好。

第三，指导朱复戡如何读书、做人。张美翊认为当时朱复戡"读书尚

---

① 张美翊：《菉绮阁课徒书札·致顾燮光》。
② 张美翊著，樊英民整理《菉绮阁课徒书札》，附录二。
③ 徐叶翎：《朱复戡先生篆刻集》，上海书画出版社，2007。
④ 张美翊：《菉绮阁课徒书札·致朱百行 43》。

不多，学字能独到"。① 因此，反复告诫朱复戡，"汝做人写字，勿入歧途"，②"试问年未弱冠，读书不多（《板桥家书·劝弟读书》，可法），阅人甚浅，果足用耶？"③"多读书，自然有豁然贯通之日……汝譬如小儿学步之人，老夫为汝引路，然后前途光明，不入黑暗。"④"少时操劳，老年方可休息。"⑤ 箓绮阁里有鼓励、有奖掖，也有规劝和批评，大至立身处世之道，小至一言之失、一字之讹，无不谆谆教诲；至于访何师、交何友、读何书、写何帖之类更是耳提面命，无信无之。在这些书信中，张美翊对朱复戡的成长所给予的关注教育和指导，可以说是无微不至而且切中肯綮。

　　首先，要求多读书、多练字。张氏的理念是，"游艺宜进道"。⑥ 1920年7月，张美翊赠予朱复戡《聪训齐语》《劝戒录》《薛星使全集》等书，并指导他读《古文观止》《左传句解》。张美翊反复告诫朱复戡，"尝劝汝多写小楷，并宜看书，勿错过好光阴"；⑦"老辈自有独到之处，虚心体会，万勿菲薄，则尤在多读书矣。即以书牍言，亦须多看名人尺牍"；⑧"凡学未成，不能得多金，务须格外用功。多读书，自有豁然贯通之日。书法宜大不宜小，最为吃亏"。⑨ 如"勿刻图章为要，汝印色似不好"；⑩"整书写字须去洋装袖扣，否则污损矣"；⑪"贤天分太高，落笔稍大意，望留神"；⑫"勿灯下写，以保目光"；⑬"多说官话，免除土音"；⑭"此时作字必须雅俗共赏，勿好古，勿作怪"；⑮"若上海江湖派，不足效也"；⑯"空同、叔孺皆以

---

① 张美翊：《箓绮阁课徒书札》附录二。
② 张美翊：《箓绮阁课徒书札·致朱百行6》。
③ 张美翊：《箓绮阁课徒书札·致朱百行17》。
④ 张美翊：《箓绮阁课徒书札·致朱百行2》。
⑤ 张美翊：《箓绮阁课徒书札·致朱百行21》。
⑥ 张美翊：《箓绮阁课徒书札》附录二。
⑦ 张美翊：《箓绮阁课徒书札·致朱百行4》。
⑧ 张美翊：《箓绮阁课徒书札·致朱百行15》。
⑨ 张美翊：《箓绮阁课徒书札·致朱百行2》。
⑩ 张美翊：《箓绮阁课徒书札·致朱百行3》。
⑪ 张美翊：《箓绮阁课徒书札·致朱百行3》。
⑫ 张美翊：《箓绮阁课徒书札·致朱百行64》。
⑬ 张美翊：《箓绮阁课徒书札·致朱百行3》。
⑭ 张美翊：《箓绮阁课徒书札·致朱百行63》。
⑮ 张美翊：《箓绮阁课徒书札·致朱百行91》。
⑯ 张美翊：《箓绮阁课徒书札·致朱百行5》。

缶翁刻印，有江湖气，不如仿浙派"。① 所谓江湖派，指张亦湘、赵时㭎，"凡事宜独立，学问亦然，师古人然后知今人来处"。② "印学无穷，尚望师法前人，自辟门户，合浙、皖为一极是。"③

其次，重视为人处事。一是要求谦虚，如"贤性气高傲，此时务从谦和入手，切勿多入游戏之场，偶交无益之友"；④ "汝宜格外小心，凡事韬晦，必视人较我好，随处效法，书画其一也"⑤；"年少子弟宜有谦抑韬敛态度。一矜才使气，便无长进"⑥；"来函涂改草率，足见心乱麻麻，此少年所大忌，望速息心静气，日亲书卷，则益友自必愿交。"⑦ 信中多次提及朱子《小学》，"贤与朱子同宗，宜讲朱学，一部《小学》，尤为入德之门"。⑧ "在家多看朱子《小学》第二册以植做人根基。"⑨ "以后来函，务须引《小学》数语，有少年恂恂态度，万勿嚣且尘上，炫己而薄人。凡人宜雅不宜俗。一染俗气，无药可医。"⑩ 二是讲究信用。"凡人宜重性情，有信用，舍此，难处社会"。⑪ 三是讲勤俭。"望贤虚心抑志，取人为善。……修学无穷，立行无穷，谋生另是一事。惟勤俭和平，则积福养福之基。勤字自早起始，俭字自爱惜笺纸始，贤勉之矣"。⑫ 四是慎择友。"能于择友留意，大慰"。⑬ "行中金姓少年，远之为宜。此辈毫无智识，一味鲜衣美食，嗜嫖赌如命，银行多此等人材，可叹。为贤终身大计，择友为上，切嘱！"⑭ 五是求上进。"人不患贫，但患无志，不勤不俭，名士气、江湖气一切扫除"；⑮ "学问岂有止境，一知半解，便尔傲岸，小器而已"；⑯ "然仍宜卓然自立，勿入奢

---

① 张美翊：《篆绮阁课徒书札·致朱百行44》。
② 张美翊：《篆绮阁课徒书札·致朱百行54》。
③ 张美翊：《篆绮阁课徒书札·致朱百行30》。
④ 张美翊：《篆绮阁课徒书札·致朱百行18》。
⑤ 张美翊：《篆绮阁课徒书札·致朱百行19》。
⑥ 张美翊：《篆绮阁课徒书札·致朱百行32》。
⑦ 张美翊：《篆绮阁课徒书札·致朱百行18》。
⑧ 张美翊：《篆绮阁课徒书札·致朱百行81》。
⑨ 张美翊：《篆绮阁课徒书札·致朱百行1》。
⑩ 张美翊：《篆绮阁课徒书札·致朱百行27》。
⑪ 张美翊：《篆绮阁课徒书札·致朱百行103》。
⑫ 张美翊：《篆绮阁课徒书札·致朱百行39》。
⑬ 张美翊：《篆绮阁课徒书札·致朱百行18》。
⑭ 张美翊：《篆绮阁课徒书札·致朱百行74》。
⑮ 张美翊：《篆绮阁课徒书札·致朱百行100》。
⑯ 张美翊：《篆绮阁课徒书札·致朱百行65》。

淫，淡泊宁静。"① 六是讲求忠孝长幼。"事父母宜孝顺，友爱弟妹，至嘱至嘱。"② "孝弟忠信、礼义廉耻八字，万勿忘却。"③ 这些均是为人处世的名言，至今仍有学习价值。

再次，提倡学习西方新学科、新观念。张美翊出过洋，见过西方文明的新奇之处，他要求朱复戡学习英文、法文，"望探询夜读英文处（如青年寰球学生会等），秋凉肄习"。④ "叶子衡、张晋峰、谭雅声诸君能以西语问答，尤妙。"⑤ 同时，由于当时朱复戡职业的特殊性，学习现代银行金融从业规范显得十分必要，张美翊多次提到"宜研究银行学"，"贤须研究簿计学，或任书牍，亦须留心银行学"。⑥

在张美翊给朱复戡的信件中经常出现"百行小友""百行贤友"等称呼，可见张美翊对晚辈、对徒弟在充满关怀和教育中透露着更多的尊重。"弱冠之年，所诣至此，进境未可量也"⑦；"老夫诗、贤书，可称双绝，暮年得此助手为快"⑧；"可知老夫法眼不差"。⑨ 1923 年 7 月，由张美翊做主，将自己的外孙女陈纫梅许配朱复戡。11 月 5 日，朱复戡在宁波鼎新街 30 号与张美翊的外孙女陈纫梅结婚。由此可见其对朱氏的栽培之情。

（二）带领沙孟海发现"新世界"

另一个受张美翊重大影响的人物为沙孟海。沙孟海是来自宁波东 80 里沙村的一个孤儿，1920 年毕业于浙江省立第四师范学校，先后任宁波屠姓、蔡姓家庭教师。"独以孤童奋起，修学敦行，讲求经史小学于举世不为之时。财及弱冠，接交老苍，声誉翔起。"⑩ 张美翊初见沙孟海后，即给其写了一封情真意切的信。自此以后，沙孟海便不时往返于张美翊之家。张氏总是躺在藤椅上谈笑风生，一两个小时绝无倦意。沙孟海听得目瞪口呆，张氏

---

① 张美翊：《箓绮阁课徒书札·致朱百行 18》。
② 张美翊：《箓绮阁课徒书札·致朱百行 1》。
③ 张美翊：《箓绮阁课徒书札·致朱百行 96》。
④ 张美翊：《箓绮阁课徒书札·致朱百行 5》。
⑤ 张美翊：《箓绮阁课徒书札·致朱百行 66》。
⑥ 张美翊：《箓绮阁课徒书札·致朱百行 67》。
⑦ 转引自侯学书《铁笔神童——朱复戡传》，上海书画出版社，2002，第 26 页。
⑧ 张美翊：《箓绮阁课徒书札·致朱百行 73》。
⑨ 张美翊：《箓绮阁课徒书札·致朱百行 58》。
⑩ 张美翊：《张謇叟先生文稿·沙母周太孺人八秩寿谦诗序》。

使他发现了一个往日未能接触的崭新世界。① 1922 年沙孟海到上海担任家庭教师时，张氏写信介绍他认识上海书法界名流吴昌硕等大师。

此外，张美翊还有吴泽、葛旸、张千里等学生。1920 年，"近日又得吴诚初（廿三岁，习贾），写晋唐字，颇可造，亦能刻印，老夫颇指教之"。② 吴诚初，就是吴泽，宁波人。1921 年，"此间张千里写《黑女》，沙孟海写黄石斋（极神似），葛夷甫改魏碑，足与贤颉颃"。③ "此间张千里书大进，可与贤并驾，用功尤勤，肯听我言，可喜也。"④ 可见，另有葛旸、张千里二位学生。"孟海刻印大进，琴孙之子女皆学刻。诚初书大好，为老朽就近代笔，殊可感。"⑤ "沙、葛灯节后来申，可结一小团体。"⑥ 可见，张氏有意让学生组成一个小团队。

三 《菉绮阁课徒书札》思想

张氏强调书信写作要谨慎。"近日稍健，检点故人尺牍，黏装成册，大率雅人深致。其中寐叟长函及汤蛰仙、张啬庵皆佳。望贤留意尺牍，万勿乱说乱写，为人笑话。贤试观前贤手牍，何等矜慎，可妄为耶？"⑦ 即便如此，《菉绮阁课徒书札》仍可反映出张氏一些其他思想。

第一，张美翊崇尚佛学，以慈悲为怀。晚年的张美翊接受了净土宗，如"黄涵之、金筱圃二君皆食素，老朽拟效之，以免多杀生命"。⑧ "老板不请吃肉，殆因老夫听黄涵之、金筱圃戒特杀、修净土之故。"⑨ 1918 年前，作为乡绅代表，张氏参与宁波功德林蔬食处的开办。张美翊将此看成积德行善，"禄有尽，福无尽，在人为耳"。⑩ 此外，张美翊还热衷于孤儿事业，1920 年宁波佛教孤儿院改设董事会，推举其为董事长。"老夫为孤儿院功德

---

① 黄仁柯：《沙孟海和他的 CP 兄弟》，作家出版社，1996。
② 张美翊：《菉绮阁课徒书札·致朱百行 4》。
③ 张美翊：《菉绮阁课徒书札·致朱百行 22》。
④ 张美翊：《菉绮阁课徒书札·致朱百行 21》。
⑤ 张美翊：《菉绮阁课徒书札·致朱百行 68》。
⑥ 张美翊：《菉绮阁课徒书札·致朱百行 67》。
⑦ 张美翊：《菉绮阁课徒书札·致朱百行 27》。
⑧ 张美翊：《菉绮阁课徒书札·致朱百行 66》。
⑨ 张美翊：《菉绮阁课徒书札·致朱百行 65》。
⑩ 张美翊：《菉绮阁课徒书札·致朱百行 66》。

碑写屺公撰文，老夫书丹，烦冒拙笔，贤篆额以寄。"①

第二，独特的妇女观。受传统道德观影响，张美翊认为，妇女要有妇女的样子。如"我外孙女甚幽娴，能制菜做衣，文理粗通而书法不甚佳，将来必得内助，此夫妇店好帮手也。"② 更进一步讲，张氏还把妇女教育的成败看成是一个家族教育是否成功的标志，称"夫妇之道，以德为尚，一与之齐，终身不改。老夫主张单妻主义，视妇女甚重。家之兴败，子女之贤否，以女教为先"。③ 批评女权主义，称"女界社交一向自由，伊夫何能管得？……我闻此语如冷水浇背，不料女界堕落如此，蛊惑青年如此！"④ "闻妇女服饰变不成样，真是妖怪。"⑤ 不过，他对知识女性"女史"是相当尊重的。他曾替沈善宝作《名媛诗话题词》，称"庶于女学，有万一之助"。⑥ 可见，当时已经有"女学"名称。

第三，功利观。张美翊比较务实，强调义利统一，"寒士且贾且读亦无不可，但勿小就可矣，薪水不必计较"；⑦ "书中自有黄金屋，一味金银气，俗不可耐，似亦非是"⑧；"今交易所事业风起云涌，不良分子都在其中，少年易为金钱所动，贤亦知金钱万恶否？"⑨ 张氏的金钱观是"知足慎用"。"时局必乱，群盗如毛，万难幸免。谋生不易，惟有勤俭"⑩；"少年宜进取，老年求省事，境不同耳"⑪；"人世浮华，一瞬即逝。惟大而道德，小而文艺，可以垂名后世。"⑫ 由此可知，他更看重文本世界的留名。

第四，思想偏保守。当时中国正处于北洋军阀时代，无论谁掌权，都只是为个人利益服务。"省中选举怪现状，叔田言之不详，闻之他人者独多。然以之视江苏许九老，则吾浙为其次。纷纷扰扰，旁观且为眼花缭乱，何论

---

① 张美翊：《蓉绮阁课徒书札·致朱百行 93》。
② 张美翊：《蓉绮阁课徒书札·致朱百行 85》。
③ 张美翊：《蓉绮阁课徒书札·致朱百行 79》。
④ 张美翊：《蓉绮阁课徒书札·致朱百行 75》。
⑤ 张美翊：《蓉绮阁课徒书札·致朱百行 30》。
⑥ 《名媛诗话》卷首，1924 年排印本。
⑦ 张美翊：《蓉绮阁课徒书札·致朱百行 5》。
⑧ 张美翊：《蓉绮阁课徒书札·致朱百行 15》。
⑨ 张美翊：《蓉绮阁课徒书札·致朱百行 33》。
⑩ 张美翊：《蓉绮阁课徒书札·致朱百行 30》。
⑪ 张美翊：《蓉绮阁课徒书札·致朱百行 65》。
⑫ 张美翊：《蓉绮阁课徒书札·致朱百行 81》。

当局！张咏霓以搜刮为政荣，声称烟酒茶糖，为添筹百万，悍然不顾，并各派监督，而中央命令乃以高凌霨、高松如司银行金库。环观世界，无论为新为旧，为官为党，凡出现者无非离未罔两，虎狼蛇蝎，与民为仇。"① "何晓山和平会议请公使列席，乃唯一办法，乃民党反对，徒捣乱耳。"② "惟现在政府不久必倒，亦同鸡肋。"③ "近日上海气象，可知大乱而已"。④ 对于学生运动，张氏向来不支持，甚至称其为匪。"杭州师范多社会党，学生有入绍兴匪巢者，青年社会堕落如此，皆蔡子民、经子渊害之。望贤多近老人，看古书，束身自爱为要。"⑤ 蔡元培、经亨颐是绍兴人，所以有"绍兴匪巢"之说，可见张氏思想之退步。"知贵社教法，乃与鄙见符合，此时方知经书之宜读。从前亦尝主张废经，不料祸至此也。"⑥ 初主张废经，后则主张读经。"书函白话最讨厌，勿效为要。"⑦ 他是古文家，所以反对使用白话，认为"此陈独秀梁山派，误尽青年"。⑧ "本城蒙养院保姆为张承哉挟之以逃，张亦世家子，中蔡子民、胡适之之毒，为教育会中坚，充巡回教授。今新文化破产，而学界讳言之（金陵学生攻詟老太旧）。琴孙延张办小学蒙养，尽翻旧案。前相见，自谓失知人之名（明）也。"⑨ 琴孙为蔡琴孙，为宁波籍上海富商。张承哉即张雪门，字承哉，鄞县人，早年毕业于浙江省立第四中学，1912 年任鄞县私立星荫小学校长，1918 年任星荫幼稚园园长，发起募捐创办幼稚师范，1922 年在宁波创建湖西幼稚师范学校任校长。由此可知，张美翊对张雪门是相当有看法的。

第五，重商思想。要求政府保护商人，"念思政府恶税病商，而并未得有丝毫保护，何必再为该法！且商界亦必不服从"。⑩ "老夫之意，大乱之世，宜多交外人，最好与外人营业……贤若有西友，与之办事，胜于做官，

---

① 张美翊：《菉绮阁课徒书札·致汤寿潜 1》。
② 张美翊：《菉绮阁课徒书札·致朱百行 97》。
③ 张美翊：《菉绮阁课徒书札·致朱百行 87》。
④ 张美翊：《菉绮阁课徒书札·致朱百行 99》。
⑤ 张美翊：《菉绮阁课徒书札·致朱百行 72》。
⑥ 张美翊：《菉绮阁课徒书札·致冯君木》。
⑦ 张美翊：《菉绮阁课徒书札·致朱百行 9》。
⑧ 张美翊：《菉绮阁课徒书札·致朱百行 58》。
⑨ 张美翊：《菉绮阁课徒书札·致朱百行 30》。
⑩ 张美翊：《菉绮阁课徒书札·致朱景曙 2》。

然亦宜择人耳。"① 这种要求与西方人交往的思想，正是中外贸易时代才会有的思想。"陈宗芝辈每日呼买进卖出，如发疯狂，可笑!"② 这是现代股票买卖活动，张氏显然接受不了。

此外，《箓绮阁课徒书札》涉及相当多的著名人物。如果能对相关人物展开分析，可以了解民初上海、宁波、杭州等地政界、商界、文界状况。

〔钱茂伟、钱之骁，宁波大学人文与传媒学院历史系〕

---

① 张美翊:《箓绮阁课徒书札·致朱百行 97》。
② 张美翊:《箓绮阁课徒书札·致朱百行 21》。

从史学名家童书业看鄞州
杰出人物文化基因

胡丕阳

摘　要　鄞州历史悠久、地灵人杰、学人辈出，在中国近现代亦名流荟萃，童书业就是杰出代表。通过考察童书业的学术思想和研究方法，能看到鄞州人的文化基因，主要体现在做学问孜孜不倦，重考证求真求实，求真理不唯上、不唯书。

关键词　童书业　鄞州　文化基因

童书业，字丕绳，号庸安，曾用笔名吴流、冯鸿、冯梅、冯友梅、章益卷、卷益等，是我国近现代著名的历史学家，原籍浙江鄞县（今宁波市鄞州区）。清末，他的祖父任安徽道台，举家迁居安徽。童书业 1908 年 5 月 26 日出生于安徽芜湖，辛亥革命后迁居上海。1935—1937 年，赴北平，任顾颉刚的研究助理，1937 年主编《禹贡半月刊》古代地理专号。曾在光华大学、复旦大学授历史、地理课程。1949 年起一直在山东大学历史系从事史学研究和教学工作，1968 年 1 月逝世。

鄞州历史悠久，是文献名邦，地灵人杰，在近现代亦名流荟萃，学人辈出，童书业就是杰出代表。通过考察鄞州人的学术思想、学术研究方法，能看到鄞州人的文化基因，王应麟、万斯同、全祖望都是如此。童书业的学术思想、研究方法同样体现鄞州人的文化基因。笔者作了初步的梳理，主要体现在三个方面：做学问孜孜不倦；重考证求真求实；求真理，不唯上、不唯书。笔者以此为线索进行阐述和分析。

一 做学问孜孜不倦

作为我国近现代著名史学家，童书业在中国古代史、古史古籍考辨、中国美术史、历史地理、历史理论研究等领域做出了重大贡献。他尤其在先秦史研究领域取得丰硕成果，在国内先秦史研究中占有重要地位。2008 年，在童书业诞辰百年之际，由其女儿童教英整理的 7 卷本《童书业著作集》由中华书局出版，为研究童书业生平及其学术思想提供了方便。

童书业做学问孜孜不倦，治学求实。这是鄞州人重要的文化基因。从鄞州历史看，无论是王应麟、袁桷，还是万斯同、全祖望都是如此。全祖望作为清代著名史学家、文学家和藏书家，一生孜孜不倦治学，成就非凡，在史学、经学、文学方面成就卓著。这一文化基因在童书业身上也有体现。童书业的春秋史研究，包括《春秋史》《春秋左传考证》《春秋左传札记》《春秋史料集》等，正是他孜孜不倦的体现。他从事春秋史研究，几乎是一辈子的事，可谓几十年如一日。

1935 年，童书业在顾颉刚处做研究助手时就开始春秋史研究。在顾先生的指导下，为顾先生撰写《春秋史讲义》，以供在燕京、北京两所大学授课之用。与此同时，童书业还精心搜集和考证春秋史资料，初步作成《春秋考信录》。

1940 年，按照顾先生的要求，童书业修订了《春秋史讲义》，约 21 万字，1946 年以《春秋史》之名出版。童书业原计划该书分"正文""考证"两个部分，正文约 16 万字，考证约 30 万字。正文用叙述体，文字以浅显为主，除逼不得已外，不引原文。考证部分模仿崔东壁《考信录》的体例，定名《春秋考信录》。1941 年 12 月，童书业在《自序》中曾这样说："七七事变之后，我带着这部讲义避地安庆，又由安庆带来上海，虽在十分为难的时候，也不曾离开它。去年（1940 年——引者）夏间，接着顾师从成都来的信，命我替齐鲁大学撰写《春秋史》，我当时回信说：《春秋史讲义》的体裁尚好，当年写的时候也曾用过一番力，如把它就此废弃，未免可惜；不如就讲义修改，另撰考证，这样可兼收普及和专门之效。顾师复信同意这一点，不过他说："这本书是你所写，现在我们分处遥远的两地，无从仔细商讨，就用你一人名义出版罢！我即遵命于去冬开始着手修撰。因人事的牵缠，直到今年六月才得勉强竣事。"①

中华人民共和国成立后，童书业在山东大学从事中国史教学，依然关注《左传》，却未专门研究春秋史和《左传》，仅写一点研究文章。自1959年后，他先后完成《孔子思想研究》《孟子思想研究》《荀子思想研究》《老子思想研究》等。1960年，他在《山东大学学报》第3、4期上发表了《〈论语〉、〈孟子〉中所反映的社会经济制度》，就《论语》《孟子》的背景及所反映的社会经济现象作了分析。对于童书业在春秋史研究方面的成就，著名史学家杨向奎1981年2月在《童书业著作集》的序言中称："解放后，他应邀到山东大学历史系和我共事，正值史学界开展古代史分期问题的讨论，他又积极参加撰写了不少探讨西周以至春秋战国社会性质的文章。因此他对孔、孟、荀、墨、老、庄、韩非这七家思想，都能真正从春秋战国时期的社会经济和这七子所处的阶级地位来探讨分析。"②

1965年，在当时特定环境下，童书业重拾春秋史和《左传》专题，撰写《春秋左传考证》第1卷，由其夫人誊清。同时，重新搜集春秋史史料5册，作《春秋左传考证》第2卷。1966年6月，"文革"开始，童书业将《春秋左传考证》等未发表的作品包装后交由即将封门的山东大学历史系资料室保管。1967年下半年，他认为《春秋左传考证》太繁复，为此将其简括成《春秋左传札记》。

学术界认为，《春秋左传考证》是以社会发展观念审视古籍，考求春秋这一中国古代社会变化最激烈时期的历史真相并对此有不少评论。1973年，顾颉刚在给童书业女儿童教英的信中就这样评论《春秋左传考证》这部著作："你父一生研究古代史，以他最强的记忆力和最高的理解力，结合清代的考据资料与现代的历史唯物主义，用能自创新格成此伟著，超轶前人，为20世纪的一部名著。"③

"文革"以后，经顾颉刚的审阅，童教英将《春秋左传考证》第2卷、

① 童书业：《春秋史》，童教英整理《童书业著作集》第1卷，中华书局，2008，"自序"，第7页。

② 杨向奎：《先秦七子思想研究序》，童教英整理《童书业著作集》第1卷，第1019页。

③ 顾颉刚：《致童教英信函》（1973年），童教英整理《童书业著作集》第1卷，第303页。

《春秋左传札记》及与此两稿相关的稿件合在一起，以《春秋左传研究》为书名，由上海人民出版社于 1980 年 10 月出版。此书初版印 7000 册，1983年 6 月第 2 次印刷 8000 册，在学术界产生了较大的影响。1982 年 1 月，齐鲁出版社还出版了童书业的《先秦七子思想研究》，在学术界也受到好评。

二　重考证求真求实

考证和辨伪是史学研究的重要方法。这是鄞州杰出人物的另一个文化基因。万斯同、全祖望重视考证。全祖望注重辑佚、辨伪、核勘。他说："旧志之谬极多，辨之几不胜辨。其为芜文所驳正者亦得十五。"① 这就要求在阅读古籍时，需要对古籍中出现的错误进行考证、辨伪。比如，全祖望对他的好友厉鹗《宋诗纪事》就指出其错误数十条之多。这一文化基因在童书业学术研究上再次得到体现。《童书业著作集》第 3 卷，即《童书业史籍考证论集》，有近 90 余篇文章。这正是他考证、辨伪的研究成果。

在我国，考证、辨伪自古有之。对于中国"史前史"，因缺乏可靠的史料，有关"史前史"的描述多系后人根据神话传说整理而成。孟子曾对文献的真实性提出怀疑。唐宋以降，逐渐兴起考辨，韩愈、柳宗元注重考辨古籍。郑樵、王应麟、胡应麟都对文献进行过考证。尤其清代更涌现不少大家，诸如顾炎武、戴震、全祖望、阎若璩等，考辨富有成就。五四以后，顾颉刚的考证辨伪工作也产生较大影响。1923 年，顾颉刚在《读书杂志》上发表《与钱玄同先生论古史书》，明确提出"层累地造成中国古史"的观点，认为文献中的古史，完全是后人一代一代垒造出来的，传说的时代越推越古，古代人物形象越后越被放大，并不是真实的历史，从而提出"从圣道王功的空气中夺出真正的古籍"。② 童书业深受其影响。童书业在自编的《简谱》中也承认在 1933 年开始作文时，即"治经史渐取古史分辨派门径，以顾颉刚为私淑之师"。③ 1935—1937 年，童书业写了大量古史、古籍的考辨之作。如《国语与左传问题后案》（1935 年 1 月）、《二戴礼记辑于东汉

---

① 全祖望：《奉答万九沙编修宁志纠缪杂目》，朱铸禹汇校集注《全祖望集汇校集注》，上海古籍出版社，2000，第 1778 页。
② 顾颉刚：《与钱玄同先生论古史书》，《古史辨》第 1 册。
③ 童教英：《前言》，童教英整理《童书业著作集》第 3 卷，第 1 页。

考》（1935 年 4 月）、《墨子姓氏辨》（1936 年 11 月）《"尧舜禅让"说起源的另一推测》（1937 年 3 月）、《李自成死事考异》（1937 年 4 月）等。其代表作《春秋史》和《春秋考信录》也是重要的考证成果。为此，童书业受到顾颉刚的赏识。顾颉刚命其编辑《古史辨》第 7 册，童书业逐渐成为"'古史辨'派后期中坚之一"。① 1936 年 2 月 23 日，他在《顾颉刚著三统说的演变案语》中就说："谨案：三统说是三皇说的背景，颉刚师在他新著的《三皇考》里虽曾提到，但因题目的关系，没有很详细的叙述，趁这次《文澜学报》索稿的机会，就把三统说的演变详细地发表一下。承命校读，并嘱补充意见，因将中间所未曾完全叙述关于刘歆三统说的来源，谨就管见，补叙于下。"②

童书业在中华人民共和国成立后依然坚持考证工作。他以唯物史观为指导，从马列著作中考证出若干与人不同的观点，并结合中外史实，提出有关亚细亚生产方式和中国古代史分期问题方面独特见解。对这些说法进行分析，我们可以发现其立论"确实建立在考据的基础上，只是从一个问题、一个事件的考证上升到时代面貌、历史真相的考证而已"。③ 1958 年后，童书业治学重点转至考证，他的绘画史、瓷器史的不少论著都是在考证基础上形成的，如《清明上河图辨》《千里江山图辨》。受到学界称赞的《美术史札记》《春秋左传考证》《春秋左传札记》也是考证代表作品。不过此时他的写作风格有所变化。从形式上看，史料排比、考辨已不再写在著作中，文字上作了删繁就简；在内容上，童书业注重历史现象的清理和寻找历史演变的规律。即使"文革"期间，在十分艰难的情况下，童书业还写了《古史辨派的功过》和《考证学的客观规律》。

对于考证，鄞州人主张求真求实，这是重要的文化基因。全祖望在《鲒埼亭集》卷二十九《帝在房州史法论》中就提出"史以纪实"的观点。认为治史必须实事求是，史以纪实，"非其实，非史也"。为此，全祖望的考证以史实为依据，不虚美、不隐恶。我们从童书业的考证中也可以看到这一文化基因。他认为，考证以证据事实作为依据，而不能一凭主观想象来曲

---

① 童教英：《前言》，童教英整理《童书业著作集》第 3 卷，第 2 页。

② 童书业：《顾颉刚著三统说的演变案语》，童教英整理《童书业著作集》第 3 卷，第 656 页。

③ 童教英：《前言》，童教英整理《童书业著作集》第 3 卷，第 3 页。

解证据事实，以迁就自己的意见。考证学主要是鉴别史料、弄清事实的功夫，事实、材料是对历史认识的立脚点。只有弄清事实，才能进行历史研究。童书业说："考证学是史学中的一门工具性科学，它有一定的用处，通过它可以弄清历史上许多事实，作为研究历史的基础"。"我们现在也还需要考证，在必要的时候，一件历史事实弄不清楚，会妨碍我们对这时期某些历史事实的认识。"① "考证家当以证据事实作依据，而不能凭主观想象来曲解证据事实，以牵就自己的意见。"② 他批评清末许多所谓"经今文学家"是"胡说乱道，绝对不是真正的考证"。③ 为此，他于 1967 年写了《考证学的科学规律》，就如何考证提出七个方面的观点，诸如考证必须以事实为依据、考证某事件必须有正面的直接证据若干条作证、旁证不能代替正面的直接证据等，不能用空想代替证据，用推论方法来取得考证的结论。这为史学工作者如何进行考证提供了科学的方法。

2008 年出版的《童书业著作集》第 3 卷《童书业史籍考证论集》，选编了童书业的 90 余篇考证文章，有古史、古籍、石器物考证等 3 个方面内容。这是他实事求是考证的体现。考察童书业撰写的文献，主要是对先秦及两汉文献的考辨、中国古代史中有关人和事的考辨和历史教科书中有关内容考辨等方面。我们可以中国古代中有关人和事的考辨为例。童书业写了不少考辨文章，如《春秋初年鲁国国势考》《墨子姓氏辨》《齐僖公小伯考》《李自成死事考异》《唐代妇女的围巾"披帛"考》《中国金属货币起源考》等。这里仅就《李自成死事考异》谈一点看法。

关于明末农民起义领袖李自成殉难的时间与地点，当时的各种文献记载互不相同，记载李自成死事的官书亦没有明白说法。如何腾蛟的《逆闯伏诛疏》未提自成死，《绥寇纪略》《西南纪事》等作顺治二年（1645 年）四月，《明史·李自成传》作顺治二年九月，《东华录》《圣武记》作顺治二年闰六月等，20 世纪初亦有多种说法。李自成究竟什么时候殉难，1936 年童书业利用多种文献进行仔细考辨，于 1937 年 4 月在《史学集刊》第 3 期发表了《李自成死事考异》。他认为《绥寇纪略》得之"传闻"，《明史·

① 童教英：《前言》，童教英整理《童书业著作集》第 3 卷，第 3 页。
② 童书业：《考证学的科学规律》，童教英整理《童书业著作》第 3 卷，第 845 页。
③ 童书业：《考证学的科学规律》，童教英整理《童书业著作集》第 3 卷，第 846 页。

李自成传》"有误"，经过考证，童书业明确指出："清顺治二年（1645）五月中、下旬（或六月上旬），农民军领袖李自成率少数人进入湖北通山县的九宫山，遭遇'乡兵'即地主武装的攻击，众寡不敌，被害。至于有的书上所记与上不同的年月、地点和事迹，考证的结果，都是不甚可靠的！"①

三　求真理，不唯上、不唯书

鄞州人的学术个性，一个重要方面是追求真理，不唯上、不唯书。史浩、王应麟、万斯同、全祖望都是如此。这是鄞州人的又一文化基因。这一文化基因也对童书业影响深刻。

所谓"求真理"，是求科学之"真"，求规律之"理"，就要坚持真理，解放思想，实事求是，不唯上、不唯书。就是在科学思想、科学方法指导下，尊重规律，有所作为。考察童书业的著作，可以看到其"求真理"的学术个性，这就是学术研究中不迷信权威、不迷信书本。历史学是一门求真理的实证科学。童书业从事史学研究伊始，就把追求历史真理与研究历史的规律当作一种责任，并把它贯穿于自己的史学研究，坚守马克思主义史学阵地，捍卫史学的真实存在。

中华人民共和国成立后，有人主张春秋战国之交是中国奴隶社会和封建社会的分界线。史学界不少学者及全国的历史教科书都以此观点为准，郭沫若就是主张战国时期是中国奴隶社会向封建社会的分界线。而童书业在史学研究中，为求科学、求真理，并不唯上、不唯书，坚持"西周封建论"的说法。他认为中国西周是宗法封建社会。1950 年，童书业曾主张中国封建社会开始于魏晋。次年，主张"西周封建论"。1951 年，童书业在《文史哲》中发表《中国封建制的开端及其特征》。他指出："中国封建社会究竟开始于什么时候，至今还不曾有定论。我个人是主张中国封建社会开始于西周的说法（虽然一年以前，我曾主张过中国封建社会开始于魏晋），因为根据文献的引用，这种说法似乎比较有力。"② 同时，童书业认为西周是"早

① 童书业：《李自成死事考异》，童教英整理《童书业著作集》第 3 卷，第 318 页。
② 童书业：《中国封建制度的开端及其特征》，童教英整理《童书业著作集》第 4 卷，第 183 页。

熟性的封建社会，是建筑在比较低的生产力之上的"。① 并且从经济、社会结构、贵族与农民的法律身份等方面加以论证。

由于当时的特殊环境，童书业"西周封建说"的观点遭到批判。《山东大学学报》1959 年第 1 期就发表文章对童书业观点进行责难。但童书业并没有在压力之下屈服，还是坚持自己的说法。1959 年，童书业在《山东大学学报》第 4 期上发表了《生产力与古史分期问题》一文。他指出："我个人是主张中国封建社会开始于西周的说法的，在用理论证明我的说法时，确实发生了修正主义观点的错误，这种错误必须纠正。但我们中国封建社会始于西周的说法，却还是可以讨论的。这个说法的本身并不是批判的对象，可是有些同志却把它当作批判对象来批判了。"②

在那个特殊年代，学术研究受到"左"的影响，不主张"战国封建说"的就要作为批判对象受到责难。童书业主张"西周封建说"，也就成为批判对象。在这种特殊情况下，他只能说违心话。尽管说自己"确实发生了些修正主义观点的错误，这种错误必须纠正"，可是童书业"求真"的学术个性并没有丢弃，他不唯上，不屈服压力，仍然坚持"我们中国封建社会始于西周的说法，却还是可以讨论的"。

对于中国史学界的权威，童书业也不是一味迷信。其对于郭沫若史学研究中的一些不正确的观点进行过批评，提出商榷看法。郭沫若主张"亚细亚生产方法"就是原始共产社会。1947 年 2 月 20 日，郭沫若所作的《政治经济学批判》译本序言中就提出这一观点。但是，童书业不赞同郭沫若的上述观点。1951 年春，童书业在《文史哲》第 4 期发表《论"亚细亚生产方法"》一文，凭其扎实的马克思主义功底，引经据典，对郭沫若的观点提出商榷看法。童书业认为，郭沫若的看法有两点可以商榷：① "亚细亚"的就是原始共产社会，而"宗长式"只是一种落后的组织（原始共产社会末期才发生的一种组织，可以留存于某些地方的奴隶社会和封建社会中），并不完全等于原始共产社会。② 《德意志意识形态》大致作于 1845—1846 年。而"在 1847 年时，社会底前史中，在一切文字记载下来的历史之前社

---

① 童书业：《中国封建制度的开端及其特征》，童教英整理《童书业著作集》第 4 卷，第 189 页。

② 童书业：《生产力与古代分期问题》，童教英整理《童书业著作集》第 4 卷，第 462 页。

会组织，差不多完全不知道"（恩格斯），在 1847 年时还不知道的原始共产社会，自然不能在 1845 年、1846 年就被提到。《德意志意识形态》中的"宗长式"，既然不完全等于原始共产社会，那也就不等于"亚细亚生产方法"。童书业认为，郭沫若的结论虽对，"但所举的证据却还不能够作证明（至少不能作为坚强证据），要证明'亚细亚生产方法'就是原始共产社会，还得另找证据"。①

　　顾颉刚是童书业的老师，可是童书业也并不盲从，对于顾颉刚的成说不完全迷信。顾颉刚是"古史辨派"的主将。② 他利用考证的形式来批判旧学术，在近现代学术史上占有重要地位。为坚持史学的真实性，坚持历史学真理，童书业发表《古史辨派的功过》一文。对"古史辨派"进行实事求是的评价，从七个方面指出其成绩，由于这篇文章写于"文革"时期，某一些观点可以商榷，但他敢于给其老师顾颉刚为主将的"古史辨派"以实事求是的评论，反映了童书业崇尚科学，追求真理，不迷信成说、敢于求真的学术个性。

〔胡丕阳，宁波海关〕

---

① 　童书业：《论"亚细亚生产方法"》，童教英整理《童书业著作集》第 4 卷，第 199 页。
② 　童书业：《古籍考辨丛刊第二集序》，童教英整理《童书业著作集》第 3 卷，第 842 页。

杨坊再评价

谢俊美

摘　要　第一次鸦片战争后，西方列强打开了中国的大门，中国由此开始了一百多年的艰难历程。在中西接触的初期，买办的桥梁作用是显而易见的。杨坊是其中的代表人物之一。他是走在近代中国社会大变动前沿的风云人物，是中国现代化的开拓者。杨坊由一个普通店员起家，利用上海开埠的机会，凭借熟悉丝茶行情，充当洋行买办，在中外贸易中获利致富。作为一名中国商人，他具有多重两面性。一方面他从事中外贸易，帮外人做生意；另一方面他又站在民族立场上，对西方侵略者拐卖中国人、偷漏关税、侵占中国土地进行坚决斗争。一方面他帮助清政府镇压小刀会、太平天国起义；另一方面他又用自己经营所得，买地招民耕种，购地买棺掩埋客死异乡的乡民，体现了他的人道主义。而花巨资购回因战乱散失的卢氏藏书，并无偿归还卢氏后人，则表现了他对文化的高度重视。

关键词　杨坊　怡和洋行买办　《杨憩棠年谱》

一　要历史地客观地评价杨坊

研究上海近代史，乃至研究中国近代史，不能不提到杨坊。在上海开埠的初年，杨坊作为移民和新兴的买办人物，在了解外情、推动中外贸易、处理重大突发事件，诸如镇压小刀会起义，阻击太平军进攻上海，第二次鸦片战争初期清政府与英、法外交人员在上海的交涉活动等，他都起过相当重要的作用。但长期以来，由于政治等原因以及史料的限制，杨坊的研究很少，即使有所介绍，往往不是歪曲，就是加以丑化，称之为"鬼奴"、"洋奴"，甚至被指为汉奸和卖国贼。当时英法侵略者刚刚打败清政府，人们怀有仇夷、鄙夷的强烈民族意识不难理解。恭亲王奕䜣因主持"抚局"和新设立的总理衙门，被人戏谑称为"鬼子六"。江苏巡抚丁日昌因主张办洋务、学西方，被京朝官僚攻伐讥嘲为"丁鬼奴"。这些达官尚且如此，更何况杨坊这类平民起家的人呢？其实一百年多年后回过头来看，这些人都很了不起，当时绝大多数中国人对西方几无所知，他们却凭有限的西学知识，独具慧眼，看到一个新时代的来临，不顾时人的不理解，甚至唾侮辱骂，毅然走上或搭上这个大变局的巨轮，参与当时的重大内政、外交活动。他们都是当时时代的风云人物，中国早期近代化的开拓者，杨坊当然属于这类人物。本文结合有关史料和杨坊未刊年谱《杨憩棠年谱》（清同治抄本），就杨坊和小刀会起义、太平天国起义等相关事件作一探索。

二　杨坊移民上海前后

杨坊，字启棠，又字荣阶，号憩棠，1812 年生于浙江鄞县（今宁波市鄞州区）西城桥杨陈衖。父亲杨冠贤曾在苏州经商，从事丝茶生意。杨坊 5 岁入塾读书，14 岁随兄长学习会计，次年辍学，到宁波一家绸布店当店员，因业务需要，曾一度到当地教会学校学习英语。① 语言文字是国际交流交往的基础，杨坊能说英语，识得英文这一独特的条件为其后走上中外交涉的道路奠定了基础。

一般来说，人生事业的成功必须具备两个条件：才能和机遇。1843 年，杨坊只身来到刚开埠的上海。因其懂英语，经人介绍，进入英商怡和洋行，负责办理报关和有关丝、茶买卖业务。② 因其熟悉丝、茶行情，深得

---

① 宁波市地方志办公室编《宁波市志》，中华书局，1995，第 87 页。
② 一说为挑水夫，似不确。因杨坊会说英语，又当过绸布店店员，懂得会计，当时上海刚刚开埠，洋行急需既懂业务又会英语的人才，而杨坊正是最佳人选。凭借这些条件，他被怡和洋行录用办理业务完全没有问题。

怡和洋行等外商的信赖，逐步升为该行买办。在积累了一笔财富后，他在县城小东门外开设了一家名为"泰记"的钱庄，[①] 一面从事鸦片贩卖和其他商业投机活动；一面纳赀报捐同知，后升至苏松常镇粮储道，担任宁波旅沪同乡会的董事。

1853 年 9 月，刘丽川、潘起亮等发动小刀会起义，占领上海县城和附近厅、县。苏、松地区当时是全国财赋首善之区，为清政府镇压太平天国起义的军饷主要来源之地。起义发生后，清政府急令江苏巡抚吉尔杭阿率军前往镇压。杨坊奉命办理军需，参加镇压小刀会起义。

小刀会起义后，英、法租界宣布"中立"。小刀会起义军计划从县城与租界相邻的地段与外界保持联系，以此获得接济。为了围困小刀会，1854 年 5 月，杨坊与上海道吴煦征得法国提督辣厄尔、英国领事阿礼国的同意，协助吉尔杭阿设法收回洋泾桥一带的外资房屋，将驻扎在陈家木桥的小刀会起义军击退。通过向沪上茶商募银 2400 多两，又自捐银 1.1 万两，雇用民夫，砌墙 600 余丈，夯土编竹，构筑壕垒 280 余丈，沿江地段也一律围以竹篱。完全切断了小刀会同外界的联系。另又招募壮勇，会同清军在老闸、司徒庙、观音堂、洋泾桥等要隘昼夜巡查。[②] 1855 年 2 月，弹尽粮绝的小刀会起义军被迫弃城突围，退往青浦、嘉定一带，杨坊随同清军入城，大肆搜杀起义军余部。

小刀会成员多为广东、福建失业的船员和水手，他们中不少人在沪主要从事鸦片买卖活动，其起义对上海地区的社会经济带有极大的破坏性。我专门发表过一篇《小刀会起义再评价》，对小刀会起义的成员构成、起义的活动进行分析，大致持否定态度。杨坊因镇压小刀会起义"有功"，被清政府赏赐盐运使衔。

杨坊因镇压小刀会起义十分卖力，又由于他与驻沪英、法领事和洋商多有联系，因而受到地方官吏和清廷的重视。1859 年，英法联军决定护送公使前往北京换约，咸丰帝谕令江苏布政使薛焕设法劝阻。薛焕以杨坊等与在

---

① 一说"杨泰记"，也有说是一家商行。笔者认为开设商行较为接近事实。

② 参见上海社科院历史研究所编《上海小刀会起义资料汇编》，上海人民出版社，1958，第 293、296 页；杨宝镕、胡仁泰编撰《杨憩棠年谱》（清同治稿本），未刊；南京太平天国博物馆编《吴煦档案选编》第 3 册，江苏人民出版社，1982，第 218—225 页。

沪外商"素相契洽，堪与任使"，札饬杨坊"妥为办理"。① 其时杨坊正生病在家，奉札后，随即抱病前往怡和、宝顺等洋行，与外商见面，"恺切谕导"，以"搆兵有碍和好，息兵有利商务"相规劝，指出："尔等与中华贸易几二十载，获利甚厚"，开战"必然贸易受阻，正宜及时设法疏通"政府，罢兵息战。② 薛焕署理钦差大臣后，杨坊与上海道吴煦等还劝说新到沪的法国公使葛罗、英国特使额尔金与薛焕会晤，遭到拒绝。③ 杨坊虽未能阻止联军北上，但为国宣劳、阻止列强深入侵略是显而易见，不能否定。联军北上后，杨坊又秘密派遣乡人蒋仲牙（小游）前往舟山，侦探联军舰队的动向，随时向薛焕、吴煦密报。④ 这可称得上是爱国之举。

1860 年 5 月，江南大营兵溃。忠王李秀成率太平军相继攻占苏州、松江、青浦等府县，并对上海发动围攻。杨坊奉江苏巡抚薛焕札委，会同吴煦，雇聘美国退伍军人华尔为统带，招募在沪吕宋（即菲律宾）勇及宁波勇，组成洋枪队，名曰"华勇"，对抗太平军。洋枪队的军需均由杨坊具体负责筹措供给。⑤

1862 年 2 月，杨坊授为苏松常镇太粮储道，因在沪办理华尔洋枪队饷需，仍留江苏军营"差遣"。其时，太平军正兵分五路围攻上海。除黄浦江水路一线未被合围外，浦东之川沙、南汇、奉贤及金山四县厅和上海西南乡，数日内全被太平军占领。从 2 月到 5 月，杨坊督同华尔洋枪队在青浦、天马山、辰山一带，与太平军大小凡数十战，并再度收复松江府城。薛焕以华尔洋枪队以少胜多，屡挫太平军，将其所统"华勇"命名为常胜军，以吴煦为督带，杨坊为会带，华尔为统带。⑥

同年 9 月，宁波戒严。宁绍台道史致谔请调华尔率军前往防守。杨坊拨给华尔银万两，令其统带常胜军 140 余人由海路迅赴宁波。华尔在慈溪被太平军击毙后，吴煦、杨坊又立即派遣法人法尔师德为临时统带，配合地方团

① 何桂清：《探闻英法兵船北驶意将用武，现仍设法转圜由洋商拟款呈折》，中国史学会主编《第二次鸦片战争》（四），上海人民出版社，1978，第 298—299 页。

② 《吴煦档案选编》第 5 册，第 115—117、160 页。

③ 中国人民大学清史研究所编《清史编年》第 9 卷，中国人民大学出版社，2008，第 716 页。

④ 《吴煦档案选编》第 5 册，第 115—117、160 页。

⑤ 南京太平天国历史博物馆编《吴煦档案中的太平天国史料选辑》，上海古籍出版社，1979，第 46 页。

⑥ 《吴煦上李鸿章禀》，《吴煦档案选编》第 3 册，第 144—145 页。

练，与太平军作战，先后收复绍兴、奉化、嵊县、鄞县、上虞等县城。

华尔殒命后，常胜军正式改由美国人白齐文统带。11 月，围困天京的湘军因久为太平军援军所困，伤亡惨重。曾国荃商请李鸿章给予援助。江苏巡抚李鸿章饬令吴煦、杨坊督带白齐文所统之常胜军助攻九洑洲，从水上切断太平军的外援渠道，并打通上下江航路。吴煦、杨坊奉命后，立即筹饷雇船、添备器械，作赴援准备，并由吴煦督带前队先行赶赴镇江，杨坊督催后队继至。岂料白齐文以欠饷未发、器械未备，故意迁延。杨坊以军情紧急，不容迟延，多方迁就，向洋行设法挪借，以促其行。然而，白齐文非但无启程的日期，继而拒绝奉命。杨坊以其临阵辞差太无道理，要求白齐文觅保领饷。白齐文恼羞成怒，竟闭松江城纵勇滋事，率带常胜军数十人从松江赶到上海的杨坊家中，殴伤杨坊及其家人，并抢去杨坊存在家中的向洋行挪借的银两 4 万余元。①

白齐文不遵军令、殴官抢银事件发生后，李鸿章责令吴煦、杨坊将白齐文"拿获"，并按中国军法处置。以吴煦、杨坊身为常胜军督带、会带，不能严行管束，致使所雇洋员如此狂悖，奏请交部议处。吴、杨旋奉旨双双暂行革职，仍留军营调遣。常胜军金陵之役虽未成行，但各项用款高达 40 万两，且多为向外商洋行临时挪借。李鸿章责令吴煦和杨坊共同垫赔。吴、杨虽"心存不服"，但不敢违抗，还是东挪西凑，先行垫赔了 20 多万两。直到后来户部奏准凡 1864 年 7 月前未经报销军费可列册存案，此事方才了结。吴、杨为此赔累不少，"苦不堪言"。1863 年，杨坊奉命在沪开办米捐。他竭力筹办，并捐银 5 万两。李鸿章以此专折呈奏，旋奉旨开复原官。

杨坊开复不久，即发生华尔父亲来华向吴煦索讨所谓拖欠华尔银 14 万两之事。据说 14 万两中的 11 万两是当年华尔攻城"应得赏银"，为上海道"未付之款"，另外 3 万两则是在杨坊的银号"杨泰记"的存款。在后来有美国驻沪领事参加的账目清理中，杨坊出示有关簿据，证明华尔所存"杨泰记"银号的存银 3 万两早已"透用无存"。至于所谓 11 万两赏银，据吴煦呈文，事实上并不存在。非但如此，吴煦说华尔还拖欠中国巨款至今未还。华尔曾从他手中领银 27 万两，替中国在美代购小火轮 5 只。可是，这5 只小火轮直到太平天国起义失败，一只也未交付中国。华尔实际拖欠中国

---

① 《曾国荃催常胜军会攻金陵咨吴煦》，《吴煦档案选编》第 3 册，第 1—2 页。

银 27 万两。吴煦还说：纵即扣除所谓的欠款 14 万两，华尔还拖欠中国银
13 万两。况且所谓拖欠华尔银两事实上并不存在。但在 1901 年辛丑议和
时，美国代表科土达硬是将所谓拖欠华尔的 14 万两，折合成 18 万美元，列
入美国勒索中国的"庚子赔款"内，这显然是对中国的勒索。

杨坊身为道员，经营丝茶、开设钱庄，受雇于外商洋行担任买办，因此
累遭物议。咸同之交，杨坊办理上海厘捐，乘机吞肥，遭上书房行走殷兆镛
参劾，旨交两江总督曾国藩查办。① 同治初年，圆明园遭联军抢掠的部分珍
宝流入沪上，杨坊重金购得东宫朝珠、洋金蟒袍料等，经人指发，被迫缴
还，而免深究。太平军占据浙省期间，杨坊趁机贱置产业，浙江巡抚左宗棠
参劾其忍心害理、为富不仁，勒令其捐米 5 万石赈济灾民。杨坊只认捐银万
两。廷旨着江苏巡抚李鸿章勒令其捐京米 10 万石，杨坊只得遵旨办理。杨
坊在办理沪上厘捐期间，对湘、淮军拨饷未能满足，以致引起湘、淮军的不
满，对其含恨已久，李鸿章、左宗棠等对其参劾、勒索，难免有报复之嫌。

杨坊从一个普通店员，利用上海开埠，风云际会，凭着自己的努力奋
斗，一跃而成为上海开埠初年的风云人物，并参与上海及江浙地区的重大军
政活动。作为一名商人，他虽有唯利是图的一面，然纵观其一生，轻财好
施，颇热心公益，率多善举。道光末年，江浙大水，大批灾民涌入沪上。身
为宁波旅沪同乡会董事，杨坊率先捐钱万贯，呈请当道，计名安插，运米 6
万石，设局赈济。咸丰年间，又多次捐银资助上海育婴堂。其见客死沪上的
宁波同乡棺柩散露在外，无处停放，捐银 4000 两，在上海城北郊购地 60
亩，助辅元堂塚地 40 亩，造屋浮厝。四明公所在沪所置地产自经小刀会起
义，大半为法租界所侵占。1862 年，杨坊助银 5000 两，在虹口另行购地添
设公所，并助公所银万两，设立难民局，解决在沪难民生计。太平天国起义
失败后，江浙地区人散田荒。1864 年，经与嘉定知县协商，杨坊酌价购买
该县境内无主田地数千亩，创设"棠荫山庄"，招民垦种。浙江海塘年久失
修，海水倒灌，泛滥成灾。同治初年，应浙江巡抚马新贻、布政使蒋溢沣札
委，出资银 3 万两，监修海塘。事竣，马氏、蒋氏分别赏给杨坊"长萃永
巩""海濒讴歌"匾额。

1859 年，杨坊获悉外国歹徒每于夜深在静僻处绑架中国行人，闭置船

---

① 《穆宗毅皇帝实录》卷二十八，同治元年五月，台北，中研院电子排印本，第 773 页。

中，充当役夫，名曰"套袋"，即将运出境外贩卖，其人数不下 400 人，杨坊及时通报上海道吴煦。经过理谕计诱，出钱赎回。① 法人侵占上海十二浦一带民房和潮州旅沪同乡会塚地已久，上海县与之交涉，久无结果。杨坊出面交涉劝阻，法人才停止侵占活动。② 1860 年，有外商和华商借口进口货物不合销路，要求"转赴"日本，向海关索取所存税单，借以偷逃出口关税，并讨回进口关税。杨坊了解后，及时报知吴煦。吴煦谕知各国驻沪领事，并颁布告示，严令禁止。③

1866 年 9 月，杨坊在上海家中去世，享年 56 岁。临终前，他执其子杨宝镕（原名镐，举人）之手，"呜咽曰：吾一生公私劳瘁，精力已竭，薄有表见，死无他恨"。遗命将其在太平天国起义期间购得的鄞县卢氏抱经楼藏书，无偿归还卢氏子孙。同治时，鄞县修志，杨坊生前也曾予以资助，遂使该志得以修成。④ 1870 年 11 月，杨坊灵柩安葬于鄞县栎槸朱富山。

杨坊称其一生"薄有表见，死无他恨"，这个自我评价是中肯和真实的。作为一名商人，他唯利是图，并不奇怪。但是他又和一般的商人不同，能积极参与对外交涉，阻止外商偷漏关税、贩卖人口等侵略活动；对于外国侵略者欺诈活动进行了坚决抵制；他关心战火中的受苦难的民众，关心流寓沪上的乡亲，为他们施舍、购地厝棺；战后捐资兴修海塘、购置无名地亩，招民耕种；关心家乡文物典籍的流失和抢救。凡此种种，当然不是什么"薄有表见"，而是为国家社会做出了很大的贡献。只要我们抱着客观的态度，以历史唯物主义的眼光去分析，不难得出杨坊是一位对国家民族有过重大贡献的历史人物的结论。

三　《杨憩棠年谱》的内容与价值

杨坊去世后，杨坊之子杨宝镕与胡仁泰（事迹不详），根据所知其父"公私事迹"及"获闻于亲长者"的口述史料，共同编撰杨坊年谱。年谱以《杨憩棠年谱》命名，成于同治九年（1870）闰十月，初稿铅印，竖排

---

① 《吴煦上李鸿章禀》，《吴煦档案选编》第 2 册，第 141—142 页。
② 马士：《中华帝国对外关系史》，上海书店，2000，第 89 页。
③ 《吴煦上李鸿章禀》，《吴煦档案选编》第 2 册，第 145—146 页。
④ 宁波市地方志办公室编《宁波市志》，第 87 页。

本，不分卷。稿成后，杨宗镕又对有关称谓、事迹做了修改、补充。但不知什么原因，当时年谱并未重新排印，此后杨氏子孙一直世守此稿本。国家清史编写工程启动后，杨坊传由我承担撰写。在搜集资料过程中，意外地发现了这本年谱。该年谱由宁波大学孙善根教授提供，孙教授是研究宁波近现代史的专家，浙江大学金普森教授的弟子，而金老师与我相识有年。因为这个缘故，孙教授毫无保留地将年谱提供给我参考使用。我以此为基础，完成了新清史杨坊人物传稿。该年谱文字简洁，内容真实，对于研究杨坊本人，尤其是上海开埠初年的商贸、小刀会起义、太平军围攻上海和清军的防守以及咸同之际江浙民情、早期宁波人在上海等均具有一定的学术参考价值。为了便于学者研究，兹恭录笺注如下，以供研究者参考使用。

杨憩棠年谱

（旁注：清抄本，不分卷）杨宝镕、胡仁泰编撰

诰授资政大夫二品顶戴江苏苏松常镇太粮储道、加四级纪录三次、显考憩棠府君年谱

曾祖讳恺丰，字兴周，宁波府学生；妣氏徐、氏李。

祖讳肇锦，字倬云，号银河，鄞县学生；妣氏林、氏姚、氏潘。

考讳冠贤，字伟英，号谨庭，从九品；妣氏陈、氏苏。

府君姓杨氏，讳坊，谱讳启堂，字荣阶，号憩棠，世为鄞人。

始迁祖讳炜，宋崇宁进士，知黄岩县。由越迁居鄞之栎榭。明嘉靖间，十二世祖讳如钯迁于鄞西西城桥，因杨陈两姓聚族，今呼为杨陈衕。

嘉庆十六年辛未十二月二十九日寅时，府君生于杨陈衕旧宅之东正室，苏太夫人出。

嘉庆十七年壬申二岁。

嘉庆十八年癸酉三岁。

嘉庆十九年甲戌四岁。

嘉庆二十年乙亥五岁。

嘉庆二十一年丙子六岁。先祖考命入塾，从邑庠生、秬村陈先生讳堡读，先生大器之。先曾祖考银河公有腴田八十余亩，以好施尽弃之，里人盛称其德。府君歧嶷，咸以为积善之报。

嘉庆二十二年丁丑七岁。

嘉庆二十三年戊寅八岁。

嘉庆二十四年己卯九岁。

嘉庆二十五年庚辰十岁

道光元年辛巳十一岁。

道光二年壬午十二岁。

道光三年癸未十三岁。

道光四年甲申十四岁。时家道中落，不能延师，府君成童以前尝往邻塾读书，早出暮归，虽隆寒溽暑靡间，夜则随先伯父沛岳公讳启福习会计，以先祖考方客姑苏，米盐凌杂，须分任也。

先祖考谨庭公每岁暮归里，曰①党戚懿有踵门告贷者，辄饮以钱米。邻叟病弃，其子里年少，岁荒鬻其妻，皆为出赀以赎之。甚至姑妇寡处，有劝妇携孤改适以身价养迈姑者，先祖考闻之，商诸先祖，妣质裳服、典簪珥，俾得完聚。其他善举多类此。

道光五年乙酉十五岁。府君以先祖考年迈，仆仆远道非计，因废书就贾，以赡菽水。

道光六年丙戌十六岁。

道光七年丁亥十七岁。

道光八年戊子十八岁。

道光九年己丑十九岁。

道光十年庚寅二十岁。十月，娶先妣林夫人，同邑讳邦荣公女。

道光十一年辛卯二十一岁。

道光十二年壬辰二十二岁。十月二十七日，先祖考无病而卒。时方为先祖考营生圹，府君延堪舆往邑东南乡丁湾定向北，比归，已不及，永诀。终身以为憾。

道光十三年癸巳二十三岁。四月，伯姐生。七月，葬先祖考于丁湾，举陈太夫人柩祔左藏，虚其右为苏太夫人生圹。

道光十四年甲午二十四岁。

道光十五年乙未二十五岁。九月，先妣林夫人卒。

道光十六年丙申二十六岁。

道光十七年丁酉二十七岁。

道光十八年戊戌二十八岁。

道光十九年己亥二十九岁。

道光二十年庚子三十岁。

---

① 原稿有以下一行旁批：恐"里"字属上读，加"曰"字，以句读之。

道光二十一年辛丑三十一岁。四月，先伯父沛岳公卒。府君兄弟二人，姊妹六人，俱友爱。伯父逝世，堂兄臣谦仅三龄，府君教养，以至成人。

道光二十二年壬寅三十二岁。

道光二十三年癸卯三十三岁。是年府君始出沪。①

道光二十四年甲辰三十四岁。

道光二十五年乙巳三十五岁。是年始以丝茶贸易沪上。府君性聪颖，料事多奇中。自客沪后，每晨起，历阛阓，量多寡赢缩，靡不曲当，富商巨贾交口称其才。以故节衣缩食获以其余创兴诸善举。② 七月，纳粟入成均。

道光二十六年丙午三十六岁。

道光二十七年丁未三十七岁。三月，庶母何氏来归。

道光二十八年戊申三十八岁。

道光二十九年己酉三十九岁。与宗长倡议汇修栎榭宗谱，并订西城支谱。江浙水灾，流民纷纷徙沪，府君奉苏太夫人命，倡捐钱万贯，呈请当道，计名安插。岁大饥，苏松太常镇道、定海蓝观察乔，以乡谊奖善府君，令运米六万石，设局赈济，府君监理局务，全活无算。事上，力辞议叙。

道光三十年庚戌四十岁。六月，宗谱、支谱告竣。支谱府君有序。郡中贯桥头关帝庙，万历年间为先世讳大名公创建，岁久倾圮，是年六月，府君重修之。八月，嫁伯姊于同邑李氏。婿名承华，从九品诰赠通议大夫、讳窗蕉公五子。助宁郡育婴堂赀千缗。

咸丰元年辛亥四十一岁。二月，在浙江米捐局报捐同知，以双月选用并加一级请封典，先祖考得诰赠朝议大夫，两祖妣得诰赠恭人、诰封太恭人，并请将本身应得封典赀赠先曾祖考妣如例。三月，庶母王氏来归。

咸丰二年壬子四十二岁。

咸丰三年癸丑四十三岁。八月，上海红头"贼"不逞，城被陷。苏抚吉中丞尔杭阿、浙抚黄中丞宗汉檄府君督办军需。府君与同乡之客沪者胡小雯署正枚③张诗农太史庭学，协力剿办。助辅元堂塚地四十亩。

咸丰四年甲寅四十四岁。三月，不孝生母胡夫人来归。三月，营宅于宁城竹湖，俗呼腰带河东畔。某月，府君在沪监工筑泥城，以断"贼"之接济。并日夜上城固守，不惮雨雪。

咸丰五年乙卯四十五岁。正月初二日，府君随同官兵克复上海县城。奉特旨颁赐荷包。四月，捐助上海育婴堂赀千金。七月，不孝生。九月，府君在上海县新闸大营筹办

---

① "出沪"是宁波语，即到沪的意思。

② 此段文字系杨坊之子补添。

③ "署正枚"疑为"署正牧"。

善后事宜。奉上谕以道员双月选用，赏戴花翎。十月，奉苏太夫人由沪回里，移居新宅，曰"崇礼堂"。① 十一月，宁郡河工局工竣，段廉访光清给匾额，曰"信义可风"。

咸丰六年丙辰四十六岁。三月，奉上谕赏加盐运使司衔。四月，府君以宁商客死沪者棺多暴露，捐赀四千两，助入四明公所添置北门基地六十余亩，造屋浮厝。

咸丰七年丁巳四十七岁。

咸丰八年戊午四十八岁。

咸丰九年己未四十九岁。某月，西人之无籍者每于夜半掠行人，闭置舟中充夫役，名曰"套袋"，被其毒者四百余人，已驶往外海矣。府君亟告苏松太道吴观察煦，理谕计诱，出赀赎回。又，上海十二浦一带民房并潮州旅塚基地，西人欲得之。当道理不听，府君再三劝止，居民感戴，献"胥匪以生"四字匾额。七月，江苏诸大宪以上海劝办缉捕经费，府君颇著劳勤，请由双月道员随带加三级，奉旨："依议"。八月，奉旨采办米石，运解京仓，部议奖叙。

咸丰十年庚申五十岁。正月，浙抚王壮愍公有龄奏派府君在上海督办丝茶捐局事务。时粤"贼"已陷浙省垣。三月，大股"贼"窥松江，上海县城被围。府君率勇千人会同吴观察煦、上海知县刘明府郧膏，分头攻击，"贼"围立解。七月，府君以上海解围出力，奉上谕："著留于江苏以道员用，并交军机处记名，遇有江苏道员出缺，请旨简放，钦此。"某月，松江陷，大宪檄委府君攻剿，因招募美利坚国勇目华尔领带吕宋国勇二百余人，并募绿头勇六百名，亲率中外兵丁梯垣而入，血战一昼夜，克之。十二月，奉上谕："著赏加二品顶戴。"复在浙省助充军饷银万两，王壮愍公奏请给予一品封典，并以不孝名请钦赐举人，未报。后于同治六年在江苏助饷，李宫保奏准，赏给举人。同治八年在江苏局捐银请奖，由举人给分部行走郎中，随带四级加三品衔，请从一品封典，赏戴花翎。

咸丰十一年辛酉五十一岁。时青浦已失守。正月，府君督同华尔驰抵青浦，连战数日，"贼"死守，华尔颊中飞弹，府君收队而回。旋募勇三千，檄华尔扶病日夕教练，苏抚薛中丞焕名之曰"常胜军"。七月二十二日，祖妣苏太夫人卒，府君奔丧回籍。十月，袝葬于先祖考封茔之右藏。葬之次日，薛中丞飞檄府君，援金革例，墨绖从戎，迫赴沪。

同治元年壬戌五十二岁。时道途梗阻，文报稽延。五月十六日，奉上谕："著补授江苏苏松常镇太粮储道。"苏抚李宫保鸿章会同曾爵督国藩以丁忧在前，奏请开缺，并以在上海管带华尔常胜勇、筹办饷需、借资驾驭，请仍留江苏军营差遣。奉上谕："著开缺，仍留江苏军营差遣。"二月，松江府城被围，府君率华尔枪队五百，迎战天马山、

---

① 下补有"今大学士长白倭公仁（即倭仁，曾任同治帝师）题其额"一句。

迎淇浜等处，松郡之围立解。三月，为不孝在江苏藩库报捐国子监生。四月，"贼"复至，黄浦之东西四厅县皆陷。东自乍浦，历金山卫、南桥、萧塘、周浦至高桥海口，西自太仓、嘉定，蔓延上海西南两乡，如王家寺、龙珠庵桥、四泾、七宝等处。"贼"营星罗棋布，仅留黄浦水路幸未合围。府君率领华尔，会同官军，自正月迄四月，大小数十战。凡常胜军所到，"贼"必弃械而走，松江郡县始获转危为安。四月，宁波恢复，府君在上海迅调常胜军八百余名赍粮，遣酋长马顿统领航海来宁援守。八月，宁绍台道史观察致谔将莅任，道经上海，闻宁郡戒严，拟调华尔，恐军饷不敷，难济其事。府君给饷银万两，迅遣统带常胜军一百四十余人由海赴宁。适慈溪复为"贼"踞，华尔即驶至鹳浦，夜半军三板桥，质明率数人径趋城下，方窥觇形势，"贼"发火枪中其胸。常胜军锐气不屈，冒烟争上，"贼"遂纷纷四窜，旋即收复慈溪县城。越三日，华尔殒命。府君立遣西人法尔师德代其任，会同善后局官绅克复奉化县，旋克绍兴府城并其属嵊、余姚、上虞等县。十月，李宫保以府君屡著战功，檄委督办轮船、制具、火器，统带常胜军会攻金陵。旋以外国兵头白齐文中酒滋事，宫保照不遵调遣例议，府君以暂行革职、军营调用。奏入，奉旨"著暂行革职，仍留军营调用"。四明公所自红头"贼"扰，地界大半为西人侵占。是年，府君议在沪之虹口添设新公所，助银五千两。复恤寓沪之浙省嫠妇，月给钱米。府君创助公所银一万两。

同治二年癸亥五十三岁。某月，府君在江苏协办米捐，时东南糜烂，商民多观望，府君以捐输孔亟，因创捐银五万两，固辞奖叙。李宫保义府君，专折陈奏。奉上谕："著开复原官。"某月，倡设难民局于上海，召集江浙两省流亡，捐银一万两。十月，服阕。十二月，重修关帝庙。

同治三年甲子五十四岁。江苏捐输米石，宫保令府君督办。运解米十万石，驰赴天津，例得议叙。吏部议准给予加一级纪录三次。八月十三日，奉旨："依议。"江苏嘉定县粤"匪"扰后，人散田荒，府君助费招民开垦其已无主者。嘉定县汪明府酌价令府君倡先买归，计田数千亩，建其庄曰"棠荫"。某月，浙抚马中丞新贻、布政使司蒋方伯益沣扎委府君监修海塘，府君出资三万两。

同治四年乙丑五十五岁。正月，由沪晋杭垣，监督塘工。三月，抵宁。四月，马中丞给"长菱永巩"、蒋方伯给"海澨讴歌"匾额。四月，为不孝聘妇同邑陈氏。国子监典籍衔、诰赠朝议大夫、讳政锜公次女。五月朔，赴沪。七月，拟再晋杭垣，巡视海塘。初七日，忽感暑热，医药罔治，至二十日午时，顿觉呼吸不接，溘然长逝在上海公馆。二十二日，大敛。八月二十八日，不孝匍匐扶榇航海回籍。九月初六日，厝于丁湾先祖考封茔之旁，呜呼痛哉！府君疾革时，犹执不孝之手，呜咽曰："吾一生公私劳瘁，精力已竭，薄有表见，死无他恨。所有志未逮者，先世祭田未立，西成支祠未建，族中义塾及义学田议设议置未成，郡邑志书岁久未修，卢氏抱经楼书寇警后辗转属我，旧拟还之其子孙者未还，汝当善成吾志。"呜呼，府君遗训，不孝虽已奉生母命什九举行，而言行事业不能仰继万一，且年幼失怙，凡府君公私事迹湮殁滋多，徒以承袭余荫，忝窃科目，滥厕郎曹，备官未闻，不肖之愆，擢发难数。兹择今年庚午闰十月二十一日奉枢安葬于邑东南栎榭朱富山之麓，姑举府君生平为不孝所及知并获闻于亲长者，编次年月，求当代大人先生锡之铭诔，不孝世世子孙感且不休。遵生慈命称哀，不孝孤哀子杨宝镕原名镐泣血谨述。例授文林郎晋授通议大夫刑部员外郎安徽司行走、加五级纪录四次、年姻家子陈康祺顿首拜填讳。

〔谢俊美，华东师范大学历史系〕

寄禅大师与宁波佛教

刘建强

摘　要　寄禅大师是湖南省湘潭县人，两度参访浙江宁波。他在宁波阿育王寺燃指供佛；应邀任天童寺住持，使天童寺得以重兴；又任宁波僧教育会首任会长，首开佛教办学风气，对奠定宁波佛教在民国佛教界的先导地位做出杰出贡献。

关键词　八指头陀　阿育王寺　天童寺　近代佛教

寄禅大师是湖南省湘潭县人，清末民初复兴佛教的领军人物，中国佛教总会首任会长。他曾两度参访浙江宁波，任宁波僧教育会首任会长，首开佛教办学风气，对于奠定宁波佛教在民国佛教界的先导地位做出重大贡献。

一

寄禅俗名黄读山，后法名敬安，字寄禅。后来，又以"八指头陀"一名行世。因为他 27 岁那年，在宁波阿育王寺燃指供佛，燃去左手小指与无名指，自号"八指头陀"。

寄禅生于咸丰元年农历十二月初三（1852 年 1 月 23 日）。因母亲胡氏信奉观音菩萨，寄禅三四岁时就常随母亲去湘阴法华寺烧香拜佛。寄禅 7 岁时母亲逝世，11 岁时又丧父。其因家贫从私塾辍学，为田家牧牛。虽然为牧童，寄禅却仍携书自学。一天，在村中避雨，听到有人吟诗"少孤为客早"，不觉泪下，恰被一私塾周先生看见，问其缘由，寄禅告以父死家贫，不能读书，闻诗悲伤。周先生同情他的遭遇，便收留他在私塾中打杂，有时教他读书识字。但没过多久，周先生也病故，寄禅再次辍学。此后他曾为富家作书童，随工匠学手艺，备尝艰苦。一日风雨交加，寄禅看见篱间无数桃花被风雨摧落，残花遍地，触景生情，失声大哭，萌发了出世之想，乃投入法华寺出家为僧，礼东林和尚为师，赐法号敬安，字寄禅。对少年时代的不幸遭遇，后来他作《祝发示弟》一诗："母死我方年七岁，我弟当时犹哺乳。抚棺寻母哭失声，我父以言相慰抚。道母已逝犹有父，有父自能为汝怙。那堪一旦父亦逝，惟弟与我共洪宇。"①

在法华寺，东林和尚多次开示他"云游天下，参学访友"。他遵师训，到南岳祝圣寺，从贤楷律师受具足戒。他潜心学习，践行戒律，诵习经典。后来，他又随岐山仁瑞寺恒志禅师参禅五年，充当苦心僧职，苦修头陀行。1875 年，寄禅离开湖南，漫游镇江、杭州、宁波等地，遍参江浙名宿高僧。

光绪三年（1877）秋，寄禅到宁波阿育王寺参学。阿育王寺在今宁波市鄞州区，创建于西晋太康三年（282），是中国现存唯一以阿育王命名的千年古刹。阿育王寺闻名中外，不仅因为山明水秀、殿宇巍峨，更由于阿育王寺大殿内有一尊宝塔——舍利塔，专门供奉驰名中外的稀世之宝释迦牟尼真身舍利。据说释迦牟尼真身舍利仅有三颗，一颗在北京，一颗在印度，第三颗就在阿育王寺。自古以来，到此顶礼膜拜的善男信女络绎不绝。当寄禅长跪在舍利塔右佛灯前，回想起自己皈依佛门前的磨难坎坷，以及皈依佛门后不仅找到了寄身处所，而且也找到了人生信仰，生起了对佛的无限感激之情。他毅然剜下手臂上的一块肉，恭恭敬敬地放在佛前长明灯的灯油中以供佛。接着，他又按传统的方法，点燃了左手的无名指和小指，表达自己为法献身的宏愿。寄禅此举，震惊了全寺僧侣，众人齐集舍利殿前，同声高唱佛号，寄禅仍泰然自若，向众人躬身问讯，离开舍利殿。就这样，寄禅这位年轻的僧人以难忍能忍的出离精神，完成了燃指供佛的愿望。自此，他便以"八指头陀"名称行世。20 多年后，寄禅忆起这一往事，作《自笑诗》：

---

① 谭自生：《洞庭波送一奇僧》，圣辉法师主编《佛慈祖德茶道学术研讨会论文集》中册，宗教文化出版社，2012，第 72 页。

"割肉燃灯供佛劳，了知身是水中泡，只今十指唯余八，似学天龙吃两刀。"[1] 后来，他又燃顶至腹，共 108 处，两臂瘢痕连接，体无完肤。

二

天童寺位于今宁波市鄞州区，创建于西晋永康元年（300），是与阿育王寺齐名的古代寺庙。它以历史悠久、寺宇巍峨、高僧辈出、道风严正、风景秀丽而蜚声海内外，有"东南佛国"之称，与镇江金山寺、常州天宁寺、扬州高旻寺并称为禅宗四大丛林。不过，天童寺自明末清初山翁道忞后，山门清寂、宗风衰颓，直至光绪二十八年（1902）寄禅任住持后才有所改观。

1882 年，寄禅还在宁波阿育王寺任打扫之职时，天童寺的幻人禅师见天童寺被几家房僧弄得乌烟瘴气，就力邀寄禅共同整顿寺务。1884 年寄禅来到天童寺，与幻人禅师联手，将天童寺的邪恶势力铲除殆尽。随后，幻人禅师去了上海留云寺，寄禅回到湖南，先后住持衡阳大罗汉寺、上封寺、大善寺，宁乡沩山密印寺，神鼎山资圣寺，长沙上林寺等名寺。而天童寺的房僧见两人均已离开，又纪律败坏。后幻人禅师回天童寺任首座，但无力整治。面对这一情况，幻人禅师认为，天童禅寺是闻名中外的佛教圣地，这样一个著名的大丛林，不是德高望重的大禅师不足以任住持，而寄禅大师的声名此时已经传播海内，他在湖南六大丛林担任过住持，在弘法护教方面成就斐然。特别是寄禅早年行脚吴越，在阿育王寺燃指剜肉，道行已为当地僧侣知晓。因为这些原因，天童寺住持自非他莫属。光绪二十八年（1902），幻人率领两序班首代表到长沙，以"四明净域，太白名山，非得高僧住持不足以破积习、扬正业"，礼请寄禅住持天童寺。[2] 时寄禅住持上林寺法席，为弘法护教，他答应了幻人之请。临别，他赋诗："身似孤云无定踪，南来三度听霜钟。人方见雁思乡讯，山亦悲秋见病容。……自嗟未了头陀愿，辜

① 哈斯朝鲁：《诗情澎湃的人生——论八指头陀的禅诗》，《内蒙古民族大学学报》2004 年第 1 期，第 53 页。

② 纪华传：《爱国诗僧敬安大师与近代佛教》，圣辉法师主编《佛慈祖德茶道学术研讨会论文集》中册，第 135 页。

负云峰几万重。"① 可以看出，当时已 52 岁且身体有病的寄禅大师并不想离开家乡，他把这当作使命。

寄禅大师在天童寺当了 11 年住持，他改革丛林制度、整肃清规，佛门清明、宗风大振，使天童寺成为近代最有影响的道场，引领了天童寺的重兴。

一是兴建寺院。天童寺在 1861 年受到太平天国战火的冲击，整个寺院受损严重。后来，天童寺虽然得到重建恢复，但已元气大伤。直至寄禅上任以后，重修大殿，金装佛像，新建如意寮、立雪轩、自得斋，修葺法堂、伏虎亭、甬东下院、少白岭至伏虎亭卵石山径，使得宝刹重光。

二是改革丛林。"丛林"指众多僧众聚居的寺院，意为众僧和合共住一处，如树林之丛集为林，又称"圣智之林"，即将许多有智慧的人集中在一起。丛林有十方住持院、甲乙徒弟院、敕差住持院等三类。其中，十方住持院的住持由官吏监督，经由十方名德共同推举出任，故又称十方丛林。"十方丛林"表示广纳多容的意思。在丛林中，寺产一切归公，且依一定规矩容纳十方来往的僧众。为了对僧侣进行有效的管理和监督，禅宗道场从诞生起就以十方丛林为主。但是，由于丛林僧众良莠不齐，执事品德下降，经常出现失于严正公平、难孚众望的事情。就天童寺来讲，它是在唐宣宗大中元年（847）经咸启禅师的奏请，成为十方住持寺院。到寄禅继席天童寺时，天童寺的十方丛林制度早已名存实亡，变成了"十方传法制度"，也就是分房制，变相瓜分寺产，这无异于是对十方丛林制度的彻底否定。寄禅大师任住持后，进行了大刀阔斧的改革。在选拔人才上唯贤是举，将"十方传法制度"改为"十方选贤制度"，天童寺也由此改"十方传法丛林"为"十方选贤丛林"。针对寺院因宗法制度所导致的有失公允、各谋私利的乱象，参照古丛林规约，因时制宜重定《万年规约》及《日行便览》，对寺院僧众的日常行事章则、违反章则的处罚、寺院管理机构的设置、各管理人员的职掌与功能做了详细的规定，上自方丈，下至各寮均得奉以为法，永远遵守，不得违反。这种改革丛林、重定规约的情况为当时及以后各地丛林及丛林改革提供了重要的参考与借鉴。

三是冬坐夏讲。太平天国后，江南寺院多毁，即使有寺院幸存，也多是

① 《八指头陀诗选》，《佛教文化》2006 年第 4 期，第 93 页。

名存实亡，因伤元气而戒律废弛，几乎成为流民托足之所，稍富学识的僧才凋零殆尽。对于清末禅门衰微、僧徒不学无术的状况，寄禅大师有着深刻体会，故在住持天童寺后便以续佛慧命为己任，夏讲冬禅，开讲《楞严经》、《禅林宝训》。诚信在《论近代佛教领袖寄禅敬安禅师重兴天童寺的作用与爱国护教精神》一文中指出：在其住持天童十一年间，上堂升座说法靡有虚岁，更奠定了天童寺为禅宗四大丛林之一的地位。寄禅敬安大师开堂二十六年，其门下受益者数万人，得戒者数于称是，圆瑛法师从他习禅六年，太虚法师亦从其受具足戒。

三

甲午战争失败以后，割地赔款，国事日非，各地财政异常困难，寺庙与道观长期以来积累下来的巨额财产便成为侵夺的对象。康有为首开庙产兴学之议。他在"公车上书"中，即提出了要废除所有淫祠，将其全部改为孔庙的变革主张。① 1898 年 7 月，他再次上书光绪皇帝，谓："查中国民俗，惑于鬼神，淫祠遍于天下"，"若改诸庙为学堂，以公产为公费，上法三代，旁采泰西，责令民人子弟，年至六岁者皆必入小学读书"。② 提倡庙产兴学影响最大的要数湖广总督张之洞。他认为必须通过建立新式学堂的方式以增强国力，但在国家财力困难的情况下，提拨庙产兴学当最为简便。他提出征收全国数万座道观、寺院，以节省巨额费用。当时，清廷痛感复兴教育的必要，却又苦于财源难辟。康、张的建议遂被光绪采纳，并下令不在祀典的庙宇悉数改为学堂。全国各地闻风行动，强占寺庙、改办学堂的事件时有发生。维新变法失败后，虽有令不准庙产兴学，但并未完全禁止。

针对提拨庙产兴学的浪潮，一部分僧徒开始寻求通过自办学堂的方式来加以抵制。以寄禅大师为代表的浙江僧众表现得尤为积极。1904 年下半年，寄禅大师有感于僧众素质不高，就在杭州与白衣寺松风大师筹办僧学堂，招收 100 名青少年僧俗免费入学。然而由于部分僧众思想守旧，办学未见多少

① 陈金龙：《从庙立兴学风波看民国时期的政教关系》，《广东社会科学》2006 年第 1 期，第 114 页。

② 康有为折，孙祥吉编著《救亡图存的蓝图——康有为变法奏议辑证》，台北联合报系文化基金会，1998，第 157—160 页。

起色。松风长老曾向寄禅大师说，只要僧学办成，死也甘心。不意一语成谶，1908 年松风长老果因兴办僧学被人谋害。因兴办僧学而付出生命的代价，松风长老为国内僧界第一人，引起了国内外佛教界的强烈关注。寄禅大师哀痛之余，写下哀诗两首。其一曰："末劫同尘转愿轮，那知为法竟亡身。可怜流血开风气，师是僧中第一人。"其二曰："西湖回忆早凉天，红树青山共放船。一别便成千古恨，春风吹鬓泪潸然。"① 虽然出现了松风大师被谋杀的事件，但寄禅大师并未气馁，自此以后他就把办学重心放在了宁波。1906 年下半年，寄禅大师在天童寺组织宁波佛教总公所，并拟筹建民僧各小学堂，得到宁波知府批准。1908 年初，寄禅大师在宁波创办僧众小学和国民小学各一所，还把宁波府（除定海县外）所属各县僧教育会组织起来，成立宁波僧教育会，寄禅大师被僧众推选为会长，使宁波僧教育会成为一个具有相当影响的区域性佛教组织。

　　1912 年中华民国临时政府成立后，按《中华民国临时约法》规定，宗教信仰自由成为公民的合法权利。浙江佛教界意识到可以利用这一时机，筹建全国性的佛教组织，借以化解各地割占寺产的现实危机。江浙佛教界公推寄禅大师携《中华佛教总会章程大纲》，亲赴南京谒呈孙中山，要求批准中华佛教总会的成立，得到孙中山赞同。孙中山在《复佛教会函》中说："贵会揭'宏通佛教，提振戒乘，融摄世间一切善法，甄择进行，以求世界永久之和平及众生完全之幸福'为宗旨。……得诸君子阐微索隐，补弊救偏；既畅宗风，亦裨世道，曷胜敬仰赞叹。"②

　　孙中山的复函，肯定了中华佛教总会的宗旨，寄禅大师高兴地回到天童寺。同年 4 月，在杭州海潮寺别院的上海留云寺召开中华佛教总会第一次筹备会。大会通过了《中华佛教总会章程》，并一致推选寄禅大师为会长。其组织机构设置，在省一级设支部，在州县设分部，总部设在上海静安寺，将原有各省僧教育会改为支部，各县僧教育会改为分部。主张保教保僧，提倡教育，拥护中华民国。

　　但不久，孙中山辞职，袁世凯就任大总统，"庙产兴学"之议又起，不少地方寺产被侵占，寺庙被破坏，僧人被驱逐。1912 年 8 月，湖南宝庆常

① 梅季点辑《八指头陀诗文集》，岳麓书社，1984，第 370 页。
② 《孙中山全集》第 2 卷，中华书局，1986，第 2437 页。

有掠夺寺产、销毁佛像的事件发生。中华佛教总会湖南支部遂派代表至总会请求制止，寄禅大师因《中华佛教总会章程》未经北洋政府批准，本拟准备再次呈报袁世凯，恰各省占夺寺产之风又起，因而北上维护佛教权益。

1912 年 9 月，寄禅大师到达北京。他同法源寺主持道阶等法师商定，对佛教总会会章进行了修改。随后，他们通过时任北洋政府内阁要员的熊希龄，将会章呈请政府立案。11 月 1 日，寄禅大师再次抵京，寓法源寺。11 月 2 日，具文呈请袁世凯批准中华佛教总会章程，保护佛教财产。11 月 9 日，他携道阶诣内务部礼俗司司长杜关，要求依据《临时约法》，下令禁止各地侵夺庙产。而杜关恰于此时下令调查僧产，令中有"布施为公，募化为私"，寄禅则认为此语界说不清，以"在檀那为布施，在僧人即为募化"与之发生争辩。杜关语塞，恼羞成怒之下，对年过 60 的寄禅大师厉声恫吓，并手批其颊。寄禅此行未果，反受侮辱，于是愤而辞出，当夜圆寂于法源寺。寄禅大师因被辱而猝然示寂，成了继松风后殉教第二人。

1913 年 3 月，寄禅大师灵柩经上海至宁波，归葬天童寺冷香塔苑。大师圆寂后，北京、上海、宁波均盛会哀悼。3 月 31 日，中华佛教总会在上海静安寺举行正式成立大会。5 月，中华佛教总会为寄禅大师举行"公祭"。在公众压力下，北洋政府不得不取消了相关法令，并由民政司司长出面向全国佛教界道歉。正如民国佛学家蒋维乔在《中国佛教史》中所言："袁世凯乃命国务院，转饬内务部，核准中华佛教总会章程；既而内务部亦于民国四年，颁布《管理寺庙条例》，施行至今；不可谓非敬安以身殉教之功也。"①

寄禅大师是德高望重的禅僧，也是忧国忧民的诗僧。他以爱国护教推动僧界保产兴学，以团结僧俗促进佛门的自觉革新，以死叩开中国佛教的现代化改革进程，为近代佛教改革开辟了道路，在中国佛教史上写下了浓浓一笔。

〔刘建强，湘潭医卫职业技术学院〕

---

① 蒋维乔：《中国佛教史》，上海古籍出版社，2004，第 276 页。

鄞州近代精英人物的群体构成及其地域文化特征

项义华

摘　要　鄞州近代精英人物数量众多，在浙江各县中名列前茅，其群体构成也具有明显的地域文化特征。南京国民政府时期，浙人在党、政、军各系统均占据主导地位，党务几为湖州二陈把持。宁波人则不然，虽然也有许多人从政，但大多是具有学术背景的技术官僚或政学两栖的知识精英，而不是职业政客。这在鄞籍官员身上表现得尤其明显。在思想文化领域，鄞州学人亦兼具学术研究和行政之长的特点，而并不以意识形态色彩引人注目。作为一个商业气氛较为浓厚的地方，鄞州在历史上并不以文艺繁荣著称。但在新兴的电影文化产业上，鄞州人却做出了较大的成就。这也能体现其注重工商、富有技术理性的地域文化特色。鄞州近代工商界人士，虽然从个体上来看，没有严信厚、叶澄衷、虞洽卿等大牌的角色；从群体上来看，也只是宁波帮的一个组成部分，而不是一个独立的共同体。但是，他们在近代经济发展和政治演变进程中仍然发挥着相当重要的作用。作为宁波帮的一个组成部分，鄞州商人在进行工商活动中，往往需要以宁波帮群体的政商网络作为依托，其发展也会受到相应影响。

关键词　鄞州　地域文化　宁波帮

在中国各个文化区域中，浙江不但与其他省份相比具有相当明显的地域特征，而且内部各个区域之间也有着明显的差异，在文化多样性方面有相当丰富的表现。长期以来，人们一直比较关注浙东与浙西两大区域的差异，对各个小区域之间的差异则不够重视。事实上，浙东的宁绍与温台、金衢之间，宁绍平原的宁波与绍兴之间，以及宁波府内的余姚、慈溪与鄞州、镇海、奉化之间也都有着相当大的差异，需要我们从不同层面进行探究。

鄞州是浙江省内建置最早的县级行政区域之一，有相当悠久的历史。唐宋以来一直都是宁波的治所，地位相当重要，也曾经出过不少有名的历史人物。以朝代而论，宋、明、清都是鄞州精英人物辈出的时期，其中宋、明两个朝代都以科举仕宦和经史学者为主，而以南宋为最盛。到了清代，鄞州人物在科举仕宦方面不若宋明两代之盛，但在政治领域，仍有钱肃乐、张煌言这样的抗清义士，参与和领导了明末清初的江南抵抗运动，其历史影响实高于宋明两朝身居高位的史氏等人；在学术文化领域，以万斯大、万斯同、全祖望为代表的鄞州学人发扬光大了从王充到黄宗羲的浙东经史之学，其学术成就足以与宋明两代学人相提并论；而在经济领域，作为异军突起的"宁波帮"的一部分，鄞州近代工商界人士也起到了相当重要的作用，其群体效应尤其值得称道。进入民国时期，随着社会现代化的推进，鄞州在政治、经济、文化各个领域都有相当突出的成就。近年出版的《浙江民国人物大辞典》共收入 3000 多位人物，其中鄞州籍人物共有 212 人，在浙江各县中名列第二。[①] 加上此书没有收入的晚清时期的鄞州名人，鄞州近代精英人物的数量是相当可观的。笔者大致按照年代顺序，对政治、经济、文化各个领域的鄞州籍精英人物群体构成进行分析，以期从中把握其地域文化特征。

目前对于鄞州近代人物的研究，大多从个体着手。但从"涵育与超越：文化传统与鄞州近代人物"这个角度来看，从群体角度分析更有普遍性。若仅仅关注个体，在统计学上恐怕有样本不足的问题，亦有只见树木不见森

---

① 林吕建主编《浙江民国人物大辞典》，浙江大学出版社，2013。该书政治人物词条由张学继主编、经济人物词条由陶水木主编、文化人物词条由笔者主编。本文讨论的民国人物生平事迹，大多以此书为据，不另加注，特此说明。

林之虞。而且，要讨论一个区域的文化传统对个体的影响，也应将个人置于所属区域文化群体之中才能看得比较真切。若将个人成就归诸某一区域文化传统的影响，亦有还原论之弊。当然，群体分析也要落实到个体，没有对个体的具体了解，群体分析就没有基础。但群体研究不是个体研究的简单相加，而是一种综合性的研究，相对比较注重结构、类型。这是需要说明的一个方法论上的问题。

一　政治人物

鄞州近代政治精英人物大体上可以分为四个类型：一是传统的科举仕宦；二是介于传统与现代之间的维新士人；三是具有现代学术背景的技术官僚；四是体制外的反叛者。

中国传统社会既是科举社会，又是官僚社会，科举仕宦是精英人物的重要组成部分。鄞州在宋、明两朝出过进士千余名。清代盛况不再，但也出过至少126名进士。以往人们有个误解，以为明末清初鄞州士人参与江南抵抗运动者甚众，富有民族气节，不乐于参加新朝的科举考试，朝廷对鄞州士人亦多有忌讳，故应试和录取者都比较少；晚清时期"宁波帮"兴起，科举弊端越来越为人们所知，故鄞州进士数量减少。但据笔者的不完全统计，清代109科鄞州进士中，顺治朝8科中6科23名，康熙朝22科中16科28名，雍正朝5科中2科2名，乾隆朝25科中10科15名，嘉庆朝12科中6科6名，道光朝14科中8科13名，咸丰朝5科皆中共8名，同治朝6科中5科10名，光绪朝12科中11科22名，其中史大成、章鋆两位状元分别出在顺治十二年和咸丰二年。无论就人数还是名次来看，都以清初、清末为最盛。在仕进方面，清代鄞州人士虽不如宋代表现突出，但也有礼部左侍郎史大成、兵部尚书屠粹忠、吏部右侍郎兼翰林院学士仇兆鳌、通政司副使童槐、礼部右侍郎童华、福建学政章鋆、侍讲学士张家骧等，其中后四人都生活在晚清时期。这说明一个地域的科举仕宦状况与时代的一般状况或许并不一致，与后人认知中的时代氛围甚至有较大反差，但与当时当地各方面人才兴盛的状况却是比较一致的。

正史入传是中国传统反映历史人物知名度和影响力的一个重要指标。《清史稿》中入传的鄞县人共18位，其中5人生活在晚清时期。而在这5

人中，有 3 人（即王本梧①、王淑元②、李淮③）是因在太平天国战争中殉职而被收入《清史稿》"忠义传"的。另有两人，一名沈淮，一名张家骧。沈淮系道光二十九年举人，历任内阁中书、军机章京、刑部主事、员外郎、陕西道监察御史等职。咸丰十年，英法联军攻打北京，朝廷逃奔热河，时为军机章京的沈淮不及随从，竟"恸哭欲投井"，为家人所阻。后在监察御史任上，"疏劾户部主事杨鸿典揽权纳贿，下刑部逮治"。④ 同治十二年，同治帝亲政，命葺治圆明园，奉皇太后驻跸。沈淮疏请暂缓修理，有敢谏之名。"光绪元年，充顺天乡试监试，力疾从事，出闱，旋卒。家固中人产，官京师，斥卖殆尽，人尤服其清节。"可见沈淮是个传统的清官角色。

与沈淮相比，张家骧的地位要高出许多。他是同治元年进士，曾任翰林院编修、山西学政，后为侍讲，入直南书房。光绪元年，转侍读，充日讲起居注官。五年，命直毓庆宫，迁侍讲学士。数迁内阁学士，充经筵讲官。九年，授工部右侍郎，调吏部。光绪十年卒，"上悼惜，赐祭葬如制，谥文庄"，是晚清鄞县仕宦中位望最隆的一位，但其思想比较保守。《清史稿》称其"纯谨好学，一谢时趋。莅官端慎。授帝读，朝夕纳诲，颇能尽心所职"。书中记载他生平最重要的一件事迹，就是阻拦李鸿章、刘铭传筹建清江浦铁路。光绪六年，"刘铭传奉召入都，疏请筹造清江浦铁路，下李鸿章等议。家骧念典学方新，讲求上理，万一言利之臣随声附和，一言偾事，关系匪轻，乃力陈三弊阻止之。疏入，仍令鸿章核覆，鸿章力主铭传策。然自是御史洪良品陈五害，侍讲张楷陈九不利，并随家骧而上谏书矣，事竟

---

① 据《清史稿》记载，王本梧道光六年由拔贡朝考进入仕途，始为七品小京官，后历任兵部主事、员外郎、军机章京、河南道监察御史、京畿道等职。他注重经世，曾几次上奏对各省州县常平仓储问题及水师营务废弛问题提出谏言，得到朝廷采纳。咸丰元年，被任命为江西吉安府知府，在当地组织团联抵抗太平军。咸丰三年七月太平军攻陷吉安，他出城迎击死于军中。

② 据《清史稿》记载，王淑元以举人身份，先后出任广西柳城、雒容、平南、马平等县代理知县。后来朝廷实授其为博平县，调任天保知县。"会临桂县民以粮价重不输税，大吏欲憺以兵，淑元在省，进议曰：'民固有所苦，得平自服。'遂调临桂。既莅任，为汰浮收，民便之，无遁赋者。"可见是个体察民情、勤政有为的地方官员。道光二十八年，洪秀全起事，"其党李嘉耀潜入省垣煽土匪内应，发觉，淑元鞠得余匪匿所，悉数掩捕，叙功升龙州同知，以肃清会匪奖知府衔"。次年，擢太平府知府，旋任龙州，道光三十年死于军中。

③ 李淮，咸丰十年担任金坛县知县，城陷死于军中。

④ 《清史稿》列传二百十。

寝"。这种对现代化的抗拒，与今人阐释的义利并举的浙东文化传统、包容开放的海洋文化精神似乎并不协调，但在当时的官员和士绅中间，却是相当典型的。

总的来看，晚清时期鄞州科举仕宦在政治上的表现并不突出，对鄞州的贡献主要体现在文化上。清末民初，随着社会的变迁，鄞州也出现了一批介于传统与现代之间的政治人物。其中最有影响力的是一批参与立宪运动的地方士绅。如1909年的浙江咨议局议员中就有11名宁波人，其中4人（王世钊、陈时夏、顾清廉、张传保）为鄞州人。就影响而论，当以陈时夏为最。陈系附生出身，后赴日本留学，毕业于日本法政大学速成科，在学历上就具有新旧交替的色彩。而从其经历上来看，他则是一个兼具立宪派和革命派色彩的政治人物。1908年，陈时夏当选为浙江省咨议局议员，次年当选为副议长。1911年浙江光复后，他作为浙江军政府都督的代表之一，前往武昌，参与中央政府的筹建。不久后，又东下南京，作为浙江代表参加各省代表会，参与中华民国南京临时政府的建立。1912年4月，任中华民国北京临时参议院议员，后又当选为浙江省议会议员，参与浙江省宪自治运动以及浙江省宪法的起草。袁世凯称帝以后，陈时夏在上海联合浙江籍国民党人，运动嘉湖镇守使吕公望、省警察厅长夏超、第三旅旅长周凤岐等浙江省内的军人实力派，拥护巡按使屈映光，推翻拥护袁世凯称帝的浙江将军朱瑞。朱瑞逃走后，吕公望任浙江督军，陈时夏担任秘书长。1922年夏，中华民国第一届国会第二次恢复时，递补为众议院议员。1923年，因拒绝直系军阀首领曹锟的贿选要求，离开北京南下上海，参与反对贿选的斗争。观其一生经历，可以说是鄞州第一代职业政治人物。

此外，清末民初鄞州较有影响力的政治人物还有范贤方和张传保。他们都生于1877年，又都是1902年浙江乡试的同科举人。范贤方1906年入宁波法政学堂肄业，同年由宁绍台道喻兆藩保举去日本留学，入东京法政大学速成科学习。1908年回国后，在浙江巡警道兼洋务总办王丰镐处任秘书，兼宁波法政学堂教员。不久，被推举为宁波地方自治筹备会会长。1911年7月，与陈训正等组织宁波国民尚武分会，任副会长，并加入同盟会。武昌起义爆发后，受宁波地方人士推举主持宁波起义事宜，曾任宁波民团副团董、宁波保安会干事等职。11月5日，他与魏炯等率尚武会会员及商团、民团千余人，占领宁波道台衙门，以保安会名义出安民告示。当晚，宁波军政分府成立，任执法部部长。浙江光复后，任浙江军政府司法筹备处处长。1913年9月，返回宁波，与驻鄞县的陆军第三旅旅长顾乃斌等人通电讨袁。"二次革命"失败后，流亡日本。1916年回国，参加驱逐浙江都督朱瑞、浙江独立反对袁世凯帝制自为的运动。1917年初，任浙江省高等审判厅厅长。同年夏，南下广州，参加孙中山领导的护法运动，任广州军政府国法院院长。不久，因病去世。

张传保1902年中举之后，一直在宁波地方发展，历任鄞县劝学所总董、统计调查总编纂、宁波府中学堂总监督。1909年当选为浙江省咨议局议员，并两次被举为常驻议员。1911年，当选地方行政经费预算审查会会长。1911年宁波光复后，任宁波军政分府财政主任。1912年11月，当选为中华民国第一届国会众议院议员。1914年，国会被袁世凯非法解散，转任中国银行嘉兴分号、温州分号主任。1916年夏，国会恢复后，仍任众议员，并当选为院内常任委员、预算委员会委员，兼任财政讨论会会员。1917年，国会再次被解散后，南下参加孙中山发起的护法运动，任广州非常国会众议院议员。1922年，国会再次复会，仍任众议员。1923年，反对曹锟贿选总统失败后，弃职返回故里。1924年，任鄞县水利局局长，主持鄞西浚河事宜。1927年上半年，先后任鄞县知事、宁波市临时政府筹备委员会主席。1927年7月至1928年5月，任浙海关监督，兼任外交部驻宁波交涉员。1929年，任宁波旅沪同乡会办事处主任，对地方公共事业建设非常热心。1931年，发起兴建灵桥，创办通运汽车公司，任经理，资助修建鄞（县）慈（溪）镇（海）公路。1932年，上海"一·二八"事变后，调度轮船运送旅沪同乡回籍。1933年1月，鄞县成立鄞县通志馆，被聘为馆长，至1951年4月最终印竣八卷本《鄞县通志》。1946年6月23日，宁波旅沪同乡会设立整理东钱湖协赞会，被聘为委员，为东钱湖整治筹集资金竭尽其力。中华人民共和国成立后，被选为第一次至第五次宁波市各界人民代表会议代表，第一至四次会议主席团成员和政协委员。1951年，选为浙江省第二次各界人民代表会议代表。1952年去世。终其一生，可以说他是一个与时俱进的政治人物，而其参政议政的社会角色与传统士绅并无多大区别。

现代社会的政治人物，大致上可以分为职业政客和技术官僚两类。自戊戌变法以来，中国的政治处在现代转型过程之中，多的是兼具传统和现代色彩的政治人物，许多人游走于政、学、商之间，角色定位并不十分明确，但大致类别还是比较清楚的。南京国民政府时期，浙人在党、政、军各系统中均占据主导地位，党务几为湖州二陈把持。宁波人则不然，虽然也有许多人从政，但大多的是具有学术背景的技术官僚或政学两栖的知识精英，而不是职业政客。这在鄞籍官员上表现得尤其明显。

民国时期的鄞州籍官员，收入《浙江民国人物大辞典》的有罗惠侨、翁文灏、张肇元、姚传法、夏晋麟、林绍楠、邵毓麟、崔存璘、王孟显、徐本生、王志刚、沈友梅、俞谐、范才骥、董萍、水祥云等20余人，其中大多具有良好的教育经历和学术背景。如1927—1930年3月担任宁波市市长的罗惠侨就是美国麻省理工学院1915年毕业的工程学博士。回国后，被北洋政府海军部派往江南造船所（前江南造船厂）任技术员。1917年应聘北京大学物理系教授兼注册部主任。1926年4月，任北洋政府教育部专门教育司司长。1948年5—12月担任立法院秘书长的张肇元则是美国哥伦比亚大学经济学硕士、芝加哥大学法学博士。再如夏晋麟，则是爱丁堡大学1922年毕业的哲学博士。他于1938—1946年，先后担任国民党中央宣传部驻英、驻美代表。创立中国新闻社，总管包括芝加哥、旧金山以及后来增设的加拿大、墨西哥、华盛顿等几个分社。由重庆每天用短波无线电大量播发宣传资料给纽约的新闻处，经该处各专家编辑成素材后，再提供给英美各地媒体采用。1946年起，任中国政府驻联合国安理会副代表，1949年中华人民共和国成立后，继续担任台湾当局驻联合国的"副代表"。1956年，任台湾当局驻联合国经社理事会"代表"。这种具有过硬专业背景的外事人员，在现代国际交往中是不可替代的。其他在外交系统工作的鄞州籍人士，还有林绍楠、邵毓麟、崔存璘、王孟显、吴祖禹等。

民国时期的鄞州籍官员，地位最高、最知名的自然是曾经担任过行政院长的翁文灏。他是清代秀才，又是比利时鲁汶大学毕业的地质学博士。1912年学成归国后，任北洋政府工商部矿政司地质研究所讲师，1913年任教授。1916年，任北洋政府农商部地质调查所矿产股长，1919年任代理所长，1921年任所长。1922年参与发起成立中国地质学会，任副会长，1924年起连续四届担任会长、理事长，著有多种研究中国地质和矿产资源的专著。1924年起兼任北京大学、清华大学教授，1931年一度主持清华大学校务。

1932 年，翁文灏从学术行政岗位转到国家实际事务，任军事委员会国防计划委员会秘书长。1934 年参与发起成立中国地理学会，被推举为首任会长。1935 年 12 月——1937 年 9 月，任南京国民政府行政院秘书长。1938 年 1 月——1946 年 5 月，任经济部长兼资源委员会主任委员，主管中国的战时工业生产及经济建设。1945 年 5 月，在国民党第六届全国代表大会上当选为中央执行委员。1945 年 6 月——1947 年 4 月，任行政院副院长。1947 年 4 月起任行政院政务委员。1948 年 5 月 25 日——11 月 26 日，任行政院院长。1949 年 2 月——4 月，任总统府秘书长。

　　除了翁文灏以外，张其昀也是学者从政的一个典范。他于 1919 年考入南京高等师范学校史地部学习，1923 年毕业。先到上海商务印书馆编译所工作四年，后至母校地理学系任教。1935 年，被聘任为中央研究院中央评议会评议员。1936——1949 年春，张其昀在国立浙江大学任教，先后担任史地系教授兼系主任、史地研究所所长、文学院院长。1941 年，被聘为教育部首批部聘教授。抗战期间，在浙江大学创办《思想与时代》杂志。张其昀曾任中国地理学会总干事。1943—1945 年，受美国国务院之邀请，张其昀到哈佛大学任访问教授两年。1947 年，他当选为国民大会代表。1949 年夏去台湾之后，先后任国民党总裁办公室秘书组主任、国民党中央执行委员会秘书长、国民党中央宣传部长。后担任国民党中央评议员兼主席团主席、"总统府资政"等职。1954—1958 年，任台湾"教育部部长"。其后创办"中国文化学院""中国新闻出版公司""中华文化出版事业委员会""中国历史学会"等多个文化机构和学术团体，是鄞州籍人士中最有影响的文化官员。

　　除了体制内传统的科举仕宦和现代的技术官僚之外，鄞州近代也出现过一些体制外的反政府人士。他们中包括咸丰时期自发领导东乡抗粮运动的下层士子、辛亥革命时期的光复会和同盟会骨干，以及民国时期的中国共产党人。在民国时期参与中共党组织活动的鄞州籍人士除了著名的沙氏四兄弟（沙文求、沙文汉、沙文威、沙文度）外，还有朱镜我、陈企霞、辛未艾、梁茂康、卢绪章、陈文杰、蔡群帆、徐婴等人。其中最值得注意的是沙氏兄弟，他们都是在学生时代接受中共宣传，开始走上革命道路的。无论在思想意识，还是在活动经历方面，沙氏兄弟都是活跃的共产党人，有的还曾走上重要的领导岗位。

二 文化精英

鄞州自南宋以来，学术文化一直相当繁荣，近代以学术文化名者为数不少。如童氏家族，从童槐、童华到童书业，几代人在学术文化方面皆有所成。又如徐时栋，既是大藏书家，又是学问家。他曾用十多年时间主持修撰《鄞县志》，并刻有《四明宋元六志》。其四弟徐时楝进士及第，亦以经学见长。状元章鋆曾任福建学政、广东学政，在士林中颇有清誉，亦有《闽儒学则》《治平宝鉴》等著述传世。科举社会政学合一，仕宦而兼学术者不少，仕进之途以外潜心学术者亦大有人在。这种风气在鄞州士人身上得到体现。如曾任南洋公学首任提调兼总理（即校长）的张美翊就著有不少书籍。① 兼有财政官员和银行家身份的前清举人张寿镛晚年即致力于编辑宁波地方文献，编刊《四明丛书》，凡 8 集 184 种、1184 卷，卷帙之巨，为国内乡邦文献所罕见。另著有《约园演讲集》《经学大纲》《史学大纲》等。张氏也是藏书家，"约园"藏书达 20 万卷，编有《约园元明刊本编年书目》。

至于专业的人文学者，则以陈汉章和"北大五马"为典型。陈汉章早年就读于丹山、缨溪书院，1886 年入杭州诂经精舍，师从俞樾，1887 年至宁波辨志精舍，师从黄元同。1888 年考中浙省第十名举人，1907 年任象山劝学所总董，赞助与发动设立小学 30 余所，又出资创建象山县公立医院。1909 年被京师大学堂聘为教授，仍继续求学，1913 年毕业于北大第一届史学门。先后任京师大学堂、北京大学、北京高等警官学校、北京师范大学教授，1922 年曾受聘担任民国《象山县志》总纂。1928 年应邀出任南京国立中央大学教授兼史学系主任。1931 年辞归，从此闭门著述。毕生致力于经史研究，博闻强识，勤于著述，主要有《周书后案》《后汉章补表校录》《辽史索隐》《论语征知录》《公羊旧疏考证》《诗学发微》等，可以说是典

---

① 张美翊曾出使西欧各国多年，眼界开阔，博学多才，任职交通大学期间，曾大力聘请外国教师任教。教导学生要安心思想，不要受政治思潮之影响。张美翊曾任上海宁波旅沪同乡会会长。李前泮修、张美翊纂《奉化县志》；张美翊考录《东南海岛图经》六卷；张美翊述，吴宗濂、郭家骥译《土耳其国志译略》《罗马尼亚国志》《塞尔维亚国志》《布加利亚国志》《门得内各罗国志》五种地理人文志；张美翊纂修《上虞永丰乡田氏宗谱》十卷；张美翊编《大清钱谱》。

型的传统学者。至于"北大五马"，① 更是名重一时，声动京华。他们兼具
学术研究和行政之长，其研究国学、保存文物的工作和旨趣也与鄞州学术文
化传统有着极为密切的联系。在引进研究外国史和外国文化方面，鄞州近代
也曾经出过不少学者，如西洋史教授张贵永、西洋艺术史教授李九仙、翻译
家张其春、神学家周联华等人。张贵永 1929 年毕业于国立清华大学历史系，
1930 年赴德国留学，入柏林大学，1933 年获博士学位。后再赴英国研究西

① "北大五马"即马裕藻、马衡、马鉴、马准、马廉兄弟 5 人。马裕藻（1878—1945）字幼
渔，1913—1937 年任北京大学国文系教授，兼任系主任长达 14 年，曾聘请鲁迅等名家来北
大任教，其间努力调和新旧二派，然终为新派所拒，于 1934 年胡适任北大文学院院长时辞
职。马裕藻著有《声韵概要》（北京大学出版组，1912）、《经学史附录》（北京大学出版
组，1912）及《戴东元对于古音学的贡献》（《国立北京大学国学季刊》1929 年第 2 期）
等文，带有述学的性质，并非全无著述。对于他与新派人物的分歧，日本学者竹元规人曾
有专论阐述，马裕藻推出"古音韵学"，但从胡适来看，此门类也在被整理之列："语言文
字学一组作有系统的安排，其关于中国文字学声韵学的一部，似可设法裁并。（例如'文
字学概要'与'声韵学概要'似可合为一科。又如'说文'，可并入'中国文字与训诂'
一科，因为这两科均用《说文》为主要材料也。）"（《1930 年前后中国关于"学术自由"、
"学术社会"的思想与制度》，《学术研究》2010 年第 3 期）。马衡（1881—1955）字叔平，
别署无咎、凡将斋。1901 年肄业于南洋公学。曾学习经史、金石诸学。精于汉魏石经，注
重文献研究与实地考察。1922 年被聘为北京大学研究所国学门考古研究室主任，兼任导
师，同时在史学系讲授中国金石学，并在清华大学、北京师范大学、北京女子师范大学兼
课。1923 年曾赴河南新郑、孟津调查周代铜器出土地点，1924 年前往洛阳朱家墙调查汉晋
太学遗址。同年参加"办理清室善后委员会"工作。1925 年 10 月任故宫博物院古物馆副
馆长，清点和审查鉴别藏品。1928 年南京国民政府接收故宫博物院，马衡被任命为接收委
员，仍任古物馆副馆长。1930 年任燕下都考古团团长，主持燕下都遗址的发掘，对中国考
古学由金石考证向田野发掘过渡有促进之功，被誉为中国近代考古学的先驱。1934 年任故
宫博物院院长，筹划故宫所藏珍品运往内地。1935 年，与博物馆界同仁发起成立中国博物
馆协会，被推选为会长。次年被聘为上海市博物馆董事，并组织在青岛召开中国博物馆协会
第一届年会。抗日战争胜利后，办理迁返院藏文物，主持故宫博物院复员工作。1948 年拒
不执行南京国民党政府将故宫文物"应变南迁"计划，始终驻院坚守岗位，确保故宫建筑
和文物的安全。同时，与社会名流呼吁当局避免战火，保护北平文化古城。1952 年辞去故
宫博物院院长职。1954 年任北京市文物整顿委员会主任。1955 年 3 月 26 日在北京病逝。
马衡生前将自己收藏的大量甲骨、碑帖等文物捐献故宫博物院。马衡去世后，其家属遵嘱
将其家藏金石拓本九千余件悉数捐给故宫博物院。马衡一生致力于金石考古研究，声誉卓
著，在书法、治印方面亦有所长。著有《中国金石学概要》《凡将斋金石丛稿》等，并有
《汉石经集存》《凡将斋印存》等书传世。马鉴（1883—1959），字季明，早年就读于南洋
公学，1925 年留学美国，获哥伦比亚大学教育学硕士学位。1926—1936 年，出任燕京大学
国文系教授，并担任国文系主任。1937—1941 年，出任香港大学文学院教授。1942—1945
年，出任四川成都燕京大学国文系教授和国文系主任。1944—1945 年，出任燕京大学文学
院院长。曾任燕京大学图书馆主席，为保护馆藏做了大量工作。1946—1951 年，出任香港
大学中文系主任。有藏书斋名"老学斋"，藏书甚丰。马准（1887—1943），（转下页注）

洋历史。1934 年回国后，应聘担任中央大学历史系教授，主要讲授西洋史、西洋史学史、西洋外交史等课程。1943—1947 年兼任历史系主任及史学研究所所长。1947 年，一度曾赴英国讲学，受聘为伦敦大学历史学研究所及皇家关系研究所客座研究员。1949 年去台湾，1950 年代后期去美国，在哈佛大学、华盛顿大学等校讲学。1965 年，被聘为西德西柏林自由大学客座教授。著有《西洋通史》《史学讲话》《文化的起源》《曼纳克及其思想史的研究》《德国曼尔斯丹的外交政策》《西洋外交史研究》等。

　　与从事传统文史研究的学者相比，鄞县从事社会科学研究的学者虽然不多，但所达到的专业成就也是相当高的。如吴经熊的法学研究、方显廷的经济学研究、袁济唐的会计学研究、林本的教育学研究，其中最突出的就是法学家吴经熊。吴经熊 1920 年毕业于私立东吴大学法科，1921 年赴美国留学，入密歇根大学法学院学习。同年在《密歇根法律评论》上发表处女作《中国古代法典与其他中国法律及法律思想资料辑录》。1922 年获法学博士学位。毕业后，吴经熊先后到法国巴黎大学研究法律哲学与国际公法、德国柏林大学研究哲学与法理学、美国哈佛大学研究比较法律哲学，1924 年回国任私立东吴大学法学院教授，并兼任上海公共租界工部局法律顾问。1927 年，吴经熊任东吴大学法学院院长。1929 年，应邀前往美国哈佛大学和西北大学讲学。1931 年，任南京国民政府立法院立法委员。1933 年，任立法

　　（接上页注①）字太玄。以民间风俗研究见长，曾在京师图书馆工作 6 年，后任北京大学教授，教授文字学和目录学。1927 年，应顾颉刚邀请至广州中山大学，负责图书馆工作，为中山大学图书馆的发展做出了极大贡献。著有《中印民间故事的比较》《关于中国风俗材料书籍的介绍》等。马廉（1893—1935），字隅卿。1926 年 8 月在北大讲授中国小说史，历任北平孔德学校总务长，北平师范大学、北京大学教授。后主管孔德图书馆。马廉平生致力于古代小说、戏曲的收藏、整理与研究。因在琉璃厂意外购得海内孤本——明万历年间王慎修刻本四卷二十回《三遂平妖传》，遂将书屋取名"平妖堂"。1931 年在宁波拆毁古城墙中发现其中有大量汉晋古砖，著录《鄞古砖目》一册。1932 年马廉回故乡鄞州养病时，与郑振铎、赵万里访得天一阁散出的明抄本《录鬼簿》，后来又和赵万里一起全面整理天一阁藏书。1933 年马廉将自己收集的数百块古砖全部捐赠给天一阁，天一阁特辟一室予以储存陈列，名为"千晋斋"。同年马廉又购得一包残书，从中发现了天一阁散出的明嘉靖刻本《六十家小说》中的《雨窗集》《欹枕集》。1934 年交由北平大业印书局影印出版，使 12 篇宋元话本得以传世。1935 年 2 月 19 日在北京大学讲台上因脑溢血逝世，终年仅 42 岁。后其藏书 5286 册经魏建功、赵万里等专家整理，为北京大学图书馆收藏。主要著作有《中国小说史》《曲录补正》《鄞居访书录》《不登大雅文库书目》《千晋斋专录》等，译著有《京本通俗小说与清平山堂》《明代之通俗短篇小说》《论明之小说三言及其他》等。

院宪法草案起草委员会副委员长，参与起草的《中华民国宪法草案》，被称作"吴氏宪草"。1935 年，创办《天下月刊》。1939 年，当选为美国学术院名誉院士。1942 年，继续担任立法委员兼立法院外交委员会委员长。1945年 5 月，当选为国民党第六届候补中央执行委员。1946 年 9 月，任驻罗马教廷公使。11 月，当选制宪国民大会代表。1949 年后赴美，先后在夏威夷大学、新泽西西顿哈尔大学担任中国哲学及文学教授、法学教授。1966 年，由美国赴台湾，任"中国文化学院"（后更名"中国文化大学"）哲学教授。1974 年起担任该校哲学研究所博士班主任。此外，还担任国民党中央评议委员、"国大代表"、"总统府资政"。吴经熊虽卷入政治，但主要贡献仍在学术领域。他一生著述丰富，主要有《法律的基本概念》《法律哲学研究》《法律的三度论》《施塔姆勒及其批评者》《超越东西方》《法学文选》《法学论文集》《圣咏译义》《哲学与文化》《内心悦乐之源泉》《正义之源泉》《自然法：一个比较研究》《作为一种文化研究的法理学》《孟子的人生观与自然法》《中国哲学中的自然法与民主》《中国法律哲学史略》《法理学判例与资料》《自然法与基督文明》《自然法哲学之比较研究》等。其法学研究和立法建树，代表着同时代中国法学研究的最高水平。

在自然科学研究领域，尤其在地质学、生物学和医药学等领域，鄞州近代学人所取得的成就也是相当突出的。如翁文灏、翁文波的地质学研究，董承琅的医学研究，朱元鼎的生物学研究，纪育沣（耶鲁大学化学博士，1955 年当选为中国科学院学部委员）的药物化学及有机合成工作，魏喦寿（中研院化学研究所创所所长，是中国第一位在 *Science* 杂志上发表科学论文的微生物学家）的生物化学研究的医学研究，童第周的生物学和遗传学研究，卢于道（1906—1985）的解剖学研究，周尧的昆虫学研究都达到了相当高的水平，其中有些成果（如童第周的研究①）不但居于国内一流水平，

① 童第周（1902—1979）留学于比利时的布鲁塞尔自由大学，1934 年获博士学位，后到英国剑桥大学作短期访问，回国后任山东大学生物系教授，1948 年当选中央研究院院士，1951年任山东大学副校长，1955 年当选为中国科学院学部委员兼任生物地学部副主任。1960年，中国科学院生物地学部分为生物学部和地学部，童第周任生物学部主任。1978 年任中国科学院副院长，是中国近代最有声望的科学家之一。童第周一生致力于实验胚胎学、细胞生物学和发育生物学的研究，是中国实验胚胎学的创始人之一。1970 年代，他还和美籍华裔科学家牛满江合作，探讨鲫鱼和鲤鱼的信息核糖核酸对金鱼尾鳍的影响，在发育生物学和分子遗传学领域开辟了一个新的研究方向，引起了相当多的关注。

在国际上也产生了一定的影响。

　　作为一个商业气氛较为浓厚的地域，宁波在历史上并不以文艺繁荣著称。与文人辈出的绍兴、嘉兴等地相比，宁波在文学创作上有相当大的距离。民国时期，活跃在文坛的鄞州文人，除了几个左翼文人，就只有抗战上海"孤岛"时期红极一时的女作家苏青。而在艺术方面，近代鄞州除了著名书法家沙孟海、篆刻家朱福戡、音乐家陆仲任以外，还有几个专业从事电影制作和音乐创作的人士。其中包括电影制片人柳中亮、柳中浩兄弟及电影摄影师郑崇兰、电影导演黄汉、电影译制片翻译陈涓等人。其中最有成就的是柳氏兄弟。他们在上海南京路新街口开办世界大戏院，放映外国影片。1934 年，柳氏兄弟在上海开办金城大戏院。1938 年又在上海创办国华影业公司，拍摄古装片《三笑》《孟丽君》《孟姜女》《董小宛》等 40 多部。其中由柳中浩夫妇的干女儿周璇主演的《孟姜女》《李三娘》《苏三艳史》等取材于民间故事的影片近 20 部。太平洋战争爆发后，因不愿与侵华日军合作，柳氏兄弟停办了国华影业公司。1946 年 7 月，柳氏兄弟又合作创办国泰影业公司，聘请田汉、于伶、洪深等为特约编辑，拍摄了《无名氏》《忆江南》《阿里山风云》等影片。1948 年柳中亮与儿子柳和清创办大同影业公司，拍摄《弱者，你的名字是女人》《梨园英烈》等影片。1952 年，国泰、大同两家电影公司合并到上海联合电影制片厂。就此而论，柳氏兄弟可以说是中国电影文化产业的先驱。

三　工商界人士

　　除了政治人物和文化精英，近代鄞州最大的一个精英群体，就是工商界人士。近代工商界人士就其职业和角色，可以分为银行家、实业家、进出口商、洋行买办等类型，也有一身多任的资本家，以及跨越政、商两界的精英人物。

　　宁波近代工商界人士，最有影响的当数严信厚、叶澄衷、虞洽卿等人，其中严、虞二人皆为慈溪人，叶为镇海人。同治初年严信厚入李鸿章幕，后历任补道、知府、天津盐务帮办等，他在商业上的发迹与李鸿章在政治上的支持大有关系。叶澄衷的成功更多地得益于他与洋商之间的密切合作关系。至于虞洽卿，则既有与洋人打交道的本领，又有以资本运作政治的手段，故能成为近代的一大风云人物。鄞州近代工商界人士，虽然从个体上来看，没有严信厚、叶澄衷、虞洽卿这么大牌的角色，从群体上来看，也只是宁波帮的一个组成部分，而不是一个独立的共同体。但是，他们在近代经济发展和政治演变进程中仍然发挥着相当重要的作用。

宁波历史上是中国经贸活动最活跃的港口城市之一，也是中英《南京条约》规定的五个通商口岸之一。但在上海开埠之后，其外贸港口的重要地位很快就被取代。后来，随着杭州、温州两大口岸的开放，宁波的发展受到了更多的限制。为了追逐商机，宁波商人大多移师上海，谋求发展。《浙江民国人物大辞典》收入的鄞州近代工商界人士大约有近30名。除了旅日侨商张尊三和在天津发展的富商王铭槐以外，其他几乎都是在上海从事工商活动。他们中包括上海震异木商公所创始人曹予铸，上海总商会会董、上海证券物品交易所常务理事张嘉年，商务印书馆创办人鲍咸昌，宁波旅沪同乡会早期领袖乐振葆，承建上海新世界的建筑商倪绍生，人称"铣牙大王"、在上海开办多家工厂的王生岳，在上海和日本之间穿梭、从事工商活动的橡胶大王余芝卿等。此外，作为中国最早的买办之一，鄞州商人杨坊在政治上的角色也是他人难以代替的。杨坊早在1840年代就到上海经营钱庄和丝业，后进英商怡和洋行做报关和收丝工作，1851年升为买办，后曾捐得候选同知头衔。1853年上海小刀会暴动期间，杨坊为江苏巡抚吉尔杭阿管理军需，并同英、美、法联络，采取"按段筑墙，杜绝接济"的办法，有效地遏止了小刀会的发展，并在事件后因功升为道员。1856年加盐运使衔。太平军攻打上海时，杨坊同上海道台吴煦一道与美国领事密商，募集商款，又与美国人华尔组织洋枪队，与华尔同被委为管带。咸丰十年，杨坊从上海运了800包古董、药材等货物到日本大阪销售，由此发了财，拥资百万。杨坊自设泰记钱庄、嘉湖客栈，并置办轮船、沙船，经营轮运业务，并在上海、宁波广置房产，编辑出版宁波地方史志，还联络宁波旅沪商人组织四明公所，自任董事。同治元年，杨坊授常镇通海道，但未赴任。① 从传统的角度来看，杨坊肯定是个另类的士绅，亦于正史无传，但论实际影响，并不亚于许多政治和经济人物。

---

① 参阅《上海对外经济贸易志》编委会编《上海对外经济贸易志》第19卷，上海社会科学院出版社，2001，"人物传略"。

作为宁波帮的一个组成部分，鄞州商人在进行工商活动中，往往需要以宁波帮的政商网络作为依托。如王铭槐起初在叶澄衷所开上海老顺记商号任司账，1880年被叶氏派往天津任顺记分号经理，负责对外联络。通过叶澄衷和严信厚的关系，王铭槐得以奔走李鸿章门下。不久王铭槐离开老顺记，任德商泰来洋行买办，专事军装、军火、机器生意。1896年由李鸿章推荐出任华俄道胜银行天津行买办。在该行参与列强向中国政府贷款活动中，王从中赚取佣金和回扣，同时利用道胜银行库存现金大做生意，广置产业，在天津拥有大量房地产，占据天津新开辟地区即今和平路一带最繁盛地带，开设道胜洋栈、久福源绸庄、回春大药房等，又投资辽宁铁岭一处金矿和牛庄道胜金店，并在津开设胜豫银号。20世纪初，王铭槐在京津、北京到奉天沿途重要城镇设有20余家银号，垄断了这一地区的汇兑业，成为天津巨富和四大买办之一。王铭槐又创办天津浙江会馆、义园、同乡会，广泛介绍子孙、亲戚、同乡进行任买办或其他工作，形成人数众多，实力雄厚的宁波帮。1904年因挪用道胜银行银库被揭发，王铭槐所经营的银号相继倒闭，其他企业也相继停歇，他离开该行。因宁波帮陈协中等的援助，不久王铭槐又出任天津、沈阳两地德商礼和洋行买办，在东北、山东等地买卖军火，获利丰厚。第一次世界大战爆发后，德商各洋行业务停顿，事业转衰。[①] 从王铭槐的经历可以看出政商人脉对其事业发展的影响。总的来看，以地缘为主体构成的社会关系网络对于商业发展的影响往往具有两面性。它既有可能促成或阻碍某一项具体事业的进展，也很有可能会增加整个社会的交易成本，妨碍社会体系向着理性化的方向演化。这恐怕也是包括宁波帮在内的地域企业家群体未能完成现代转型的一个关键因素。

考古学家张光直先生认为，欧亚大陆有两大早期文明类型："中国文明、玛雅文明和其他很多文明代表一个基层的进一步发展，在此基层上发展出来的文明，都是连续性的文明。在这些文明的城市、国家产生的过程中，政治程序（而非技术、贸易程序）都是主要的动力。在此基层的发展中，某些地方发生过一些飞跃性的突破。我们知道的一个突破性文明是苏美尔文明。它后来通过巴比伦、希腊、罗马而演进到现代的西方文明，所以现代的西方文明从苏美尔文明开始就代表着一种从亚美文化底层突破出来的一些新

---

① 吕建主编、陶水木撰《民国浙江人物大辞典经济辞条》，浙江大学出版社，2013。

现象。这种文明产生的财富的积累和集中的程序，主要不是政治程序而是技术、贸易程序，这可在两河流域的考古学和古代史的研究中得以证实。"①从政治主导的文明形态转向以贸易、技术为主导的文明形态，是中国社会现代转型的一个路向。鄞州作为一个县，虽然不能决定中国社会转型的路向，但是其中体现出来的注重贸易、技术的倾向，却是许多地域文化中比较缺乏的一种现代性的因素，值得我们深入研究。

〔项义华，浙江省社会科学院浙江历史文化研究中心、

浙江社会史研究中心〕

---

① 张光直：《从商周青铜器谈文明与国家的起源》，《中国青铜时代》，三联书店，1999，第482—483 页。

论鄞州人与慈善事业

周秋光　曾宪斌

摘　要　独特的地理文化背景以及政治、经济、社会等诸多因素的作用是鄞州人从事慈善事业的缘由。鄞州人从事慈善事业的内容十分丰富，概括而言有三大类：传统型慈善事业、近代型慈善事业和现代公益性慈善事业。其慈善事业的运行机制经历了由传统善会善堂轮值制到董事会制，再到议会制的发展变化。多样性与倾向性相结合是鄞州人从事慈善事业的特色。鄞州人从事的慈善事业引领和助推了当地以至全国慈善事业的发展并将继续发挥其影响力。

关键词　鄞州人　慈善事业　沈敦和

我国的慈善事业源远流长，然而由于众所周知的原因，真正意义上的慈善史研究在国内起步较晚，直到近十年才呈现出比较兴盛发展的势头。这与笔者 20 世纪末寂寞拓荒已不可同日而语。近十年学界所涌现的慈善史研究成果已蔚然可观，特别是出版了全国性和地方性慈善通史以及断代慈善专史等大部头著作。① 但是，我们要看到，现有成果中属于地方性慈善通史和专

---

① 　这方面的成果主要有全国性慈善通史《中国慈善简史》（周秋光、曾桂林，人民出版社，2006）、《中国慈善史纲》（王卫平等，中国劳动社会保障出版社，2011）；地方性 （转下页注）

史的数量还太少，要真正推动慈善研究领域的深化和拓展，应当从以下三个方面着力：一是开展专题性的慈善史研究；二是开展断代性的慈善史研究；三是开展区域性的慈善史研究。

鄞州历史上仁风素著，鄞州人对慈善事业有着高度的认同，也比较注意和热衷慈善文化的研究。被国外汉学家誉为民国时期编得最好的志书《鄞县通志》，便收录了大量记载慈善事业的文献。① 当今鄞州人在对区域性慈善史方面的关注甚至有引领全国的地位。近几年，相继纂修《鄞县慈善史》和《鄞州慈善志》，在全国区县一级慈善史志纂修工作中具有"三率先"②的意义。

迄今为止，关于鄞州慈善事业的人物个案研究尚无专门性的著作和论文出现，仅仅散布于与上海、浙江、宁波等地区慈善事业相关的研究中，大多是附带性的，欠缺系统、全面梳理。③ 鉴于慈善事业与慈善人物的特殊关联，笔者认为有必要收集整理相关资料，系统梳理鄞州人从事慈善事业的主要背景及动因、慈善活动的内容；剖析其运行机制，并总结其特点，进而观照鄞州人在地方和全国性慈善事业中的地位与影响。

（接上页注①）慈善通史《湖南慈善史》（周秋光等，湖南人民出版社，2010）、《鄞县慈善史》（张如安、孙善根，浙江古籍出版社，2013）和《青岛慈善史》（蔡勤禹、张家惠，中国社会科学出版社，2014）；全国性断代慈善专史《中国近代慈善事业研究》（周秋光等，天津古籍出版社，2013）、《中国古代慈善简史》（吕洪业，中国社会出版社，2014）；地方性断代慈善专史《近代天津的慈善与社会救济》（任云兰，人民出版社，2007）、《民国时期宁波慈善事业研究（1912—1936）》（孙善根，人民出版社，2007）、《近代北京慈善事业研究》（王娟，人民出版社，2010）、《中国近代慈善事业研究——以晚清江南为中心》（黄鸿山，天津古籍出版社，2011）；地方性慈善个案研究《中山慈善万人行研究（1988—2010）》（周秋光，贺永田等，中国社会出版社，2011）；此外还有笔者领衔的国家社科基金重大项目《中国慈善通史》（计划 8 卷本 500 万字），正在合力攻关中。

① 有关国外汉学界对《鄞县通志》的评价，可参见陈桥驿先生刊登在《鄞州史志》1993 年第 1 期上的《民国〈鄞县通志〉与外国汉学家的研究》一文。

② 即率先纂修了慈善史和慈善志、率先纂修了慈善通史和慈善通志以及率先将这一史一志都交由出版社公开出版发行。参见周秋光《〈鄞州慈善志〉的学术价值及地方慈善志书的纂修》，《船山学刊》2014 年第 3 期，第 105 页。

③ 主要有《老上海的同乡团体》（郭绪印，文汇出版社，2003）、《民国时期宁波慈善事业研究（1912—1936）》（孙善根，人民出版社，2007）、《近代浙商与慈善公益事业研究（1840—1938）》（王春霞、刘惠新，中国社会科学出版社，2009）以及宁波帮系列丛书等。

一 鄞州人从事慈善事业的主要背景及动因

（一）地理环境与灾害

鄞州地处浙东北狭窄的宁绍平原，东临东海，全境呈现"五山四地一分水"的地理格局，江湖溪港错落其间；又处于四季分明的亚热带季风性气候区，是我国季风频繁活动带，各类自然灾害频发，加之人多地薄、资源少的矛盾，时需灾荒救济。在我国，旧志及有关文献对自然灾害的记载常常简略不详，缺乏确切的数据体现，即便如此，通过表1、表2，也能略窥鄞地历史上水旱灾害之重。

表1 近代鄞州水灾年表

时间	灾情描述
道光二十三年	八月大风雨，太白山崩，东钱湖决，平地水高五六尺
道光三十年	八月积水出平地三尺
咸丰四年	十一月午潮，河水骤涨三四尺
咸丰五年	七月雨久，潮决
同治六年	八月海溢坏塘田，秋潮入灵桥东渡路两门直接平桥
同治十三年	七月大风雨，山水暴下，害人畜无算
光绪三年	五月大风拔木，坏民庐
光绪十年	夏，震雷暴雨
光绪十一年	七月大水，漂没民居百余间，鄞东南前后塘河水暴涨，舟楫不通
光绪十五年	八月中大雨不止，水暴涨伤禾
光绪十六年	秋，飓风，江潮大涨
光绪十八年	八月大水
光绪二十七年	八月风雨大作，江水陡涨，水涌灵桥门内，四乡低洼处水与桥平，船不能行
民国九年	七月中大风雨暴作，日夜不止，四明诸山同时石崩岩裂，洪水数道并下，所过村落庐舍、道路触流立毁，淹溺人畜不可算数，背山诸乡皆及其灾。而大咸（今咸祥）尤甚。后二月暴洪又作，其患虽不如前次之烈，然重灾之下民生凋矣
民国十年	九月中暴风雨竟夕，洪水披山而下，较上年尤甚，近山各村无不被害，塘圮岸崩，田庐人畜随流而尽，诚百余年未有之奇灾
民国十一年	是年水灾前后凡六次，以八月中为最烈，东乡玉泉岭一带灾情极重，西乡以鄞江桥为最，皆暴洪所患，幸水退速，遭害为上年较浅，然大咸区哀鸿满野矣

续表

时间	灾情描述
民国十二年	8月7日飓风大作,狂风急雨,通宵达旦,屋倒墙垮,毁船舶
民国二十二年	秋,大水
民国二十九年	九月大水。因久旱骤雨,稻禾生虫,大嵩地区0.34公顷农田受灾。翌年春,多有逃荒去象山求乞者。大嵩乡东村饿死60人,全区无计数。早稻熟时米价暴涨,有一间楼房只易五斗米者
民国三十年	八月暴风雨,坍屋倒墙,积水没胫,建筑物损失巨大
民国三十一年	八月台风入境,稻谷受损,大雨不止,江潮高涨,江北岸一带道路、码头被水淹
民国三十七年	七月暴雨,山洪暴发,江河泛滥,四乡航船停航,稻田一片汪洋,鄞奉公路断绝,横涨段水深三四尺
1949年	9月3日,台风暴雨,大嵩塘溪降雨630毫米。全县受灾农田1.08万公顷,成灾0.95万公顷,减产粮食16500吨(按灾年前、后二年均产平均值计算。下同)。赤堇乡童村冲毁房屋30余间,失踪死亡15人

资料来源:宁波市鄞州区水利志编纂委员会编《鄞州水利志》,中华书局,2009,第224—225页。

表2 近代鄞州旱灾年表

时间	灾情描述
道光二十七年	正月至四月不雨
咸丰二年	旱
咸丰十年	夏旱
同治六年	大旱,晚禾歉收
同治十年	夏亢旱
同治十一年	夏大旱,禾尽萎,河枯舟楫不通
同治十二年	秋旱
同治十三年	秋旱,疫疠流行
光绪五年	夏大旱,水涸不通舟楫
光绪十二年	夏旱四十天,禾枯
民国二十三年	自四月不雨,直至中秋后始稍有雨意,不雨历时近百天,且每日亢热非常,江河干涸,河床毕露,稻田龟裂,晚稻枯黄。故老谓"从来所未遇",及秋中雨足,禾穗方结实,而虫害突发
民国二十九年	春、夏、秋连旱,自农历二月二十七日起(清明前)至八月底(秋分后),长达六个月,其间有小雨、无雨期近120天,禾失灌,年岁歉收,海口堵塞,水源复绝,民无饮水。九月又遭大水,饿殍载道,弃子女于道者数百人
民国三十一年	亢旱不雨,田禾枯萎成灾
民国三十六年	秋,久旱,禾田龟裂,作物枯萎,晚稻成一片焦草,灾荒严重

资料来源:宁波市鄞州区水利志编纂委员会编《鄞州水利志》,中华书局,2009,第241页。

一个地方的自然环境在某一历史时期具有相对稳定性，这种相对稳定性往往是以数百上千年的时间跨度来体现的。即使人类文明最发达的当下，在自然环境面前依然显得渺小。因此，人们对遇到的自然灾害不能不予以严重关切。千百年来，生活在鄞州这片土地上的民众，在与频发的各种自然灾荒做斗争过程中，逐渐形成了一种慈济互助、共克时艰的伦理观念并相沿成俗。

（二）经济社会与商帮文化

宋室南迁，完成了中国古代经济重心的南移。明清时期，南方经济中心的地位便已得到巩固和发展。宁波在这股发展大潮下也实现了后发赶超，此后一直稳居全国经济文化发达地区行列。鄞县长期以来作为宁波的附郭县或首县，在府县同治的行政模式下，同城共生效应明显，享有经济辐射的优势，使鄞地人从事慈善事业时拥有较强的物质基础。

五口通商后，西方文化在宁波各城乡以前所未有的幅度深入渗透，有力地影响了宁波社会的近代变迁进程，鄞地毫无疑问赫然在列，其中一个重大变化就是教会慈善的蓬勃兴起。"大兴土木，造教堂，开学堂、医院、养婴室等，颇事救济事业，穷民无告者渐以归向"，① 其中大批教会学校的创办尤为引人注目（详见表3、表4）。

表3　西方教会在鄞县所办书院、中学一览

学校名称	所属教派	主要创办人	创办时间	变迁情况
宁波女子学校	循道公会	奥特赛	1844	1857年后合并为崇德女校
崇信义塾	美北长老会	韦理哲·麦嘉缔、礼查	1845	1868年迁杭州，改名育英义塾
女校	美基督教长老会	柯夫人	1847	
宁波南门外走读男塾	美北长老会	丁韪良	1851	同年5月丁还在南门内设另一男塾，不久停办
私塾	美浸礼会	卫克斯、罗培生	1855	
浸会女校	美浸礼会	罗文梯	1860	后改名为圣模女校
斐迪书院	偕我公会	阚斐迪	1860	1906年后改称斐迪学堂、斐迪学校

① 民国《鄞县通志·文献志》，第130页。

续表

学校名称	所属教派	主要创办人	创办时间	变迁情况
宁波义塾	英国圣公会	戈柏、禄赐	1868	1876 年改名为三一书院，1912 年改为三一中学
女塾	英国圣公会	岳教士	1869	
养正书院	美浸礼会	卫克斯、罗培生	1880	1912 年改为浸会中学
崇信书院	美北长老会	麦嘉缔	1881	
华英书院	英基督教徒会	华以利沙白、华路易	1893	1912 年停办
益智学堂	美北长老会	费佩德	1903	1909 年停办
中西崇正女学堂	美北长老会		1903	1909 年迁往上海，改称中西女塾
中西毓才学堂	天主教	赵保禄	1903	
密斯巴圣经学校	美浸礼会		1912	前身为传教士办的妇女短期学校
斐德学校	循道公会	雷汉伯	1920	

　　资料来源：民国《鄞县通志·政教志》；夏明华主编《宁波教育志》，浙江教育出版社，1996；乐承耀：《宁波近代史纲（1840—1919）》，宁波出版社，2000。

表 4　西方教会在鄞县所办小学一览

学校名称	所属教派	主要创办人	创办时间	变迁情况
崇德小学	基督教	爱尔德赛	1844	原为两女塾，1857 年两女塾合并为崇德女校，1923 年中学部与圣模合并分出小学部称崇德小学。1951 年由政府接收，改名为槐树小学
	美北长老会	柯夫人		
四明小学	美浸礼会	卫克斯、罗培生	1855	先为私塾，后为浸会中学及四明附小，1951 年由政府接收后停办
圣模小学	美浸礼会	罗夫人	1860	原名为浸会女校，后改称圣模女校，1923 年中学部与崇德合并分出，小学单独设立。1951 年接收后改名为永丰路小学
斐迪小学	偕我公会	阚斐迪	1860	原为学塾，在竹林巷。1867 年迁开明讲堂，称斐迪书房。1951 年接收，改名为开明小学
斐迪女子小学	偕我公会	未详	1860	前身为斐迪女子小学。1952 年毓才小学并入，由当地热心教育人士接办，改名为新生小学。1956 年政府接办，改名为宁波市白沙路小学
斐德小学	偕我公会	阚斐迪	未详	
进行小学	天主教会		1860	前身是天主教徒子女经言班，后定名明正学堂。1956 年政府接收改名为药行街小学

续表

学校名称	所属教派	主要创办人	创办时间	变迁情况
三一小学	美国圣公会	戈柏、禄赐	1868	1915—1916年改称三一中学附属小学。1935年夏，小学独立设置，称鄞县私立三小。1946年毓婴、仁德小学先后并入。1951年政府接收，次年改名为孝闻街小学
仁德小学	美国圣公会	徐家恩	1869	
崇信小学	美北长老会	麦嘉缔	1881	1912年崇信中学附设小学部。1923年中学与浸会中学合并，小学部单独设立。1946年并入崇德小学。1948年在府侧街仍复崇信校名。1951年停办
伯特利小学	基督教神如会	倪歌胜	1912	1951年接收后改毓才为小学分部
培德小学	天主教会		约1912	1939年懿德并入培德，1949年停办
懿德女子小学	天主支教会		1916	

资料来源：民国《鄞县通志·政教志》；夏明华主编《宁波教育志》，浙江教育出版社，1996；乐承耀：《宁波近代史纲（1840—1919）》，宁波出版社，2000。

相较国内其他一些地区对教会事业的抵制，鄞地人的态度可算温和。这也不难理解，鄞地作为一个历史悠久的港口，在进行对外贸易的同时亦伴随着频繁的对外文化交流，从而使鄞地人更早更多地接触了异态文化。长此以往却也塑造了鄞地人开放包容、不盲目排外的文化性格，能以独立的精神分析吸收外来文化中的有益成分。教会慈善一方面增添了近代鄞州慈善事业的新内容，另一方面也启发了鄞州人对慈善事业的思考和实践。合力为之，有力地影响了当地传统慈善事业的近代化进程。

值得一提的是宁波商帮。宁波商帮，简称"宁波帮"，泛指旧宁波府所管辖的鄞县、镇海、慈溪、奉化、象山、定海六县在外的商民团体。关于其形成时间，学术界比较一致的看法是明朝末年，以宁波药材商人集资在北京设立"鄞县会馆"为标志。[①] 清末民初，宁波帮为中国第一大商帮，并称雄商界达半个多世纪之久。这个群体虽拥有雄厚的资财和显赫的声名，但深知创业之艰辛。宁波因地狭人稠，外出谋生寻求新的生存空间成为很多人的首选。尤其在近代，离乡背井者甚众，他们大多在大中城市谋

---

① 浙江省政协文史资料委员会编《宁波帮企业家的崛起》，浙江人民出版社，1989，第4页。

求职业并且是从最底层干起。表 5 是一份宁波帮部分精英人物初期抵沪概况表。

表 5　宁波帮部分精英人物抵沪概况

姓名	籍贯	家庭背景	抵沪年龄（岁）	抵沪后第一份工作
叶澄衷	镇海	农民	14	杂货店学徒
朱葆三	定海	小官吏	14	五金定学徒
虞洽卿	慈溪	父在乡间开小店（一说裁缝）	15	瑞康颜料号学徒
秦润卿	慈溪	父亲是小职员，后任会计	15	豫源钱庄学徒
陈万运	慈溪	商人	15	烟纸店学徒
黄延芳	镇海	农民	20	德商亨宝轮船公司职员
项松茂	鄞县	商人	20	中英药房会计
余芝卿	鄞县	父母早亡	13	德盛成东洋庄学徒
傅筱庵	镇海	商人	20	英商耶松船厂工人
盛丕华	镇海	商人	14	老宝成银楼学徒
包达三	镇海	父亲是小职员	16	纸店学徒
周祥生	定海	农民	13	外侨仆役、饭店杂工
王伯元	慈溪	商人	17	金号学徒
竺梅先	奉化	父以医自辅，家境贫寒	13	何源通五金杂货店学徒
黄声远	镇海	早年丧父，靠母亲拾柴度日	15	天祥五金定学徒
王性尧	镇海	商人	19	萤昌火柴公司文书

资料来源：根据《中华民国史料丛稿·人物传记》、《宁波文史资料》、《上海文史资料》及《上海的宁波人》等资料整理。

从表 5 可知，背井离乡者实属不易。这种四处奔波与风浪搏击的谋生方式激发了宁波人强烈抱团取暖的群体意识和合作情怀。亲邻提携、同乡帮衬的理念扎进了他们的骨子里，也促成了宁波帮乐善好施的传统。近代以来，包括鄞籍人士在内的宁波帮恪守勤勉务实、诚信为本、义利相兼的经营之道，纷纷在上海、天津、汉口等地创业，及至渐有所成，即思回馈桑梓。恤亲、睦族、爱乡、爱国是他们乐于慈善的动力。反过来，他们的行为又产生了极强的慈善感召力和影响力。

三 道德思想教化

1. 文教开化

鄞州早期，由于社会生产力相对落后，民众的慈善伦理思想还处于蒙昧状态。自北宋王安石治鄞以来，鄞州的文教逐渐发达，人才辈出，以致鄞邑享有"文献之邦"的美誉。据统计，从北宋端拱二年（989）至清代光绪三十年（1904），鄞县历代文武进士及第者1205人，其中文进士1174人，文状元6人，人数列宁波境内各县第一，占41.56%。教育家群体亦是代有崛起，如宋初"庆历五先生"杨适、杜醇、王致、王说和楼郁，南宋时"甬上四先生"舒璘、沈焕、杨简、袁燮，元朝王应麟、程端礼，清初有黄宗羲、万斯大、万斯同、全祖望等，并先后形成在全国有重大影响的四明学派和浙东学派。① 历史上的建炎南渡，使鄞邑成京畿之地，以儒家思想为主导的士官文化便在鄞地发挥更大的影响，如"老吾老以及人之老，幼吾幼以及人之幼"②"故人不独亲其亲，不独子其子，使老有所终，壮有所用，幼有所长，矜寡孤独废疾者皆有所养"③ 等亲仁的优秀传统思想观念濡染着鄞邑大地。这种思想观念不仅在很大程度上劝勉近代鄞州官绅商学们从事慈善事业，也促进了鄞地民众儒学修养的普遍提高，并以仁义慈爱、积德行善、乐善好施作为自己行为规范的内驱动力。

良好的文教开化使鄞州历史上的伦理观念得到了充分的发展，作为正统儒学的一支，陆王心学以一种别样的姿态挺立于世，亦曾在宁波学界乃至全社会得到广泛传播。陆王心学最主要的理念，即主张"致良知"和"知行合一"，在强调道德行为的自我修养、自我完善的同时，也注重道德意识的践履性。因此，对近代鄞州人务实诚信、乐善好施亦有促进作用。④

2. 宗教劝化

除了儒学在鄞地的长期氤氲，宗教思想在对鄞地社会的控制方面亦发挥了独特作用。鄞地古有"三佛地"之称，道教亦在鄞地流传千年。及至近

---

① 杜建海主编《鄞州慈善志》，浙江人民出版社，2015，第55页。
② 《孟子·梁惠王上》。
③ 《礼记·礼运》。
④ 李瑊：《上海的宁波人》，上海人民出版社，2000，第301—302页。

代，基督教、天主教也在鄞地逐渐流行。佛教所主张的"善有善报，恶有恶报"①　的因果报应说和道家"天道无亲，常与善人"②　的福报观，以及基督教倡导的博爱奉献理念，无不都在浸润、劝化着鄞地民众。这种影响力，使鄞地流传下来不少慈善教化类的俗话俚语（详见表6）。俗话俚语言简意赅，朗朗上口，易记易传，使慈善逐渐形成了群体共识和精神动力，从而促使人们积极参与到各类慈善活动中。

表6　鄞地慈善教化类俗话俚语

俗话俚语	思想来源
大慈大悲观世音	佛教
观音转世，菩萨心肠	佛教
出钱有功德，勿用拜菩萨	佛教
烧香要供三宝殿，好事要做眼面前	佛教
施庵两座，弗如筑路三尺	佛教
念佛念一世，弗如过桥石板铺一记	佛教
救人一命，胜造七级浮屠	佛教
念佛烧香修下世，弗如造桥铺路筑凉亭	佛教
做眼好事千年存，做眼坏事万人恨	多源
万贯家财勿算富，一分仁义值千金	儒家
见死勿救大恶人	多源
好心有好报，癞头无好毛	佛教
大欺小，弗公道；大帮小，呱呱叫	儒家
善有善报，恶有恶报；不是不报，时间未到；时间一到，早晚要报	佛教
善人流芳百岁，恶人遗臭万年	多源
行善不图报，图报非行善	多源
只有修桥铺路，没有断桥绝路	多源
摆渡摆到对江边，送佛送到正西天	佛教
鸟拣大树钻，人见好事做	多源
积德人家有余庆，作恶人家有余殃	儒家
见火不救火烧身，见蛇不打蛇咬人	多源
积财与儿孙，勿如积德与儿孙	儒家
人活顾自身，勿值一根针	多源
积德行善修下世	儒家
好心强如吃素	佛教

---

①　《璎珞经·有行无行品》。

②　《老子》。

续表

俗话俚语	思想来源
好事勿可错,坏事勿可做	多源
争田争产子孙殃,修性修德福无量	儒家
积德百年难,丧德一日易	儒家
为善快乐源,宽容长寿方	多源
好事做到底,砻糠变白米	多源
公修公德,婆修婆德,自修自德	儒家
人靠人帮,花靠叶衬	多源
邻里好,无价宝;邻里吵,三生恼	佛教
与人方便,自家方便	多源
一毫之恶劝人莫作,一厘之善与人方便	多源
挑箩夹担望远亲,急难当头靠近邻	儒家
帮忙帮到底,送佛到西天	佛教
依帮别人莫提起,别人帮侬要牢记	多源
帮人要帮心,帮心要知心,知心要诚心	多源
好话讲千句,弗如好事做一件	多源

资料来源:杜建海主编《鄞州慈善志》,浙江人民出版社,2015,第548—549页。

3. 世家宗族的道德利益诉求

据《鄞县通志》节录的家谱记载,在民国前期,鄞州共有140个姓氏、700余支氏族。[①] 这些在不同朝代经历迁徙繁衍的氏族,往往喜聚族而居,历史上也是名门望族迭出,他们的利益可以说已与地方社会的秩序与安宁结为一体。正因如此,鄞地世家宗族为防止在遭遇社会动荡时成为冲击的首选目标,往往愿意舍弃一部分资财,以换取当地社会秩序的稳定,亦算是保护家业平安的一种途径。另外,他们通过施善,可以树立良好的社会公众形象以及维护家族的声望,以"经济资本"即财富换取"符号资本"即名誉地位,从而达到名利双收。[②] 再者,一些世家宗族睦邻恤亲,关心地方事务,乐于行善,形成家风世代相传。

---

① 杜建海主编《鄞州慈善志》,浙江人民出版社,2015,第47页。

② P. Bourdieu认为,"符号资本"是指诸如家庭或个人声誉地位、社交仪式等表面看来没有经济价值的东西,但它们与经济资本可以互换。参见常建华主编《中国社会历史评论》第九卷,天津古籍出版社,2008,第362页。

二　鄞州人从事慈善事业的内容及运行机制

（一）鄞州人从事慈善事业的内容

鄞地慈善事业历史悠久，有文献可稽的可上溯至战国。虽中间有起落兴替、盛衰荣枯，但绵延发展到当代，未曾中辍，[①] 其中在南宋、晚清至民国以及 1980 年代以来均形成了慈善发展的高潮。在这绵延相承的慈善发展历程中，鄞州人从事慈善事业的内容也十分丰富。可概括为三大类，即传统型慈善事业、近代型慈善事业和现代公益性慈善事业。论此三者存在的时间之长短，以传统型慈善事业为最久，即使在当今社会仍随处可见；其次是近代型慈善事业，而现代公益性慈善事业存在时间还很短。

一般而言，根据慈善的活动内容和救助对象，可分为"养"和"教"两大类型。而传统型慈善事业即体现在对于弱势群体的救助以"养"为主，是属于消极性慈善救济之法。在古代社会，这种"养"就包括了救灾、解困、养老、助丧、育婴、恤贫、恤孤、恤嫠、义冢、施衣、施医、施药、施棺、施粥、栖流等，总之是"矜寡孤独废疾者，皆有所养"。[②] 鄞州人在从事慈善活动时虽然重养轻教，不过在这种氛围下，亦同时兼顾了若干社会公益，诸如修桥、铺路、筑堤、浚河、造亭、义渡、义学等。在鄞地历史上比较有名的慈善团体有育婴类（育婴堂、宁郡保婴会）、恤嫠类（感存公所、仁济堂）、义庄类（楼氏昼锦堂义庄、乡曲义田庄、黄氏义庄）、施药类（惠民药局、惠生道院）、掩埋类（漏泽园、体仁局、甬江四明公所）、浮桥保管类（济生公所、长庚会）、义学类（东湖书院、义田书院、球山义塾）等。当鄞州的慈善事业发展到民国初年，时人有云："吾甬为通商巨埠，善堂林立，如养老、育婴、医病、恤废等诸义举无不应有尽有"。[③] 其中又以

---

① 周秋光：《〈鄞州慈善志〉的学术价值及地方慈善志书的纂修》，《船山学刊》2014 年第 3 期，第 103 页。

② 见《礼记·礼运》。

③ 转引自孙善根《民国时期宁波慈善事业研究（1912—1936）》，人民出版社，2007，第 54 页。

号称"甬上三善堂"的育婴堂、体仁局、感存公所最为重要。①

　　近代中国急剧的社会变迁，给慈善事业带来了新的发展机遇，其内容也更趋丰富，这种趋势也在鄞州人所从事的慈善事业中体现出来。鄞州人虽然在慈善事业中继续重视济贫助困、赈灾救荒等传统型善举，但是不再局限于这种较单纯的"养"，对于"教"也很重视，并发展到"教养并重"和以"教"为主导。因此，以慈善教育为主要内容的近代型慈善事业在近代鄞州慈善事业中占有重要地位。所谓慈善教育主要是针对那些贫病残疾、父母双亡的孤儿，供给他们衣食，并注重传授与培养他们的生活技能。这种救助既是对过往一味施舍弊病的反思，也包括鄞州人在内的国人受到了西方新型慈善方法启示的结果。正因为慈善教育能"造血"，迥异于一味"输血"的做法，迅即受到重视并被很多有识之士践行。1920年代以后，慈善教育机构在全国各地开始普遍推行这种教养兼施的做法。在鄞州，以贫民习艺所、宁波佛教孤儿院、四明孤儿院的推行最为成功。如四明孤儿院由旅居京津沪汉宁波商人及本地人士柳贤栋、徐杰等在城区南门外发起创办。该院置有田产58亩、房屋16间，开办时只收男孤儿40名，次年兼收女孤儿。由于得到甬地工商界与旅外宁波商人的大力支持，四明孤儿院的经费比较充裕，收养人数迅速攀升，最多时有200余人。时任会稽道尹黄涵之曾多次前往该院考察，认为"成绩颇佳"。四明孤儿院十分重视对收养孤儿的教育工作，该院章程明文规定了孤儿的毕业年限以修满各学科及工艺为标准。章程规定："本院设有小学及工场，视孤儿年龄、体力分别授业。小学分二部：（第一部）每日五时，科目为修身、国文、算术、习字、国画、体操、唱歌，以孤儿年龄过幼不能作工者入之。（第二部）每日上午三时，科目同第一部，下午兼任工作，以孤儿体力稍强者入之。工场分组，纸工、编织工、印刷工、裁缝工四种。学科及工艺成绩之查考分别四等，于每星期六日行之……丙等以上为合格，丁等为不及格，不及格者补习之。"②

　　除了慈善教育，鄞州人从事的近代型慈善事业还包括成立行业救助组织和社会公益团体、开展慈善医疗、兴修水利等活动，相对传统型慈善事业而言，注重启发民智、移风易俗、改良社会环境、维护公共事物方面，有意识

①　孙善根：《民国时期宁波慈善事业研究（1912—1936）》，人民出版社，2007，第54页。

②　《四明孤儿院第二期报告册》。

在社会治安、公共卫生、市政建设以及灾变应对诸方面承担起城乡公共管理职能。① 历史证明，鄞州人所践行的这种近代型慈善事业，有力地推动了近代鄞州社会的新陈代谢。其理念仍深刻影响着当今鄞州人所从事的慈善事业。

当今社会，传统型、近代型慈善事业依然有其发展的空间，鄞州人从事慈善事业时自然不会忽视这一点。第三种就是现代公益性慈善事业，如对濒危珍稀动植物、饱受污染的环境和需要大力支持的文化、教育、卫生、科技、科研等事业，直接或间接地长期义务开展帮助、保护和志愿服务等。② 对于这些领域，如今越来越多的鄞州人，尤其是一批热心慈善的企业家群体能够视野开阔，相继设立各类慈善组织和基金，一大批慈善项目福泽鄞地内外，影响十分广泛而深远。

（二）鄞州人从事慈善事业的运行机制

传统中国是一个家国同构体，政府往往为社会运转的主导力量，慈善发展也不例外。在鄞地慈善事业的管理运作机制中，地方官绅、家族（宗族）及宗教成为三大主体，与此相对应的是地缘慈善、宗亲慈善、宗教慈善三大类型。及至近代，在中国政治、经济结构已发生迥乎往常变化的大背景下，鄞地乡土社会的权力结构与文化结构也在渐渐瓦解与重构，越来越多的贫民、手工业者从乡村到城市，从"熟人社区"走向"（半）陌生人社区"。由此，传统的以政府为主导、以宗族为主体的慈善运行机制越来越不适应新形势的需要。传统的善会、善堂主要以司年、司季、司月轮值管理制运作，当经济状况恶化，有时竟难逃善举徭役化的厄运。如乾隆年间在鄞地由官绅创立的育婴堂发展至民国初年，道尹主持讨论育婴堂的现状，在筹款上，出现了"佥谓各业董岁捐，现多观望不缴，应再分投设法，并请商会召集各业董开会认捐"③ 的窘况，不可谓不是"慈善之痛"。

鄞地作为一个历史悠久的开埠通商口岸，经常能得风气之先。五口通商后，西方教会慈善进入鄞地，其创办的慈善组织在发起群体、机构设置、募捐机制与管理运作等方面所显露出的气息让鄞地人真实感受到其有别于传统

---

① 参见《鄞州慈善志》，浙江人民出版社，2015，第64—65页。
② 参见《鄞州慈善志》，前言，第3页。
③ 《会议改良育婴堂》，《申报》1923年10月15日。

善会善堂。这股近代化的气息促使鄞州人在从事慈善事业的过程中有意识地去探索和借鉴，因而其慈善运行机制逐渐走向了近代化。在这种新的运行机制下，新崛起的旅外鄞籍商人成为鄞州人从事慈善公益事业的主力军。旅外鄞籍商人是声名在外的宁波帮的重要组成部分，并且他们有着爱乡爱国、义利相兼的商帮文化，因此，他们凭借雄厚的经济实力和显著的声望，频施善举，且一呼百应。就募捐机制而言，自然也发生了显著的变化。报刊得到充分利用，被纳入慈善济助网络中，同时发行筹赈彩票、举办义演等新方式也被用来拓宽善源，股票基金亦成了新兴的经费来源。这些良法在今天已被普遍借鉴运用。

　　另外，凸显慈善运行机制近代化的一个标志就是鄞州人沈敦和在中国红十字会所创行董事会制、议会制的管理运作方式，在当时和后来为越来越多的慈善组织所仿行与采用。中国红十字会的前身——上海万国红十字会由中西董事 45 人组成董事会，其中西董 35 人，中董 10 人。虽然后来组织多有变更，但在清末已基本实现中西合办的董事会制。1912 年召开全国第一次会员大会及统一大会，中国红十字会通过新章程，改采议会制，即选举产生常议员，总会设于北京，上海另设总办事处。总办事处由正、副会长及常议员（后改为常务监理事）组成，下设秘书长，辖秘书处和总干事部，前者有编译、庶务、会计、文书等科，后者则设交际、运输、材料、宣传等科。① 这种情形延续了 22 年。通过采用这种近代新型的科层化内部结构治理，增强了红十字会组织运作的生机与活力，从而使红十字会这种全国性的民间社团在更大的区域调动与协调各方面的资源，以尽可能的物力、财力去救济最需要的受助者成为可能。

　　鄞州人在近代对慈善组织的新式管理运作，也为拓展救济区域、参与海外救援以及形成大规模的慈善网络提供了条件。当代，由于鄞地党政、群团组织的不懈努力，慈善总会、志愿者协会、工商界慈善家和在地高校师生志愿者等的探索，逐渐发展出与现代慈善相适应的公益组织机构、募助机制和项目策略。②

---

① 中国红十字会总会编《中国红十字会历史资料选编（1904—1949）》，南京大学出版社，1993，第 130—131 页。

② 《鄞州慈善志》，第 470 页。

三　鄞州人从事慈善事业的特征

（一）多样性与倾向性并存

千百年来，鄞州人从事的慈善事业可谓内容丰富、种类繁多，然而通过梳理可发现古今鄞州人从事慈善事业时表现出多样性与倾向性相结合的特征。其倾向性主要表现如下。

第一，注重慈善制度文化建设。古代鄞地的官办慈善到南宋时即有建儒学以招难童、建药局以惠民众、创田庐以养穷困、建官庄以济士民等举措。① 民办慈善包括宗族慈善、社会慈善、宗教慈善，从古代到近现代以及当代，都有着各自的规制与创造。如南宋史浩等人推动建设制度性的乡曲义庄，成为鄞地后世家族、社会互助组织的典范。近代鄞奉公益医院和宁波佛教孤儿院的创办，采行的都是董事会制运营模式。② 如前文所述的著名鄞人沈敦和旅居沪上时，担任中国红十字总会副会长，执掌中国红十字会会务，改董事会制为议会制，竟然创立了三权分立的慈善组织运行机制，其管理体制与运营模式，令近代中国最大的慈善组织面目全新，充满了活力与生机。③ 当代鄞州人延续了前人的创新精神，不断创新和完善各种促进慈善事业发展的运行机制，为鄞州慈善事业持续享誉海内外提供了坚实的制度性保障。

第二，喜好修筑桥梁。鄞地水系河流纵横，桥梁便成为鄞地城乡交通的重要组成部分，因此，鄞州人在从事慈善事业时，往往会对此特别予以关注。民国《鄞县通志》曾记载这种现象："鄞人好建桥，其性习然也。有一人独建一桥者，有数人合建一桥者，亦有鸠集微资而成一桥者，如一元桥等是，甚有一人独建数桥，如陈庆裁、姜忠沩等所建是。民国以来，新建、改建者大小不下数十百桥。"④ 史载如此，而通过今人对鄞州区现存慈善文物

① 参见张如安、孙善根《鄞县慈善史》，浙江古籍出版社，2013，第27—31页。
② 周秋光：《〈鄞州慈善志〉的学术价值及地方慈善志书的纂修》，《船山学刊》2014年第3期，第104页。
③ 周秋光：《红十字会在中国（1904—1927）》，人民出版社，2008，第137页。
④ 《鄞县通志·工程志》，第127页。

古迹的排查统计,鄞人好建桥的特点更是具体而生动地体现出来。在《鄞州慈善志》统计的 134 处鄞州现存慈善文物古迹中,共有 98 处涉及桥,足见鄞州人不断延续着祖上好建桥的习惯。在这些林林总总的建桥义举中,其中当属 1930 年代老江桥(即灵桥)的改建最为典型。这次改建的灵桥,也以一个"第一"载入了我国桥梁史册,即我国首座钢梁单孔环行桥。历经 80 年风雨,至今仍横跨在奉化江上的灵桥,不仅让世人感受到这座桥历经沧桑的建筑之美,更已成为一代又一代宁波人(包括鄞州人在内)投身慈善事业的强大动力之源。

第三,热衷乡村建设。20 世纪二三十年代国内曾掀起了一股乡村建设的高潮。在这一时期,不少颇具实力的旅外鄞籍商人突破以往相对单一性的善行义举,在家乡从事起颇具规模的综合性的乡村建设活动。其内涵即在出生地以村或乡为单位,投巨资进行全方位的建设,包括道路、水利建设,创办学校、医院,设立慈善机构等。这当中数姜炳生在梅墟姜家陇、李志方在莫枝沙家垫、乐振葆在宝幢、孙梅堂在北渡进行的乡村建设最有影响力。这些鄞县商人尽管从事的行业不一,但他们关爱家乡的情感都是炽热的,其造福桑梓的行动更是有力的。他们的善行义举极大地改变了当地社会经济面貌,使当地民众享受到经济发展与社会进步的成果,受到了广泛的好评。1937 年 8 月,鄞县举行乡贤评选,乐振葆即以高票当选为鄞县三大乡贤之一。这种造福家乡的模式还产生了深远影响。1990 年代以来,旅德鄞县商人陈名豪联络同乡在家乡定桥开展全方位的建设,经过两个五年计划的建设,该村即以崭新的面貌出现在人们视野中,而有"定桥模式"之誉。

第四,重视捐资办学。重教兴学是鄞州人的历史传统,进入近代以后依然在延续,并且呈现出新的特点。清末,受实业救国、教育救国思潮的影响,一些鄞州人把创办新式教育作为投身慈善公益事业的重要内容而乐此不疲。其办学形式涉及广,有初级国民教育、社会教育、职业教育、平民教育等,[①] 以初级国民教育为主。据民国《鄞县通志》、《鄞县志》统计,仅光绪末年至宣统年间,小学堂就如雨后春笋般遍布当时鄞县城乡。[②]

---

① 参见张如安、孙善根《鄞县慈善史》,第 216 页。
② 参见民国《鄞县通志·政教志》,第 923—999 页;浙江省鄞县地方志编委会编《鄞县志》,中华书局,1998,第 1526—1528 页。

在近代社会，报纸在信息、舆论传播方面是很重要的媒体。当时鄞州人的各种兴学活动常能见诸报端。如鄞地著名的《时事公报》在 1925 年 5 月 27 日以《巨商兴学之可嘉》为题报道说："鄞南陈鉴桥地方，村落狭小，风气闭塞，其地并无小学校，一般就学子弟常有向隅之叹。兹悉该地旅沪巨商陈君馨裁有鉴于此，拟于该村办小学校一所，情愿独出巨资六千元，建造校舍三栋，并乐助学田三百亩，为常年经费，聘定教员三人，分级教授。"① 另外，官方也经常对民间办学活动予以表彰，依不同捐数而授以相应奖等。如一则报道称："鄞县教育局前以该邑绅商张天锡等捐资助学呈省请奖，以示鼓励。兹闻该局已此案呈由省长公署奉令照准。录其获奖人员姓名捐数以及奖等如下：张天锡（现闻部中以张君捐资兴学已在五千元以上应给予一等金色褒章并给予敬教助学匾额以昭激励）；项仲儒、张继光、应子云各捐银五百元，每人各给银色一等褒章；楼恂如、梁文臣各捐银三百元，每人各给银色二等褒章；和丰纱厂捐资银三百元，给予五等褒状；徐怡铭捐银二百七十元，柳钰堂、柳生源各捐银二百五十元，张晋峰、余盛煜、柴文美、项松茂、曹阑彬、王方洽、徐玉笙各捐银二百元，王瑞荣捐银一百二十元，陈渭泉、姜炳生、应銮荪、应芝庭、史悠凰、陆文骆、陈瑞金、王柞馥、钱卿珊、郭渔笙、乐甬生、傅洪永、陆伟屏、戴敦川、乌彬华、严英、陈舜卿、陈笙聆、乐俊宝、王渭章、钱汝云、陈松源、蔡安卿、蔡同源、蔡同华、叶昌锵、蒋贤悌、蔡和锵各捐银一百元，每人各给银色三等褒章 48 人。"② 因此，人们的助学善举通过报纸的报道褒扬和官方的褒奖，进一步助推了重教助学之风。

近代社会环境的变化影响了鄞州人助教助学的内容，另外从社会环境的变化中，亦可反观近代鄞州人之于捐资办学的热衷度。1945 年 8 月抗战胜利，经过多年的战乱，鄞县一地的社会经济遭到了巨大的破坏，战前发达的教育事业亦元气大伤。战后的鄞地，一方面百废待兴、百业待举；另一方面政府财力根本不足，要复兴教育，来自政府的投入只能是杯水车薪。因此，鄞县地方教育事业在短期内能否得到较快恢复并发展，主要取决于地方社会。事实证明，当地社会依靠自身资源复兴了教育事业。

① 《巨商兴学之可嘉》，《时事公报》1925 年 5 月 27 日。

② 《绅商捐资兴学得褒奖》，《时事公报》1925 年 5 月 27 日。

这从当年《时事公报》《宁波日报》对有关助学活动的频繁报道即可见一斑。

表7　鄞县助学活动一览（1945—1948）

时间	助学情况
1945 年 9 月	章蜜乡应祖禄母子向该乡中心国民学校献楼房 14 幢。当年沪商穆湘才捐给莫枝本善小学田 42.29 亩。邱定芳捐谷 1500 斤给新建乡中心国民学校
1946 年 4 月	楼茂记酱园发起助学运动，一日起以批发价出售货物十天，将十日内收入最高之一天，拨助江东贺丞小学，藉资提倡教育，造福子弟
1946 年 5 月	董正丰向鄞南董家跳崇德学校捐田 40 亩，获教育部一等奖状，同时该校创办人董文荣及旅沪同乡董庭瑶等负责经常费
1946 年 5 月	忻桂泉为陶公乡中心国民学校募资 1000 万元，充足该校基金。同月，西郊镇宋绪康向该镇第三十至三十六保联立国民学校捐资 120 万元，为该校基金
1946 年 5 月	旅沪商人何仲官向盆浦乡上何村庐江代用国民学校捐大小业田 8 亩，充作该校基金
1946 年 9 月	四明灵枢慈善会设济生义务学校一所，以救助贫寒失学儿童，周大烈、金臻庠等 25 人为校董
1946 年 11 月	赵芝室、周大烈等发起创办大中中学
1946 年	应存骏、王厚甫等 28 人共为学校捐资 7380.5 万元，县政府报省请给捐资兴学褒奖。盆浦乡孙镜阳助田 35.15 亩给澄清小学。徐诚熠助鄞江培才小学复校费 200 万元
1947 年 1 月	洪宸笙在江东创办效公完全小学
1947 年 3 月	冯泉芳向布政乡私立明农国民学校捐款 800 万元，为该校基金
1947 年 4 月	吴兴籍聋哑人章春坡创办鄞县私济喑聋哑学校，校址孝闻街 131 号林氏宗祠内，得到王文翰等本地绅商的大力支持，学校建立校董会，负责筹募经费
1947 年 4 月	鄞西后塘乡朱传芳为同济小学建造新校舍，并为鄞西初中募款；同时为改良乡村农业，筹资 5 亿元，购田百亩，在鄞西设立农场
1947 年 5 月	旅沪棉商张庆云为纪念其在抗战中阵亡的儿子在西门外创办庆云小学
1947 年 6 月	王文翰、洪宸笙等发起改建湖西镇中心国民学校校舍
1947 年 6 月	孙镜阳向盆浦乡第一保代用国民学校捐田 36 亩
1947 年 8 月	同允中、管松鹤等发起筹办启新代用国民学校
1947 年 8 月	鄞西协会发起筹办鄞西初中
1947 年 10 月	王文翰、赵芝室、张申之等为私立济喑聋哑学校筹募基金
1947 年 10 月	旅沪巨商叶友才在城区创办贤初职业补习中学，除酌收什费外，其余各费均免
1947 年 11 月	旅沪巨商陈庆兆向善卫乡武陵代用中心国民学校捐 2.5 亿元及民田 200 余亩，作为学校基金

续表

时间	助学情况
1947 年	横溪黄如良捐资 1 亿元，并会同当地人士筹集基地 20 余亩扩建正始中学校舍，教育部分别给予褒奖，县政府向他们赠送匾额。陈嘉财捐资 3500 万元给塘碶孔文小学。当时，捐资 1000 万到 1500 万元获教育部金质奖的有塘碶乡的丁允寿、丁立坤、张守真、朱永年，天然乡的陈隆缘。捐资 500 万元到 900 万元获教育部银奖的有塘碶乡的丁德甫、丁贻表、丁钦泰、丁惠炳、丁孝秋、盛若年和陇明乡的陈锡礼、陈明诚等 49 人，共捐币 50.5 亿元，获省褒奖
1948 年 2 月	洪宸笙向济喑聋哑学校捐资 500 万元。鄞东五浦乡卓家滩旅沪商人卓庆安独资捐建郧山小学一所。同保乡第四保团桥头钟礼法捐巨资创办学校一所。同时，周大烈、王文翰、倪维熊等发起创办宁波青年补习学校，分初、高中二组，学什各费一概不收，以五个月为一期，晚间 7—9 时授课，先设江北、灵桥、南大路、鼓楼、开明街五处
1948 年 3 月	首南乡旅沪商人黄志成捐田百余亩，创办成启义务小学校。蔡良初捐巨资创办盆浦乡中心国民学校，县政府赠以"嘉惠学子"匾额
1948 年 4 月	厉树雄、倪维熊等四明电话公司同仁发起创办鄞县私立树雄小学，招收学生 168 人，其中公司员工子弟 108 人学费全免，其余赤贫者学费全免
1948 年 5 月	蜜岩乡徐永年、周再舜等在抗战前创办培成小学，1941 年宁波沦陷时停办，此时发起重建培成初中及附属高小。同月，王泳沧向正始中学捐田 25 亩
1948 年 6 月	钟士康为鄞西后塘中心国民学校新筑校舍赴沪募得稻谷 10 万斤
1948 年 7 月	四明红卍字会创办卍慈小学。同月鄞县望春乡中心国民学校因经费困难，由校务协助委员会委员曹牧师向旅沪士绅经募，陈钧棠经募国币 1700 万元，赵福主经募 1000 万，周小姐经募 1050 万，胡泰荣经募 1000 万，林康全经募 1500 万，翁存扬经募 200 万，何天绿先生经募 200 万，汪荣材经募 500 万，汪炳炎经募 2500 万，朱大峰经募 500 万，王子蕃经募 500 万，应老太太经募 400 万，冯成章经募 1200 万，高秉文经募 100 万，杜圣康经募 1000 万，林嘉德经募 1500 万，翁圣福经募 1500 万，陈永英经募 3000 万，共计 19350 万，后又收到何辅成转来何辅昌经募 1100 万
1948 年 8 月	永和乡俞良鸣、俞祖琪等发起创办俞氏私立毓秀小学
1948 年 11 月	泾东乡沪商董和甫兄弟捐建道惠小学。当年，秦润卿任效实中学校董会主席，与校董蔡等一起为学校募捐

资料来源：根据 1945—1948 年《时事公报》《宁波日报》整理。

　　到了当代，重教助学之风更盛，不论是旅外鄞籍义商还是鄞地工商业人士，都热衷于参与祖国、家乡的捐资助学。这些慈善事迹可谓不胜枚举，如旅港鄞籍人陈廷骅曾向全国 28 个省、区、市连续四批捐建 600 所希望学校，捐金达 1.2 亿元，占当时全国希望工程受赠总额的 1/15；① 宁波大学校园内

---

① 杜建海主编《鄞州慈善志》，第 348 页。

遍布各方捐赠建设项目，足可称之为当代宁波帮慈善建筑群；另外还有广布各大高校的助学项目，即是这种典型的生动写照。①

（二）鄞州籍宁波帮人士引人注目

近代以来，随着包括鄞籍人士在内的宁波帮强势崛起，拥有雄厚经济实力和影响力的他们成为这个群体从事慈善事业的主导性力量，他们的存在使鄞州人的慈善事业呈现出一些新特点。

第一，鄞州人的慈善事业空间互动性强。空间互动性强是指在外地的鄞州人积极响应家乡的慈善事业，和留居桑梓者共同投身家乡的慈善事业。这种现象在沪甬两地间表现得最为明显。这主要与两方面因素有关。

一是沪甬两地中间的障碍因素少。沪甬之间的空间距离，陆路369公里，海陆136海里，还能与运河相通，故两地交通一向十分便捷，可朝发夕至。② 1862年，美商旗昌轮船公司首先开辟沪甬航线，接着英商太古轮船在1869年也开辟了此航线；1873年，创办不久的招商轮船局亦加入到该航路的经营中。时人有言："每天从宁波和上海都有两艘轮船对开，当地商人搭船只需花一元五角，来回一趟只花三元。他除了在上海有点小费用外，没有什么别的开支。这样他就能把他所付出的佣金节省回来。"③ 往返沪甬两地的经济便捷可见一斑。

二是上海为宁波帮的大本营。五口通商后，上海凭借极其优越的地理区位条件，迅速发展成为全国的对外贸易与经济中心。"自商业发达，交通日便，外人云集，宁波之商业遂移之上海，故向以宁波为根据从事外国贸易之宁波商，亦渐次移至上海。"④ 到1850年代，宁波迁沪者已成为上海外来居民中最大的群体。⑤ 1948年，上海人口达498万，其中本地人口只有75万，仅占15%，其余都是来自各地的移民，而宁波人就有100万左右，上海俨然成了宁波人的"第二故乡"。⑥ 在上海这个充满机遇与挑战的城市，宁波

---

① 杜建海主编《鄞州慈善志》，第69—70页。
② 李瑊：《上海的宁波人》，上海人民出版社，2000，第41页。
③ 聂宝璋主编《中国近代航运史资料》第1辑，上海人民出版社，1983，第144页。
④ 杨荫杭：《上海商帮贸易之大势》，《商务官报》第12期，1906年。
⑤ 李瑊：《上海的宁波人》，上海人民出版社，2000，第32页。
⑥ 李瑊：《上海的宁波人》，第35页。

人亲邻提携、同乡互助，以宁波旅沪组织为基础并充分发挥其擅长经商的才能，崛起为称雄中国工商界的"宁波帮"。在这个实力雄厚的商帮中，鄞州籍人士引人注目。一是人数居多。1946 年《宁波旅沪同乡会题名录》显示："宁波旅沪同乡会共有会员 36490 人，其中鄞县 13362 人，镇海 10302 人，慈溪 9121 人、奉化 1861 人、定海 1775 人、象山 69 人。"① 二是在宁波帮精英人物中的绝对数最多。据有关学者统计，近代比较杰出的宁波帮企业家约 30 人，即严信厚、叶澄衷、朱葆三、宋炜臣、朱志尧、虞洽卿、刘鸿生、项松茂、余芝卿、陈万远、沈九成、方椒伯、方液仙、李云书、李康年、秦润卿、周祥生、胡西园、竺梅先、金润庠、鲍咸昌、鲍国昌、孙衡甫、盛竹书、叶琢堂、卢鸿沧、胡孟嘉、厉树雄、孙梅堂、周宗良、杨坊、秦君安，其中鄞县商人 12 名，占总数的 1/3 还多。② 另据日本学者根岸佶分析甬属各县宁波商人实力差异时，将鄞县、镇海列为第一层次，定海为第二层次，慈溪、奉化为第三层次。③ 因此，雄厚的经济实力为旅沪鄞州商人参与家乡的慈善事业提供了经济前提。在宁波帮爱国爱乡、义利相兼的传统下，他们可谓无役不从。在举办形式上，有的是个人独资承办，有的是合数人之力进行，有的是本地、外地绅商联手兴办，有时还委托本地绅商进行。如"1933 年 9 月，宁波沿海飓风为灾，其中鄞西鄞江飓风两次过境，受灾奇重，桥梁道路多被冲坍，堰坎水道又被淤塞，水陆交通均被断绝。该乡旅沪人士闻讯组织鄞江水灾救济会，推张申之为主任，徐永炎、庄鸿皋为副主任，进行赈济活动，并请将鄞江人力车行月捐修路费全数报充，以资挹注。旅沪宁波同乡会则组织宁波沿海保塘救灾委员会，募捐修复被海潮冲毁的海堤"。④ 上文提到的改造灵桥，当时在沪甬两地均设立筹备处合力助成灵桥竣工通车；"八一三"淞沪抗战爆发后，积极开展旅沪同乡遣送回籍工作，共免费遣送 20 余万人，创上海历史之最。正如民国《鄞县通志》所述："吾宁属各县经济事业之发展，固由留居桑梓者热心公益，竭力建设，而侨

---

① 《鄞县志》，第 800 页。

② 宁波市政协文史委员会、政协鄞州区委员会编《鄞县籍宁波帮人士》，中国文史出版社，2006，第 38 页。

③ 〔日〕根岸佶：《中国的行会》，大空社，1998，第 55—96 页。转引自《鄞县籍宁波帮人士》，第 37 页。

④ 张如安、孙善根：《鄞县慈善史》，第 288 页。

寓异地者之眷怀故乡，凡遇天灾人事，莫不捐资输力以协助响应，其要不在留居桑梓者下。"①

第二，鄞州人的慈善网络延伸广。在中国传统社会里，受安土重迁观念的影响，一个地方的人口流动性总体来说是不大的，因此其慈善活动基本上只在本地开展。鄞州人也不例外。到了近代，随着鄞州籍商人的走南闯北，鄞州人的慈善事业开始跳出本地而网络化地蔓延至国内其他地区。又因鄞州人以其主持、参与的各种全国性、国际性慈善组织为载体，这种辐射作用更广更远，甚至及于德国、日本、泰国、新加坡等国。上海是包括鄞州人在内的宁波人的主要活动之地，有宁波人的"第二故乡"之称。在沪上，宁波人先后成立的四明公所、宁波旅沪同乡会是规模最大的地域性团体，并且举办了沪上规模最大的同乡慈善事业。鄞籍人士先后担任了四明公所董事与宁波旅沪同乡会会长、董事（常务委员）职，但更多的在为同乡慈善事业出钱出力并乐此不疲。其中鄞县人施峋青于1910年联合其他甬籍人士捐资成立了宁波旅沪同乡会，其去世时遗命将价值数万两的家产悉数赠予同乡会。② 1916年，鄞县宝幢人乐振葆慨然将自用的在西藏路与劳合路之间一块地基（2.8亩）以一半市价出让给宁波旅沪同乡会。1923年，他为营救在日本东京、横滨地震中受灾的旅日宁波同乡，派船只接运难胞回国；20世纪二三十年代，他又为在宁绍水灾及六横岛台风中受难的同胞筹米、筹款、赈济。③

四　鄞州慈善人物的地位与影响

首先，鄞州慈善人物有厚度。这个厚度就是古往今来，主要是自宋以来，鄞州的慈善人物大批涌现，善者辈出，代不乏人。据《鄞州慈善志》对各式慈善人物的统计，有名有姓者即达380人之多。即古代（从北宋到前清）149人（其中两宋26人、元代17人、明代60人、前清46人）；近现代（1840—1949）29人、当代（1949—2012）43人。又附从唐代以来至

① 民国《鄞县通志·政教志》，第925页。
② 《鄞县志》，第799页。
③ 孙善根：《民国时期宁波慈善事业研究（1912—1936）》，第300页。

今的外籍涉鄞慈善人物 35 人；近现代鄞州义商 11 人、旅外鄞籍义商 62 人；当代鄞州区义商 23 人、旅外鄞籍义商 30 人。① 这些能上慈善史志的慈善人物，说明其所从事的慈善活动或多或少还是有点影响力。另外还有不少民间组织和个人的慈行善举，往往低调，不事张扬而缺少翔实记录，而更多人日常性的小善小义早已湮没在历史的风云中。从人物体量这个角度来看，本身就体现出鄞州人从事慈善事业的厚度。

其次，鄞州慈善人物有高度。这个高度就是鄞州有一批出类拔萃的慈善人物。当以某一群体为单位来审视其从事慈善事业的地位与作用时，往往还是离不开对构成这个群体中的个人的审视。其中最具代表性的人物便是沈敦和。他的慈善履历丰富。1904 年后，他曾发起创办中国红十字会、黄埔救生善会、华洋义赈会、上海时疫医院等著名慈善组织，又任上海时疫医院院长、上海公立医院院长及湖北水旱义赈会会长、上海济良分所总董等职。1911 年宁波旅沪同乡会成立时，沈敦和被推举为首任会长，后又连任会长，任内着力扩建、新建四明公所南厂、北厂及四明医院。② 在大变动时代里，沈敦和是一个对近代中国慈善事业，特别是对中国红十字会事业有突出贡献之人。他主持红十字会实际工作长达 16 年之久，任期内整合了当时全国各省红十字会团体，完成中国红十字会合并，进而在形式与实质上都实现了中国红十字会内部的统一；创立了北京总会、上海总办事处和常议会等领导机构，实行三权分立的领导机制，等等。在当时的历史条件下顺应时代潮流，从而使红十字会开始迈入稳步发展的历史进程。

沈敦和凭借其个人的能力、声望和人脉，凝聚海内外广泛的民间资源，奠定了百年中国红十字会事业的基础，③ 以致时人称他"论开创则百世不祧之祖，论慈善则万家生佛之宗"。④ 此外，鄞籍人士苏葆笙、谢蘅牕、翁文灏、项松茂、张继光等亦先后担任中国红十字会议董、常务理事、理事等职，积极参与红十字会事务，更有屠景三、陈馨裁等旅外鄞县商人经常为红十字会捐钱捐物，从而汇成推动红十字运动在近代中国持续发展的强大鄞县

① 周秋光：《〈鄞州慈善志〉的学术价值及地方慈善志书的纂修》，《船山学刊》2014 年第 3 期，第 104 页。

② 杜建海主编《鄞州慈善志》，第 298 页。

③ 张建俅：《中国红十字会初期发展之研究》，中华书局，2007，第 71 页。

④ 《中国红十字会历史资料选编（1904—1949）》，第 557 页。

力量。① 可以说，沈敦和以其突出的慈善事功享有崇高的地位，也提升了鄞州人整个慈善群体的品位。此外，有影响力的鄞州慈善人物尚有胡嘉烈、王宽诚、闻儒根、陈廷骅、曹光彪、李达三等。为此，国际小行星中心和国际小行星命名委员会曾将发现的三颗小行星分别命名为李达三星、王宽诚星、曹光彪星。

再次，鄞州慈善人物有宽度。这个宽度就是从事慈善事业的范围及其影响力很大。通过对古往今来鄞州人从事慈善事业的观照，不难感受到其在家乡鄞地的社会维系与发展中所扮演着的重要角色，是和谐社会的黏合剂，也是推动家乡社会向前发展的不可缺少的动力。② 不过正如上文所述，这种作用不止于家乡母地，还网络化地延伸到了其他地域，其中特别突出的在于其助推了上海慈善中心地位的形成。

在宁波人的"第二故乡"上海，宁波人不仅先后成立了四明公所、宁波旅沪同乡会这样大规模的地域性团体，举办了沪上规模最大的同乡慈善事业，而且也有本邑人士沈敦和将中国红十字会这样对中国慈善事业影响最大的组织的总办事处定于上海。正如时任湖北义赈会董事许奏云所言："沪上为慈善渊薮，本会会长（注：时 1919 年夏，湖北水灾，沈敦和与朱葆三应约义不容辞出任湖北水灾义赈会正副会长主持赈灾）及各董事又皆为开办慈善之人，试问各省水旱偏灾，何一年不在上海募捐，而募捐办赈之人，又皆不出于沈朱诸公。"③ 陶水木先生曾在《北洋政府时期旅沪浙商的慈善活动》一文中指出："旅沪浙商是北洋政府时期上海最活跃、最具实力的慈善力量，他们不但在旅沪同乡中开展各种救助善举，参与本省的灾害救济等慈善活动，还在上海积极创办、主持各种善团，并以上海为中心参与组织全国甚至海外的慈善活动，是上海成为全国慈善枢纽不可或缺的力量，在上海慈善界处于极其重要的地位，具有重要影响。"④ 这一之于旅沪浙商在上海慈善界地位和作用的论断是合乎实际的，其当然也适于评价旅沪浙商中占重要

---

① 张如安、孙善根：《鄞县慈善史》，第 248 页。

② 参见李慧英、孙善根《宁波帮与宁波慈善事业》，《宁波职业技术学院学报》2009 年第 4 期，第 34 页。

③ 《上海华洋义赈会预防江浙水灾计划书·朱葆三序》，上海华洋义赈会 1925 年 4 月。转引自陶水木《北洋政府时期旅沪浙商的慈善活动》，《浙江社会科学》2005 年第 6 期，第 182 页。

④ 陶水木：《北洋政府时期旅沪浙商的慈善活动》，《浙江社会科学》2005 年第 6 期，第 182 页。

地位的鄞籍人士。

　　最后，鄞州慈善人物有示范度。这个示范度就是在慈善事业上的施为创举，具有引领与表率全国的示范作用。循着历史的脉络，我们即可领略到诸如南宋史浩等人设立制度性的乡曲义田庄的开先河之功，成为鄞地后世家族、社会互助组织的典范；鄞籍宁波帮纵横四海、义利相兼、爱乡爱国、回馈社会，树商帮慈善文化之表率；当代鄞州人乘慈善发展之春风，使《鄞县慈善史》和《鄞州慈善志》以"三率先"的姿态横空出世；当今鄞地"全民慈善"深入人心，"义乡鄞州"正闪亮地由省内走向全国。可以说，在绵延千年的历史中，众多的鄞州人既为鄞地慈善事业的发展竭心尽力，树立了榜样和标杆，同时他们浩浩汤汤的慈行善举又引领和助推了区域以至全国慈善事业的发展。①

〔周秋光、曾宪斌，湖南师范大学历史
文化学院〕

---

① 周秋光：《〈鄞州慈善志〉的学术价值及地方慈善志书的纂修》，《船山学刊》2014 年第 3
　　期，第 104 页。

有教无类与启智种德：宁波旅沪
同乡会的社会教育事业研究

李　瑊

摘　要　宁波旅沪同乡会兴办的内容丰富、有教无类的社会教育活动提高了旅沪同乡的文化素质，也强化了地缘意识和乡土观念，同时又彰显着浓郁的现代性、公共性特点，具有传播新知、启智种德的作用。其文化建树凸显了城市社会的活力和特点，对于增进上海移民文化的内涵，进一步培育民众的现代意识和公共理念具有重要意义。

关键词　宁波旅沪同乡会　社会教育　上海

宁波旅沪同乡会成立于1911年，是民国时期上海最具影响的同乡团体之一。其以"敦睦乡谊，图谋公益"为旨归（1911年章程），从事团结同乡、服务同乡、增进同乡福利、促进家乡建设等事业。其中教育事业，包括学校教育和社会教育两个方面，是其最重要的会务活动之一。既往对宁波同乡会的研究主要集中在对其救济、慈善等方面的分析，而对其文化事业则较少作专门的研究。本文着重考察宁波旅沪同乡会开展社会教育的理念、内容，分析其所呈现的特点，借以剖析同乡会这一在近代上海有着"复合"功能的社会团体，在都市社会教育发展进程中的作用，以及广泛文化意义上的社会影响。

一　增进学问　养成德性

宁波旅沪同乡会积极致力于社会教育，既受时代风潮和西方社会教育思想的影响，以及传统教化观和地域文化的濡染，也是对中国近代社会救亡图存、开启民智等时代主题的回应。

民国建立后，社会教育得到政府的支持，发展迅速。教育部增设社会教育司，开启了现代意义的社会教育，由中央到地方的一套比较完整的社会教育组织系统得以确立。而上海在现代化、城市化、商业化"三化并行"的进程中，大量外来人口的迁入也促进了都市社会教育的发展。

以同乡会为核心的宁波人在近代上海教育事业中贡献不凡。甬人重视教育的传统由来已久。宋代甬地由于各种原因的交合互动，文风极盛，相继出现了"庆历五先生""淳熙四先生""同谷三先生"。他们潜心经籍，著书立说，以学问行谊表率乡里。三个阶段承前启后，积厚流光，使明州尤称邹鲁。① 清李邺嗣在《鄮东竹枝词》中描绘了宁波"文学相传，学堂相接"的乡风。浙东学术为甬地增厚了文化底蕴，其中乐学求智、宽厚求仁、自爱守礼的精神内涵也为甬人伦理思想和教育实践提供了理论基础。加之"学战"思潮的推动，"教育强国"思想的熏染，使得作为宁波人集聚之所的同乡会对教育事业一贯极为重视。一直负责同乡会学务的乌崖琴认为："国家之盛衰，民族之兴替，其道多端，要以国民知识程度之高下为其主要因素。故欲求国家强盛，民族发展，普及国民教育，提高民智水准，实为急不容缓之要图。"②

从创建伊始，宁波旅沪同乡会即将教育事业视为其主要的会务活动，并且始终将学校教育与社会教育二者并重。"自宣统年间起，添办教育事业，

---

① 宋仁宗时期的"庆历五先生"是：大隐（慈溪杨适）、石台（慈溪杜醇）、鄞江（鄞县王致）、西湖（鄞县楼郁）、桃源（鄞县王说）。五先生筚路蓝缕，以启山林，隐居草庐，不求闻达。孝宗之世的"淳熙四先生"是：慈湖杨简（慈溪人）、絜斋袁燮（鄞县人）、广平舒璘（奉化人）、定川沈焕（镇海人）。四先生昌明陆学，门墙极盛，经术、行谊、政业，均卓然可称。第三阶段的"同谷三先生"为陈埙（鄞县人），袁燮之弟子；王应麟（鄞县人），为"吕学之大宗"（全祖望语）；黄震（慈溪人），"四明之专宗朱熹者，东发为最"（全祖望语）。见管敏义主编《浙东学术史》，华东师范大学出版社，1993，第176页。

② 《乌序》，《宁波旅沪同乡会月刊》，本会第三小学十五周年纪念附刊，1935年，第1页。

分学校教育与社会教育两项。"而且每当会务报告或溯及组织沿革中的教育事务时，必然会提到"社会教育"一端。"社会教育以设立图书馆、举行学术演讲会等为第一步骤，逐年均有进展"，① 此举目的则是"使劳工与贫民得有机会受教育"。正如曾担任义务学校教务的方子卫在发言时说："试看现在各处学生会所办义务学校，学生非常之多。……来读书者都告吾等，谓彼等非常喜欢读书，因无铜钱且无机会。诸君听此句话，岂非极可痛可怜的。总之现在政府无力做，应该吾民自己做。"因此他明确提出：开展社会教育有两种积极的做法，"就是社会上要多自办义务学校及多建设通俗图书馆"。②

更为难得的是，宁波同乡会的有识之士认为，兴办社会教育的最终目的和本质不仅在于使民众接受一般的教育，只是学会"读写算"，而在于"养成德性"。当时担任宁波同乡会会务主任的应斐章明确指出："德性之养成，由教育而来，故仍须从教育入手。此处所谓教育，决非办几所小学，教教'小宁波'，乃含有'做到老，学到老'的'学'字意义。即吾全体旅沪同乡，包括本会理事委员在内，如欲做到老，便须'受教育'到老，如诗所云：'有斐君子，如切如磋，如琢如磨'，即互相授受教育也。"他认为，本会之任务是使旅沪同乡均能获得职业机会，使旅沪同乡能自立后转去立人，使旅沪同乡之总力能为海上经济界作前驱。③ 这虽是应斐章的一家之言，但也是同乡会同人的共识。曾任第四小学校长的胡开瑜也说：我们教育的着眼点，就是要使学生得到：普通的知识——应付社会环境的各种常识；社会的观念及方术——互助、同情、共同合作、公正等精神；本身的态度——以自己的能力，去改进社会，创造社会，并有健全的人格。④

宁波人重视教育的原因还在于自我省思的结果。旅沪宁波人是以商人为主体的移民集团，宁波商人以"无宁不成市"闻名遐迩，在中国近现代经济发展史上贡献卓著，影响深远。张其昀是著名的地理历史学家，其叔父张

① 《本会为陈述办理教育经过致本市教育局公函》，《宁波旅沪同乡会会刊》复刊第 12 期，1947 年，第 9 页。

② 《宁波同乡会新会所开幕纪》，《申报》1921 年 5 月 16 日，第 3 张第 10 版。

③ 应斐章：《本会会务发展路线之理论的探讨》，《宁波旅沪同乡会会刊》复刊第 1 期，1946 年，第 2 页。

④ 胡开瑜：《为第四小学事敬告浦东诸同乡》，《宁波旅沪同乡会月刊》第 82 期，1930 年，第 3—4 页。

申之曾担任同乡会的会务主任，因而他对会务情况也颇为关注。张其昀曾言："论及我旅沪同乡优劣短长之处，其长处在于经济，其短处在于学术"。其从理性的高度审视乡人群体的优劣短长，可谓一语中的。经商要求必须有一定程度的知识水平，商业经营的规模愈大，则知识水平的要求也愈高。"而今则非其时矣，无论兵战或商战，均需要高深之学问。我宁波商人，忧勤贤劳之心，坚忍不拔之志，固卓卓在人耳目，但其弱点所在，亦不能为之讳。盖其眼光甚小，仅仅以在商言商为生涯，学问之事，漠不相关，足以富其家，而不足以与图富国之道，此才有余而识不足之故也。"①

毕业于大夏大学政治系的陈迹所写的有关"四明大学"的两篇文章：《创办四明大学之初步计划——先办商学院》、《创办四明大学之初步计划》，提议在宁波设立四明大学，且首先办商学院。② 他在文中着重指出，应该创设商人补习学校，以便一般本地商人利用业余时间从事修进，增进学问。"宁波人士，以习商业者居多数，自属不可否认，毫无疑义。惟一般商肆钱庄等处之职员，实多未受充分之教育，而以经验其职业之基础。其间失学之青年与成年，潜入商界，未获继续求学之机会，借以增进工作之效率，实为社会之损失，不仅个人深感痛苦已也，吾人倘欲发展商业，改良陈规，乃至提高商人之地位，皆非实施商业补习教育不可。"③

二　传播新知　启智种德

社会教育的特点是有教无类和形式多样，同乡会的社会教育活动也体现了这一特点。其社会教育的主要事业有设立图书室、举办讲座、开展识字教育、兴办职业补习学校等。

1. 设立图书室、阅报室

宁波旅沪同乡会十分重视设立图书室之事，认为"书报为启迪民智之利器，本会视之綦重"。④ 早在1917年，《申报》刊登的"宁波同乡会将建

---

① 张其昀：《序》，《宁波旅沪同乡会月刊》第73期，1929年，第6页。
② 《创办四明大学之初步计划——先办商学院》、《创办四明大学之初步计划》，《宁波旅沪同乡会月刊》第138期，1935年；第139期，1935年。
③ 陈迹：《创办明大学之初步计划》，《宁波旅沪同乡会月刊》第139期，1935年，第14页。
④ 《宁波旅沪同乡会告会员书》，《宁波旅沪同乡会月刊》第48期，1927年，第16页。

大会所"中即提及，新会所"内有大议事厅、学校、俱乐部、阅报所、藏书楼、音乐室、弹子房、西餐室、同乡寄宿所等，极为完备"。[①]"图书馆为学问之源泉，亦为智识之粮食"，[②] 同乡会视之为"最普通又获益最大之举"。在新会所筹建之际，每言及此，一定会提到图书设施。外界对于同乡会新会所的文化设施也极为关注。1921 年 2 月，《申报》在报道宁波旅沪同乡会新会所即将落成时讲到："闻该会内部设备完美，并有演讲厅、藏书楼、聚餐室、健身房等，以便同乡暇时锻炼身心之所。"[③] 1921 年 3 月，同乡会制定了《宁波旅沪同乡会图书室征集图书简章》，说明"本图书室以保存桑梓文物，兼备普通必要诸籍，供旅沪同乡观览为宗旨"，并具体说明了征集图书的种类以及征集的办法。[④]

　　1921 年 5 月，宁波旅沪同乡会新会所落成。图书室和阅报处设在 4 楼，藏书、阅报各辟专室，购置了中西日报十余种，又有月报、杂志数十种，供会员阅览；有专人管理图书借阅之事，并定有章程。[⑤] 杂志书籍，或由同乡捐赠或由同乡会订购，因此每日到会阅览人数，辄在数百人次以上，[⑥] 每年平均达 1.5 万余人次。[⑦]

　　抗战时，因环境所迫，图书馆、阅报室之开辟被迫中断。抗战胜利后，沉寂了近 10 年的同乡会开始重新活动。鉴于图书馆的重要性，"图书馆之为用，不仅可增益智能，而为事业之助，且能促进我同乡联艺切磋之机会，借收互助合作团结之效"，[⑧] 在会刊复刊的第 1 期上即发布了《本会为扩充图书馆启事》，吁请同乡捐献图书，并说明了各种奖励办法。阅报室于 1946 年 8 月 10 日开放，当年阅览人数即达 4726 人次；图书馆亦于 1946 年 10 月 12 日恢复，到年底阅览人数达 1116 人次。[⑨] 据统计，图书阅读量最多为

① 《宁波同乡会将建大会所》，《申报》1917 年 6 月 30 日，第 3 张第 11 版。
② 陈迹：《创办明大学之初步计划》，《宁波旅沪同乡会月刊》第 139 期，1935 年，第 10 页。
③ 《宁波同乡会新屋将落成》，《申报》1921 年 2 月 2 日，第 3 张第 11 版。
④ 《宁波旅沪同乡会图书室征集图书简章》，《申报》1921 年 3 月 19 日，第 3 张第 11 版。
⑤ 《慈善社会团体调查表》（1928 年），上海市档案馆藏，档案号：117 - 4 - 1。
⑥ 《宁波旅沪同乡会月报》第 2 号，第 21 页。本身没有标注出版年份。
⑦ 《宁波旅沪同乡会告会员书》，《宁波旅沪同乡会月刊》第 48 期，1927 年，第 16 页。
⑧ 《本会为扩充图书馆启事》，《宁波旅沪同乡会会刊》复刊第 1 期，1946 年，第 7 页。
⑨ 《本会三十五年度会务统计报告》，《宁波旅沪同乡会会刊》复刊第 11 期，1947 年，第 5页。

"文学"，次为"社会科学"，又次为"自然科学"。① 有文记述阅报室中的景象曰："阅报室中，备有各种报章杂志，每日前来阅览者，极形拥挤。图书馆备有各类新旧书籍二千余册，每日下午，见有青年好学之士，自十余人以至数十人，围坐其中，或俯首默读，或以铅笔拍纸簿从事摘记，这一种严肃的求知的神态，真使我们从事于同乡会工作者感到无上的安慰与愉快。"②

2. 开办讲座

内容丰富、题材各异的讲座是探讨新说、启迪智识的有效途径。为此，同乡会定期邀请各界名流、学者举办各种讲座。其初衷是"虑会员之各有常识而无暇探讨新说也，因开辟演讲厅，不时请名人演讲，以启迪之"。③同乡会规定，每星期三晚上举行演讲会，敦请名人演说，同时放映影片，以助余兴。由于时局关系，虽未能每星期按期举行，即便如此，抗战前同乡会举办的各类学术讲座达200余次。④ 1922—1926年，演讲次数大略为：1922年演讲42次，1923年演讲35次，1924年演讲37次，1925年演讲28次，1926年演讲34次。⑤

同乡会举办讲座的内容广泛，涉及政治、经济、民生、社会等各个方面，因此深受欢迎。《宁波旅沪同乡会月报》第2号曾对讲座的情况有详细的记载。⑥

抗战时期，宁波旅沪同乡会的讲座活动因日军管制严厉而中止。抗战胜利后，鉴于时势需要，自1945年6月14日始同乡会开始举办道德讲座，"以冀挽颓风于既堕"，并且始终坚持不懈，先后举办50次，听讲者达5000余人次。⑦ 其中仅1946年11月就举办讲座5次，听讲人数92人次，⑧ 同时在复刊的《宁波旅沪同乡会会刊》上连续刊载讲座的内容。

---

① 《本会十一月份业务统计报告》，《宁波旅沪同乡会会刊》复刊第10期，1947年，第3页。
② 应斐章：《"教育第一"之实践》，《宁波旅沪同乡会会刊》复刊第7期，1946年，封面第1页。
③ 《宁波旅沪同乡会告会员书》，《宁波旅沪同乡会月刊》第48期，1927年，第15页。
④ 《本会为陈述办理教育经过致本市教育局公函》，《宁波旅沪同乡会会刊》复刊第12期，1947年，第9页。
⑤ 《宁波旅沪同乡会告会员书》，《宁波旅沪同乡会月刊》第48期，1927年，第16页。
⑥ 《演讲会纪略》，《宁波旅沪同乡会月报》第2号，第20—21页。本身没有标注出版年份。
⑦ 《本会为陈述办理教育经过致本市教育局公函》，《宁波旅沪同乡会会刊》复刊第12期，1947年，第9页。
⑧ 《本会十一月份业务统计报告》，《宁波旅沪同乡会会刊》复刊第10期，1947年，第3页。

3. 开展识字活动，创办职业教育及补习学校

开展民众识字活动及创办补习学校是 20 世纪二三十年代城乡社会教育的基本内容。因为近代中国社会经济的特殊性，决定了社会教育的基本任务是施行基础的社会教育活动。蔡元培曾言："深信教育行政之责任，不仅在教育青年，须兼顾多数年长失学之成人。"一些社会教育工作者也阐述了当时社会教育的"重心在于失学民众的基础教育"，"我们国内目前尚有百分之八十的民众不知政治为何物，不知团体为何物，没有组织能力，没有民族意识，也不知科学为何事，交通有何用，更不知如何改进生产技术，如何充实国民经济，而且也不会看报、读书、写信、记账。因此，中国目前的社会教育，不得不把大部分的力量用之于如英国百数十年前所推行的民众基础教育，即今日所大声疾呼的失学成年民众的补习的国民基础教育"。①

20 世纪初年，上海城市化加速发展的态势吸引了各方移民汇聚于此。据统计，1910 年上海人口为 128.9 万，宁波人口达 40 余万。② 宁波旅沪同乡会会员董祖岳著文曰："鉴于本市失业人数之激增，为数殊足惊人，乃深感处此二十世纪——农村破产，经济紧缩，商战剧烈，百业凋零之世，谋生诚非易事。"因此他呼吁创设补习夜校，"以利贫困之子弟及好学不倦者，并以补小学毕业后程度之不足"。③ 早在 1920 年，宁波旅沪同乡会董事会讨论教育规划时，总务董事方椒伯即提出，拟分四期——单级小学、初小、高小、甲种商业学校，筹办教育，以形成完备的教育体系。"盖沪上习俗，其淳朴较吾乡远甚，惟多设学校以变化其气质，则合群之观念生，而坚韧之特性，可永保也。"④

为此，同乡会创办学校教育，在 1914—1927 年共开办了十所小学，范围遍及全市各区。⑤ 同时，在 1930 年代初又制定了详尽的《宁波旅沪同乡会民众夜校办法》《宁波旅沪同乡会同乡问字处办法》，设立民众夜校、问字处等机构，传授乡人最基本的知识技能。"问字处"主要是为了解决同乡的识字问题，

---

① 转引自王雷《近代社会教育家群体论社会教育》，《纪念〈教育史研究〉创刊二十周年论文集（3）中国教育制度史研究》，2009 年 9 月，北京。

② 徐雪筠等译编《上海近代社会经济发展概况（1882—1931）——〈海关十年报告〉译编》，上海社会科学院出版社，1985，第 228 页。

③ 董祖岳：《创设补习夜校之意义》，《宁波旅沪同乡会月刊》第 143 期，1935 年，第 1、2 页。

④ 《甬同乡董事筹办教育计划》，《申报》1920 年 6 月 5 日，第 3 张第 11 版。

⑤ 《私立宁波旅沪小学立案》，上海市档案馆藏，档案号：235 - 2 - 2975。

不论男女老幼，凡志愿识字或文字上有困难者，均可向问字处询问，问字处应恳切指导。问字处附设于所立各小学，定名曰宁波旅沪同乡会同乡第几问字处。问字处由所立各小学校长兼任办理，问字处指导员由各小学教员轮流兼任。问字处的询问或请求指导的范围为：询问字音字义、询问短句或成语的意义、请求解释文件的意义、请求指导相当的读物。同时设置问字录，将同乡所问之字或词由指导员随时记录，同样之字或词，连续被问若干次以上者，亦逐次记录，于学期终了，逐字逐词分别统计其次数，报告校董会备查。①

民众夜校以"授年长失学者以简易之知识技能，使适应社会生活"为宗旨，凡年满 12 岁以上 30 岁以下之失学男女皆可报名入学。授课内容以三民主义、常识、算术为主科，依不同的需要兼授商业、英语等科。修业时期以一学年为阶段，每修业一学年，成绩及格者给予"第＿＿学校（所附小学名）修业证书"，修满四学年，阶段成绩及格者，给予毕业证书。②

各夜校附设于同乡会各小学，定名曰私立宁波旅沪同乡会第＿＿小学附设民众夜校。各设主任一人，由所附设之各小学校长兼任，课程由所附设之各小学教员分任。每班需有学生 20 名以上，方得开班。各科课本，一律采用教育部所审定者。各校开学休假，都依照所附设各小学之校历。每周授课至少 12 小时，授课时间为每晚 7 时至 9 时。各校之设备，除应特设者，一律利用所附设各小学的设备。书籍、文具由学生自备，油灯及办公费用，每生每学期 5 元，贫寒者酌减或免收，学费一律不收。③

同乡会在 1930 年代前即于第一、二、四、十小学设有夜校，1931 年又在第一、四、十等三小学内设立识字学校。由于同乡会扶助公益，热心识教，所设立的民众识字学校程序规范，设置周到，因而受到嘉奖。④

职业教育也是社会教育的重要组成部分，亦为"我同乡诸君所重视之一举"。抗战胜利后，在同乡会刚刚恢复各项工作之时，即开始筹设补习夜校，设暑期讲习班。⑤ 同时，也积极规划职业学校的创设，以期"陶冶同乡子弟，以生活必要之知能，使其有一技之长，一艺之能，即或无力更求深

① 《私立宁波旅沪同乡会各小学校董会规程》，上海市档案馆藏，档案号：Q235 - 1 - 1203。
② 《私立宁波旅沪同乡会各小学校董会规程》，上海市档案馆藏，档案号：Q235 - 1 - 1203。
③ 《宁波旅沪同乡会民众夜校办法》，《宁波旅沪同乡会月刊》第 96 期，1931 年，第 17 页。
④ 《市党部嘉奖甬同乡会热心识教》，《申报》1936 年，第 3 张第 10 版。
⑤ 《本会本年度大事记》，《宁波旅沪同乡会会刊》复刊第 1 期，1946 年，第 5 页。

造，亦足以自立立人"。① 同时在会刊上刊登招生简章。② 1947 年 11 月，同乡会创设的宁波商业职业学校成立，校址暂时设在同乡会 5 楼，"课桌课椅，以及其他教学上应有设备，全部簇新"。所聘教职员，皆富有教育经验，谆谆善导；所授课程，按照教部规定，而予以加强，如会计、经济、商算、打字等课，理论与学习并进。③

4. 举办陈列展览

博物馆、展览馆等都是展示新知、增进智德的"窗口"。宁波旅沪同乡会新会所设施之齐备、周至、文明，足称沪上之冠。同乡会 5 楼的健身室设有多种体育器械，如皮马、药球、拉绳、铁哑铃、跳跃板等十余种，经常到此练习者，以青年及学生为多。4 楼陈列室中陈列的多是甬属各著名工厂、商肆之出品。

1920 年代的上海虽然已跻身远东大都市之列，但博物馆、展览馆等公共文化设施并不太多，因此 1921 年 5 月建成的具有复合功能的同乡会新会所的意义自然非同一般。"凡人必有会聚之场，以交换智识，必有游息之所，以休养精神。新会所有议事厅、办公室，有博物馆、藏书室、俱乐部，凡考求学问，联合情谊，商议事件，皆在于斯。"④

1922 年 8 月，同乡会在《申报》发布信息《宁波同乡会试验天文镜》："兹有该名厂所制天文镜一具，装置精巧，度数极高。能穷见天空各大恒星……该镜刚于月前运送到沪……定阳历八月三日晚间七时半起，在本会屋顶当众试验，业已布置妥贴，凡我会员诸君，欲广眼界者，尚希届时莅会，无任欢迎，是晚并备有茶点，藉资晤叙。"⑤ 并于 8 月 4 日、5 日连续两天在《申报》上登载"天文镜观星纪""观星再纪"，非常详尽细致地记载月球、火星、北极星、木星、金星等恒星与行星的位置及景状，这无疑是一次生动形象的天文知识普及活动。

---

① 《本会筹募教育经费启》，《宁波旅沪同乡会会刊》复刊第 14 期，1947 年，第 8 页。
② 《上海市私立宁波职业学校招生简章》，《宁波旅沪同乡会会刊》复刊第 17 期，1947 年，封面第 1 页。
③ 本会职业学校高一全体同学邵颂安等：《向从事于教育事业者致敬》，《宁波旅沪同乡会会刊》复刊第 20 期，1947 年，封面第 1 页。
④ 《宁波旅沪同乡会宣言书》，《申报》1918 年 8 月 16 日，第 3 张第 11 版。
⑤ 《宁波同乡会试验天文镜》，《申报》1922 年 8 月 2 日，第 4 张第 13 版。

　　本馆记者于九时许往观，镜管放至二百二十八倍，先见地球之卫星"月"。因昨为阴历十一日，虽未正圆，而璀璨光华，眼帘为之清洗。最分明处，如见冰球，玉乳嵯峨，云为峰峦，微青连碧，云系溪壑，不知琼楼玉宇藏何许也。向右稍转镜管，乃见"火星"，火星距地球四八六四六里，较月之距地球二三八．八三三里，相差远甚，管中窥之，流光灿烂，犹金弹也。镜管更右转几背月，则见"北极星"，凌云扬辉，远凝北极，把镜远眺，如获晶丸。时则风舞襟袂，栩栩似蝶，亦所谓清凉世界也。天王、海王二星去地太远，水星距日太近，俱难见之。今晚仍将试验，如愿以晚七时半往者，可以饱览金木土诸星。①

三　有教无类　超越乡土

　　同乡会是旅居他乡者出于敦睦乡谊、互帮互助的目的而在异地创立的社会组织，因此，其本身就是"乡土文化"的独特标识，颇富地域特点的会务活动对群体的凝聚及文化认同的构建具有非常关键的作用。

　　1918 年 7 月，新会所还处在筹资募款阶段时，宁波旅沪同乡会已经开始着手为新会所图书室征集图书和文献。7 月 5 日，同乡会在《申报》发布"同乡会搜集志书"通告，并告知已征得《宁波府志》36 卷、《鄞县志》75 卷、《慈溪县志》56 卷等。②

　　1918 年 11 月，同乡会召开会议，再次提议征集宁波图画书籍，藏储会内，"以供浏览而保文物"，并推选葛虞臣、虞含章、袁明山、贺寀唐、江北溟等人为图书馆主任，专门办理征求图书事宜。③ 1921 年 5 月新会所落成之时，又在会所第 5 层增设书画室，陈列陈纫斋、郑寒村等甬上名人字画，借以宣介四明文献，与图书室相得益彰。

　　随着民国创建，作为新型同乡团体的宁波旅沪同乡会在组织原则、运作模式等方面表现出明显的现代社团的特征，会务活动越来越具有公共性、大众化的特点。同乡会附设的阅览室、阅报室，无论在抗战前还是抗战后，都

---

　　① 《宁波同乡会天文镜观星纪》，《申报》1922 年 8 月 4 日，第 4 张第 13 版。
　　② 《旅沪同乡会搜集志书》，《申报》1918 年 7 月 5 日，第 2 张第 7 版。
　　③ 《宁波同乡会之茶话会》，《申报》1918 年 11 月 16 日，第 3 张第 11 版。

向全体民众开放，而不限制读者籍贯。在新会所落成前，同乡会图书室征集图书简章中，说明除征集"宁属特有诸书"外，还有"普通必要诸籍"。[①]同乡会设立的民众夜校也规定：凡年满十二岁以上三十岁以下之失学男女，不论是否宁波旅沪同乡，俱可报名入学。[②]

1921年6月，同乡会编印的《宁波旅沪同乡会月报》正式出版。[③] 其以沟通信息、传承文化为己任，是"旅沪乡人之喉舌"；同时又以"沟通经济与学术两方面，而使人文物力，得以相持而长"为职志，除以较多篇幅登载甬上风情、家乡动态外，也刊发许多富有理论性、关系社会演进发展的文论，如吴经熊《中国旧法制的哲学基础》（第104期），方椒伯《提倡华商保险告经济界与国人》（第125期），陈迹《民族复兴之五大原则》（第140期），何瑞芝《女子遗产继承权之研究》（第151—155期）。这些文论的刊载传播，既增进了寓沪同乡的团结意识和文化情感，也表明宁波同乡会超越同乡团体的局限，追求更广泛的利益和公共的目标，显示出乡土观念在近代社会情势激荡下的"再生"历程。所以说，"同乡观念之为美德，系基于更大的政治理念，这种理念将同乡纽带深化和理性化，赋予其更为广阔的超越地方的含义。爱家乡之所以为美德，是因为它有助于构成和强化更大的中国政治组织。如果地方观念不与这种政治理念挂钩，则是鄙陋的"。[④]

宁波旅沪同乡会兴办的各项内容丰富、形式多样的社会教育活动具有明显的"宁波特点"，既提高了旅沪同乡的文化素质，也强化了地缘意识和乡

---

① 《宁波旅沪同乡会图书室征集图书简章》，《申报》1921年3月19日，第3张第12版。一、本图书室以保存桑梓文物，兼备普通必要诸籍，供旅沪同乡观览为宗旨。二、由前项宗旨，分征集图书概目为两部分。三、关于宁属特有诸书，其征集门类如左（一）旧府及现存各县或乡志（名山古刹诸志俱属之）。（二）历代名家著作（无论已未刊行均应搜集）。（三）现存人之著作已刊行者。（四）先贤手迹及遗像。（五）金石文字之拓本印本或抄藏本。（六）城乡市镇区域图说。（七）山海及物产诸种图说。（八）自治及教育之成绩。四、关于普通必要诸书，其征集门类如左：（一）经史之不可缺者。（二）诸子之不可缺者（近译百科全书及中外图谱之类俱属之）。（三）文集之不可缺者。（四）其他各种应用书籍。五、右列图书凡本会会员俱有征集之责。

② 《宁波旅沪同乡会民众夜校办法》，《宁波旅沪同乡会月刊》第96期，1931年，第17页。

③ 1921年同乡会会刊创刊出版，当时名曰《宁波旅沪同乡会月报》，后改为《宁波旅沪同乡会月刊》。除前期略有间断外，一直持续出版，直至抗战爆发而停刊。至1937年7月，共出168期。1946年9月复刊，更名为《宁波旅沪同乡会会刊》。

④ 〔美〕顾德曼：《家乡、城市和国家——上海的地缘网络与认同，1853—1937》，宋钻友译，上海古籍出版社，2004，第7页。

土观念，但显而易见，同乡会的社教活动又彰显着浓郁的现代性、公共性特点，具有传播新知、启智种德的作用。同比其他旅沪同乡组织，宁波同乡会更为积极主动地开展各类社会教育活动，成为沪上同乡团体兴办社会教育的典范。其文化建树突显了城市社会的活力和特点，对于增进上海移民文化的内涵，进一步培育民众的现代意识和公共理念具有重要意义。

〔李瓅，上海大学社会科学学院〕

乡土情怀：民国时期鄞县
商人与乡村建设

孙善根

摘　要　近代以来，鄞县旅外商人广泛参与家乡建设与社会公益事业。其中一些颇具实力的商人在家乡开展规模较大的综合性乡村建设活动，成为推动当地社会发展与进步的强大力量。

关键词　鄞县商人　乡村建设　乡土意识

近代以来，享誉中国工商界的宁波帮是一个以血缘和地缘为基础和纽带的商人群体。强烈的同乡观念与乡土意识是其显著的特点，这不仅表现在旅外宁波商人同乡相亲、守望相助，而且对故乡往往具有难以割舍的情感，积极参与家乡建设与公益事业成为普遍的价值追求。由此成为推动近代宁波的发展与进步的强大力量，并影响至今。宁波商人的这种行为取向由来已久，在 20 世纪二三十年代达到高潮。这方面，作为近代宁波帮重要组成部分的鄞县商人颇具代表性。民国时期许多旅外鄞县商人纷纷在家乡从事颇具规模的综合性乡村建设活动，其中姜忠汾在鄞东梅墟姜家陇、李志方在沙家垫、乐振葆在宝幢、孙梅堂在北渡都卓有成就。但时过境迁，其事迹大多湮没无闻，鉴于此，本文拟对此进行必要的梳理与阐述，以表彰先贤、激励后人。

一 姜忠汾与姜家陇

姜忠汾，字炳生，以字行，鄞东梅墟姜家坳人。少贫，无力读书，辍学到上海学做生意。自力奋发，帮人经营均有起色，工商人士乐与其相交，姜忠汾亦渐积资财，后独立经营地产业，恰逢上海人口大增，工商业发展，房地产市场一片繁荣，姜亦发财致富，成为鄞人在沪著名富商之一。[①] 姜忠汾性轻财好施，凡对族人、乡人有益之事，无不力举。

姜忠汾热心家乡建设由来已久，但早期多为单个的义举，不成系统，其大规模从事家乡建设则始于 1920 年代。期间，他不仅于 1922 年置田 1000 亩、市屋 2 所，另储 12 万元，设立姜氏义庄，而且开始有计划地建设家乡姜家坳。正如其所言："至戚莫如天属，推而暨于一族，暨于一乡，凡吾力所能及，皆吾应有事也，皆吾先人遗志也。故其所施行，不徇众，不骛名，心之所之悬以赴，其课之也有程，其为之也必规诸久远。"[②] 凡村政、道路、桥梁、农田水利、教育、救济以及一切养生送死等事，姜忠汾都一身力任，抱责无旁贷为宗旨，前后共捐助 40 余万元，因而姜家坳建设完备，为县内之式，有"自治模范区分"之誉。[③] 时人称"凡都市之所建设，村中几备焉"。[④]

表 1 近代鄞县义庄一览

名称	创办时间	地点	创办人	事业内容	拥有田产数
徐氏固本义庄	嘉庆二十四年	大墩	徐桂林	赡养族内孤寡,办有义学,后改为大墩初级小学	不详
朱氏义庄	道光十三年	它山	朱孝铨	赡养族内孤寡,办有义学,后改为养正小学	置田 1000 余亩
吴氏义庄	道光十九年	张斌桥	吴楠	赡养族内孤寡,并办有义塾,后改为初级小学	置田 260 亩,市廛 6 所
冯氏敦本堂义庄	道光十七年	后仓	冯一桂	赡养族内孤寡、废疾、老无依者	置田 400 亩

---

① 忻江明撰《姜君炳生行述》，上海图书馆藏，第 2 页。
② 忻江明撰《姜君炳生行述》，第 2 页。
③ 浙江省鄞县地方志编委会编《鄞县志》，中华书局，1996，第 2072 页。
④ 忻江明撰《姜君炳生行述》，第 2 页。

续表

名称	创办时间	地点	创办人	事业内容	拥有田产数
蔡氏树德堂义庄	咸丰六年	潘火桥	蔡筠	按季赡养鳏寡孤独，并有义塾，后改为初级小学	置田 2100 余亩，市屋若干
西城杨氏义庄	同治六年	西城桥杨陈弄	杨葆铺	以所入赡之孤寡，资助贫寒者婚娶和子弟就读，办有义塾	置田 440 余亩及涂地一方，市屋若干
屠氏乔荫堂义庄	同治七年	竹林巷	屠继烈	恤族之穷而无告者，设有义塾二所，后分别改为竞进第一、二初级小学	置田 1000 余亩
李氏义庄	光绪十三年	共和乡	李正射	按季赡给族之孤寡，设有义塾	置田 500 余亩
郑氏思本堂义庄	同治七年	殷家湾	郑怀亨	以恤族之孤寡、残疾者	置田 80 亩
石氏余庆义庄	光绪三十三年	石家乡	石魏湘	赡族之孤寡，设有义塾，后改为初级小学	置田 700 余亩，市屋若干
孙氏义庄	1921 年	浮石亭	孙瑞甫	按季赡给族内鳏寡孤独及各项善举	置田 300 亩
严氏义庄	1921 年	维勤乡严家汇头	严康懋	赡族内孤苦无告者，附设康懋完全小学	置田 1000 余亩，市屋 3 所
姜氏义庄	1922 年	姜家陇	姜忠汾	赡族内孤苦无告者，附设凤育完全小学	置田 1000 亩，市屋 2 所，别储待用之款 12 万

资料来源：民国《鄞县通志·政教志》，宁波出版社，2006，第 1478—1484 页。

1934 年出版的第 117 期《宁波旅沪同乡会月刊》有《鄞县模范村之巡礼》一文对当时尚在建设中的姜家陇有一番生动的记述：

> 姜家陇在县城东南二十里，从江东杨柳道头，乘汽油船，向后塘河直驶，在泗港口那面，折了一个弯，约三个钟头，好到了。——河道绕滕家园，多出十里——那面有齐整的村屋，康庄的石路，有警察所，有消防队，有学校。电话是直通宁波的，电灯杆，已经用水泥堆砌着，立在沿河，公园，医院，也在设备之中。
>
> 村里的路，完全用整石铺成，士敏土浇得弥缝地，卧在两旁的阡陌草的中央。它的阔度，据说恰容两辆人力车的往来——六尺有奇——不过，在乡村，可也是绰有余裕了。干路是陇北路、陇南路，约三百丈；支路是陇庵、陇洞、陇怀、陇金、陇漕，网布着全村，连接起来，约十

余里。还有许多石桥，横跨在河流之上，也砌的很整齐的。

养正别墅，里面有凤育小学、坎德消防队和姜氏义庄。一个新村，自然少不了小学，这凤育小学，是民二开办的，现在扩充到很完备了，有教员六人，学生一百八十五人。校长马统垂先生，老成持重地告诉我们，据说学校每年须贴二千五百元，义庄也是这样，二共恰是五千元，经济来源是姜炳生先生早已指定宁波老凤祥银楼等房租作抵的。此外，距离姜陇乡五里的山乡，有百亩的山地，是做公墓用的，不过限定是姜姓，似乎不在新村设备以内了。

可以供自由赁住的新村房屋，共二十二幢，它的构造，原来极普通，但是大门向南，窗户轩敞，虽没有前面的花园围墙，但是前门道路是平坦的，隔河的村公园，占地六亩，尚在建筑之中，房屋每幢是前面一幢楼房，隔着一条见天，后面附着平房，是做厨灶用的。这房屋的卖价，每幢一千二百元，似乎嫌贵一些，所以现在尚有许多空房子。村长王信懋想通融办法，准许受典。北路的后面，另有三间整屋，乡人称作三间头，说是预备开办医院的。新村里的未办的事业，医院公园以外，还有电灯厂——自然是本村发电——农业试验场，自流井这几种。

新村的河道，纵然因滕家园做粗纸而不洁。依照计划，将来有三个自流井，也就不虑饮料了。最可称赞的，他们的公安是警所足够维持了，他们的卫生，是公共设备很完备了。……医院公园在开办了，而且新近举办的人事登记，也就开始了。这是模范村，足够为鄞县各村的模范！①

此外对鄞地其他善举，姜炳生也多有参与，如 1920 年代向华美医院扩建工程捐资 1000 元大洋。1932 年，鄞县各界发起修志，姜炳生"闻而起曰：是乡邦文献之所寄，吾向尝有志于此"，乃认捐县志编印资 3 万元。②

1933 年 12 月，姜炳生在沪逝世。次年 3 月，鄞县各界"以姜君在日建设新村，举办学校，创修县志等，事业彪炳，深足后人典型，特发起追悼大会"，"素车白马，极尽哀荣"。县长陈宝麟在会上高度评价姜炳生，认为：

① 《鄞县模范村之巡礼》，《宁波旅沪同乡会月刊》第 137 期，1935 年，第 15 页。
② 忻江明撰《姜君炳生行述》，第 2 页。

"人生百年难免一死，惟有应死不应死之分……若炳生先生者能为社会谋福利，能为乡村图幸福，则吾人但求其长生，冀其有更多贡献于群众。……炳生之死有追悼之价值，有敬仰者价值。"①

二　李志方与莫枝

李志方出生于鄞东莫枝镇沙家垫，经商致富后，立志造福乡里。长期担任日商轮船公司买办的李志方对日本重视教育、卫生有着深刻的印象，而他本人又一直从事交通业，使其对交通重要性的认识自然高出常人。由此，李志方造福家乡的活动也从教育、卫生、交通诸方面着手，逐步推进。

首先，注重教育，兴办学校。1917 年，李志方利用原来的祠堂进行扩建，办起"成志小学"，供李氏子弟免费读书。1921 年，李志方筹备 3 万银圆，在莫枝筹建了一所现代化小学。他在莫枝下街回春桥畔购地 12 亩，用洋松重砖，仿上海圣约翰大学校舍格局，砌建了一幢西式回字形楼房，取名"志方学校"。该校共计有楼房 24 间、平屋 7 间、铁门三道，走廊、礼堂遍铺图案瓷砖，校园内遍植香花名树。校后为大操场，校内设图书馆，备有《东方杂志》《中华故事丛书》等多种读物。楼上置物理实验室，有地球仪、各种矿植物标本等现代化教学仪器。并设有学生宿舍，可供远地学生寄读。在莫枝兴办起这样一所设备完善的六年制完全小学，在 1920 年代确实是开了鄞县农村新教育的先河！1922 年 4 月 29 日，该校举行开校典礼，沪甬各界名人参加祝贺者数百人，极一时之盛。数十年间，作为鄞东新式教育的启蒙阵地，志方小学培育出众多人才。为了使学校得以长期运转，李志方又在莫枝附近购田 200 余亩，以田租作为办学基金。每年清明回乡扫墓祭祖时，他总要到校住宿数日，垂询校务，平时则全权委托其堂侄李筱炳代为主持。

其次，讲究卫生，创办医院。李志方认为中国人要振兴图强，有文化还不够，还必须有强健的身体，因此他积极为故乡筹建医院。1920 年，李志方联合戴登川等东钱湖一带旅沪商绅共同集资，在莫枝志方学校的对面，兴建一所现代化医院。1920 年 10 月 10 日的《时事公报》报道："宁波旅沪巨商李志方、戴登川二君鉴于鄞邑东乡地大人众，苦无医院，居民一遇疾病，

---

① 《鄞县各界昨举行追悼姜忠汾大会》，《上海宁波日报》1934 年 3 月 28 日，第 2 版。

富者尚可到城医治，贫者殊多未便。爰商同乡数人，创立医院一所，地点已择定莫枝，今已填地建筑，明春即可开幕云。"① 李志方独力承担建院费用的半数以上，并担任医院董事长，常务董事则由殷湾乡绅孙祖荫、郑崇桢、郑世彬等担任，又委托其堂侄李筱炳任医院事务主任，负责日常管理工作。医院取名"普益医院"，寓意使乡人"普受其益"，可谓用心良苦。为保障医院的医疗水平，他聘请宁波光华医院院长、留美医学博士杨传炳兼任院长，并聘杨之高徒金立川医师主持医务。普益医院设内、外、妇科，各有医生1人，并有住院部，有病床50余张。院中设有假山、葡萄棚、桂花荫、冬青圃等西式园林。院后有大块园艺空地，可供发展之用。几十年来，普益医院不仅为当地百姓医治疾病提供了极大的便利，而且在应对霍乱时疫、消灭流行疟疾、防治花柳病传染、推广新法接生等方面，都发挥了重大作用。医院的妇产科女医师不辞辛劳到附近各乡村出诊，进行西法接生而名著一时。普益医院的创办不仅为当地百姓的医疗健康提供了重要保障，而且对于开通风气，推动人们认同进而接受与学习以西医为代表的西方文化也发挥了重要作用。民国以来，鄞东一地走出一大批以两院院士为代表的科技人才并非偶然。

为彻底改善家乡沙家垫的卫生面貌，李志方于1930年动员村民讲究卫生以保健康，将全村的粪缸、茅厕全部集中到后漕埠头的对岸，且筑围墙，意欲使全村"无臭无蝇"。这在当时的乡村是一个创举。1940年前后，李志方又组织在沙家垫挖井取水，以改善村民饮食用水。可惜挖了二次，均未挖到水源。

再次，重视交通，创办航运。为改善宁波中塘河的交通运输，李志方在1930年代带头发起创办股份制的宁湖轮船公司，使中塘河在鄞东率先通行汽船。为了使小汽船能在沙家垫靠埠，李志方在沙家垫村口建造了一个水泥埠头，又在全村修建了石板大路。

李志方有言：借钱助人只助人一时，荐人生意才是治穷之道。② 为帮助家乡父老脱贫，李志方极力引荐他们出外经商，特别是沙家垫李氏后裔在李

① 《创设医院声》，《时事公报》1920年10月10日，第5版。
② 王重光：《鄞东三乡贤》，宁波市鄞州区政协文史资料委员会编《风范千秋》，宁波出版社，2012，第753页。

志方的引荐下，几乎都吃了"轮船饭"。其中不少人及其后代卓有成就，如今活跃在香港工商界的李达三就是其中的代表。他是香港宁波同乡会创会会长，并在海内外均有广泛的捐赠，仅向母校复旦大学即有 9 次捐赠，2015年 6 月又向复旦大学捐赠 1.2 亿元。一次笔者曾向返乡的李达三提起李志方，他连连称道，说李志方是他们的大恩人。

莫枝镇为鄞东河湖交通咽喉，长期商业发达，人口稠密。有了新式交通工具、普益医院、志方学校等近代设施后，莫枝镇的发展如虎添翼，各业更趋兴旺，地位更趋重要，1930 年代发展成鄞东重镇。

三　乐振葆与宝幢

1869 年出生于鄞东宝幢的乐振葆长期在上海创业，经商致富后对家乡倾注了无限的热情和心血。宝幢地处鄞镇交通要道，山清水秀，乐振葆先后在此创办宝林学校、宝林医院、鄞东郧溪轮船公司、轻便铁道等，力图将其建成交通发达、市场繁荣、礼尚新风、环境优美的模范村。

早年仅仅读过私塾的乐振葆对教育却很重视。他建设家乡的第一大举措就是创办宝林学校。1916 年，乐振葆秉承其父"普及乡村教育改变家乡贫穷落后面貌"的遗愿，独资兴建宝林学校。全校 6 个班级，分为 5 间教室，盛时教职员工 20 余人，学生 300 多人。乐振葆为培育莘莘学子，奖掖后进，规定凡本姓子弟可免费入学；异姓子弟，家境困难者，减免费用；学业优秀者，分等奖励；品学兼优、家道贫困、毕业后就业无门者，择优为之荐保求业。

乐振葆办学旨在培育英才，故名其学校礼堂为"育英堂"。乐振葆还自撰《四时读书乐》《劝学业歌》勉励学生，可见其祈盼之殷。该校自五年级开讲，以《古文观止》《孟子》代替国文课，加强算术、英语、珠算、尺牍等课程，以为学生毕业后处世求业之用。为办好学校，乐振葆十分重视校长与教师的选择，为此不惜重金。他先后邀请德高望重的邑人高维崧、戴敦矿、干兰卿等硕儒主持校政。乐振葆还重礼敦聘国学功底深厚的戴彦、陈光琦、梁一桂为国文教员。对英语教师的遴选，乐振葆必亲与接谈，既明其意图，又测其根基。尺牍一课往往由校长担任，作业逐一面批。乐氏坚持办学数十年，该校教学质量优异，曾与宁波城区著名的陈氏翰香学校并列前茅。[1]

宝林医院创建于1928年前后，院舍前后四进，分门诊、住院、生活区等部门。初时仅有病床12张，后增至30张。医务分设内科、外科、妇产科。首任院长为姜书梅，医术高明，管理有方。收费较一般医院、诊所低廉，对贫病乡人一概减免费用。1931年，当地疟疾流行，宝林医院每月诊治病人达1000人次，院方仅采购"奎宁"一项，月耗资即达56元。当年医院开支计3240元，由乐氏独立负担。1933年，宁波一地出现霍乱疫情。乐振葆闻讯即致函时任宝林医院院长的岑某"火速组织医务人员，向社会免费注射预防针"。岑院长医术医德方圆闻名，医院收住危急病人30人，经过医师悉心治疗，不久20人治愈，无一例死亡。从此，宝林医院声名鹊起。这一年仅门诊挂号即达4850人次，大大方便了病人就近就医。乐振葆还嘱咐宝林学校校长和宝林医院院长，凡宝林学校学生因家境困难者来院门诊，可凭校长室所发就诊卡，免除各费，义诊领药。至1935年，宝林医院已成为当时鄞县政府核准开业的十大医院之一。

为改善家乡交通条件，乐振葆1928—1929年在宝幢下街头成立"鄞东郯溪轮船公司"，以此代替个体分散、橹摇牵拉的航船，委任吴灵甫为经理，在宁波两眼桥和宝幢河头分建了客运码头。向上海购得"甬安""宝安"两艘大马力铁壳轮，定时往返于宁波、宝幢之间。以后又引进"红安""新宝安"等轮。由于这些轮船汽轮马力大、航速快，拖带的木篷船座位又舒适，深受旅客欢迎，生意兴隆。为方便百姓，沿河各镇、市集又停靠挂船，往往一班轮船拖带10余艘"百官船"。每逢四月初十日灵峰香期，去育王、灵峰的香客如潮水一般涌至。此时一轮往往拖上30余艘木篷船，长长的船队，成为后塘河上一道独特的风景线。

由于郯溪公司客轮增多，极大地方便了穿山、柴桥、大碶、霞浦一带客商的进出，大宗货物由宁波运往宝幢，然后翻育王岭至璎珞河头水运。有见于此，乐振葆又于1931年集资建造由宝幢至璎珞的轻便铁道，全长3公里，是为鄞县境内的第一条商办铁路。"轻便铁道公司"由吴灵甫具体经营，小火车客货兼营，运行班点衔接了郯溪轮船公司客轮和走璎珞至柴桥、穿山的镇南轮船公司船行班点，使宁波、宝幢、镇南三地连成

① 王重光：《鄞东三乡贤》，《风范千秋》，第753页。

一线，大大方便了当地老百姓的交往与物资交流。极盛时期，下街轮船汽笛声与火车鸣叫声相应和，蔚为壮观，宝幢俨然成为一个繁华小城镇。故宝幢有"小宁波"之称。

乐振葆在致力家乡交通事业的同时，又致力村容村貌的改变。经过多年擘画，苦心经营，他在上街头近佛岭庵处建立望火台，设钟报警，购置了洋龙（机器救火机），以备灭火之用，此举委乡人陆瑞洪专负其责。他还在河岸上加阔通道，沿岸种植垂柳或法国梧桐，屋前遍栽冬青。还修缮了兰市桥，新建了古姜皇后桥等，由此初步形成了宝幢清雅优美的环境。

四　孙梅堂与北渡

长期以来，享誉上海商界的钟表大王孙梅堂对家乡北渡的建设不遗余力。北渡是一个坐落在奉化江边的小村，面江（奉化江）负河（南塘河），扼鄞奉通道要津；又为上溯鄞江、下出镇海口的必经之路。村貌如何，不但观瞻所及，影响殊大，而且关系家乡父老福祉。为此，孙梅堂几十年来为家乡面貌的改善倾注了很大的精力和财力。

早在 1907 年，孙梅堂即追随其父亲孙廷源改建奉化江上的方桥为单孔环形铁桥，时称此桥为"鄞南第一桥"。该桥横跨奉化江，为鄞奉交通要道，建成后鄞奉两邑旅途称安，一直沿用至今。

早年就读于上海圣约翰大学的孙梅堂对教育的重要性有着高度的认识，进而转化为行动。早在 1907 年春，年仅 24 岁的孙梅堂将北渡住宅余屋改建为"鄞县孙氏私立启贤小学"。1910 年改办高级小学。学校设备更趋齐全，如拥有相当于初中的生理化仪器、全套的西洋乐队乐器等，堪称当时乡村学校之最。部分教师为甬邑名流，教法新颖，因此该校教育质量高于同类学校。1922 年 12 月 3 日，《时事公报》报道：鄞县北渡孙氏私立启贤高小暨国民学校系孙君梅堂手创，孙君素以热心公益称于世，对于此校尤为注重，以教育族中子弟，校长应君办学最有经验，诸教员亦皆学界著名人士，以故校誉卓著，成绩优良。[①] 抗战前，孙梅堂共捐资 16299 元办学，受到教育部的嘉奖。抗战胜利后，孙梅堂除努力复校外，还组织校友会，筹划添办初

---

① 《小学运动会预志》，《时事公报》1922 年 12 月 3 日，第 5 版。

中，后因国内政局动荡，计划中辍。

1918 年，孙梅堂奉父遗命，出资重修在北渡坝东首的何家小碶，该碶虽高仅 1.26 米，阔 3.52 米，对御卤蓄淡、改善本村农田水利的作用却相当巨大。

为了造福家乡人民，孙梅堂不仅出资，而且多方筹划，用心良苦。他先后出资改造小村环境，建立乐安公墓、乐安救火会，砌了河磡，河岸两旁种植法国梧桐。为彻底振兴北渡，为家乡发展奠定一个坚实基础，孙梅堂在 1930 年代致力于设立北渡集市。为了适应开辟市场的需要，从南到北折向东，他新建了一批商业用房，楼房平屋，以租金收入充作学校经费。又根据当地农村实际情况，开设了草席与席草市场、竹木市场、粮米市场。为了舟车停靠行驶方便，先后建造了"还金桥""还金亭""岩桥"。这一系列的基础设施建设，终于引来了许多客商行贩。1935 年，北渡集市正式开市，每逢市日（一、六），鄞奉两县商贩云集于此，自清晨至晌午人声鼎沸，成为本县出南门西南乡的最大农贸市场。此外，他还出资创办北渡农事试验场，进行农业改良活动，受到北洋政府农商部的表彰。1925 年 1 月 6 日，《时事公报》报道："鄞西北渡农事试验场，系旅沪巨商孙梅堂所创办，成绩卓著，经农商部给奖有案。兹该场自夏历乙丑年起，变更组织，向设场长技师各职，一律裁撤，改归启学校派员办理，以节经费。"①

此外，孙梅堂为改善家乡人民的医疗条件，还大力支持设于方桥的鄞奉公益医院，多次向该院捐赠巨款，并长期担任该院常务董事。此外，1920 年代初，宁波著名的教会医院——华美医院扩建时，孙梅堂慷慨捐助 2000 元大洋。

表 2　1923 年捐赠华美医院新院建筑费 1000 元大洋以上者

单位：元

捐款人	捐款额	捐款人	捐款额
吴荫庭	5000	姜炳生	1000
效实学会	5000	吴麟书	1000
无名氏翁	5000	赵晋卿	1000

---

① 《北渡农场变更组织》1925 年 1 月 6 日，第 5 版。

续表

捐款人	捐款额	捐款人	捐款额
周宗良	4000	秦珍苏	1000
万国体育会	3000	王儒堂	1000
孙梅堂	2000	徐庆云	1000
无名氏	2000	贺得霖	1000
卢子嘉	1000	叶葆青	1000
李赞侯	1000	谢衡牖	1000
张延钟	1000	邬挺生	1000
朱葆三	1000	陈子埙	1000
李光启	1000	边文锦	1000
方业桂轩	1000	袁履登	1000

资料来源：《宁波市第二医院全宗介绍》，宁波市档案馆藏，档案号：旧306-1-1。

　　如上所述，这些民国时期的鄞县商人尽管从事的行业不一，教育背景相差很大，但他们关爱家乡的情感都是炽热的，其造福桑梓的行动更是有力的。一般来说，他们往往在出生地以村或乡为范围，投巨资进行全方位的建设，包括交通道路建设，创办学校、医院，设立慈善机构，改善村容村貌等，由此极大地改变了当地社会经济的面貌，使当地民众分享到经济发展与社会进步的成果，受到了乡人广泛的好评。1937年8月，鄞县举行乡贤评选，乐振葆即以高票当选为鄞县三大乡贤之一。① 这种造福家乡的模式还产生了深远影响。1990年代以来，旅德鄞县商人陈名豪联络同乡在家乡定桥集资开展全方位的建设，经过两个五年计划的建设，该村即以崭新的面貌出现在人们的视野中，而有"马克村"之誉。

〔孙善根，宁波大学人文与传播学院历史系〕

---

① 《鄞励志分会乡贤选举揭晓》，《时事公报》1937年8月13日，第5版。

鄞县近代史事稽考二则

龚烈沸

摘　要　新版《鄞县志》人物传、大事记关于两个与鄞州近代史有关的人物——徐时栋、王鼎勋的记载有明显的错误。本文依据徐时栋的相关著作纠误。

关键词　鄞县志　徐时栋　王鼎勋

一

笔者近读徐时栋的著作，欲成《徐时栋年谱》，因而参读 1996 年中华书局出版的《鄞县志》。该书第三十八编"人物"徐时栋传绝大部分准确，但记及徐临终前后有三处错误。

新《鄞县志》"徐时栋传"："……同治七年（1868），《鄞县志》开局，徐时栋受聘主其事……仿照国史馆列传之例，注解证引，排比成文，费力十二年。晚年病重在身，犹强起治事，临殁执友董沛手，郑重相委修志事，语不及私……徐时栋性急公好义，设义庄，兴义学，修东津浮桥，建三桥碶闸，遇事能断，以义行得旌……"

错一：（徐时栋修《鄞县志》）"费力十二年"，系读民国《鄞县通志》徐时栋传、光绪《鄞县志》徐时栋传、董沛撰《清内阁中书舍人徐先生墓表》句读错误所致。这里不妨倒溯一下。民国《鄞县通志》"文献志"的徐时栋传原文为："……同治七年，县开志局，延时栋主其事……仿国史馆列传之例，注所征引，排比成文，以是费日力十二年，时栋已属疾，犹强起论志事，临殁执其友董沛手，郑重相委，语不及私。"光绪《鄞县志》徐时栋传："同治七年，开鄞志局，延时栋主其事……仿国史馆列传之例，注所征引，排比成文，以是费日力。十二年，时栋已属疾，犹强起论志事，临殁执其友董沛手，郑重相委，语不及私。"可见民国《鄞县通志》的徐时栋传基本上是抄光绪《鄞县志》的，将"以是费日力。十二年"两句错读成了一句，略去了很重要的一个句号。注意，两旧志中的"十二年"乃指同治十二年（1873），即徐时栋病逝的那年，而非徐时栋修《鄞县志》"费力""十二年"。同治七年至十二年，徐时栋修《鄞县志》前后共6年，"十二年"显然不符合史实。

　　错二："……临殁执友董沛手，郑重相委修志事"。光绪《鄞县志》的徐时栋传主要引用的是曾"屡馆"徐时栋家、与徐时栋相处30年的好友、光绪《鄞县志》主要编撰者董沛所撰《清内阁中书舍人徐先生墓表》（见《烟屿楼文集》卷首）。那么董沛的《墓表》又是如何写的呢？此移录如下："余屡馆其家……迩年修县志，当事请先生主之……先生临殁，犹呜咽执余手，郑重以遗文相属。"从董沛《墓表》"郑重以遗文相属"到光绪《鄞县志》、民国《鄞县通志》的徐时栋传"郑重相委"，都只写了徐时栋临终有嘱托给董沛，至多写了"以遗文"，而没有具体到"修志事"，这里新志撰写人显然有点臆度了。笔者以为（或者也是臆度），徐时栋临终委托董沛的所谓"遗文"，更主要的是他的《烟屿楼文集》《烟屿楼笔记》《山中学诗记》等，也可包括尚未完工的《鄞县志》等。因为徐时栋的其他著作如《烟屿楼诗集》（同治七年刊印）、《宋元四明六志》（咸丰四年刊印）都已经刻印。还可从也是徐时栋好友、也曾在其家做过家塾先生的陈劢所撰《皇清内阁中书徐君柳泉墓志铭》（见《烟屿楼文集》卷首）中得到佐证。"近方纂修县志，搜采精博，病未卒业，士论惜之。……《逸汤誓考》《宋元六志》《袁正献从祀录》《新校广平学案》《烟屿楼诗集》已梓行，其手定《文集》四十卷，及已成未成诸书，临殁属其甥葛祥熊、门下刘凤章整理之。"

　　错三："徐时栋性急公好义，设义庄，兴义学，修东津浮桥，建三桥碶闸，遇事能断，以义行得旌。"此段话该用来写徐时栋父亲徐桂林的传记，即董沛《墓表》所记："父桂林，由武生授营千总，诏旌义行，赠奉直大夫。"徐时栋未曾得旌，只是"以输饷授内阁中书"。至于"设义庄，兴义学，修东津浮桥，建三桥碶闸，遇事能断，以义行得旌"，俱可见诸民国《鄞县通志》文献志人物表（义行）其父徐桂林传："……于大墩设义庄……以四百亩归柳汀义学……东津浮桥岁久愈败，桂林造二大舟支于中而新其东环岸……桂林择三桥最少者易地更造，亦五其门，碶港桥是也。生平急公好义，遇事能断……道光十三年以义行旌。"新版《鄞县志》显然父冠子戴了。

无独有偶，中华书局 1995 年版《宁波市志》第四十九卷"人物传略"徐时栋传也犯了同样的错误："……1868 年（同治七年），受聘主持鄞县志局……越五年，病重将殁，执董沛手以志局事郑重相委，不语私事……性急公好义，设义庄，兴义学，资助修东津浮桥，建三桥碶闸等……"只是少犯了第一个错误，即徐时栋修《鄞县志》没写"费力十二年"。

二

1996 年中华书局出版《鄞县志》第四十编大事记的 1841 年条移录如下：

> 1841 道光二十一年
>
> 10 月 13 日（农历八月二十九日——笔者），英舰 4 艘驶至三江口灵桥下，宁波城内文武官员弃城逃走。唯鄞县知县舒恭绶投水尽节（未死）。英军不战而得宁波，并派传教士郭士立为"宁波知事"。英军抢去白银 17 万两，勒索军费 120 万元。宁波沦陷后，黑水党在县城内外狙击英军，杀死英军甚众。

此条大事虽没错，但错在人物误记，投水尽节者不是舒恭绶。查阅《鄞县志》第十八编政务的"清顺治至道光二十一年知县表"，舒恭绶，字厔庵，江西靖安人，进士。两次任鄞县知县，第一次于道光十八年七月任鄞县知县，至道光十九年"大计荐举"离任。第二次任鄞县知县还是在道光"十九年十二月……二十年升石浦同知，旋即调定海直隶厅"，此次离任的具体时间当在英军入侵宁波之前。

那么投水尽节未死者又是谁呢？是鄞县另一位知县王鼎勋。仍查阅《鄞县志》第十八编政务的"清顺治至道光二十一年知县表"：王鼎勋，江苏青浦人，道光二十年任知县，"八月，城失，出走。次年十一月被充军"。

认定王鼎勋而非舒恭绥，还有一个非常重要的证据。同时代的甬上方志家、诗人徐时栋有诗存其事、存其人。同治七年（1867）虎胛山房雕版刊印的徐时栋《烟屿楼诗集》卷一有首长诗，诗前有序云："《八月湖水平》，哀鄞令王青甫（鼎勋）也。辛丑八月，城陷于西夷，是月晦日，令将殉难月湖，既而不果，湖在吾家门外，家人亲见之。夫殉节而不果，其事无足道也，然而是役也，令君其硕果也，其事可惜，而其志抑可哀也，故为新乐府以存其人也。"

其诗夹叙夹议，选录有关投湖情节如下："……县官来湖边，与奴子喃喃。不知其何言，忽见县官跳身投清泉，吁嗟县官死！县官与湖水，两两千万年……县官入湖水，奴子仰天哭……忽见奴子大号入水而负县官出，县官欲绝不得绝。县官大怒，手击奴子破头流血。县官转身，重入湖流。噫嘻死亦大难事，县官入水既沉而忽浮，于是奴子重负县官出……此时县官已不能言语但闻声啾啾……"

徐时栋的序里说过，其家即在月湖之西，汪鼎勋投湖尽节事乃其"家人亲见"，应该说是比较可信的。一如他另作《鬼头谣》《乞儿曲》等诗及《偷头记》等文，都是鸦片战争在宁波的史诗记录，弥足珍贵。

在宁波城内文武官员弃城逃走的情况下，王鼎勋以投水来表示对朝廷和使命职守的尽责，比那些逃走的州府官员要好得多，但不期被他的僮仆破坏了。王鼎勋虽捡回了一命，但后来被发配充军，其结果也好不到哪儿去。

这确确实实是发生在鄞县近代史上的一件与抗外侮有关的大事。勿忘国耻，勿忘县耻，作为地方史书的县志理当准确无误记之。

〔龚烈沸，宁波市天一阁博物馆"中国地方志珍藏馆"〕

"涵育与超越：文化传统与鄞州近代
人物学术研讨会"综述

杨　宏

　　浙江省宁波市鄞州区①历史悠久，经济发达，文化传统深厚，近代以来更是名人辈出。据不完全统计，《浙江民国人物大辞典》② 所收人物中，有鄞州籍人士近 300 人，其中不乏翁文灏、方显廷、张其昀等在近代中国发展中起到重要推动作用的杰出人物。以文化积淀深厚的鄞州为个案，可以进一步探讨地方文化传统与名人群体之间的互动关系，揭示大传统与小传统的并存互渗，追寻文化传统与时俱进的时代价值和内在精神。2015 年 10 月 16—19 日，由《近代史研究》杂志社、浙江省历史学会、浙江省宁波市鄞州区地方志办公室主办，浙江省社科院"专门史"重点学科团队、浙江省历史学会民国人物研究鄞州中心，浙江省宁波市鄞州区地方史志研究会承办的第

---

①　至迟在夏朝初，"鄞"已成为确定的地域名称。当时的鄞地很大，包括今以宁波为中心的数个县境。秦时，鄞地建立县制。汉袭秦制。纵观秦汉两代，鄞县县治在今奉化境内白杜，历归会稽郡辖，其县境兼有今宁波市区、鄞县、奉化、象山等地。鄞县县名、划区及其归辖，在三国、两晋、南朝时，均沿袭不变。隋统一后，改制全国政区，将鄞县、鄮县等地总称为句章县。唐武德年间，以原鄞县、鄮县、句章地属鄞州，州治设于三江口，这是今宁波城区建州之始。唐开元二十六年（738 年）始置明州，治鄮县（即鄞县），又析置奉化、慈溪、翁山等县。可见隋唐两朝，鄞县或称句章，或称鄮县（鄮县县名到五代后梁时被废）。开平三年（909 年）改鄮为鄞，县治迁到甬江与姚江汇合之处的三江口，此后"鄞县"地名得以沿袭。1949 年解放后，宁波析出置市。2002 年，国务院批准撤销鄞县，设立宁波市鄞州区。

②　林吕建主编《浙江民国人物大辞典》，浙江大学出版社，2013。

五期中国近代史论坛"涵育与超越：文化传统与鄞州近代人物学术研讨会"在宁波市鄞州区召开。来自中国社会科学院近代史研究所、上海社会科学院、浙江省社会科学院、南开大学、中山大学、华东师范大学、湖南师范大学、上海大学、浙江大学、中国井冈山干部学院、杭州师范大学、宁波大学、宁波市委党校、宁波天一阁博物馆中国地方志珍藏馆，以及中研院近代史研究所、香港大学等10余所高校和研究机构的30余位专家学者就鄞州和浙江的地方历史、文化传统、近代转型、名人群体等问题，展开充分交流，深入讨论。现将会议主要内容辑录于下。

一　浙东文化与鄞州文化精英

鄞州文人辈出，其中不少人具有全国性影响。桑兵（中山大学历史学系）的《马裕藻与1934年北大国文系教授解聘风波》一文，以1934年马裕藻（1878—1945）人生重要的转折点作为分析的对象，依据大量的原始材料，对当年北大国文系教授解聘风波做历史重现。1934年，北京大学校长蒋梦麟在胡适、傅斯年等人的支持下，解聘国文系教授林损等人，引发风波，长期担任国文系主任的马裕藻被迫辞职。此事看似新旧之争的延续，实则反映了国人由来已久的关于中国文学的观念及教法的分歧。蒋梦麟等人以行政主导强势推行的除旧布新，除了实现蓄谋已久的赶走所谓温州学派乃至终结章门弟子把持的历史，并没有赢得国文系学生的支持，也未能在课程设置和人才培养方面显出成效。文章指出，中国虽然历来重视地望，有为乡贤立传的传统，但是由于统一期长，大小文化长期并存互渗，所谓地方名流，包括籍贯与居处两种，后者往往具有更大范围乃至全国性影响。清朝实行避籍制，当地之绅与外出之官，尤其是京官，互为奥援。清中叶后，省籍日见凸显，旅外同籍在居处的联系日益紧密。这种地域性的同乡关系，不仅形成了绍兴师爷、蓝田厨师之类的行业性社会联系网络，而且也助推了浙籍学人在民国时占据学界要津，引领时代风气，声势一时无两。因此也导致与他籍人士产生心结，以致引发摩擦冲突。至于和原籍的联系，则因人而异，如朱希祖对海盐人事的关注和介入就较马裕藻对鄞州的关注为多。如果研究乡贤局限于原籍，难免流于乡愿之学，过度强调籍与贯，反而可能贬低他们的历史地位与作用。

　　宁波鄞地有书法、绘画、篆刻的艺术传统，素称书法之乡。书法及与之同源的绘画、篆刻艺术，可称鄞地文化传统中的重要元素。陈野（浙江省社会科学院）的《赵叔孺艺术交游网络及其与地方传统之关系初探》文章，通过书画名家赵叔孺个案，探讨地方传统文化形成路径。文章指出，旅居上海的鄞州籍著名艺术家赵叔孺艺术成就斐然，通过其弟子、艺友、乡邻等人际关系，构筑起以上海为中心，涉及浙江鄞县和福建等地的艺术交际网络，形成对鄞州地区的反哺作用和影响，巩固了地方认同和文化传统。该文从社会文化史角度提供了一个人物和地方立体而丰富的历史画面，反映了当时的社会文化网络与地方社会的关系。由此，人地互为涵育，特色深潜其间，古意新风熔铸，传统渐行渐成。

　　著名的史地学家张其昀（1900—1985），青年时代即成为"南高学派"的中坚力量，中年时代追随竺可桢，在国立浙江大学服务 13 年。1949 年赴台湾后成为蒋介石政治中枢的重要一员，曾出任台湾"教育部长"，全面规划台湾教育体系。张其昀以学者身份，渐趋服务于中央执政当局。已有研究成果多关注张其昀的史地学成就，对其学术生涯的政治转型也多从继承儒学及士大夫精神的视角研究。何方昱（上海社会科学院历史研究所）认为，需从具体而复杂的历史境遇入手，对张其昀跨越学界进入政界的几次关键节点进行细考与探究。其《知识、人脉与时局：张其昀学术生涯的政治转型》一文详考张其昀从学界到政界的关键点，探究其所遭遇的波折，以期呈现这一转型的动态过程。文章指出，1920 年代中叶，在竺可桢的引领下，张其昀以编纂地理教科书作为学术起点，开始在地理学界崭露头角。1932 年加入国防设计委员会，1936 年又追随竺可桢加盟浙江大学，任史地学系教授兼系主任。与陈布雷、陈训慈等师友缔结的交谊网络为张其昀从学界到政界的转型铺平了道路，更重要的是，从 1940 年代开始，张其昀以其在史地学、地缘政治学等领域的专长贡献执政当局，渐入蒋介石的政治中枢。1949 年 6 月赴台湾后，成为追随蒋介石的"陈布雷第二"。张其昀学术生涯的政治转型，既有知识与人脉带来的推力，也有时局转变带来的压力，双重合力之下，他最终挥手与竺可桢诀别，在一定程度上也成为曾经立场趋近的学人群政治分野的表征。张其昀的政治抉择，昭示了在国共政权更替的转折时代，原本立场趋近的学人群已出现政治认同危机，彼时中国政治文化形态呈现出断裂与多元之势，在一定程度上也揭示出国民党政权为何会丧失其政治基础。王瑞（上海大学历史系）在梳理张其昀民国时期主要经历的基础上，对张其昀为何由独立学人向国民党政治转折展开讨论。张学继（浙江省社会科学院历史所）则探讨了张其昀的省区改革主张及其拟订的具体方案。

学界对教会大学多有关注，对教会大学"立案"问题也有较充分的个案研究。然而，既有研究对北京政府的"立案"措置及教会大学的应对重视不足。其实，这一问题应与教会大学内部的权力调整、南京国民政府的"立案"措置进行通盘考量。在南京国民政府成立之前，国家对教会大学并无一以贯之的政策，在相当长的时间内无实质性管理或规范，教会大学长期游离于国家教育体制外。蒋宝麟（上海社会科学院历史研究所）的《20世纪20年代陈裕光与金陵大学的立案与改组》一文，考察在1920年代民族主义与革命运动的背景下，金陵大学对政局变动与政府政策的因应，以及由此引发的内部权力结构改组。金陵大学是1910年由南京三所基督教书院合并创办的教会大学。1920年代中国的民族主义和革命运动对金陵大学造成巨大挑战。该校的美国当局、南京校方和中国籍教师群体或被动或主动地做出各种回应，直至学校的治理结构完成根本性转变。文章认为，金陵大学对民族主义与革命运动的回应，既体现教会大学"中国化"趋势以及内部治理结构调整的整体共性，又有其独特的一面。一方面，金陵大学校方在北京政府时期就较为重视中国政府与社会的关系，努力融入中国国家教育体制之中，在"中国化"与保持基督教性之间，完成了"部分立案"，拥有了"本国私立大学"的政治标签。另一方面，在五卅运动狂潮之后，金大校方主动释出善意，向中国籍教职员开放校内中高级行政职位。在此背景下，中国籍教师担负起维持学校的责任，他们倾向于向南京政府妥协，希望能继续办学。由此中国籍教师陈裕光脱颖而出，并推动了学校向南京政府立案。1928年金大实现了校董会设立、中国人出任校长和完成"立案"的全方位转变，成为第一批立案的教会大学。金陵大学回应"立案"以及内部改组是一个环环相扣的渐变过程，既体现中国教会大学在此历史关头处理与中国政府之间关系的共性，又有其特殊的一面。

沙孟海（1900—1992）是20世纪的书坛泰斗，于语言文字、文史、考古、书法、篆刻等均深有研究。徐清（杭州师范大学美术学院）的《沙孟海早年治学思想生成的群体和地域因素考察》一文，对沙孟海早年治学思想生成的群体和地域因素进行了考察。1914年夏，沙孟海考入浙江省立第四师范学校，从偏僻山坳走向城市。1922 年 11 月迁居上海，直到 1927 年底离开。这一时期是沙孟海学术生涯中奠定基础的重要阶段。文章以沙孟海居甬、寓沪的这 14 年为考察时段，着重从其所置身的师友群体和地域两方面探讨沙孟海研求文史、立志学术的促成因素以及所受的切实影响。文章认为，沙孟海的治学精神和学术思想，在近现代中国学术文化的发展变革中得以孕育和推进，而浙东学术文化传统和诸多师友的砥砺，对他更是一种直接的滋养，促其一生求真求实，重融通、重独创，融贯怀疑精神与理性精神，在传统与现代之间寻找和开拓自己的治学路径。以广涉语言文字学、金石考古学、书学、印学等多个领域的博览融汇的视野和胸襟，追问传统观念、习见之说，至晚年成就了足以代表一个时代的书学与印学高度的事业。

吴经熊（1899—1986）是 20 世纪中国一位学贯中西、具有世界影响的法学大师，通过梳理他的经历，既可以更加客观与理性地审视近代中国的法制进程，又可以较好地总结近代中国法律人共同的时代命运。孙伟（中国井冈山干部学院教学科研部）的《近代中国法律人的时代命运——以法界翘楚吴经熊的苦旅人生为视角》一文，对吴经熊家庭、人脉、事功、影响等作了深入分析。文章指出，吴经熊对近代中国法制进程做出了重要贡献，涉足法学学术、法学教育、司法、立法等诸多领域。吴经熊成为近代中国法学界大师的现象背后是诸多因素共同作用之结果，除了家庭因素、个人因素、时代因素、区位因素外，也和他善于交际及自我宣传，精心构建了一个重量级朋友圈有关。他在交友方面不拘一格，既有西方法学大家，如霍姆斯、施塔姆勒、庞德等，也有国民党政界要人、上海闻人、东吴法学院的师生、文化名人等。吴经熊希望通过自己的努力改变中国的命运。然而，他相继三次错失“法律救国”良机，其法律救国的夙愿最终未能实现。作者认为，在近代中国，虽然“法律救国”与“科学救国”“教育救国”“实业救国”等企图超越现实政治斗争的救国论都曾喧嚣一时，但吴经熊错失三次良机的特殊经历，反映了近代中国法界知识分子共同面临的最终命运——法律救国的道路在近代中国行不通。历史早已证明，不扫除国内政治上腐朽的反动势力，各式各样的救国论都无法挽救中华民族的危亡。

民国初年的“浙江三杰”之一张美翊（1857—1924），出身于甬上大族之一青石张氏家族。然而由于多种因素，至今对张美翊的事迹及成就尚无系统的专题研究。钱茂伟、钱之骁（宁波大学人文与传媒学院）的《张美翊的晚年岁月及与弟子间的师徒情》一文，通过对零散文献的挖掘，梳理了张美翊的晚年生活，重点是他对弟子的培养。张氏晚年关注书法，重视书法人才培养，对朱复戡、沙孟海等加以重点培养，终使他们成为20世纪的著名书法家。

二　鄞州文化传统与经济界、工商企业界精英

近代中国经历了数千年未有之变局，在本土与外域、连续与断裂、守旧与创新的相互纠缠之中，现代学科、学术、思潮生发和成长起来。经济学作为当时新学科的一种，也可以说是与中国社会变动关系比较密切的一种。许多经济学人筚路蓝缕，参与和主导了中国经济学的奠基和发展，方显廷（1903—1985）是其中杰出的一位。他以对中国经济研究的重大贡献，被学界誉为民国时期四大经济学家之一。[①] 近年来，中国近代经济史、思想史研究中，虽开始涉及方显廷等人的经济论著及其思想，但研究内容多侧重于他对机器工业的论述，对其从事经济学研究的历程及成果缺乏深入的解读，对其经济研究及其思想所产生的时代与社会背景缺乏应有的关照，对其与同时代经济学家所持论说的异同缺乏对比和分析，从而不能凸显其在中国经济思想史上的位置。李金铮（南开大学历史学院）的《"土货化"经济学：方显廷及其中国经济研究》一文，对方显廷的学术思想、学术研究进行了全面考察，将方显廷置于近代尤其是民国时期的社会背景和经济思想史脉络之中，尽量从其论著中系统而深入地剖析其成长为一个经济学家的经历、对于中国经济问题的具体研究及主张。文章指出，学者的学术路径受到多重因素的制约，时代背景、地域传统、个人性格、他人相助、留学美国以及南开环境，铸造了方显廷的人生经历和学术事业。方显廷是民国时期最多产的经济学家之一，其研究对象主要是中国经济问题，并为政府的经济政策提供事实证据和出路建议，具体广及经济形态、机械工业、乡村工业、农村经济、货币金融、经济体制等领域。他主张经济学"土货化"，注重实地调查和研究，搜集和掌握第一手资料，并以宽广的历史眼光、世界视野以及西方经济

---

① 另外三位分别是马寅初、刘大钧和何廉。参见林毅夫、胡书东《中国经济学百年回顾》，《经济学季刊》2001年第1期，第9页。

学的理论方法进行分析，得出了许多与其他中国经济学者不同的见解。方显廷以"中古式与半殖民地式经济"或"半殖民地化之中古经济"概括中国经济形态并对之进行全面分析；率先提出了广义工业化的概念，对轻重工业的发展顺序，随着时代的变化先后提出"先轻后重""先重后轻""先国防后民生"的看法；不仅提出乡村手工业存在和发展之必要，而且还从世界各国工业的分散化趋势来为中国乡村手工业发展提供理论根据；提出中国农业经济衰落的必然性和特殊性问题；还提出货币流通速度对通货膨胀有重要影响的问题；对于统制经济体制，先后提出自由集团主义、绝对集团主义和自由主义计划经济、集团主义计划经济。这些观点，已经不仅仅是对具体问题的看法，而且在一定程度上具有理论色彩。

毛杰（浙江省社会科学院历史所）的《试论方显廷的统制经济观念》一文，则对方显廷的统制经济观念做了专题剖析。1930年代，尤其是抗战爆发后，统制经济思想开始流行起来，成为当时的一门显学。方显廷是统制经济思想的支持者，其统制经济观念在当时的中国具有一定的特色。文章指出，方显廷的统制经济观念，主要可以分为抗战前、抗战时和战后三个阶段。抗战前，方显廷只认可局部统制，即在几个有限的行业范围内实行国家统制；抗战爆发后，方显廷开始强调全面的国家统制；战后，方显廷则强调要求市场经济的回归。因此，方显廷的统制经济观念具有两个显著的特点：一是其统制经济观念一直处于变化之中；二是方显廷对统制经济观念，即由国家完全的控制经济存有疑虑，即使在抗战时，方显廷在认可政府主导整个国民经济发展的同时，并没有忽视私营经济本身的作用。方显廷作为一个致力于将西方经济理论，结合中国社会现实研究中国经济问题的经济学家，将统制经济作为解决当时中国抗战环境下工业和社会生产的一种实用工具。方显廷的统制经济观念，从局部统制转向全面统制并回归的这一变迁，是他基于其经济学理论，针对当时社会环境的变化而做出的改变。方显廷对于在发挥市场经济决定性作用的同时，通过在一定程度上的政府干预经济的经济模式是其一以贯之的观念。这一点对于现代中国在处理政府与市场经济的关系问题仍有积极的借鉴作用。

翁文灏（1889—1971）不仅是我国近现代地质学的奠基人，而且对于中国早期工业化和西南的开发做出过重大的贡献。在翁文灏经济思想研究中，学界以往较为关注翁氏国营经济的研究。乐承耀（中共宁波市委党校）

的《翁文灏的民营经济思想与实践》一文，在发掘新资料的基础上，比较深入地研究了翁文灏在民国时期的民营经济思想与实践。文章指出，抗日战争期间，翁文灏临危受命，担任国民政府经济部长兼资源委员会主任委员和工矿调整处处长。为抗日战争取得最后胜利，发展中国的民族经济，翁文灏比较系统地阐述发展民营经济思想，并身体力行的实践。文章着重讨论了翁文灏民营经济思想与孙中山民营经济的关系。文章认为，翁文灏提出发展民营经济思想的依据，首先是孙中山的"民生主义"为其提供了理论依据。孙中山的"三民主义"中的"民生主义"思想是中国工业化建设思想的集大成者，而发展民营经济正是民生主义重要组成。其次是基于对中国近代基本国情认识，是发展民族工业要求，也是持久抗战需要。

以鄞州人为主体的甬商的成就和影响众所周知，推动甬商不断前行的精神动力和道德能量是什么，许多学者在探究甬商崛起和兴盛的缘由时，将亲邻相帮、同乡扶助、家族势力、买办群体、外地商业与本地商业结合等视为其成功的原因。李瑊（上海大学社科学院）认为，甬商的卓越成就与鄞州的地域文化特点和他们从事商业的经历有关，甬商的文化基因值得探讨，从剖析鄞地文化特性入手，可以探究宁波商人善于经商的内在深层缘由。文章认为，商业利润是基于最高的道德力量而得到的回报，而经济行为最终沉淀表现为一种文化行为。我们只能从这个群体的地域文化中寻找共同的文化基因，这一文化基因通过怎样的途径和方式熔铸在人们的价值理念、商业实践和人格魅力方面。追根溯源，宁波人在上海，乃至在全国卓有建树、人才辈出的主因是地域文化铸就的文化人格使然，地域文化精神就像生命基因，塑造着一方水土、一方人生。文化是一个形成相对共识的标准与价值系统，甬地深厚的历史文脉，千百年来心口相传的文化养分，成为宁波商人事业成功的人文基础和动力源泉。

三　鄞州文化传统与地方精英

研究上海近代史，乃至研究中国近代史，不能不提到杨坊。在上海开埠之初，杨坊作为移民和新兴的买办人物，在了解外情，推动中外贸易、处理镇压小刀会起义、阻击太平军进攻上海、第二次鸦片战争初期中外交涉活动等重大突发事件中，都起过相当重要的作用。但长期以来，由于史料的限制，对杨坊的研究不但很少，而且即使有所介绍，往往不是歪曲，就是加以丑化。谢俊美（华东师范大学）的《杨坊再评价》提出要历史地、客观地评价杨坊。文章结合有关史料和杨坊未刊年谱《杨憩棠年谱》（清同治抄本），就杨坊和小刀会起义、太平天国起义等相关事件的关系作一介绍。文章认为杨坊是一位对国家民族有过重大贡献的历史人物，是中国早期近代化的开拓者。而杨坊从一个普通的宁波商人，后来能够在上海，乃至近代中国发挥一定作用，与时代有密切关系。

项义华（浙江省社会科学院历史所）的《鄞州近代精英人物的群体构成及其地域文化特征》一文，从政治、经济、文化等方面比较全面阐述了鄞州精英人物群体构成、地域文化特征。文章指出，在中国各个文化区域中，浙江不但与其他省份相比，具有相当明显的地域特征，而且其内部各个区域之间也有着明显的差异，在文化多样性方面有相当丰富的表现。

我国的慈善事业源远流长，而鄞州历来以仁风素著，鄞州人长久以来形成了以仁义慈爱、积德行善、乐善好施的行为规范，对慈善事业有高度的认同。周秋光、曾宪斌（湖南师范大学历史文化学院）的《论鄞州人与慈善事业》一文，宏观梳理了鄞州人从事慈善事业的原因、主要内容、特色、运行机制以及鄞州人慈善事业的地位和影响。文章认为，鄞州独特的地理文化背景以及政治、经济、社会等诸多因素是鄞州人从事慈善事业的缘由。鄞州人从事慈善事业的内容十分丰富，概括而言有三大类，即传统型慈善事业、近代型慈善事业和现代公益性慈善事业。其慈善事业的运行机制经历了由传统善会善堂轮值制到董事会制、议会制的发展变化。鄞州人从事的慈善事业引领和助推了区域以至全国慈善事业的发展。

关于乡村建设的研究一般较为关注梁漱溟、晏阳初、卢作孚等的乡村建设活动，对商人、工商企业家对家乡的乡村建设关注较少。事实上，享誉中国工商界的宁波帮是一个以血缘与地缘为基础和纽带的商人群体，强烈的同乡观念与乡土意识是其显著的特点，这不仅表现在旅外宁波商人同乡相亲、守望相助，而且对故乡往往具有难以割舍的情感，积极参与家乡建设与公益事业成为宁波商人普遍的价值追求，由此成为推动近代宁波的发展与进步的强大力量。宁波商人的这种行为取向由来已久，尤其是在 20 世纪二三十年代达到高潮，而作为近代宁波帮重要组成部分的鄞县商人颇具代表性。孙善根（宁波大学人文与传播学院历史系）的《乡土情怀：民国时期鄞县商人与乡村建设》一文，梳理了民国时期鄞县商人参与乡村建设的事迹。文章指出，民国时期许多旅外鄞县商人纷纷在家乡从事颇具规模的综合性的乡村建设活动，其中姜炳生在姜家陇、李志方在沙家埭、乐振葆在宝幢、孙梅堂在北渡都卓有成就。一般来说，他们往往在出生地以村或乡为范围，投巨资进行全方位的建设，包括道路交通建设，创办学校、医院，设立慈善机构，改善村容村貌等，由此极大地改变了当地社会经济的面貌，使当地民众分享到经济发展与社会进步的成果，受到了乡人广泛的好评。

此外，刘建强（湘潭医卫职业技术学院）的《寄禅大师与宁波佛教》一文，讨论了清末民初复兴佛教的领军人物、中国佛教总会首任会长寄禅大师对于奠定宁波佛教在民国佛教界的先导地位做出的贡献。胡丕阳（宁波海关）的《从史学名家童书业看鄞州杰出人物文化基因》考察了史学家童书业的学术思想和研究方法。龚烈沸（宁波市天一阁博物馆"中国地方志珍藏馆"）依据徐时栋著作考证了新版《鄞县志》① 人物传、大事记对与鄞州近代史有关的人物徐时栋、王鼎勋的史事错误。

"中国近代史论坛"迄今已举办五期。2011 年发起中国近代史论坛时的基本想法是：第一，论坛的主题选择的是比较大的、有讨论空间的题目；第二，论坛比较关注社会的基层，关注历史演变的复杂性与多面性；第三，论坛的规模一般在 20 人左右，这样有利于深入讨论；第四，充分发扬学术民主，每次论坛参会者有近代史学界顶级的学者，有资深的教授，也有在读的学生。论坛不设主旨讲演，都是分散在各个讨论的场次里，按照主题编排，同场论学，这样学术讨论的气氛比较浓厚，大家也都觉得通过这个论坛相互比较了解，逐渐形成特色。"中国近代史论坛"的主题，从 2011 年在河南大学举行的"中国近代乡村研究的理论与实证"，2012 年在南开大学举办的"中国近代乡村的危机与重建"，2013 年在华中师范大学举办的"中国近代民间组织与国家"，2014 年在四川大学召开的"地方的近代史：州县士庶的思想与生活"，到本次论坛的"涵育与超越：文化传统与鄞州近代人物"，虽然不是出于有意地设计，但是这些讨论事实上形成了对一些相关问题的连续关注。2015 年中国近代史论坛在邀请函中对论坛的宗旨有如下的表述："近代中国既有不同于过去也不同人类其他社会的巨变，又保持大量的、基

---

① 鄞县地方志编纂委员会编《鄞县志》，中华书局，1996。

本的延续。巨大的外来冲击吹皱了中国这池春水。在国家民族层面，波澜起伏，易为人洞察。但在州县及以下的地方社会，可能一时波澜不惊，却静水流深，暗潮汹涌；即使被吹皱了，也有先后和程度的不同。数千年未有之大变，如何在各不相同的基层表现？特别在日常生活层面，小地方如何经历大巨变？"本次论坛实际上是 2015 年中国近代史论坛主题的延伸，只是把外围集中在一个小的地域，设想通过鄞州这样一个个案，深入讨论这个地方的杰出人物，尤其是知识分子在时代大潮中的遭遇、选择、成就、波折，以此观照近代杰出人物与其成长环境之间的互动关系，探讨大传统与小传统之间的并存及其相互渗透，以及文化传统的内在精华与时代价值。

　　本次论坛论文选题涵盖了近代鄞州名人研究、近代鄞州著名家族研究、近代鄞州名人与地方文化研究、地方文化传统和近代中国文化价值认同研究等。与会专家学者从不同的角度，对鄞州这一区域的杰出人物展开深入讨论。通过研讨，与会学者普遍认为此次论坛以文化积淀深厚的鄞州为个案，以鄞州人物为切入点作分析，是汲取地方文化精神资源良好方式。通过对一个具体区域的文化传统细致深入的剖析，包括内部结构、重要元素、生产机制、形成路径、传承方式，比较辨析基于不同历史、地理、经济、社会环境而产生的多样化的地方文化传统及其由此形成的文化多样性，细致研究传统与人之间涵育、形塑、认同、超越等共存互动的复杂关系，观照近代杰出人物群体与他们的成长背景之间的有机互动，深入探讨地方的历史传统，如何以故土、家园、宗族、习俗、经验、教化等地缘、血缘和"集体无意识""日用而不觉"的情感涵育，赋予乡土之子的精神世界以某种民族特性和乡土印痕，由此奠定其文化认同的底色与根基。而这些深受外来文明洗礼的时代骄子，又如何以其走出乡土社会之后的视野、经历和作为，回馈故里、反哺家乡，为建构地方文化传统奉献超越与地域之限的多元精华。尝试由此揭示大传统与小传统的并存互渗，追寻文化传统具有的与时俱进的时代价值和永恒不坠的内在精神。此次会议通过研讨，剖析了鄞州独特的人文现象、独特的历史轨迹，丰富了鄞州的精神文化内涵，开启了鄞州区地方史志和民国人物研究的新境界，具有开创性和标志性意义。

〔杨宏，《近代史研究》编辑部〕

编后记

　　由近代史研究杂志社、浙江省历史学会、浙江省宁波市鄞州区地方志办公室主办，浙江省社科院"专门史"重点学科团队、浙江省历史学会民国人物研究鄞州中心、浙江省宁波市鄞州区地方史志研究会承办的第五期"中国近代史论坛"，以"涵育与超越：文化传统与鄞州近代人物"为主题，于 2015 年 10 月在宁波市鄞州区召开。本书是这次会议的成果结集。

　　"中国近代史论坛"迄今已举办到第五期。论坛的主题，从 2011 年在河南大学举行的"中国近代乡村研究的理论与实证"，2012 年在南开大学举办的"中国近代乡村的危机与重建"，2013 年在华中师范大学举办的"中国近代民间组织与国家"，2014 年在四川大学召开的"地方的近代史：州县士庶的思想与生活"，到本次论坛的"涵育与超越：文化传统与鄞州近代人物"，这些讨论事实上形成了对相关问题的连续性关注。第四期"中国近代史论坛"对会议宗旨有如下表述：近代中国既有不同于过去也不同于人类其他社会的巨变，又保持大量的、基本的延续。巨大的外来冲击吹皱了中国这池春水。在国家民族层面，波澜起伏，易为人洞察。但在州县及以下的地方社会，可能一时波澜不惊，却静水流深，暗潮汹涌；即使被吹皱了，也有先后和程度的不同。数千年未有之大变，如何在各不相同的基层表现？特别在日常生活层面，小地方如何经历大巨变？

　　本次论坛实际上即是前一次论坛主题的延伸，只是把范围集中在一个小的地域，设想通过文化积淀深厚、文化人物辈出的鄞州这样一个个案，深入讨论地方文化传统与名人群体之间的互动关系。选题涵盖近代鄞州名人研究、近代鄞州著名家族研究、近代鄞州名人和地方文化研究、地方文化传统和近代中国文化价值认同研究等，讨论鄞州的杰出人物尤其是知识分子在时代大潮中的遭遇、选择、成就、波折，以此观照近代杰出人物与其成长环境之间的互动关系。此次论坛致力于通过对一个具体区域的地方文化传统细致深入的剖析，分析文化传统的内部结构、重要元素、生产机制、形成路径、传承方式，比较辨析基于不同历史、地理、经济、社会环境而产生的多样化的地方文化传统以及由此形成的文化多样性，细致研究传统与人之间涵育、形塑、认同、超越等共存互动的复杂关系，深入探讨地方的历史传统如何以故土、家园、宗族、习俗、经验、教化等地缘、血缘和"集体无意识""日用而不觉"的情感涵育，赋予乡土之子的精神世界以某种民族特性和乡土印痕，由此奠定其文化认同的底色与根基；而这些深受外来文明洗礼的时代骄子，又如何以其走出乡土社会之后的视野、经历和作为，回馈故里，反哺家乡，为建构地方文化传统奉献超越于地域之限的多元精华；尝试由此揭示大传统与小传统的并存互渗，追寻文化传统具有的与时俱进的时代价值和永恒不坠的内在精神。

本次论坛通过研讨、剖析鄞州独特的人文现象和历史轨迹，丰富了鄞州的精神文化内涵，也开启了地方史志和民国人物研究的新境界，具有开创性和标志性意义。

在论文出版之际，谨向所有与会学者和会议相关人员致以最诚挚的感谢！

近代史研究编辑部

浙江省历史学会

浙江省宁波市鄞州区地方志办公室

2016 年 9 月

图书在版编目（CIP）数据

涵育与超越：文化传统与鄞州近代人物／徐秀丽，
陈野，谢富国主编. -- 北京：社会科学文献出版社，
2016. 10
    ISBN 978 - 7 - 5097 - 9863 - 8

Ⅰ.①涵… Ⅱ.①徐…②陈…③谢… Ⅲ.①文化史
－鄞州区②人物－生平事迹－鄞州区－近代 Ⅳ.
①K295. 54②K820. 855. 4

中国版本图书馆 CIP 数据核字（2016）第 245598 号

中国近代史论坛 第五辑

涵育与超越：文化传统与鄞州近代人物

主   编／徐秀丽 陈 野 谢富国
执行编辑／杨 宏

出 版 人／谢寿光
项目统筹／宋荣欣
责任编辑／宋 超 李期耀

出   版／社会科学文献出版社·近代史编辑室（010）59367256
        地址：北京市北三环中路甲 29 号院华龙大厦 邮编：100029
        网址：www. ssap. com. cn
发   行／市场营销中心（010）59367081 59367018
印   装／北京季蜂印刷有限公司

规   格／开 本：787mm×1092mm 1/16
        印 张：22. 5 字 数：380 千字
版   次／2016 年 10 月第 1 版 2016 年 10 月第 1 次印刷
书   号／ISBN 978 - 7 - 5097 - 9863 - 8
定   价／89. 00 元